华东政法大学
65周年校庆文丛编委会

主　任　曹文泽　叶　青
副主任　顾功耘　王　迁
委　员　（以姓氏笔画为序）
　　　　　马长山　王立民　朱应平　刘　伟　孙万怀
　　　　　杜志淳　杜　涛　杨忠孝　李秀清　李　峰
　　　　　肖国兴　吴新叶　何益忠　何勤华　冷　静
　　　　　沈福俊　张明军　张　栋　陈金钊　陈　刚
　　　　　林燕萍　范玉吉　金可可　屈文生　贺小勇
　　　　　徐家林　高　汉　高奇琦　高富平　唐　波

华东政法大学65周年校庆文丛

钦定大清现行刑律（点校本）

陈 颐 /点校

图书在版编目(CIP)数据

钦定大清现行刑律:点校本/陈颐点校. —北京:北京大学出版社,2017.10
ISBN 978-7-301-28847-4

Ⅰ. ①钦… Ⅱ. ①陈… Ⅲ. ①清律—研究 Ⅳ. ①D929.49

中国版本图书馆 CIP 数据核字(2017)第 243341 号

书　　　名	钦定大清现行刑律(点校本)
	QINDING DAQING XIANXING XINGLÜ (DIANJIAO BEN)
著作责任者	陈　颐　点校
责 任 编 辑	朱梅全　朱　彦
标 准 书 号	ISBN 978-7-301-28847-4
出 版 发 行	北京大学出版社
地　　　址	北京市海淀区成府路 205 号　100871
网　　　址	http://www.pup.cn
电 子 信 箱	sdyy_2005@126.com
新 浪 微 博	@北京大学出版社
电　　　话	邮购部 62752015　发行部 62750672　编辑部 021-62071998
印 刷 者	三河市博文印刷有限公司
经 销 者	新华书店
	730 毫米×1020 毫米　16 开本　29.5 印张　483 千字
	2017 年 10 月第 1 版　2017 年 10 月第 1 次印刷
定　　　价	120.00 元

未经许可,不得以任何方式复制或抄袭本书之部分或全部内容。
版权所有,侵权必究
举报电话: 010-62752024　电子信箱: fd@pup.pku.edu.cn
图书如有印装质量问题,请与出版部联系,电话: 010-62756370

崛起、奋进与辉煌

——华东政法大学65周年校庆文丛总序

2017年,是华东政法大学65华诞。65年来,华政人秉持着"逆境中崛起,忧患中奋进,辉煌中卓越"的精神,菁莪造士,械朴作人。学校始终坚持将学术研究与育人、育德相结合,为全面推进依法治国做出了巨大的贡献,为国家、为社会培养和输送了大量法治人才。一代代华政学子自强不息,青蓝相接,成为社会的中坚、事业的巨擘、国家的栋梁,为社会主义现代化和法治国家建设不断添砖加瓦。

65年栉风沐雨,华政洗尽铅华,砥砺前行。1952年,华政在原圣约翰大学、复旦大学、南京大学、东吴大学、厦门大学、沪江大学、安徽大学、上海学院、震旦大学9所院校的法律系、政治系和社会系的基础上组建而成。历经65年的沧桑变革与辛勤耕耘,华政现已发展成为一所以法学为主,兼有政治学、经济学、管理学、文学、工学等学科,办学特色鲜明的多科性大学,人才培养硕果累累,科研事业蒸蒸日上,课程教学、实践教学步步登高,国际交流与社会合作事业欣欣向荣,国家级项目、高质量论文等科研成果数量长居全国政法院校前列,被誉为法学教育的"东方明珠"。

登高望远,脚踏实地。站在新的起点上,学校进一步贯彻落实"以人为本,依法治校,质量为先,特色兴校"的办学理念,秉持"立德树人,德法兼修"的人才培养目标,努力形成"三全育人"的培养管理格局,培养更多应用型、复合型的高素质创新人才,为全力推进法治中国建设和高等教育改革做出新的贡献!

革故鼎新,继往开来。65周年校庆既是华东政法大学发展史上的重要里程碑,更是迈向新征程、开创新辉煌的重要机遇。当前华政正抢抓国家"双一流"建设的战略机遇,深度聚焦学校"十三五"规划目标,紧紧围绕学校综合改革"四梁八柱"整体布局,坚持"开门办学、开放办学、创新办学"发展理念,深化"教学立校、学术兴校、人才强校"发展模式,构建"法科一流、多科融合"发展格局,深入实施"两基地(高端法律及法学相关学科人才培养基地、法学及相关学科的研究基地)、两中心(中外法律文献中心、中国法治战略研究中心)、一平台('互联网＋法律'大数据平台)"发展战略,进一步夯实基础、深化特色、提升实力。同时,华政正着力推进"两院两部一市"共建项目,力争能到本世纪中叶,把学校建设成为一所"国际知名、国内领先,法科一流、多科融合,特色鲜明、创新发展,推动法治文明进步的高水平应用研究型大学和令人向往的高雅学府"。

薪火相传,生生不息。65周年校庆既是对辉煌历史的回望、检阅,也是对崭新篇章的伏笔、铺陈。在饱览华政园风姿绰约、恢弘大气景观的同时,我们始终不会忘却风雨兼程、踏实肯干的"帐篷精神"。近些年来,学校的国家社科基金法学类课题立项数持续名列全国第一,国家社科基金重大项目和教育部重大项目取得历史性突破,主要核心期刊发文量多年位居前茅。据中国法学创新网发布的最新法学各学科的十强排名,学校在法理学和国际法学两个领域排名居全国第一。当然,我们深知,办学治校犹如逆水行舟,机遇与挑战并存,雄关漫道,吾辈唯有勠力同心。

为迎接65周年校庆,进一步提升华政的学术影响力、贡献力,学校研究决定启动65周年校庆文丛出版工作,在全校范围内遴选优秀学术成果,集结成书出版。文丛不仅囊括了近年来华政法学、政治学、经济学、管理学、文学等学科的优秀学术成果,也包含了华政知名学者的个人论文集。这样的安排,既是对华政65华诞的献礼,也是向广大教职员工长期以来为学校发展做出极大贡献的致敬。

65芳华,荣耀秋菊,华茂春松,似惊鸿一瞥,更如流风回雪。衷心祝愿华政铸就更灿烂的辉煌,衷心希望华政人做出更杰出的贡献。

华东政法大学65周年校庆文丛编委会
2017年7月

序

《钦定大清现行刑律》(以下简称《现行刑律》)在近代法律史的研究中是一个奇特的存在,作为中国传统律典之殿军,几乎每一本中国法律史的教科书都会提及,与此同时,研究性的文献却非常稀缺,①学者们似乎有意识地对之保持缄默。这一缄默,或许是,在一个巨变时代,旧有的一切本就应迅速地隐入历史的黑暗之中;或许只是,其"胎运"多舛,兼且出生即死亡,难以言说之故;再或许是,虽经百年,仍无合适的叙事框架能够容纳这一法制现代化历史进度表中的"异类"。

本序无意打破这一缄默,也没有能力提供一种可行的叙事框架,谨就其奇特的命运略作年表式的罗列。

一、《现行刑律》的来龙去脉

《现行刑律》之编纂,虽借外力(变法修律的压力)得以实现,但其动因仍以内因为主。

《大清律例》自乾隆五年(1740年)纂成,律文沿用至光绪三十一年(1905年)始有删减;而条例据乾隆十一年(1746年)定例"五年一小修,十年一大修",②自同治九年(1870年)修例以后,三十余年未曾修例。刑部尚书薛允升于光绪二十六年(1900年)在其《读例存疑》自序中痛言:"自时(同治九年)厥后,不特未大修也,即小修亦迄未举行。廿年以来,耿耿于怀,屡欲将素所记

---

① 重要的有,戴炎辉:《清〈现行刑律〉之编定》,载《法学丛刊》(台北)第77、78期;李贵连:《〈大清新刑律〉与〈大清现行刑律〉辨正》,载《法学研究》1982年第2期;黄源盛:《帝制中国最后一部传统刑法典》,载《法律继受与近代中国法》,台湾政治大学2007年版,第159—195页;陈新宇:《"分别民刑"考——以〈大清现行刑律〉之编纂为中心》,载《法制史研究》(台北)第10期,第253—284页;成富磊:《过渡之用:论清末〈大清现行刑律〉的体例之变与人权考虑》,载《理论界》2012年第8期;等等。

② 自乾隆十一年始,历次编例时间如下(括号内为完成时间):乾隆十六年、二十一年、二十六年、三十一年(三十三年)、三十七年、四十三年(四十四年)、四十七年、五十二年(五十五年)、五十八年、嘉庆四年(嘉庆七年)、九年(十一年)、十四年(十五年)、十九年、二十四年(道光元年)、道光四年(五年)、九年(十年)、十四年(十五年)、十九年(二十年)、二十四年(二十五年)、二十九年(咸丰二年)、同治二年(九年)。

注者汇为一编,以备大修之用。"薛允升修例的念想,亦是清末一代律曹的念想,①而薛氏托孤之人沈家本恰为清末修律事业的主持者。②

修例的时机于光绪二十八年(1902年)四月到来。初六日,清廷颁发谕旨,着派沈家本、伍廷芳主持修律。二十一日,刑部奏"则例年久失修,拟先删定完善",旨"依议行"。③

此后,《现行刑律》修订的主要进程如下:

光绪三十一年三月十三等日,修订法律大臣奏定删除律例344条。④

光绪三十三年(1907年)十二月初七日,修订法律大臣奏定《满汉通行刑律》,删除、移改、修改、修并共计49条。⑤

光绪三十四年(1908年)正月二十九日,修订法律大臣沈家本、俞廉三奏请编定《现行刑律》,确定了具体修订方式,⑥上谕交由宪政编查馆会同法部议奏。同年五月二十八日,宪政编查馆会同法部奏准补充具体修订办法,⑦《现行刑律》全面修订工作正式启动。

宣统元年(1909年)八月二十九日,沈家本、俞廉三将修订后的《现行刑律》缮写黄册(即《大清现行刑律案语》)上呈御览,⑧上谕"着宪政编查馆核议具奏"。

宣统元年十二月二十三日,宪政编查馆将核议勘正后的内容缮写黄册

---

① 光绪二十九年(1904年)十一月,刑部刊印薛允升氏《读例存疑》奏呈御览,并请饬交律例馆,以备采择。

② 《读例存疑》之沈氏序文称,沈家本"曾与(《读例存疑》)编纂之役,爬罗剔抉,参订再三",后"(薛允升)以所著书为托","家本为之校雠一过"。沈氏直言,"今方奏明修改律例,一笔一削将奉此编为准绳"。参见黄静嘉编校:《读例存疑》(重刊本),成文出版社有限公司1970年版。

③ 参见《清实录·德宗实录(七)》卷四九八,中华书局1987年版,第586页。

④ 其中,条例删除333条,律条比引10条,另律文删除1条(军籍有犯条),合计344条。

⑤ 其中,律文删除1条(犯罪免发遣条);条例删除39条,移改1条,修改7条,修并1条。

⑥ 参见沈家本等的"拟请编定《现行刑律》以立推行新律基础折"。

⑦ 参见奕劻等的"遵旨议奏沈家本等《奏请编定〈现行刑律〉》折"。

⑧ 其中,删除律文27条(分别是:流囚家属、流犯在道会赦、工乐户及妇人犯罪、充军地方、官员赴任过限、照刷文卷、磨勘卷宗、封掌印信、丁夫差遣不平、隐蔽差役、逃避差役、私役部民夫匠、监临势要中盐、阻坏盐法、私〔 〕、舶商匿货、内府工作人匠替役、边境申索军需、公侯私役官军、递送逃军妻女出城、私出外境及违禁下海、公使人等索借马匹、起除刺字、军民约会词讼、诬告充军及迁徙、私受公侯财物、徒囚不应役),条例仍旧208条,修改633条(原例629条),修并86条(原例175条、比引律条15条),移改46条(原例49条),并入1条,移出13条,移并25条(原例34条,含督捕例14条),删除条例440条、比引律条5条、督捕例96条,续纂36条。

(即《核订现行刑律》)上呈御览，①并奏请将修订后的律例刊印颁行。二十四日，上谕俞允。

宣统二年(1910年)四月七日，宪政编查馆、修订法律大臣呈进《现行刑律》黄册定本，该定本在《核订现行刑律》的基础上仍有修订。②

宣统二年九月二日，《现行刑律》刊印告竣，上呈御览。

《现行刑律》修订、颁行工作至此完成。修订后，共有律文389条，条例939条。③

二、变局之下命运多舛的《现行刑律》

《现行刑律》的修订始终与依据西洋现代刑法制定《新刑律》(指宣统二年颁布的《钦定大清刑律》，下同)的工作纠缠在一起。

沈家本得以实现薛允升遗志的机缘源自光绪二十八年四月六日的修律上谕，这一修律上谕确立的修律目标是"参酌各国法律""务期中外通行"。"中外通行"的目标显然从整体上否定了旧律。沈家本本人也明确认识到这一点，其主持的修订法律馆自光绪三十年(1904年)四月一日开馆后，"三阅寒暑，初则专力翻译，继则派员调查"，并于光绪三十一年(1905年)草拟了《刑律草案》。④

与此同时，自光绪二十八年四月刑部获旨删定旧例，二十九年十一月酌

---

① 其中，律文删除19条(分别是：天文生有犯、大臣专擅选官、文官不许封公侯、无故不朝参公座、奸党、任所置买田宅、同姓为婚、良贱为婚姻、朝贡留难、夜禁、私越冒度关津、诈冒给路引、私役弓兵、占宿驿舍上房、良贱相殴、良贱相奸、搬做杂剧、徒流人逃、有司官吏不住公廨)，修复1条(私役部民夫匠)；条例删除73条，修复2条，修并6条(原14条)，移改6条，修改88条(原87条)，续纂3条。

② 其中，律文修改2条；条例删除10条，修改54条。

③ 《现行刑律》卷首"律目"称"以上通计三百八十九条，附例共计一千三百二十七条"，该表述在各种述及《现行刑律》的文献中几乎都被误读作《现行刑律》例文共计一千三百二十七条。实际上，"附例共计"应理解为律文与附例共计1327条，即条例应为938条。但是，经笔者点算，条例总数应为939条。这一遗漏不知是不是因部分印本卷二第16页后半页错印，使得刻工在统计律例全数时漏计了"二罪俱发以重论"条的条例1条。拙校《"〈现行律〉民事有效部分"集解四种》(法律出版社2016年版)"前言"亦误认《现行刑律》例文为1327条，借此更正并向读者诸君致歉。

④ 该草案由修订法律馆编纂章宗祥、董康起草，吉同钧、沈家本签审。参见孙家红：《'清末章董氏〈刑律草案〉稿本的发现和初步研究》，载《华中科技大学学报(社会科学版)》2010年第3期；孙家红：《光绪三十二年章董氏〈刑律草案〉(稿本)所附签注之研究》，载《华东政法大学学报》2010年第4期。该草案全文收入黄源盛辑注：《晚清民国刑法史料辑注》(上)，台湾元照出版公司2010年版，第3—34页；赵秉志、陈志军编：《中国近代刑法立法文献汇编》，法律出版社2016年版，第3—22页。需要说明的是，关于该《刑律草案》的拟定时间，黄源盛教授、赵秉志教授均主张为光绪三十一年，孙家红教授则主张为光绪三十二年。通说多援引冈田朝太郎的回忆，认为《新刑律》第一稿(即"预备案")脱稿于光绪三十二年春。参见陈新宇：《〈钦定大清刑律〉新研究》，载《法学研究》2011年第2期。

拟修改办法,三十一年三月删除旧例344条之后,修订旧例工作即告中止,原拟修改、修并、移改、续纂皆未继续,且此次修订并未触及律文。

此后,修律重心全部转入《新刑律》的制定。光绪三十三年八月、十一月,修订法律馆奏呈"易稿数四"的《新刑律》总则、分则。但是,这一"专以折冲樽俎、模范列强为宗旨"的新律遭遇到了巨大的阻力,其"实施之期,殊非急迫可以从事"。于是,沈家本无奈之下重拾修订旧律的主张,①于三十四年正月奏请编定《现行刑律》。删订旧律之目标,仅仅是"删除总目、厘正刑名、节取新章、删并例文"。此次删订旧律的意义,能够揣度的大概有以下三个方面:一是完成三十一年删除律例未竟之业,以全薛氏并一代刑曹之夙愿;二是在改革刑名、删除重刑之后,旧律文本实际上已经无法使用,亟须有官方定本,以便司法;三是在《新刑律》草案饱受朝野内外批评之时,回归旧律,"严遵旧日之范围",似可缓冲对修订法律馆、修律大臣"斁伦伤礼,纲纪全堕"的批评,同时或可以退为进,为《新刑律》之不得不施行树一旁证。

然而,光绪三十四年五月,修订法律馆方获旨编定《现行刑律》。八月,清廷即公布逐年筹备"预备立宪"事宜清单,明确第一年(光绪三十四年)修改《新刑律》,第二年核订《新刑律》,第三年颁布《新刑律》。宣统元年正月,上谕再次强调"本年核订《新刑律》,以备明年颁布"。如此,编定《现行刑律》的目的和意义实为可疑。《现行刑律》以"过渡之用"为名,却看不出有机会实现"过渡之用"。

此后,在《新刑律》签注的热议声中,宣统元年八月,修订法律馆完成编定《现行刑律》上奏;十二月,宪政编查馆完成核议上奏。同月先一日,法部、修订法律馆完成《修正刑律草案》上奏。

宣统二年四月,上谕颁行《现行刑律》;九月,刊印告竣;十月,宪政编查馆即上奏核定新刑律;十一月,资政院开议《新刑律》;十二月,三读通过,上

---

① 需要说明的是,据陈煜先生之说,制定新律和修订旧律的主次升降问题,与修订法律馆的主事者的变化有密切关系,即沈家本主"改旧",伍廷芳主"创新"。参见陈煜:《清末新政中的修订法律馆——中国法律近代化的一段往事》,中国政法大学出版社2009年版,第38—48、198—210页。但是,关于《新刑律》草案出台后,沈家本是否仍坚持"改旧",颇有可议处。沈家本非常清楚,"如为筹备宪政,模范列强,实非博采东西大同之良法,难收其效",并声言"更当督饬在事各员,将前奏刑律草案酌加修正,克期会奏"。参见沈家本等的"编定《现行刑律》告竣谨缮具黄册恭候钦定折"。

谕"先为颁布以备实行"。①《现行刑律》的生效期不过八个月,而其实际使用则可能仅有三个月。即便在这一时期,《现行刑律》也不曾引起任何反应,完全为围绕《新刑律》展开的礼法之争所覆盖。

《现行刑律》之命运,因此勉强可概况为:数度萌动,多次终止妊娠,出生即死亡。

三、《现行刑律》编定之流程

修订法律馆编定《现行刑律》之流程,据陈煜先生考证,大致如下:

第一,修订法律馆诸馆员出具说贴,提出初步修改意见;

第二,修订法律大臣汇总说贴,组织馆员讨论,形成基本方案;

第三,修订法律馆提调将具体修订工作布置给各馆员;

第四,各馆员在修订底本上直接修改,或以"墨书粘单"的方式将修订内容及理由黏贴在底本上;

第五,修订法律大臣在同一底本上对馆员的粘单及底本内容直接批注,或另黏一单批注;

第六,誊写人员清写誊录底本及粘单内容,将各篇汇总,形成《大清现行刑律草案》(即《大清现行刑律案语》),上呈御览。② 而后,这一草案由上谕发交宪政编查馆核订。宪政编查馆核订后,再上呈御览,由上谕允准颁行。

关于《现行刑律》的主事者,流传较广的说法来自于董康,即"为王世琪、许受衡、罗维垣、吉同钧、周绍昌及康六人所修订"③。征诸陈煜先生据第一档案馆修订法律馆全宗的研究,此说恐有不确,不排除董康夸大了自己的贡献。但是,沈家本与吉同钧作为《现行刑律》修订最核心的人物,应该没有太

---

① 通说多认为《新刑律》于宣统二年十二月生效。参见陈新宇:《〈大清新刑律〉编纂过程中的立法权之争》,载《法学研究》2017年第2期。但是,亦有观点认为《新刑律》颁布于宣统三年(1911年)六月。参见高汉成:《〈大清新刑律〉与中国近代刑法继受》,社会科学文献出版社2015年版,"引言"。

② 参见陈煜:《清末新政中的修订法律馆——中国法律近代化的一段往事》,中国政法大学出版社2009年版,第134—144页。另见陈煜:《清末修订法律馆修律技术及其得失》,载曾宪义主编:《法律文化研究》(第六辑),中国人民大学出版社2009年版,第463—490页。在这一过程中,一条律例的修改有可能在不同的馆员与修订法律大臣中流转数次。据点校者比对古籍馆数据库(www.gujiguan.com)收录的《〈大清律例·军政篇〉第一次修改稿》,修订法律馆所使用的底本以道光十五年、二十年、二十五年武英殿本之一为原本,并于其上粘贴经过裁剪的《大清律例增修统纂集成》(扫叶山房光绪二十年本)或《大清律例新修统纂集成》(清河坊光绪二十八年本)相关页面作为修订底本。

③ 董康:《中国修订法律之经过》,载何勤华、魏琼编:《董康法学文集》,中国政法大学出版社2005年版,第462页。

大异议。甚至可以进一步说,《现行刑律》不过是沈家本与吉同钧在薛允升的修律构想上参以新章而成。①

四、《现行刑律》之意义

《现行刑律》之意义,言者所论大抵有二:一为"过渡之用",一为"律学总成",以下试说明之。

(一) 过渡之用

一如前述,从清末修律的时间表来看,以"过渡之用"为名的《现行刑律》无论是在编定时的可能性预期还是在编定后实际施行上,完全起不到"过渡之用"。

从内容上看,关于这一"严遵旧日之范围"的《现行刑律》能否起到"过渡之用",也面临巨大争议,修订法律馆内部即有不同意见。例如,江庸认为,《现行刑律》"与今之新刑律亦并不衔接,实不足备新旧律过渡之用"②。时任高等检察厅检察长的徐谦在宣统元年九月的奏折中主张,《现行刑律》作为过渡法典至少是不合格的,"盖新法未实行、旧法未遽废之时,其间必应编定经过法,以调和之。编定之法,即于旧法中定明何者改从新法、何者仍从旧法是也"。这一奏折使得《现行刑律》尚未颁行即被主管衙门下令重修。③ 因此,即便就内容而言,"过渡之用"的说法恐怕也是一厢情愿。④

(二) 律学总成

《钦定大清现行刑律》实为有清一代律学之总成。

清代律例最突出的特征是条例尤为发达。据《清史稿·刑法志》,条例

---

① 参见陈煜:《清末新政中的修订法律馆——中国法律近代化的一段往事》,第132—144 页;李欣荣:《吉同钧与清末修律》,载《社会科学战线》2009 年第 6 期。董康亦称,《现行刑律》之编定,"大致采长安薛允升《读例存疑》之说"。参见董康:《中国修订法律之经过》,载何勤华、魏琼编:《董康法学文集》,中国政法大学出版社 2005 年版,第 462 页。

② 江庸:《五十年来之中国法制》,载许章润主编:《清华法学》(第八辑),清华大学出版社 2006 年版,第 259 页。

③ 参见奕劻等:《请饬修订法律大臣另编重订〈现行律〉片》,载《政治官报》第 822 号(宣统元年十二月廿八日)。

④ 北洋政府时期,《现行刑律》民事部分的效力一直延续至民国民法典生效,系别有机缘,似非清末编定《现行刑律》所曾预想的"过渡之用"。参见沈尔乔等编辑,陈颐点校:《"〈现行律〉民事有效部分"集解四种》,法律出版社 2016 年版,"前言"。

在康熙初年仅321条,至雍正三年(1725年),增至815条。自乾隆十一年(1706年)起,定例5年修例一次,至同治九年(1870年),修例22次,条例增至1892条。①

然而,清代修例似乎并无完整的规划,"每届修例,第将历奉谕旨及议准臣工条奏节次编入,从未统合全书,逐条厘正"②,所导致的后果是条例繁碎。《清史稿·刑法志》指称:"其间前后抵触,或律外加重,或因例破律,或一事设一例,或一省一地方专一例,甚且因此例而生彼例,不惟与他部则例参差,即一例分载各门者,亦不无歧异。"③

自同治九年修例以迄清末,"德宗(光绪)幼冲继统,未遑兴作。兼之时势多故,章程丛积,刑部既惮其繁猥,不敢议修,群臣亦未有言及者,因循久之"④。

《现行刑律》之编定,于旧律贡献最大者,无疑是对条例的清理,即所谓"删约旧例"。修订法律馆于《大清现行刑律案语》"凡例"称:"条例次叙,向以时代为后先,惟叠经修辑,间亦错出,检阅为难。此次拟以修改、修并、移改、移并、删除、续纂六项分列,其原例之应存者,则以仍旧别之,统俟钦定之后,续进黄册之时,再合各条,循类纂辑,庶条分缕析,秩序井然。"从编定《现行刑律》的实际效果来看,条例数量由同治九年的1892条减为939条,删去了953条,删除的条例占到了原例的50.4%。从律文附例情形来看,同治九年之大清律例的285条律文有附例,附例律文占全部律文的65.4%;而《现行刑律》减为210条,附例律文所占比重减为54%。从条例文字来看,修订后的条例文字亦清减不少。⑤ 律文律注抵牾、律例扞格、规则繁复等情形大体上得以清理。⑥

以旧律学的视角观之,《现行刑律》之编定,可谓中国旧律最后之总成,

---

① 《大清律例汇辑便览》(光绪二十九年刊本,成文出版社有限公司1975年影印版)、《读例存疑》重刊本(黄静嘉编校,成文出版社有限公司1970年版)所收录条例均为1907条。
② 《清史稿校注》,台北商务印书馆1999年版,第3972页。
③ 同上书,第3971—3972页。
④ 同上书,第3972页。
⑤ 比对同治九年《大清律例》与《现行刑律》名例律附例修改、修并前后的情况(不计删除、续纂情形),原例109条、12235字,修改、修并后为102条、10022字,字数删减了18.1%;条例修改、修并前平均每条112字,修改、修并后平均每条98字,平均每条长度删减了12.5%。
⑥ 此外,如因刑罚变革(厘正刑名、量刑变化)、法律与社会不相适应、政策或法律变化所作的修订,大体上可以归入"汇辑新章"的范围。具体可见陈新宇教授对《现行刑律》户役、田宅、婚姻、钱债四门的分析。参见陈新宇:《"分别民刑"考——以〈大清现行刑律〉之编纂为中心》,载《法制史研究》(台北)第10期,第253—284页。

实为晚清修律数年之巨变中,一代律曹为旧律所赢得的一席之地。①

百年沧桑巨变,《现行刑律》早已没入历史,然则该当如何"一方面吸收输入外来之学说,一方面不忘本来民族之地位"?该当如何秉承"道教之真精神",步入"新儒家之旧途径"?该当如何"真能于思想上自成系统"?②恐仍需更漫长的历史演进,方能给出答案。本书的顺利完成,得益于诸多师友的慷慨相助。北京大学法学院王凯博士、厦门大学法学院吴旭阳副教授、华东政法大学法律史研究中心孙晓鸣博士等诸位师友,协助我寻找并复印了本书诸多文献;业师何勤华教授、米健教授、李秀清师、戴永盛师、洪佳期、黄寒、李在全、许小亮、汪强、卢然、解锟诸师友,以及华东政法大学科研处孙万怀教授、俞岚老师的全力支持,是本书得以完成的动力所在;北京大学出版社朱彦编辑的认真工作,使本书避免了诸多讹误。自23年前初入这片安静的校园之时起,我从不曾想象,这一停留将会耗去如许漫长的时光。感谢母校的宽容,让我在不惑之年仍得有"抄碑"的闲适。

陈　颐
2017 年 7 月

---

① 《现行刑律》虽早已隐入历史,但其具体规则于今日之司法仍不无实践意义。举例言之,贼盗律例中对共谋随行与未随行、持械与徒手、刃伤与手足他物伤、从旁加功与在场助势等所作的区分,较之现行刑法更为绵密细致,更具操作性。

② 参见陈寅恪:《冯友兰〈中国哲学史〉下册审查报告》,载陈寅恪集:《金明馆丛稿二编》,生活·读书·新知三联书店 2015 年版,第 284—285 页。

点校说明

一、清宣统二年(1910年)七月修订法律馆仿武英殿聚珍版《钦定大清现行刑律》①为其唯一官方版本，②本书以该版本为底本，并以北京政学社编《大清法规大全续编》第3—9册所载"现行刑律定本"(以下称"政学社本")③、法政研究会编《钦定大清现行刑律》(以下称"法政研究会本")④两个版本，以及宪政编查馆会奏《呈进〈现行刑律〉黄册定本请旨颁行折(并修改各条清单)》⑤、宪政编查馆编《核订现行刑律》⑥、修订法律馆编《大清现行刑律案语》⑦、吉同钧著《新订现行刑律讲义》(宣统二年七月法部律学馆石印本)⑧参校。

二、为便于检索，本书以30门、389条律目为基础，编制全新目录，并于律目后标注所附条例数目。原书总目卷首"律目"及各卷卷首所列明本卷律

---

① 修订法律馆仿武英殿聚珍版《钦定大清现行刑律》一函12册，共36卷并卷首1卷，每面10行，每行20字。

② 参见本书附录一〔奕劻等：刊印《现行刑律》告竣装潢呈览折〕、附录二"法部咨复吉林公署电询《现行刑律》是否以最后颁行定本为准文"。

③ 清宣统年间(1909—1911年)铅印本，封面题作"大清法规大全续编·第×册·法律部·现行刑律定本"，第3册内封页则题作"钦定大清现行刑律"。其版式为：每面分上下两栏，每栏16行，每行18字。内容与修订法律馆本同，亦附载《禁烟条例》及《秋审条款》。惟宣统元年十二月十日颁行《禁烟条例》上谕、宣统二年七月十六日颁行《秋审条款》上谕，修订法律馆本相应载于《禁烟条例》及《秋审条款》文前，而该版本则一并载于乾隆"御制大清律例序"后、宪政编查馆核订现行刑律衔名前。

④ 宣统二年铅印本，封面页眉标明"讲义"字样，书名题为"钦定大清现行刑律"，左下落款为"法政研究会用本"，实为《钦定大清现行刑律》全文。书前仅附宣统二年四月初七日颁行《现行刑律》上谕，无乾隆"御制大清律例序"、两馆修律衔名及奏折，无服图、服制，无卷次，未附载《禁烟条例》《秋审条款》并相应奏折。条例顺序与修订法律馆仿武英殿聚珍本及政学社本不同，且条例数量亦有歧出。律例双行小注则在圆括号"( )"内以与正文相同字体、字号单行排印，目录仍保留"吏律目录""户律目录""礼律目录""兵律目录""刑律目录""工律目录"字样(正文则无)。

⑤ 宪政编查馆会奏《呈进〈现行刑律〉黄册定本请旨颁行折(并修改各条清单)》，载《政治官报》第922—928号(宣统二年四月)。

⑥ 宪政编查馆编：《核订现行刑律》，修订法律馆宣统元年(十二月)(1910年2月)铅印本。

⑦ 修订法律馆编：《大清现行刑律案语》，修订法律馆宣统元年(1909年)铅印本。

⑧ (清)吉同钧：《新订现行刑律讲义》，宣统二年七月法部律学馆石印本。另见(清)吉同钧撰：《大清现行刑律讲义》，栗铭徽点校，清华大学出版社2017年版；吉同钧纂辑：《大清现行刑律讲义》，闫晓君整理，知识产权出版社2017年版。

目,为免重复,不录。原书卷号仍予以保留,在六角括号"〔 〕"内标明。原书总目卷号之下列明门类,通常一卷号对应一门类,亦有数卷号对应一门类。新编目录以门类为纲,如一卷号对应一门类,则将卷号标于门类之前;如数卷号对应一门类,在相应门类后依次标明卷号。

三、原书书前上谕、奏折无标题者,酌拟标题,并以六角括号"〔 〕"标识。

四、原书律文、条例均未经编号,为便于检索,为全部律文、条例及所附《秋审条款》添注编号,将编号以 上标格式 标识于全书律目、律文、条例及所附《秋审条款》各款之前。编号规则如下:

1. 全部 30 门、389 条律目均以阿拉伯数字连续编号,律文在门类编号、律目编号后以阿拉伯数字 0 标识。如 $^{8.121.0}$,即表示第 8 门"课程"第 121 条"私茶"律文。

2. 条例随所附之律目序号编号,所附条例在圆括号"( )"内以阿拉伯数字连续编号。如 $^{8.120.(11)}$,即第 8 门"课程"第 120 条"盐法"所附第 11 条条例"缉私弁兵准携枪支抵御拒捕枭匪"。

3. 律文中如原分若干条或原有分节者(原书以符号"○"间隔),则在表示律文的阿拉伯数字"0"之后以阿拉伯数字连续编号。律文中原分若干条者,如第 8 门"课程"第 120 条"盐法"原分 11 条,则各条依序按 1—11 编号。如 $^{8.120.0.4}$,即第 8 门"课程"第 120 条"盐法"原分第 4 条。律文原有分节者(原书以符号"○"间隔)者,如第 8 门"课程"第 123 条"人户亏兑课程"原分 3 节,则各节依序按 1—3 编号。如 $^{8.123.0.3}$,即第 8 门"课程"第 123 条"人户亏兑课程"第 3 节。

律文小注中有分节者,如以单行大字符号"○"间隔者,视为分节,予以编号;如以双行小字符号"○"间隔者,则不予编号。前者如第 1 门"名例"第 33 条"称与同罪"第 1 节末小注"绞"字后以单行大字符号"○"间隔,则小注"绞"字之后的小注"凡称同罪者,至死减一等;称罪同者,至死不减等"视为新节,予以即编号 $^{1.33.0.2}$;后者如 $^{3.51.0.1}$,即第 3 门"公式"第 51 条"弃毁制书印信"第 1 节小注以双行小字符号"○"间隔,不予编号。

律文如不分条、分节,则仍仅以阿拉伯数字"0"表示,如前文所举 $^{8.121.0}$ 表示第 8 门"课程"第 121 条"私茶"律文之例。

律文原分若干条下如仍有分节者(原书以符号"○"间隔),不在编号之列,如第 8 门"课程"第 120 条"盐法"第 1 条、第 6 条、第 7 条、第 8 条等即是。

条例中偶有分节者,亦不在编号之列,如第 20 门"斗殴"第 280 条"殴祖父母父母"所附第 7 条条例"义子于义父母及义父之祖父母父母并期尊外祖父母有犯"等即是。

4. 卷首"服制图"部分编号为 $^{0.0}$,所列 8 张服图分别以阿拉伯数字连续表示。如 $^{0.0.3}$,即表示第 3 张图"妻为夫族服图"。

卷首"服制"部分编号为 $^{0.1}$,其下各服制以阿拉伯数字连续编号,各服制下各节以阿拉伯数字单独编号。如 $^{0.1.3.11}$,即律首"服制""齐衰不杖期"第 11 节("女适人,为兄弟之为父后者")。

5.《秋审条款》编号首部冠以字母 ^{Q},以下各门、各款均连续编号。如编号 $^{Q.4.92}$,^{Q} 为《秋审条款》,^{4} 为第 4 门"奸盗抢窃",^{92} 为第 92 款"强夺良家妇女奸占为妻妾之案"。

五、增补"〔奕劻等:刊印《现行刑律》告竣装潢呈览折〕"作为附录一,增补"法部咨复吉林公署电询《现行刑律》是否以最后颁行定本为准文"作为附录二,以说明本校底本的法律效力。

六、《钦定宗室觉罗律例》①为补充《钦定大清现行刑律》之特别法,增补为附录三,以完整呈现《钦定大清现行刑律》的全部内容。为便于检索,仍编制编号。编号规则如下:首部冠以字母 ^{Z},以下连续编号(含附卷)。如编号 $^{Z.5}$,^{Z} 为《钦定宗室觉罗律例》,^{5} 为第 5 条"宗室犯死罪分别实缓"例文。卷首所载律文因与《钦定大清现行刑律》同,不另行编号。

七、原书律文有目,而条例无目,现据黄静嘉先生为薛允升《读例存疑》②所拟例目,略作增删改易,在六角括号"〔 〕"内以仿宋字体标注于条例编号后、条例正文前;原书所附《秋审条款》亦无款目,现酌拟添加,亦在六角括号"〔 〕"内以仿宋字体标注于条款编号后、条款正文前。同时,编制"《钦定大清现行刑律》律例全目(附《秋审条款》《钦定宗室觉罗律例》全目)"作为附录四,以便通览《钦定大清现行刑律》律例全貌。

八、原书为竖排,现改为横排;原书双行排印部分,现仍保留双行排印格式。原书"依左表""依左列"等表述,在当前排版格式下应为"依下表""依下列"等,依其原表述,不作更改。

九、原书中的繁体字、异体字,均改为现代汉语通用简化字。原书中一

---

① 《钦定宗室觉罗律例》(二卷附二卷),宣统三年(1912 年)宪政编查馆铅印本,每页 8 行,每行 20 字。

② (清)薛允升:《读例存疑》(重刊本),黄静嘉编校,成文出版社有限公司 1970 年版。

些非现代通行用词,作了相应更改,如"仓猝"改为"仓促","阻当"改为"阻挡","逗溜"改为"逗留","折衷"改为"折中","画一"改为"划一","比校"改为"比较","月分""年分"改为"月份""年份","驰"改为"弛"(根据具体语境)等,不另出脚注说明。

十、原书偶有误字,则在正文中径行订正,并加脚注予以说明。

十一、原书使用年号纪年的,在圆括号"( )"内标明公元纪年;晚清纪年标有月日的,则注明公历年月日。

十二、刑律乃国之重典,刑律之刊印亦为重事。原书由宪政编查馆、修订法律馆两馆馆员精密校雠,印刷工役仿武英殿聚珍版式排印,历时四月成书,为《钦定大清现行刑律》唯一官方刊定颁行之本。原书封面手书题签典雅庄重,亦为两馆装函上呈御览所用题签,与《钦定大清律例》封面字体恰成对照,故选用于本书书口,特此说明。

目 录

御制大清律例序 …………………………………………………………… 001
〔颁行《现行刑律》上谕〕 ………………………………………………… 002
宪政编查馆核订《现行刑律》衔名 ………………………………………… 003
修订法律馆修订《现行刑律》衔名 ………………………………………… 006
〔沈家本等:拟请编定《现行刑律》以立推行新律基础折〕 ……………… 009
〔奕劻等:遵旨议奏沈家本等《奏请编定〈现行刑律〉》折〕 …………… 011
〔沈家本等:编定《现行刑律》告竣谨缮具黄册恭候钦定折〕 ………… 013
　　〔沈家本等:编辑《秋审条款》附片〕 ………………………………… 014
〔奕劻等:核议沈家本等奏《编定〈现行刑律〉告竣缮具黄册恭候
　　钦定》折〕 ……………………………………………………………… 015
〔奕劻等:呈进《现行刑律》黄册定本请旨刊印颁行折〕 ……………… 018
　　〔奕劻等:缮写《现行刑律》黄册两馆当差之供事酌予奖叙附片〕 … 019

〔卷　首〕

律目(略) …………………………………………………………………… 020
0.0　服制图 ………………………………………………………………… 020
0.1　服制 …………………………………………………………………… 028

1　名　例

〔卷一　名例上〕

1.1　五刑〔条例6条〕 ……………………………………………………… 033
1.2　十恶 …………………………………………………………………… 035
1.3　八议 …………………………………………………………………… 036
1.4　应议者犯罪〔条例9条〕 ……………………………………………… 036
1.5　应议者之父祖有犯 …………………………………………………… 037

1.6 职官有犯〔条例7条〕……038
1.7 文武官犯公罪……039
1.8 文武官犯私罪……039
1.9 犯罪得累减……039
1.10 以理去官〔条例1条〕……040
1.11 无官犯罪〔条例1条〕……040
1.12 除名当差〔条例1条〕……040
1.13 常赦所不原〔条例11条〕……041
1.14 犯罪存留养亲〔条例10条〕……042
1.15 徒流人又犯罪〔条例1条〕……045

〔卷二 名例下〕

1.16 老小废疾收赎〔条例6条〕……046
1.17 犯罪时未老疾……047
1.18 给没赃物〔条例14条〕……047
1.19 犯罪自首〔条例11条〕……050
1.20 二罪俱发以重论〔条例1条〕……052
1.21 犯罪共逃……052
1.22 同僚犯公罪……053
1.23 公事失错……053
1.24 共犯罪分首从〔条例1条〕……053
1.25 犯罪事发在逃〔条例4条〕……054
1.26 亲属相为容隐……055
1.27 处决叛军……056
1.28 蒙古及入国籍人有犯〔条例5条〕……056
1.29 本条别有罪名……057
1.30 加减罪例〔条例1条〕……057
1.31 称乘舆车驾……057
1.32 称期亲祖父母……058
1.33 称与同罪……058

1.34 称监临主守 …………………………………………………………… 058

1.35 称日者以百刻 ………………………………………………………… 058

1.36 称道士女冠 …………………………………………………………… 059

1.37 断罪依新颁律〔条例1条〕 …………………………………………… 059

1.38 断罪无正条〔条例1条〕 ……………………………………………… 059

1.39 五徒三流二遣地方〔条例14条〕 …………………………………… 060

〔卷 三〕

2 职　制

2.40 官员袭荫〔条例5条〕 ………………………………………………… 063

2.41 滥设官吏 ……………………………………………………………… 064

2.42 信牌〔条例1条〕 ……………………………………………………… 064

2.43 贡举非其人 …………………………………………………………… 065

2.44 举用有过官吏〔条例3条〕 …………………………………………… 065

2.45 擅离职役 ……………………………………………………………… 066

2.46 擅勾属官 ……………………………………………………………… 066

2.47 交结近侍官员〔条例2条〕 …………………………………………… 066

2.48 上言大臣德政〔条例1条〕 …………………………………………… 067

〔卷 四〕

3 公　式

3.49 讲读律令 ……………………………………………………………… 068

3.50 制书有违 ……………………………………………………………… 068

3.51 弃毁制书印信〔条例3条〕 …………………………………………… 068

3.52 上书奏事犯讳 ………………………………………………………… 069

3.53 事应奏不奏〔条例5条〕 ……………………………………………… 070

3.54 出使不复命 …………………………………………………………… 071

3.55 官文书稽程〔条例6条〕 ……………………………………………… 071

3.56 同僚代判署文案〔条例1条〕 ………………………………………… 072

3.57 增减官文书 ……………………………………………… 073
3.58 漏使印信〔条例2条〕 …………………………………… 073
3.59 擅用调兵印信〔条例1条〕 ……………………………… 073

〔卷　五〕

4 户　役

4.60 脱漏户口〔条例1条〕 …………………………………… 075
4.61 人户以籍为定〔条例4条〕 ……………………………… 076
4.62 私创庵院及私度僧道〔条例4条〕 ……………………… 076
4.63 立嫡子违法〔条例6条〕 ………………………………… 077
4.64 收留迷失子女 …………………………………………… 079
4.65 赋役不均〔条例2条〕 …………………………………… 079
4.66 禁革主保里长 …………………………………………… 079
4.67 点差狱卒 ………………………………………………… 080
4.68 私役部民夫匠 …………………………………………… 080
4.69 别籍异财〔条例1条〕 …………………………………… 080
4.70 卑幼私擅用财〔条例2条〕 ……………………………… 080
4.71 收养孤老〔条例1条〕 …………………………………… 081

〔卷　六〕

5 田　宅

5.72 欺隐田粮〔条例4条〕 …………………………………… 082
5.73 检踏灾伤田粮〔条例3条〕 ……………………………… 083
5.74 功臣田土 ………………………………………………… 084
5.75 盗卖田宅〔条例7条〕 …………………………………… 084
5.76 典买田宅〔条例4条〕 …………………………………… 086
5.77 盗耕种官民田 …………………………………………… 087
5.78 荒芜田地 ………………………………………………… 087
5.79 弃毁器物稼穑等 ………………………………………… 087

5.80 擅食田园瓜果 …… 087
5.81 私借官车船 …… 088

〔卷　七〕

6　婚　姻

6.82 男女婚姻〔条例4条〕 …… 089
6.83 典雇妻女〔条例1条〕 …… 090
6.84 妻妾失序 …… 090
6.85 逐婿嫁女 …… 091
6.86 居丧嫁娶〔条例2条〕 …… 091
6.87 父母囚禁嫁娶 …… 092
6.88 尊卑为婚〔条例1条〕 …… 092
6.89 娶亲属妻妾 …… 092
6.90 娶部民妇女为妻妾 …… 093
6.91 娶逃走妇女 …… 093
6.92 强占良家妻女〔条例6条〕 …… 093
6.93 娶娼妓为妻 …… 095
6.94 僧道娶妻 …… 095
6.95 出妻〔条例2条〕 …… 095
6.96 嫁娶违律主婚媒人罪〔条例3条〕 …… 096

7　仓　库

〔卷八　仓库上〕

7.97 钱法〔条例1条〕 …… 097
7.98 收粮违限〔条例2条〕 …… 097
7.99 多收税粮斛面〔条例1条〕 …… 098
7.100 隐匿费用税粮课物 …… 098
7.101 揽纳税粮 …… 099

7.102	虚出通关朱钞〔条例1条〕	099
7.103	附余钱粮私下补数	100
7.104	私借钱粮〔条例5条〕	100
7.105	私借官物	101

〔卷九　仓库下〕

7.106	挪移出纳〔条例9条〕	102
7.107	库秤雇役侵欺〔条例1条〕	104
7.108	冒支官粮	104
7.109	钱粮互相觉察〔条例1条〕	104
7.110	仓库不觉被盗	105
7.111	守支钱粮及擅开官封	105
7.112	出纳官物有违〔条例1条〕	105
7.113	收支留难〔条例2条〕	106
7.114	起解金银足色	106
7.115	损坏仓库财物〔条例1条〕	106
7.116	转解官物〔条例6条〕	107
7.117	拟断赃罚不当〔条例2条〕	108
7.118	守掌在官财物	109
7.119	隐瞒入官家产〔条例4条〕	109

〔卷　十〕

8　课　程

8.120	盐法〔条例15条〕	110
8.121	私茶〔条例2条〕	113
8.122	匿税〔条例5条〕	114
8.123	人户亏兑课程〔条例1条〕	115

〔卷十一〕

9 钱 债

- 9.124　违禁取利〔条例4条〕 ········· 116
- 9.125　费用受寄财产〔条例2条〕 ········· 117
- 9.126　得遗失物 ········· 118

〔卷十二〕

10 市 廛

- 10.127　私充牙行埠头〔条例4条〕 ········· 119
- 10.128　市司评物价〔条例1条〕 ········· 120
- 10.129　把持行市〔条例5条〕 ········· 120
- 10.130　私造斛斗秤尺 ········· 121
- 10.131　器用布绢不如法 ········· 122

〔卷十三〕

11 祭 祀

- 11.132　祭享 ········· 123
- 11.133　毁大祀丘坛〔条例1条〕 ········· 123
- 11.134　致祭祀典神祇 ········· 124
- 11.135　历代帝王陵寝 ········· 124
- 11.136　亵渎神明 ········· 124
- 11.137　禁止师巫邪术〔条例3条〕 ········· 124

〔卷十四〕

12 礼 制

- 12.138　合和御药 ········· 126

12.139	乘舆服御物	126
12.140	收藏禁书	126
12.141	御赐衣物	127
12.142	失误朝贺	127
12.143	失礼〔条例1条〕	127
12.144	奏对失序	127
12.145	上书陈言〔条例1条〕	127
12.146	见任官辄自立碑	128
12.147	禁止迎送〔条例4条〕	128
12.148	公差人员欺凌长官〔条例1条〕	129
12.149	服舍违式	129
12.150	僧道拜父母	130
12.151	失占天象	130
12.152	术士妄言祸福	130
12.153	匿父母夫丧〔条例3条〕	130
12.154	弃亲之任	131
12.155	丧葬〔条例2条〕	131
12.156	乡饮酒礼〔条例2条〕	132

〔卷十五〕

13 宫　卫

13.157	太庙门擅入	133
13.158	宫殿门擅入	133
13.159	宿卫守卫人私自代替	133
13.160	从驾稽违	134
13.161	直行御道〔条例3条〕	134
13.162	宫殿造作罢不出	135
13.163	辄出入宫殿门	135
13.164	关防内使出入	135

- 13.165 向宫殿射箭 ……………………………… 136
- 13.166 宿卫人兵仗 ……………………………… 136
- 13.167 禁经断人充宿卫 ………………………… 136
- 13.168 冲突仗卫〔条例2条〕 …………………… 136
- 13.169 行宫营门 ………………………………… 137
- 13.170 越城〔条例1条〕 ………………………… 137
- 13.171 门禁锁钥 ………………………………… 138

〔卷十六〕

14 军　政

- 14.172 擅调官军 ………………………………… 139
- 14.173 申报军务 ………………………………… 139
- 14.174 飞报军情 ………………………………… 140
- 14.175 漏泄军情大事〔条例1条〕 ……………… 140
- 14.176 失误军事 ………………………………… 141
- 14.177 从征违期 ………………………………… 141
- 14.178 军人替役 ………………………………… 141
- 14.179 主将不固守〔条例5条〕 ………………… 141
- 14.180 纵军掳掠〔条例1条〕 …………………… 143
- 14.181 不操练军士 ……………………………… 144
- 14.182 激变良民〔条例2条〕 …………………… 144
- 14.183 私卖战马 ………………………………… 145
- 14.184 私卖军器〔条例1条〕 …………………… 145
- 14.185 毁弃军器〔条例1条〕 …………………… 146
- 14.186 私藏应禁军器〔条例5条〕 ……………… 146
- 14.187 纵放军人歇役〔条例1条〕 ……………… 147
- 14.188 从征守御官军逃 ………………………… 148
- 14.189 优恤军属 ………………………………… 149

〔卷十七〕
15 关　津

- 15.190　关津留难 …… 150
- 15.191　盘诘奸细〔条例11条〕…… 150

〔卷十八〕
16 厩　牧

- 16.192　牧养畜产不如法〔条例1条〕…… 153
- 16.193　孳生马匹〔条例1条〕…… 153
- 16.194　验畜产不以实 …… 154
- 16.195　养疗瘦病畜产不如法 …… 154
- 16.196　乘官畜脊破领穿〔条例1条〕…… 154
- 16.197　官马不调习 …… 155
- 16.198　宰杀马牛〔条例2条〕…… 155
- 16.199　畜产咬踢人 …… 156
- 16.200　隐匿孳生官畜产〔条例1条〕…… 156
- 16.201　私借官畜产 …… 156

〔卷十九〕
17 邮　驿

- 17.202　递送公文〔条例7条〕…… 157
- 17.203　邀取实封公文 …… 158
- 17.204　铺舍损坏 …… 159
- 17.205　私役铺兵 …… 159
- 17.206　驿使稽程 …… 159
- 17.207　多乘驿马〔条例2条〕…… 159
- 17.208　多支廪给 …… 160
- 17.209　文书应给驿而不给 …… 160

17.210 公事应行稽程〔条例1条〕 …… 160
17.211 乘驿马赍私物〔条例2条〕 …… 161
17.212 私役民夫抬轿〔条例1条〕 …… 161
17.213 病故官家属还乡〔条例1条〕 …… 162
17.214 承差转雇寄人〔条例1条〕 …… 162
17.215 乘官畜产车船附私物 …… 163
17.216 私借驿马 …… 163

18 贼 盗

〔卷二十　贼盗上〕

18.217 谋反大逆 …… 164
18.218 谋叛〔条例4条〕 …… 164
18.219 造妖书妖言〔条例2条〕 …… 166
18.220 盗大祀神御物 …… 166
18.221 盗制书 …… 166
18.222 盗印信 …… 167
18.223 盗内府财物〔条例3条〕 …… 167
18.224 盗城门钥 …… 167
18.225 盗军器 …… 167
18.226 盗园陵树木〔条例5条〕 …… 168
18.227 监守自盗仓库钱粮〔条例1条〕 …… 169
18.228 常人盗仓库钱粮〔条例1条〕 …… 170
18.229 强盗〔条例35条〕 …… 171

〔卷二十一　贼盗中〕

18.230 劫囚〔条例5条〕 …… 178
18.231 白昼抢夺〔条例12条〕 …… 179
18.232 窃盗〔条例16条〕 …… 182
18.233 盗马牛畜产〔条例8条〕 …… 185

18.234 盗田野谷麦〔条例3条〕……………………………… 186

〔卷二十二 贼盗下〕

18.235 亲属相盗〔条例5条〕……………………………… 188
18.236 恐吓取财〔条例9条〕……………………………… 189
18.237 诈欺官私取财〔条例6条〕………………………… 191
18.238 略人略卖人〔条例8条〕…………………………… 192
18.239 发冢〔条例21条〕………………………………… 194
18.240 夜无故入人家〔条例1条〕………………………… 199
18.241 盗贼窝主〔条例12条〕…………………………… 200
18.242 共谋为盗〔条例1条〕……………………………… 202
18.243 公取窃取皆为盗 ………………………………… 202

〔卷二十三〕

19 人　命

19.244 谋杀人〔条例5条〕………………………………… 203
19.245 谋杀制使及本管长官 …………………………… 204
19.246 谋杀祖父母父母〔条例4条〕……………………… 204
19.247 杀死奸夫〔条例21条〕…………………………… 205
19.248 谋杀故夫父母 …………………………………… 209
19.249 杀一家三人〔条例7条〕…………………………… 209
19.250 采生折割人 ……………………………………… 210
19.251 造畜蛊毒杀人〔条例3条〕………………………… 210
19.252 斗殴及故杀人〔条例12条〕……………………… 211
19.253 屏去人服食 ……………………………………… 214
19.254 戏杀误杀过失杀伤人〔条例12条〕……………… 214
19.255 夫殴死有罪妻妾〔条例2条〕……………………… 216
19.256 杀子孙图赖人〔条例5条〕………………………… 217
19.257 弓箭伤人〔条例1条〕……………………………… 217

- 19.258 车马杀伤人 ……………………………………… 218
- 19.259 庸医杀伤人〔条例1条〕 ……………………… 218
- 19.260 窝弓杀伤人 ……………………………………… 218
- 19.261 威逼人致死〔条例19条〕 …………………… 219
- 19.262 尊长为人杀私和 ……………………………… 222
- 19.263 同行知有谋害 ………………………………… 222

20 斗 殴

〔卷二十四 斗殴上〕

- 20.264 斗殴〔条例3条〕 ……………………………… 223
- 20.265 保辜限期〔条例3条〕 ………………………… 224
- 20.266 宫内忿争〔条例3条〕 ………………………… 225
- 20.267 宗室觉罗以上亲被殴〔条例1条〕 …………… 226
- 20.268 殴制使及本管长官〔条例3条〕 ……………… 227
- 20.269 佐职统属殴长官 ……………………………… 228
- 20.270 上司官与统属官相殴 ………………………… 228
- 20.271 九品以上官殴长官 …………………………… 228
- 20.272 拒殴追摄人 …………………………………… 228
- 20.273 殴受业师〔条例1条〕 ………………………… 229
- 20.274 威力制缚人〔条例2条〕 ……………………… 229

〔卷二十五 斗殴下〕

- 20.275 雇工人殴家长〔条例4条〕 …………………… 230
- 20.276 妻妾殴夫 ……………………………………… 231
- 20.277 同姓亲属相殴 ………………………………… 231
- 20.278 殴大功以下尊长〔条例9条〕 ………………… 232
- 20.279 殴期亲尊长〔条例7条〕 ……………………… 234
- 20.280 殴祖父母父母〔条例7条〕 …………………… 235

20.281	妻妾与夫亲属相殴〔条例1条〕	237
20.282	殴妻前夫之子	238
20.283	妻妾殴故夫父母	238
20.284	父祖被殴〔条例4条〕	238

〔卷二十六〕

21 骂詈

21.285	骂人	240
21.286	骂制使及本管长官〔条例1条〕	240
21.287	佐职统属骂长官	240
21.288	雇工人骂家长	240
21.289	骂尊长	241
21.290	骂祖父母父母〔条例1条〕	241
21.291	妻妾骂夫期亲尊长	241
21.292	妻妾骂故夫父母	241

〔卷二十七〕

22 诉讼

22.293	越诉〔条例11条〕	242
22.294	投匿名文书告人罪〔条例2条〕	244
22.295	告状不受理〔条例3条〕	244
22.296	听讼回避	245
22.297	诬告〔条例20条〕	246
22.298	干名犯义	250
22.299	子孙违犯教令〔条例3条〕	250
22.300	见禁囚不得告举他事〔条例1条〕	251
22.301	教唆词讼〔条例7条〕	251
22.302	官吏词讼家人诉	253

〔卷二十八〕
23 受　赃

- 23.303　官吏受财〔条例9条〕 …… 254
- 23.304　坐赃致罪 …… 257
- 23.305　事后受财 …… 258
- 23.306　官吏听许财物〔条例1条〕 …… 258
- 23.307　有事以财请求〔条例2条〕 …… 258
- 23.308　在官求索借贷人财物〔条例3条〕 …… 259
- 23.309　家人求索〔条例2条〕 …… 260
- 23.310　风宪官吏犯赃 …… 260
- 23.311　因公科敛〔条例1条〕 …… 261
- 23.312　克留盗赃〔条例1条〕 …… 261

〔卷二十九〕
24 诈　伪

- 24.313　诈为制书〔条例1条〕 …… 262
- 24.314　诈传诏旨 …… 262
- 24.315　对制上书诈不以实 …… 263
- 24.316　伪造印信时宪书等〔条例4条〕 …… 263
- 24.317　私铸铜钱〔条例7条〕 …… 264
- 24.318　诈假官〔条例4条〕 …… 266
- 24.319　诈称内使等官 …… 267
- 24.320　近侍诈称私行 …… 267
- 24.321　诈为瑞应 …… 267
- 24.322　诈病死伤避事〔条例2条〕 …… 268
- 24.323　诈教诱人犯法〔条例3条〕 …… 268

〔卷三十〕

25 犯　奸

25.324　犯奸〔条例9条〕 …… 270

25.325　纵容妻妾犯奸 …… 272

25.326　亲属相奸〔条例1条〕 …… 272

25.327　诬执翁奸 …… 273

25.328　雇工人奸家长妻〔条例2条〕 …… 273

25.329　奸部民妻女 …… 273

25.330　居丧及僧道犯奸 …… 273

25.331　官吏宿娼 …… 274

25.332　买良为娼〔条例2条〕 …… 274

〔卷三十一〕

26 杂　犯

26.333　拆毁申明亭〔条例1条〕 …… 275

26.334　夫匠军士病给医药 …… 275

26.335　赌博〔条例8条〕 …… 275

26.336　阉割火者〔条例2条〕 …… 277

26.337　嘱托公事 …… 277

26.338　私和公事 …… 278

26.339　失火 …… 278

26.340　放火故烧人房屋〔条例2条〕 …… 279

26.341　违令 …… 280

26.342　不应为 …… 280

〔卷三十二〕

27 捕　亡

27.343　应捕人追捕罪人〔条例8条〕 …… 281

27.344 罪人拒捕〔条例15条〕…… 283

27.345 狱囚脱监及反狱在逃〔条例10条〕…… 286

27.346 稽留囚徒〔条例5条〕…… 287

27.347 主守不觉失囚〔条例8条〕…… 288

27.348 知情藏匿罪人 …… 290

27.349 盗贼捕限〔条例11条〕…… 291

28 断　狱

〔卷三十三　断狱上〕

28.350 因应禁而不禁〔条例7条〕…… 294

28.351 故禁故勘平人〔条例2条〕…… 295

28.352 淹禁〔条例2条〕…… 296

28.353 凌虐罪囚〔条例10条〕…… 297

28.354 与囚金刃解脱〔条例1条〕…… 299

28.355 主守教囚反异 …… 299

28.356 狱囚衣粮〔条例4条〕…… 300

28.357 功臣应禁亲人入视 …… 301

28.358 死囚令人自杀 …… 301

28.359 老幼不拷讯 …… 301

28.360 鞫狱停囚待对〔条例10条〕…… 301

28.361 依告状鞫狱 …… 304

28.362 原告人事毕不放回〔条例2条〕…… 304

28.363 狱囚诬指平人 …… 305

〔卷三十四　断狱下〕

28.364 官司出入人罪〔条例5条〕…… 306

28.365 辩明冤枉〔条例5条〕…… 307

28.366 有司决囚等第〔条例27条〕…… 308

28.367 检验尸伤不以实〔条例14条〕…… 313

28.368 决罚不如法	316
28.369 长官使人有犯	317
28.370 断罪引律令〔条例2条〕	317
28.371 狱囚取服辩	317
28.372 赦前断罪不当〔条例4条〕	318
28.373 闻有恩赦而故犯	318
28.374 妇人犯罪〔条例6条〕	319
28.375 死囚复奏待报〔条例7条〕	320
28.376 断罪不当〔条例5条〕	321
28.377 吏典代写招草〔条例1条〕	322

〔卷三十五〕

29 营　造

29.378 擅造作〔条例1条〕	323
29.379 虚费工力采取不堪用	323
29.380 造作不如法	324
29.381 冒破物料〔条例3条〕	324
29.382 带造缎匹	324
29.383 织造违禁龙凤纹缎匹	325
29.384 造作过限	325
29.385 修理仓库〔条例1条〕	325

〔卷三十六〕

30 河　防

30.386 盗决河防〔条例2条〕	326
30.387 失时不修堤防〔条例4条〕	326
30.388 侵占街道	327
30.389 修理桥梁道路	327

附：禁烟条例

〔颁行《禁烟条例》上谕〕 …… 328
〔善耆等：酌拟《禁烟条例》缮单呈览折〕 …… 328
〔奕劻等：核订《禁烟条例》开单呈览折〕 …… 329
禁烟条例 …… 331

附：秋审条款

〔颁行《秋审条款》上谕〕 …… 333
〔廷杰等：编辑《秋审条款》告成缮单呈览折〕 …… 333
Q 秋审条款 …… 336
 Q.1 职官 …… 336
 Q.2 服制 …… 336
 Q.3 人命 …… 339
 Q.4 奸盗抢窃 …… 344
 Q.5 杂项 …… 350
 Q.6 矜缓比较 …… 352

附录一 〔奕劻等：刊印《现行刑律》告竣装潢呈览折〕 …… 354
附录二 法部咨复吉林公署电询《现行刑律》是否以最后颁行定本为准文 …… 356
附录三 钦定宗室觉罗律例 …… 358
附录四 《钦定大清现行刑律》律例全目（附《秋审条款》《钦定宗室觉罗律例》全目） …… 375
 1 名例 …… 375
 2 职制 …… 380
 3 公式 …… 381
 4 户役 …… 382
 5 田宅 …… 384
 6 婚姻 …… 385
 7 仓库 …… 386

- 8 课程 389
- 9 钱债 390
- 10 市廛 390
- 11 祭祀 391
- 12 礼制 392
- 13 宫卫 393
- 14 军政 394
- 15 关津 396
- 16 厩牧 396
- 17 邮驿 397
- 18 贼盗 398
- 19 人命 405
- 20 斗殴 410
- 21 骂詈 412
- 22 诉讼 413
- 23 受赃 415
- 24 诈伪 416
- 25 犯奸 418
- 26 杂犯 419
- 27 捕亡 420
- 28 断狱 422
- 29 营造 428
- 30 河防 428

《秋审条款》全目 429

《钦定宗室觉罗律例》全目 435

御制大清律例序

象刑有典，肇见《虞书》，其用之之道，则曰"钦"、曰"恤"、曰"明"、曰"允"，一篇之中，三致意焉。武王诰康叔，以用其义刑义杀。而《吕刑》，则曰"士制百姓于刑之中，以教祗德"。古先哲王所为设法饬刑，布之象魏，县之门闾，自朝廷达于邦国，共知遵守者。惟是适于义、协于中，弼成教化，以洽其好生之德，非徒示之禁令，使知所畏惧而已。

我列祖受天明命，抚绥万邦，颁行《大清律例》，仁育义正，各得其宜。圣祖仁皇帝至仁如天，化成久道，德洋恩溥，涵浃群生。皇考世宗宪皇帝际重熙累洽之运，振起而作新之，亲定《大清律集解》，刊示中外，甄陶训迪，刑期无刑，法外之仁，垂为明训。有曰"宽严之用，必因乎其时"。洋洋圣谟，洵用法之权衡，制刑之准则也。

朕寅绍丕基，恭承德意，深念因时之义，期以建中于民。简命大臣，取律文及递年奏定成例，详悉参定，重加编辑。揆诸天理，准诸人情，一本于至公而归于至当。折中损益为四百三十六门，千有余条，凡四十七卷。条分缕析，伦叙秩然，颁布宇内，用昭划一之守。于戏！五刑五用，以彰天讨而严天威。予一人恭天成命，监成宪以布于下民，敢有弗钦？虽然，有定者律令，无穷者情伪也。《易》曰"君子以明慎用刑而不留狱"，《书》曰"式敬尔由狱，以长我王国"。忠信之长，慈惠之师，尚其慎厥用、敬厥由，体钦恤明允之意，率义于民棐彝，克协于中，以弼予祈天永命，允升于大猷，从事于斯者，胥懋敬哉。

是为序。

乾隆五年(1740年)仲冬月既望御笔①

---

① 落款钤"所宝惟贤""乾隆御笔"印。

〔颁行《现行刑律》上谕〕

(宣统二年四月初七日(1910年5月15日))

宣统二年四月初七日,内阁奉上谕:

上年(宣统元年八月(1909年10月))据修律大臣奏进编定《现行律》,当经谕令宪政编查馆复核,奏准。兹据该馆及该大臣等将《现行刑律》黄册并按照新章修改各条缮具进呈,朕详加披览,尚属妥协。着即刊刻成书颁行,京外一体遵守。国家律令,因时损益,此项刑律为改用新律之预备,内外问刑各衙门务当悉心讲求,依法听断,毋得任意出入,致滋枉纵,以副朝廷慎刑协中之至意。

钦此。

宪政编查馆核订《现行刑律》衔名

王大臣

军机大臣、和硕庆亲王	臣	奕劻
军机大臣、文华殿大学士	臣	世续
军机大臣、东阁大学士	臣	鹿传霖
军机大臣、署文渊阁大学士	臣	那桐
军机大臣上学习行走、侍郎	臣	吴郁生
原任军机大臣上学习行走、协办大学士、尚书	臣	戴鸿慈

提调

学部左侍郎	臣	宗室宝熙
大理院少卿	臣	刘若曾
理藩部左侍郎	臣	达寿
学部右侍郎	臣	李家驹

参议

候补四品京堂	臣	劳乃宣

总务处帮总办

前翰林院侍讲	臣	宗室文斌

总务处科员

裁缺国子监司业	臣	荫桓
民政部员外郎	臣	于宝轩
学部候补员外郎	臣	张志潜
学部七品小京官	臣	傅岳棻
学部员外郎	臣	继宗

内阁即补侍读	臣	殷　济
前军机章京	臣	许宝蘅

编制局局长

前民政部右参议	臣	吴廷燮

编制局正科员

外务部右丞	臣	曹汝霖

编制局正科员上行走

前候补四品京堂	臣	陆宗舆

编制局副科员

前翰林院编修	臣	胡大勋
翰林院编修	臣	朱国桢
民政部郎中	臣	胡礽泰
外务部主事	臣	嵇　镜
外务部主事	臣	富士英
外务部候补主事	臣	施哷本
前大理院候补从五品推事	臣	廉　隅
农工商部候补主事	臣	顾德邻
翰林院秘书郎	臣	刘福姚
内阁中书	臣	李景鉌
前民政部七品小京官	臣	汪曾武

统计局局长

山西补用道	臣	沈林一

考核专科帮办

学部奏留前试署员外郎	臣	恩　华
掌安徽道监察御史	臣	黄瑞麒

考核专科正科员

邮传部丞参上行走、候补四品京堂　　　　　臣　林炳章

专核专科副科员

署内城巡警总厅佥事、五品警官　　　　　　臣　顾　鳌
掌山东道监察御史　　　　　　　　　　　　臣　王履康

修订法律馆修订《现行刑律》衔名

修订法律大臣

法部右侍郎	臣	沈家本
头品顶戴、仓场侍郎	臣	俞廉三

提调官

大理院总检察厅厅丞	臣	王世琪
大理院候补推丞	臣	董　康
法部参议上行走、前河南汝宁府知府	臣	罗维垣
内城巡警总厅厅丞	臣	章宗祥

总核官

花翎三品衔、前江西广信府知府	臣	何汝翰

总纂官

三品顶戴、法部审录司郎中、京察一等	臣	吉同钧
大理院刑科推丞	臣	许受衡
民政部左参议	臣	汪荣宝
前大理院民科推丞	臣	周绍昌
大理院民科推丞	臣	王式通

纂修官

安徽遇缺即补知府	臣	谢宗诚
记名、御史、前大理院推事	臣	姚大荣
花翎侍讲衔、翰林院编修	臣	朱汝珍
外务部七品小京官	臣	许同莘

花翎三品衔、翰林院编修	臣	章宗元
花翎员外郎衔、外务部候补主事	臣	陈箓
学部参事	臣	陈毅
大理院候补主簿	臣	汪有龄
外务部庶务司主事	臣	熊垓
大理院学习正六品推事	臣	张孝栘
法部参议上行走、前翰林院编修	臣	方履中
法部候补主事	臣	高种

协修官

大理院推事	臣	吴尚廉
大理院候补推事	臣	李方
大理院推事	臣	金绍城
翰林院编修	臣	程明超
分省知府	臣	朱兴汾
翰林院检讨	臣	朱献文
法政科举人	臣	汪燨芝
花翎员外郎衔、外务部候补主事	臣	马德润
大理院即用正六品推事	臣	江庸
法部候补主事	臣	顾迪光
前内阁中书	臣	范熙壬
大理院候补推事	臣	曾彝进

校理官

湖南岳常澧道	臣	熙桢
保送知府、前大理院推事	臣	秦曾潞
江苏候补直隶州州判	臣	章震福

校对官

| 前河南考城县知县 | 臣 | 周锡曾 |
| 花翎五品衔、分省试用县丞 | 臣 | 贺硕麟 |

云南补用知县　　　　　　　　　　　臣　　舒镇观

收掌官

大理院主簿　　　　　　　　　　　　臣　　花良阿

大理院主簿　　　　　　　　　　　　臣　　春　绪

〔沈家本等：拟请编定《现行刑律》以立推行新律基础折〕

（光绪三十四年正月二十九日（1908年3月1日））

修订法律大臣、法部右侍郎臣沈家本等跪奏：为拟请编定《现行刑律》以立推行新律基础恭折仰祈圣鉴事。

窃维新政之要，不外因革两端。然二者相衡，革难而因易。诚以惯习本自传遗，损益宜分次第，初非旦夕所能责望也。方今瀛海交通，俨同比伍，权力稍有参差，强弱因之立判。职是之故，举凡政令、学术、兵制、商务，几有日趋于同一之势，是以臣家本上年（光绪三十三年（1907年））八月进呈刑律，专以折冲樽俎、模范列强为宗旨。惟是刑罚与教育互为盈朒，如教育未能普及，骤行轻典，似难收弼教之功。且审判之人才、警察之规程、监狱之制度，在在与刑法相维系，虽经渐次培养设立，究未悉臻完善。论嬗递之理，新律固为后日所必行，而实施之期，殊非急迫可以从事。考日本未行新刑法以前，折中我国刑律，颁行《新律纲领》，一洗幕府武健严酷之风，继复酌采欧制，颁行《改定律例》三百余条，以补《纲领》所未备，维持于新旧之间，成效昭著。故臣等于陈奏《开馆办事章程折》内拟请设编案处，删订旧有律例及编纂各项章程，并额设总纂、纂修、协修等职，分司其事等因，均仰蒙俞允，钦遵在案。伏查乾隆年间定章修例年限，五年小修一次，又五年大修一次，大致分修改、修并、续纂、删除四项，依次编订。自同治九年（1870年）而后，未能依限纂修。光绪二十九年，，臣家本在刑部左侍郎任内奏请删订。嗣于三十一年（1905年），先将删除一项综计三百四十五条，分期缮单进呈。其修改、修并、续纂三项，未及属稿，适值更改官制，从前提调、总纂各员有擢升外任者，有调赴他部者，暂行中止。现在新律之颁布尚须时日，则旧律之删订，万难再缓。臣等公同商酌，拟请踵续其事，以竟前功，并酌拟办法四则，敬为我皇太后、皇上陈之：

一、总目宜删除也。刑律承明之旧，以六曹分职，盖沿用元《圣政典章》及《经世大典》诸书。揆诸名义，本嫌未安。现今官制或已改名，或经归并，与前迥异，自难仍绳旧式。兹拟将吏、户、礼、兵、刑、工诸目一律删除，以昭划一。

一、刑名宜厘正也。律以笞、杖、徒、流、死为五等，而例则于流之外，复增外遣、充军二项。自光绪二十九年，刑部奏请删除充军名目，改为安置；是年，刑部又于议复升任山西巡抚赵尔巽条奏，军、流、徒酌改工艺；三十一年，臣家本与伍廷芳议复前两江总督刘坤一等条奏，改笞、杖为罚金；三十二年（1906年），奏请将秋审可矜人犯，随案改流；三十三年，臣等遵旨议定满汉同一刑制；是年，法部复奏请将例缓人犯免入秋审等因，各在案。叠届变通，渐趋宽简。质言之，即死刑、安置、工作、罚金四项而已。而定案时，因律例未改，仍复详加援引，偶一疏忽，舛迕因之，似非循名核实之义。兹拟将律例内各项罪名，概从新章厘订，以免纷歧。

一、新章宜节取也。新章本为未纂定之例文。惟自同治九年以来，垂四十年，通行章程不下百有余条，阅时既久，未必尽合于今。兹拟分别去留，其为旧例所无，如毁坏电杆、私铸银元之类，择出纂为定例；若系申明旧例，或无关议拟罪名，或所定罪名复经加减者，无庸编辑。

一、例文宜简易也。律文垂一定之制，例则因一时权宜，量加增损。故列代文法之名，唐于律之外有令及格、式，宋有编敕。自明以《大诰》《会典》《问刑条例》附入律后，律例始合而为一。历年增辑，寖而至今，几及二千条以下。科条既失之浩繁，研求自艰于日力。虽经节次删除，尚不逮十之二三。其中与现今情势未符者，或另定新章，例文已成虚设者；或系从前专例，无关引用者；或彼此互见，小有出入，不胜缕举。凡此之类，拟请酌加删并，务归简易。

以上四者，系就大体言之。其余应行刊改之处，临时酌核办理。如蒙俞允，即定其名曰《现行刑律》，由该总纂等按照修改、修并、续纂、删除四项逐加案语，分门编录，并责令克期告成，分别缮具清单，恭候钦定。一俟新律颁布之日，此项刑律再行作废。持之以恒，行之以渐，则他日推暨新律，不致有扞格之虞矣。

所有拟请编订《现行刑律》缘由，谨恭折具陈，伏乞皇太后、皇上圣鉴。谨奏。

    修订法律大臣、法部右侍郎　　　　臣　沈家本
    修订法律大臣、头品顶戴、仓场侍郎　臣　俞廉三

    光绪三十四年正月二十九日具奏

奉旨："宪政编查馆会同法部议奏。钦此。"

〔奕劻等：遵旨议奏沈家本等《奏请编定〈现行刑律〉》折〕

（光绪三十四年五月二十八日（1908年6月26日））

臣奕劻等跪奏：为遵旨议奏恭折会陈仰祈圣鉴事。

本年正月二十九日（1908年3月1日），准军机处片交本日侍郎沈家本等《奏请编定〈现行刑律〉》一折，奉旨："宪政编查馆会同法部议奏。钦此钦遵。"钞交前来。查阅原奏各节，因《新刑律草案》虽经编拟，而一时教育、审判、警察、监狱各项规制，诸未完善，恐难急切见于实行，故援日本从前《新律纲领》及《改定律例》之办法，删订旧律，以利变通，系为循序渐进起见。所拟《修订章程》，分删除总目、厘正刑名、节取新章、删并例文四项。臣等公同商酌，删除总目一节，盖亦因时制宜之办法。查六官分治，为成周之旧制，夷考列代律目，汉魏以降，大率有篇目而无总目，《唐律》及《宋刑统》均同。《元典章》目录始以诏令、圣政、朝纲、台纲居前，而吏、户、礼、兵、刑、工六部分列于后。洎明洪武时，废中书省，政归六部，故修律亦分六曹。我朝因之，相承未改。近今官制更张，已与前代不同，事例既增，自非旧日总目所能赅载。今律篇目分名例、职制、公式、户役、田宅、婚姻、仓库、课程、钱债、市廛、祭祀、礼制、宫卫、军政、关津、厩牧、邮驿、盗贼、人命、斗殴、骂詈、诉讼、受赃、诈伪、犯奸、杂犯、捕亡、断狱、营造、河防，凡三十门，条举已详，即无总目，已便检查，应即仍照今律三十门分隶，而删除六律之名，以昭核实。又厘正刑名一节，自系循名责实之意。惟查光绪二十九年（1903年），刑部奏请删除充军名目章程，附近、近边、边远并入三流，极边、极边烟瘴改为安置。是年，刑部议复升任山西巡抚赵尔巽条奏习艺章程，工作兼指遣、军、流、徒四项，仅于惩处之法略分轻重之等。是军罪虽经删除，遣、流尚存，仍应于死刑之次，增入遣罪；安置之次，增入流罪，以存其实。至节取现在奏定新章、删并例文各节，俱系修例向章，应请照原奏所拟办理。抑臣等更有请者，新例颁行，旧例停止，乃乘除自然之理。方今朝廷，庶政咸新，群汇繁阜，有昔为厉禁，今已渐次解除者；有昔为附例，今已别辑专条者。即如民人出海，例禁綦严，今则易为保护；各省矿山，向多封闭，今则咸议开采；以及结社、集会、发行报纸之类，均非旧时律例范围所能限制。以上各项，均应荟萃参考，以期一贯，而免抵牾。否则，张弛靡常，前后乖舛，有司顾瞻失据，吏胥影射为奸，似于推暨之功，不无阻碍。此原奏引伸所未及，亟应损益者也。

所有臣等遵旨议奏缘由，理合恭折会陈。伏乞皇太后、皇上圣鉴。

再，此折系宪政编查馆主稿，会同法部办理。合并声明。

谨奏。

光绪三十四年五月二十八日具奏

奉旨："依议。钦此。"

〔沈家本等：编定《现行刑律》告竣谨缮具黄册恭候钦定折〕

（宣统元年八月二十九日（1909年10月12日））

修订法律大臣、法部右侍郎臣沈家本等跪奏：为编定①《现行刑律》告竣谨缮具黄册恭候钦定事。

窃臣等于光绪三十四年正月二十九日（1908年3月1日）奏请编定《现行刑律》酌拟办法四则，一曰删除总目，二曰厘正刑名，三曰节取新章，四曰删并例文，并声明其余应行刊改之处，临时酌核办理等因，经宪政编查馆会同法部议准复奏，钦奉谕旨俞允在案。查纂修律例，向章五年奏请开馆一次，惟自同治九年（1870年）以来，部臣因绌于经费，迄未举行，至今垂四十年。章程叠出，端绪殊涉纷庞，轻重失宜，义例未能一贯。岁月寖久，既较每届修辑为难，而备推行新律基础，尤宜于新陈递嬗之交，为今昔折中之制。揆厥本恉，亦与寻常编订微有不同。臣等奉命之下，督饬提调、纂修等官，按照前后奏定各节，克期从事。仍依《大清律》篇目，自名例至河防，凡三十门，悉心参考，分修改、修并、移并、续纂、删除各名目，开列本条之首；每条加具按语，疏明其义；并将编订义例条举最录，别为一篇，缀列简端，以便省览。臣等随时勘核，详加审订。谨将缮写黄册，装潢成册，敬呈御览，恭候钦定。俟命下之日，再由臣馆将本届修订律文、条例，遵照向章，另缮黄册进呈，请旨刊印颁行，以资遵守。

再，此次编订，体例虽隐寓循序渐进之义，仍严遵旧日之范围。如为筹备宪政，模范列强，实非博采东西大同之良法，难收其效。臣等更当督饬在事各员，将前奏《刑律草案》酌加修正，克期会奏。合并声明。

所有编订《现行刑律》缘由，谨恭折具陈，伏乞皇上圣鉴、训示。

谨奏。

      修订法律大臣、法部右侍郎   臣 沈家本
      修订法律大臣、头品顶戴、仓场侍郎 臣 俞廉三

---

① 原件作"编订"，据下文及折后所录谕旨，应作"编定"。

宣统元年八月二十九日，军机大臣钦奉谕旨："沈家本等奏《编定〈现行刑律〉告竣缮具黄册恭候钦定》一折，着宪政编查馆核议具奏。钦此。"

〔沈家本等：编辑《秋审条款》附片〕

再查《秋审条款》一书，系乾隆三十二年（1767年）及四十九年（1784年）刑部两次纂定，原与刑律相辅而行，盖据律例以定罪名，即因罪名以定矜缓情实，法至善也。特历时既久，例文叠经修改，条款仍沿用至今，其原订子目四十条，大半不能概括；况此次修订《现行刑律》，一切罪名、等次，较从前多有轻重之分，则将来核办秋谳事宜，自非明示遵循，不足免纷歧而祛疑误。臣等公同商酌，拟请将《秋审条款》按照《现行刑律》逐加厘正，借为亭比之资，似于法政不无裨益。如蒙俞允，臣等仍知照法部会同妥慎办理。

所有编辑《秋审条款》缘由，理合附片具奏请旨。

宣统元年八月二十九日，军机大臣钦奉谕旨："沈家本等奏《编辑〈秋审条款〉》一片，着依议。钦此。"

〔奕劻等：核议沈家本等奏《编定〈现行刑律〉告竣缮具黄册恭候钦定》折〕

（宣统元年十二月二十三日（1910年2月2日））

宪政编查馆大臣、和硕庆亲王臣奕劻等跪奏：为遵旨核议具奏恭折仰祈圣鉴事。

本年八月二十九日（1909年10月12日）钦奉谕旨："沈家本等奏《编定〈现行刑律〉告竣缮具黄册恭候钦定》一折，着宪政编查馆核议具奏。钦此。"

臣等检阅原奏及案语，大致汇辑新章、删约旧例，统计律文四百十四条、例文一千六十六条，并于每条博考源流，诠识要义。该大臣等以年余蒇事，程功迅速，具见苦心。惟其中尚有应行斟酌者数端：

一、五刑名目照新章更定，本综核名实之道，乃"罚金"之名改为"罚刑"，似尚未协。查"罚金"始于汉律，沿于六朝，其源最古；自笞杖改制以来，久已中外通行，今并省其词，转滋疑义；且"罚"之与"刑"，文义相类，各刑初莫非惩罚之用，自应仍用"罚金"标目为宜。再，罚金之刑，施之于轻罪人犯，全其廉耻，即以启其羞恶；而于有关十恶及犯奸等条，恐不足以昭儆戒，应另辑专条，实罚工作，不准以罚金完结，以严风纪。

一、买卖人口，久为环球所指摘，而与立宪政体保护人民权利之旨，尤相背驰。此次编订，未经议及，良以属稿在未奉明诏之先。本月臣等议复前署两江总督周馥、监察御史吴纬炳等条奏，业经奉旨禁革，钦遵在案，自应将律内有关买卖人口及奴仆、奴婢诸条，一律删除改定，以昭仁政。

一、旧律以六曹分类，多捃摭各部则例，取盈篇幅，已于体例不符；且庶政日新，今昔迥异，而存此条文于例内，转致引断失宜。现既删除总目，改称《现行刑律》，则所附之条，自当以有刑名者为断。原本于无关引用诸条，虽经删除，尚有未尽，自应再行酌核芟薙。惟此项附存之例，未知各部则例有无正文，现在是否尚资援引，应俟命下后，由臣馆缮具清单，咨行各衙门，量加甄择,辑入则例,庶免遗漏。

一、典章制度随世而殊,损益变通,宜徇时尚。律文沿自前明,其中如文官不许封公侯、朝见留难,多与今制不合;至称乘舆车驾、制书有违、诈传诏旨等条内,兼及皇太子,尤背列圣相传家法。以上各律,宜从删削。

一、律文词旨简严,故死刑不注"监候"字样者,概为立决。原本凡凌迟所改各条,概大书"立决";其绞决所改各条,概大书"监候。入实",虽为详著本罪起见,究乖义例,仍宜分别节删,或改小注,以期全体一贯。

一、流、徒等刑,从前袭用迁徙之制,自改工艺,概须于监狱执行,即与狱囚无殊。凡有逃亡,自应以在监人论。考各国狱制,分既决、未决二种。既决者,收容服役之犯;未决者,收容逮捕之刑事被告人。名称虽有不同,其为监狱则一。原本仍沿旧日办法,并以昼夜分别轻重,揆诸法理,多所未安。兹采用《唐律》加役之法,借资惩肃而杜纷歧。

一、枭、磔等刑,久经停止,死刑仅分斩决、绞决、绞候情实、绞候四种。决罚之如何,应权衡情罪之重轻,乃原本于"杀一家三人"门内增入"请旨即行正法"各条。查此项罪名,旧例专用于强盗条内遣流脱逃之犯,本一时权宜之计,其余如逞忿支解及卑幼因奸盗拒毙缌尊等条,大率因一时一事而加重,究非法定常刑,不足据为典要。且绞候入实与绞决相去仅止一间,似不宜于二者之间复设等差。果其情节较重,不妨予以立决。若罪有所止,亦可援名例从重或从一之例,拟以监候。今监候其名,立决其实,未免治丝而棼。凡此之类,宜予逐一厘正删减,以归划一。

一、本年(宣统元年)十二月(1910年1月),法部议复邮传部奏请定窃毁铁路要件治罪专条,奉旨允准,系在编订以后,自应续行纂入,以资引用。

以上就其大者言之。此外文义未协及罪名繁复之处,督饬馆员分篇勘正,统计二百六十一条。原本体例分修改、修并、移并、续纂、删除各类,今查有原本删除而体察情形仍应列入者数条,因又增修复一类,共为六类。逐条加具案语,臣等复加审订。谨缮黄册,分装二函,并将原书凡修正之处粘贴黄签,一并敬呈御览,恭候钦定。如蒙俞允,即由臣馆将前后黄册咨交修订法律大臣,将律例正文依类排比,遵照向章另缮黄册,会同臣馆请旨刊印颁行,以资遵守。

所有遵旨核议缘由,理合恭折具陈,伏乞皇上圣鉴。
谨奏。

宪政编查馆大臣、和硕庆亲王　　臣　奕　劻
宪政编查馆大臣、大学士　　　　臣　世　续
宪政编查馆大臣、大学士　　　　臣　鹿传霖
宪政编查馆大臣、署大学士　　　臣　那　桐
宪政编查馆大臣、协办大学士　　臣　戴鸿慈

宣统元年十二月二十三日具奏

二十四日(1910年2月3日),奉旨:"依议。钦此。"

〔奕劻等：呈进《现行刑律》黄册定本请旨刊印颁行折〕

（宣统二年四月初七日（1910年5月15日））

宪政编查馆大臣、和硕庆亲王臣奕劻等跪奏：为呈进《现行刑律》黄册定本请旨刊印颁行以资遵守恭折会陈仰祈圣鉴事。

宣统元年十二月二十三日（1910年2月2日），臣奕劻等奏《核议〈现行刑律〉缮册呈览》一折，并声明由臣馆将前后黄册咨交修订法律大臣遵照向章另缮黄册，会同请旨刊印颁行等因，二十四日（2月3日）钦奉谕旨："着依议。钦此钦遵。"咨交去后，臣家本等督饬提调等官，将律例正文依类排比，复因杀青之役，众手叠更，校雠之功，艰于扫叶。凡讹夺及小有牴牾之处，悉心校正。又上年（宣统元年）十二月二十八日（2月7日）颁行《法院编制法》、本年三月十六日（4月25日）奏准变通秋审旧制，所有审判之复核、京控秋审之会录解勘，与从前办法不同，均照新章更正。计修改五十七条，删除十条，加具按语。除另缮清单进呈外，统计原拟编定《现行律》辑删者，律文四百十四条，例文一千六十六条；经复核勘正者二百六十一条；现又照新章修改删除者六十七条，仍将旧律服制八图弁冕简端缮写。工竣，分装二函，恭呈御览。应俟命下，臣等两馆公同刊印颁发，内外问刑衙门一体遵照。至旧律军、流等罪，向于律后附道里表，以备临时查照签发。此次修订，流罪照章改习工作，虽不尽实发，仍有应行到配之犯；军罪虽改为安置，而极边及烟瘴二项，仍应指定道里，即由臣馆知照陆军部，将旧表分别去留，补行刊发，以符名实。

再，臣奕劻等上年进呈核议《现行刑律》黄册之时，附片声明《现行律》户役内承继、分产、婚姻、田宅、钱债各条应属民事者，毋再科刑，仰蒙俞允，通行在案。此本为折中新旧，系指纯粹之属于民事者言之。若婚姻内之抢夺、奸占及背于礼教、违律嫁娶，田宅内之盗卖、强占，钱债内之费用受寄，虽隶于户役，揆诸新律，俱属刑事范围之内。凡此之类，均应照《现行刑律》科罪，不得诿为民事案件，致涉轻纵。合并声明。

此折系法律馆主稿,会同宪政编查馆办理。

所有会奏呈进黄册定本缘由,伏乞皇上圣鉴。

谨奏。

    宪政编查馆大臣、和硕庆亲王   臣 奕劻

    宪政编查馆大臣、大学士   臣 世续

    宪政编查馆大臣、大学士   臣 鹿传霖

    宪政编查馆大臣、署大学士   臣 那桐

    宪政编查馆大臣、侍郎   臣 吴郁生

    修订法律大臣、法部右侍郎   臣 沈家本

    修订法律大臣、头品顶戴、仓场侍郎 臣 俞廉三

宣统二年四月初七日

〔奕劻等:缮写《现行刑律》黄册两馆当差之供事酌予奖叙附片〕

再查历次纂修条例告竣,恭缮黄册进呈后,所有在馆当差之各供事,历经给与议叙在案,此次修订法律馆编定《现行刑律》,汇辑新章,删约旧例,每条加具按语,疏明其义,以年余蒇事,为前此所未有;宪政编查馆复加核订,为时更促。现将律例正文依类排比,另缮黄册会同进呈,除提调等官不敢仰邀奖叙外,其两馆当差之各供事,昕夕缮写,异常勤奋,似未便没其微劳。臣等公同商酌,可否援照历次成案,给与议叙,以示奖励。如蒙俞允,由臣等分别等第,咨行吏部查照办理。

谨附片具陈,伏乞圣鉴。

谨奏。

宣统二年四月初七日,军机大臣钦奉谕旨:"宪政编查馆、修订法律大臣会奏请将缮写黄册两馆当差之供事酌予奖叙一片,着依议。钦此。"

〔卷　首〕

律目（略）

0.0 服制图

0.0.1	丧	服	总	图
		斩三年衰		
用至粗麻布为之，不缝下边			
		齐衰		
五月	杖期	不杖期	三月
用稍粗麻布为之，缝下边			
		大九功月		
用粗熟布为之			
		小五功月		
用稍粗熟布为之			
		缌三麻月		
用稍细熟布为之			

本宗九族五服正服之图

说明（上左）： 凡嫡孙父卒，为祖父母承重，服斩衰三年。若为曾、高祖父母承重，服亦同。

说明（上右）： 凡姑、姊妹、女及孙女在室，或已嫁被出而归，服并与男子同。出嫁而无夫与子者，为兄弟、姊妹及侄皆不杖期。

说明（下左）： 凡男为人后者，为本生亲属孝服皆降一等，本生父母亦降服不杖期。父母报服同。

说明（下右）： 凡同五世祖族属，在缌麻绝服之外，皆为袒免亲。遇丧葬则服素服，尺布缠头。

本宗九族五服图（自上而下）

第一代（高祖）：
- 高祖父母　齐衰三月

第二代（曾祖）：
- 曾伯叔祖父母　缌麻
- 曾祖父母　齐衰五月
- 曾祖姑　在室缌麻／出嫁无服

第三代（祖）：
- 族伯叔祖父母　缌麻
- 伯叔祖父母　小功
- 祖父母　不杖期
- 祖姑　在室小功／出嫁缌麻
- 族祖姑　在室缌麻／出嫁无服

第四代（父）：
- 族伯叔父母　缌麻／无服
- 堂伯叔父母　小功
- 伯叔父母　期年
- 父母　斩衰三年
- 姑　在室期年／出嫁大功
- 堂姑　在室大功／出嫁小功
- 族姑　在室缌麻／出嫁无服

第五代（己身）：
- 族兄弟　缌麻／无服
- 再从兄弟妻　无服
- 再从兄弟　小功
- 堂兄弟妻　无服
- 堂兄弟　大功
- 兄弟妻　缌麻
- 兄弟　期年
- 己身　（小功）
- 姊妹　在室期年／出嫁大功
- 堂姊妹　在室大功／出嫁小功
- 再从姊妹　在室小功／出嫁缌麻
- 族姊妹　在室缌麻／出嫁无服

第六代（子侄）：
- 再从侄　缌麻／无服
- 堂侄　小功
- 侄妇　大功／缌麻
- 长子妇　期年
- 长子　期年
- 众子妇　期年／大功
- 众子　期年
- 侄女　在室期年／出嫁大功
- 堂侄女　在室小功／出嫁缌麻
- 再从侄女　在室缌麻／出嫁无服

第七代（孙）：
- 堂侄孙　缌麻／无服
- 堂侄孙妇　小功／缌麻
- 侄孙　小功
- 侄孙妇　期年／小功
- 嫡孙　大功
- 嫡孙妇　缌麻
- 众孙　大功
- 众孙女　在室小功／出嫁缌麻
- 侄孙女　出嫁无服

第八代（曾孙）：
- 曾侄孙　缌麻／无服
- 曾侄孙妇　缌麻
- 曾孙　缌麻
- 曾孙妇　无服
- 曾孙女　在室缌麻／出嫁无服

第九代（元孙）：
- 元孙　缌麻
- 元孙妇　无服

0.0.3 妻为夫族服图

夫为祖父母及曾、高祖父母承重者，并从夫服。

夫为人后，其妻为本生舅姑服大功。

				夫高祖父母 缌麻				
		夫曾伯叔祖父母 无服	夫曾祖父母 缌麻	夫曾祖姑 无服				
	夫族伯叔祖父母 无服	夫伯叔祖父母 缌	夫祖父母 大功	夫祖姑 在室缌麻 出嫁无服	夫堂祖姑 无服			
	夫族伯叔父母 无服	夫堂伯叔父母 缌	夫伯叔父母 大功	舅姑 斩衰三年	夫亲姑 小功	夫堂姑 缌麻	夫族姑 无服	
夫族兄弟 无服	夫再从兄弟 缌	夫堂兄弟及妻 小功缌	夫兄弟及妻 大功	妻为夫 斩衰三年 / 夫为妻 齐衰杖期 / 父母在不杖期	夫姊妹 小功	夫堂姊妹 缌麻	夫再从姊妹 无服	夫族姊妹 无服
	夫再从侄 缌麻	夫堂侄妇 小功缌麻	夫侄妇 期年大功	长子 长子妇 期年期年	众子 众子妇 期年大功	夫侄女 在室期出嫁大功	夫堂侄女 在室小功出嫁缌麻	夫再从侄女 在室缌麻出嫁无服
		夫堂侄孙 缌麻	夫侄孙妇 小功缌麻	孙 孙妇 大功缌麻		夫侄孙女 在室小功出嫁缌麻	夫堂侄孙女 在室缌麻出嫁无服	
			夫曾侄孙 缌麻	曾孙 缌麻		夫曾侄孙女 在室缌麻出嫁无服		
				元孙 缌麻				

0.0.4 妾为家长族服之图

	家长祖父母 小功	
嫡孙、众孙为庶祖母,小功五月。	家长父母 期年	
	家长 斩衰三年	正妻 期年
家长众子 期年	家长长子 期年	为其子 期年
家长众孙 无服	家长嫡孙 无服	为其孙 大功

0.0.5 妻亲服图

		妻祖父母 无服		
	妻伯叔 无服	妻父母 缌麻	妻之姑 无服	
妻外祖父母 无服	妻兄弟及妇 无服	己 为婿 缌麻	妻之姉妹 无服	
	妻兄弟子 无服	身女之子 缌麻	妻姉妹子 无服	
		女之孙 无服		

三父八母服图

	同居继父 齐衰三月 期年	自己亦有伯叔兄弟之类 两有大功亲谓继父有子孙、	己身亦无伯叔兄弟之类 两无大功亲谓继父无子孙、
	从继母嫁 齐衰杖期	谓父死继母再嫁他人随去者	不同居继父 齐衰三月
		无服	自来不曾随母与继父同居
			先曾与继父同居，今不同居
慈母 斩衰三年	继母 斩衰三年	嫡母 斩衰三年	养母 斩衰三年
谓所生母死，父令别妾抚育者	谓父娶之后妻	谓妾生子女称父之正妻	谓自幼过房与人
出母 齐衰杖期	嫁母 齐衰杖期		
谓亲母被父出者	谓亲母因父死，再嫁他人		
乳母 缌麻	庶母 所生子女斩衰三年 嫡子、众子齐衰杖期		
谓父妾乳哺者，即奶母	谓父有子女之妾		

0.0.7 出嫁女为本宗降服之图

		高祖父母 齐衰三月			
		曾祖父母 齐衰五月			
	祖兄弟 缌麻	祖父母 期年	祖姊妹 在室缌麻	出嫁无服	
父堂兄弟 缌麻	伯叔父母 大功	父母 期年	父姊妹 在室大功	出嫁小功	父堂姊妹 在室缌麻	出嫁无服
堂兄弟 小功	兄弟 大功	己身	姊妹 在室大功	出嫁小功	堂姊妹 在室小功	出嫁缌麻
堂侄 缌麻	兄弟之子 大功	兄弟女 在室大功	出嫁小功	堂侄女 在室缌麻	出嫁无服

0.0.8 外亲服图

		母祖父母 无服		
	母之兄弟 小功	外祖父母 小功	母之姊妹 小功	
堂舅之子 无服	母舅之子 缌麻	己身	两姨之子 缌麻	堂姨之子 无服
	舅之孙 无服	姑之子 缌麻	姨之孙 无服	
		姑之孙 无服		

妻为夫外亲，服降一等。

0.1 服制

0.1.1 斩衰三年

0.1.1.1 子为父母。女在室并已许嫁者,及已嫁被出而反在室者,同。子之妻同。

0.1.1.2 子为继母、为慈母、为养母。子之妻同。继母,父之后妻;慈母,谓母卒,父命他妾养己者;养母,谓自幼过房与人者。

0.1.1.3 庶子为所生母、为嫡母。庶子之妻同。

0.1.1.4 为人后者为所后父母。为人后者之妻同。

0.1.1.5 嫡孙为祖父母及曾、高祖父母承重。嫡孙之妻同。

0.1.1.6 妻为夫。妾为家长同。

0.1.2 齐衰杖期

0.1.2.1 嫡子、众子为庶母。嫡子、众子之妻同。庶母,父妾之有子女者。父妾无子女,不得以母称矣。

0.1.2.2 子为嫁母。亲生母父亡而改嫁者。

0.1.2.3 子为出母。亲生母为父所出者。

0.1.2.4 夫为妻。父母在不杖。

0.1.3 齐衰不杖期

0.1.3.1 祖为嫡孙。

0.1.3.2 父母为嫡长子,及嫡长子之妻,及众子,及女在室,及子为人后者。

0.1.3.3 继母为长子、众子。

0.1.3.4 前夫之子,从继母改嫁于人,为改嫁继母。

0.1.3.5 侄为伯叔父母,及姑、姊妹之在室者。

0.1.3.6 为己之亲兄弟,及亲兄弟之子女在室者。

0.1.3.7 孙为祖父母。孙女在室、出嫁同。

0.1.3.8 为人后者,为其本生父母。

0.1.3.9 女出嫁,为父母。

0.1.3.10 女在室,及虽适人而无夫与子者,为其兄弟、姊妹及侄与侄女在室者。

0.1.3.11 女适人,为兄弟之为父后者。

0.1.3.12 妇为夫亲兄弟之子及女在室者。

0.1.3.13 妾为家长之正妻。

0.1.3.14 妾为家长父母。

0.1.3.15 妾为家长之长子、众子与其所生子。

0.1.3.16 为同居继父,而两无大功以上亲者。

0.1.4 齐衰五月

0.1.4.1 曾孙为曾祖父母。曾孙女同。

0.1.5 齐衰三月

0.1.5.1 元孙为高祖父母。元孙女同。

0.1.5.2 为同居继父,而两有大功以上亲者。

0.1.5.3 为继父,先曾同居,今不同居者。自来不曾同居者无服。

0.1.6 大功九月

0.1.6.1 祖为众孙。孙女在室同。

0.1.6.2 祖母为嫡孙、众孙。

0.1.6.3 父母为众子妇及女已出嫁者。

0.1.6.4 伯叔父母为侄妇及侄女已出嫁者。侄妇,兄弟子之妻也;侄女,兄弟之女也。

0.1.6.5 妇为夫之祖父母。

0.1.6.6 妇为夫之伯叔父母。

0.1.6.7 为人后者,为其兄弟及姑、姊妹之在室者。既为人后,则于本生亲属服皆降一等。

0.1.6.8 夫为人后,其妻为夫本生父母。

0.1.6.9 为己之同堂兄弟、姊妹在室者。即伯叔父母之子女也。

0.1.6.10 为姑及姊妹之已出嫁者。姑,即父之姊妹;姊妹,即己之亲姊妹也。

0.1.6.11 为己兄弟之子为人后者。

0.1.6.12 出嫁女为本宗伯叔父母。

0.1.6.13　出嫁女为本宗兄弟及兄弟之子。

0.1.6.14　出嫁女为本宗姑姊妹及兄弟之女在室者。

0.1.7　小功五月

0.1.7.1　为伯叔祖父母。_{祖之亲兄弟。}

0.1.7.2　为堂伯叔父母。_{父之堂兄弟。}

0.1.7.3　为再从兄弟及再从姊妹在室者。

0.1.7.4　为同堂姊妹出嫁者。

0.1.7.5　为同堂兄弟之子及女在室者。

0.1.7.6　为祖姑在室者。_{即祖之亲姊妹。}

0.1.7.7　为堂姑之在室者。_{即父之同堂姊妹。}

0.1.7.8　为兄弟之妻。

0.1.7.9　祖为嫡孙之妇。

0.1.7.10　为兄弟之孙及兄弟之孙女在室者。

0.1.7.11　为外祖父母。_{即亲母之父母。}　○ 为在堂继母之父母；庶子嫡母在，为嫡母之父母；庶子为在堂继母之父母；庶子不为父后者，为己母之父母；为人后者，为所后母之父母。以上五项，均与亲母之父母服同。外祖父母报服亦同。其母之兄弟、姊妹服制及报服，亦与亲母同。姑舅两姨兄弟、姊妹，服亦同。为人后者，为本生母之亲属降服一等。再，庶子不为父后者为己母之父母服一项，若己母系由人家所生女收买为妾及其父母系属贱族者，不在此列。

0.1.7.12　为母之兄弟、姊妹。_{兄弟即舅；姊妹即姨。}　○ 其义服详载为外祖父母条下。

0.1.7.13　为姊妹之子_{即外甥}及女之在室者。　○ 其义服详载为外祖父母条下。

0.1.7.14　妇为夫兄弟之孙_{即侄孙。}及夫兄弟之孙女在室者。_{即侄孙女。}

0.1.7.15　妇为夫之姑及夫姊妹。_{在室、出嫁同。}

0.1.7.16　妇为夫兄弟及夫兄弟之妻。

0.1.7.17　妇为夫同堂兄弟之子及女在室者。

0.1.7.18　女出嫁为本宗堂兄弟及堂姊妹之在室者。

0.1.7.19　为人后者，为其姑及姊妹出嫁者。

0.1.7.20　嫡孙、众孙为庶祖母。_{女在室者，同。}

0.1.7.21 生有子女之妾,为家长之祖父母。

0.1.8 缌麻三月

0.1.8.1 祖为众孙妇。

0.1.8.2 曾祖父母为曾孙、元孙。曾孙女、元孙女同。

0.1.8.3 祖母为嫡孙、众孙妇。

0.1.8.4 为乳母。

0.1.8.5 为曾伯叔祖父母。即曾祖之兄弟及曾祖兄弟之妻。

0.1.8.6 为族伯叔父母。即父再从兄弟及再从兄弟之妻。

0.1.8.7 为族兄弟及族姊妹在室者。即己三从兄弟、姊妹所与同高祖者。

0.1.8.8 为曾祖姑在室者。即曾祖之姊妹。

0.1.8.9 为族祖姑在室者。即祖之同堂姊妹。

0.1.8.10 为族姑在室者。即父之再从姊妹。

0.1.8.11 为族伯叔祖父母。即祖同堂兄弟及同堂兄弟妻。

0.1.8.12 为兄弟之曾孙及兄弟之曾孙女在室者。

0.1.8.13 为兄弟之孙女出嫁者。

0.1.8.14 为同堂兄弟之孙及同堂兄弟之孙女在室者。

0.1.8.15 为再从兄弟之子及女在室者。

0.1.8.16 为祖姑及堂姑及己之再从姊妹①出嫁者。祖姑,即祖之亲姊妹;堂姑,即父之堂姊妹。

0.1.8.17 为同堂兄弟之女出嫁者。

0.1.8.18 为姑之子。即父姊妹之亲子。 ○ 其义服详载为外祖父母条下。

0.1.8.19 为舅之子。即亲母兄弟之子。 ○ 其义服详载为外祖父母条下。

0.1.8.20 为两姨兄弟。即亲母姊妹之子。 ○ 其义服详载为外祖父母条下。

0.1.8.21 为妻之父母。

0.1.8.22 为婿。

---

① 原件作"妹姊",据《钦定大清律例》(同治九年武英殿本)、《钦定大清刑律》(政学社本)改。

0.1.8.23　为外甥男。女同。即女之子女。　其义服详载为外祖父母条下。

0.1.8.24　为兄弟孙之妻。即侄孙之妻。

0.1.8.25　为同堂兄弟之子妻。即堂侄之妻。

0.1.8.26　为同堂兄弟之妻。

0.1.8.27　妇为夫高、曾祖父母。

0.1.8.28　妇为夫之伯叔祖父母及夫之祖姑在室者。

0.1.8.29　妇为夫之堂伯叔父母及夫之堂姑在室者。夫之堂姑即夫之伯叔祖父母所生也。

0.1.8.30　妇为夫之同堂兄弟、姊妹及夫同堂兄弟之妻。

0.1.8.31　妇为夫再从兄弟之子。女在室同。

0.1.8.32　妇为夫同堂兄弟之女出嫁者。

0.1.8.33　妇为夫同堂兄弟子之妻。即堂侄妇。

0.1.8.34　妇为夫同堂兄弟之孙及孙女之在室者。

0.1.8.35　妇为夫兄弟孙之妻。即侄孙之妻。

0.1.8.36　妇为夫兄弟之孙女出嫁者。

0.1.8.37　妇为夫之曾孙、元孙及曾孙女、元孙女之在室者。

0.1.8.38　妇为夫兄弟之曾孙。即曾侄孙。曾孙女同。

0.1.8.39　妇为夫之小功服外姻亲属。

0.1.8.40　女出嫁,为本宗伯叔祖父母及祖姑在室者。

0.1.8.41　女出嫁,为本宗同堂伯叔父母及堂姑在室者。

0.1.8.42　女出嫁,为本宗堂兄弟之子。女在室者同。

1 名 例

名者,五刑之罪名;例者,五刑之体例也。

〔卷一 名例上〕

1.1 五刑

1.1.0.1 罚金刑十:

一等罚。银五钱。○收赎折半。下同。

二等罚。银一两。

三等罚。银一两五钱。

四等罚。银二两。

五等罚。银二两五钱。

六等罚。银五两。

七等罚。银七两五钱。

八等罚。银十两。

九等罚。银十二两五钱。

十等罚。银十五两。

1.1.0.2 徒刑五:

一年。依限工作。○收赎银十两。

一年半。依限工作。○收赎银十二两五钱。

二年。依限工作。○收赎银十五两。

二年半。依限工作。○收赎银十七两五钱。

三年。依限工作。○收赎银二十两。

1.1.0.3 流刑三：

二千里。工作六年。○收赎银二十五两。

二千五百里。工作八年。○收赎银三十两。

三千里。工作十年。○收赎银三十五两。

1.1.0.4 遣刑二：

极边足四千里及烟瘴地方安置。俱工作十二年。

新疆当差。工作十二年。○收赎银数俱与满流同。

1.1.0.5 死刑二：

绞。

斩。内外死罪人犯，除应决不待时外，余俱监固，候秋审，分别情实、缓决、矜疑，奏请定夺。○收赎银四十两。

条 例

1.1.(1) 〔罚金刑无力完缴收所工作〕一、凡处罚金刑，无力完缴者，收入习艺所工作。应罚一两，折工作四日，以次递加，限满开释。

1.1.(2) 〔妇女犯该徒流遣论赎及无力完缴折工〕一、凡妇女犯罚金罪名，依律处罚。其犯该徒流以上，除犯奸及例内载明应收所习艺者，一律按限工作，不准论赎外，其寻常各案，准其赎罪。徒一年，赎银二十两，每等加银五两，至徒三年，赎银四十两；流二千里，赎银五十两，每等加银十两，至流三千里，赎银七十两。应安置发遣者，照满流科断。如无力完缴，按银一两折工作四日。其未设有女犯习艺所地方，照工作时日改为监禁。俱限满释放。

1.1.(3) 〔关系十恶犯奸等项应处罚金改拟工作〕一、凡关系十恶、犯奸等项，应处罚金罪者，按应罚之数，以一两折算四日，改拟工作。

1.1.(4) 〔刑讯用竹板及竹板尺寸〕一、凡罪犯应死，证据已确，不肯供认，应行刑讯者，概用竹板，长五尺五寸，大头阔一寸五分，小头阔一寸，重不过一斤。每次刑责，不得过三十板。至初次讯供时，及徒流以下罪名，概不准刑讯。如有违例用刑者，该管上司即行据实参处。

1.1.(5) 〔刑具不得任意私设〕一、凡问刑各衙门，除例载刑具外，不得任意私设。违者，按违制律科断。

1.1.(6)〔职官军民犯徒流以上捐赎〕一、凡京外职官,下及军民人等,犯徒流以上,除诈伪、犯奸、略诱、和诱及常赦所不原外,准其捐赎。徒一年,三品以上官捐银一千两,四品官捐银五百两,五六品官捐银四百两,七品以下及进士、举人捐银三百两,贡监生员捐银二百两,平民捐银一百两;每徒一等,三品以上官加银二百五十两,四品官加银一百二十五两,五六品官加银一百两,七品以下及进士、举人加银六十五两,贡监生员加银五十两,平民加银三十五两。由徒入流,三品以上官以五百两为一等,满流赎银三千五百两;四品官以二百两为一等,满流赎银一千六百两;五六品官以一百五十两为一等,满流赎银一千二百五十两;七品以下及进士、举人以八十两为一等,满流赎银八百两;贡监生员犯流二千里,赎银四百六十两,每等加银七十两;平民犯流二千里,赎银二百七十两,每等加银四十五两。遣、置各照满流捐赎。俟银数完缴,俱准免罪。若斩、绞缓决各犯,如遇恩赦,查办减等后,有呈请赎罪者,法部核准奏明,各照所减罪名捐赎。

1.2 十恶

1.2.0.1 一曰谋反。谓谋危社稷。

1.2.0.2 二曰谋大逆。谓谋毁宗庙、山陵及宫阙。

1.2.0.3 三曰谋叛。谓谋背本国,潜从他国。

1.2.0.4 四曰恶逆。谓殴及谋杀祖父母父母、夫之祖父母父母,杀伯叔父母、姑、兄姊、外祖父母及夫者。

1.2.0.5 五曰不道。谓杀一家非死罪三人,及支解人,若采生折割、造畜蛊毒魇魅。

1.2.0.6 六曰大不敬。谓盗大祀神御之物、乘舆服御物,盗及伪造御宝,合和御药误不依本方及封题错误,若造御膳误犯食禁,御幸舟船误不坚固。

1.2.0.7 七曰不孝。谓告言、咒骂祖父母父母、夫之祖父母父母;及祖父母父母在,别籍异财,若奉养有缺;居父母丧身自嫁娶,若作乐、释服从吉;闻祖父母父母丧匿不举哀;诈称祖父母父母死。

1.2.0.8 八曰不睦。谓谋杀及卖缌麻以上亲,殴、告夫及大功以上尊长、小功尊属。

1.2.0.9 九曰不义。谓部民杀本属知府、知州、知县,军士杀本管官,吏卒杀本部五品以上长官;若杀见受业师;及闻夫丧匿不举哀,若作乐、释服从吉,及改嫁。

1.2.0.10 十曰内乱。谓奸小功以上亲、父祖妾,及与和者。

1.3 八议

1.3.0.1 一曰议亲。_{谓皇家袒免以上亲,及太皇太后、皇太后缌麻以上亲,皇后小功以上亲,皇太子妃大功以上亲。}

1.3.0.2 二曰议故。_{谓皇家故旧之人,素得侍见,特蒙恩待日久者。}

1.3.0.3 三曰议功。_{谓能斩将夺旗,摧锋万里,或率众来归,安济一时,或开拓疆宇,有大勋劳,铭功太常者。}

1.3.0.4 四曰议贤。_{谓有大德行之贤人君子,其言行可以为法则者。}

1.3.0.5 五曰议能。_{谓有大才业,能整军旅,治政事,为帝王之良辅佐者。}

1.3.0.6 六曰议勤。_{谓有大将吏,谨守官职,早夜奉公,或出使远方,经涉艰难,有大勤劳者。}

1.3.0.7 七曰议贵。_{谓爵一品,及文武职事官三品以上,散官二品以上者。}

1.3.0.8 八曰议宾。_{谓承先代之后,为国宾者。}

1.4 应议者犯罪

1.4.0.1 凡八议者犯罪,_{开具所犯事情,}实封奏闻取旨,不许擅自勾问。若奉旨推问者,开具所犯_{罪名}及应议之状,先奏请议,议定,_{将议过缘由}奏闻,取自上裁。○ 1.4.0.2 其犯十恶者,_{实封奏闻,依律议拟,}不用此律。_{十恶或专主谋反、叛逆言,非也。盖十恶之人悖伦逆天,蔑礼贼义,乃王法所必诛,故特表之,以严其禁。}

条 例

1.4.(1) 〔宗室觉罗犯案审理机构〕一、凡宗室犯案到官,罪在流、遣以上者,交大理院审理;如在徒罪以下,及觉罗犯罪,交京师高等审判厅审理。至东三省移居宗室所犯案件,俱归各该省高等审判厅审理。

1.4.(2) 〔宗室觉罗二次犯流〕一、凡宗室、觉罗,除犯该罚金,及初犯徒、流、遣,或再犯徒罪,或先经犯徒后犯流罪,仍由宗人府分别折罚圈禁外,如有三次犯徒,或二次犯流,或一次犯徒、一次犯至安置者,均拟实发盛京;如二次犯徒、一次犯流,或一次犯流、一次犯至安置者,均拟实发吉林;如二次犯应安置,或三次犯流,或犯至外遣者,均拟实发黑龙江。若宗室酿成命案,按律应拟斩、绞监候者,大理院知照宗人府,先行革去宗室顶戴,照平人一律问拟斩、绞。秋审时,法部分别实、缓,仍由宗人府进呈黄册。

1.4.(3)〔宗室觉罗人等串结捏控〕一、凡宗室、觉罗人等告讦之案,察其事不干己,显系诈骗不遂者,所控事件立案不行,仍将该原告咨送宗人府,照违制律治罪。如妄捏干己情由耸准,迨提集人证质审,仍系讹诈不遂,串结捏控者,将该原告先行摘去顶戴,严行审讯,并追究主使、教诱之犯。倘狡辩不承,先行掌责讯问,审系控款虚诬,罪应斩、绞者,照例请旨办理。其余无论诈赃多寡、已未入手,但经商谋捏控,不分首从,俱实发吉林安置。主使、教诱及助势之犯,无论军民,不分首从,俱流二千五百里。旗人有犯,并销除旗档。其或所控得实,但审因串诈不遂,捏情图准者,亦照此例定拟,不准以事出有因,量为援减。

1.4.(4)〔已革宗室觉罗有犯〕一、已革宗室之红带、已革觉罗之紫带,除有犯习教等重情,另行奏明办理外,其寻常各案,照例科断。应销档者,免其销档,仍准系本身带子。

1.4.(5)〔系黄红带之宗室觉罗犯罪〕一、凡宗室、觉罗,犯罪时系黄、红带者,依宗室觉罗例办理;若系蓝带及不系带者,即照常人例治罪。

1.4.(6)〔宗室缘事发遣遇赦〕一、宗室缘事发遣,遇赦减释,如系由盛京释回者,即令回京;若由吉林、黑龙江释回者,即令其在盛京移居宗室公所,酌给房屋居住。

1.4.(7)〔宗室犯事到官俱先摘去顶戴〕一、宗室犯事到官,无论承审者何官,俱先将该宗室摘去顶戴,与平民一体长跪听审。俟结案时,如实系无干,仍分别奏咨,给还顶戴。

1.4.(8)〔宗室觉罗妇女呈控〕一、凡宗室、觉罗妇女出名具控案件,除系呈送忤逆,照例讯办外,其余概不准理。如有擅受,照例参处。倘实有冤抑,许令成丁兄弟、子侄或母家至戚抱告;无亲丁者,令其家人抱告,官为审理。如审系虚诬,罪坐抱告之人。若妇女自行出名刁控,或令人抱告后,复自行赴案逞刁,及拟结后渎控者,无论所控曲直,均照违制律治罪。有夫男者,罪坐夫男;无夫男者,罪坐本身,折罚钱粮。

1.4.(9)〔宗室犯圈禁之罪〕一、凡宗室有犯圈禁之罪者,即行革去顶戴。

1.5 应议者之父祖有犯

1.5.0.1 凡应八议者之祖父母、父母、妻及子孙犯罪,实封奏闻取旨,不许擅自勾问。若奉旨推问者，开具所犯及应议之状，先奏请议，议定奏闻，取自上裁。○1.5.0.2 若皇亲国戚及功臣^{八议之中，亲与功为最重。}之外祖父母、伯叔父母、姑、兄弟、姊妹、女婿、兄弟之子，若四品、五品^{文武}官之父母、妻^{未受封者，}及应合袭荫子孙犯罪，从有司依律追问，议拟奏闻，取自上裁。^{其始虽不必参提，其终亦不许擅决，犹有体恤之意焉。}○1.5.0.3 其犯十恶及奸、盗、杀人、受财枉法者，^{许径断决。}不用此^{取旨奏裁之}律。○1.5.0.4 其余亲属、家人、管庄、佃甲倚势虐害良民，陵犯官府者，^{事发，听所在官司径自提问。}加常人罪一等，^{非倚势而犯，不得概行加等。}^{止坐犯人，其主。}^{不必追究}不在上请之律。○1.5.0.5 若各衙门追问之际，占吝不发者，并听当该官司实封奏闻区处。^{谓有人于本管衙门告发，差人勾问，其皇亲国戚及功臣占吝不发出官者，并听当该官司实封奏闻区处。}

1.6 职官有犯

1.6.0.1 凡在京在外大小官员，有犯公私罪名，所司开具事由，实封奏闻请旨，不许擅自勾问。^{指所犯事重者言。若事轻传问，不在此限。}若许准推问，依律议拟，奏闻区处，仍候复准，方许判决。○1.6.0.2 若所属官被本管上司非礼凌虐，亦听开具^{凌虐}实迹，实封径自奏陈。^{其被参后，将原参上司列款首告者，不准行，仍治罪。}

条 例

1.6.(1) 〔犯官奏参提讯〕一、文职道府以上、武职副将以上，有犯公私罪名，应审讯者，仍照例奏参，奉到谕旨，再行提讯。其余文武各员，于奏参之日，即将应质人犯，拘齐审究。

1.6.(2) 〔犯官革后另犯之罪〕一、凡文武官犯罪，本案革职，其罚金轻罪，免其罚赎。若革职后，另犯罚金罪名者，照律处罚。其犯徒罪者，依应徒年限，奏请发往军台效力赎罪，限满释放。应流遣者，奏请发往新疆效力赎罪。有呈请捐赎者，法部核其情节，分别准赎、不准赎二项拟定，奏明请旨，不得以"可否"字样双请入奏。其贪赃官役，概不准赎。

1.6.(3) 〔被参审虚开复〕一、凡被参革职讯问之员，审系无辜，即以开复定拟。不得称已经革职，无庸议奏复。其原参重罪审虚，尚有轻罪应以降级罚俸归结者，开复原职，再按所犯分别降罚。

1.6.(4) 〔进士举人并贡监生员及一切有顶戴官等有犯〕一、凡进士、举人、贡监生员及一切有顶戴官,有犯罚金轻罪,照律处罚。如系寡廉鲜耻,不顾行止,及好讼多事,与罪至十等罚者,分别咨参除名。犯该徒、流以上应收所工作,饬令充当书识等项杂役,仍于办结后知照该部存案。其寻常例应罚赎之生监,应否褫革开复,会同礼部或学部办理。

1.6.(5)〔文武生员贡监生有犯〕一、文武生员犯该徒、流以上等罪,地方官一面详请斥革,一面即以到官之日扣限审讯,不必俟奉批回始行究拟。贡监生有犯,同其情节本轻、罪止戒饬者,审明,生员移会该学教官照例发落,详报提学使查核;贡监生由地方官照例发落。

1.6.(6)〔僧道官及僧道有犯〕一、僧道官有犯,径自提问。及僧、道有犯奸、盗、诈伪,并一应赃私罪名,责令还俗,仍依律例科断。其公事失误,因人连累,及过误致罪者,悉准罚赎,各还职、为僧、为道。

1.6.(7)〔大小土官有犯〕一、各处大小土官有犯,徒、流以上,依律科断;其罪应罚金者,交部议处。

1.7 文武官犯公罪 _{凡一应不系私己而因公事得罪者,曰"公罪"。}

1.7.0 凡内外大小文武官犯公罪,该处一等罚者,罚俸一月,二等、三等罚各递加一月,_{二等罚两月,三等罚三月。}四等、五等罚各递加三月,_{四等罚六月,五等罚九月。}该处六等罚者,罚俸一年;七等罚降一级,八等罚降二级,九等罚降三级,俱留任;十等罚,降四级调用。_{如吏部、陆军部处分则例应降级、革职、戴罪留任者,仍照例留任。}吏典犯者,罚金讫,仍留役。

1.8 文武官犯私罪 _{凡不因公事,己所自犯,皆为私罪。}

1.8.0 凡内外大小文武官犯私罪,该处一等罚者,罚俸两个月,二等罚俸三个月,三等、四等、五等罚各递加三月;_{三等罚六月,四等罚九月,五等罚一年。}该处六等罚者降一级,七等罚降二级,八等罚降三级,九等罚降四级,俱调用;十等罚,革职离任。_{犯赃者不在此限。}吏典犯者,六等罚以上,罢役。

1.9 犯罪得累减

1.9.0 凡一人犯罪应减者,若为从减、_{谓共犯罪以造意者为首,随从者减一等。}自首减、_{谓犯法知人欲告而自首者,}

听减二等、故失减谓吏典故出人罪，放而还获，止减一等；首领官不知情，以失论，失出减五等，比吏典又减一等，还获又减一等，通减七等。公罪递减之类，谓同僚犯公罪失于入者，吏典减三等，若未决放又减一等，通减四等、首领官减五等、佐贰官减六等、长官减七等之类。并得累减而复减。如此之类，俱得累减科罪。

1.10 以理去官 以理，谓以正道理而去，非有别项事故者。

1.10.0 凡任满得代、改、除、致仕等官，与见任同。谓不因犯罪而解任者，若沙汰冗员、裁革衙门之类，虽为事解任、降等，不追诰命者，并与见任同。封赠官与其子孙正官同。其妇人犯夫及义绝不改嫁者，亲子有官，一体封赠，得与其子之官品同。谓妇人虽与夫家义绝，及夫在被出，其子有官者，得与其子之官品同，为母子无绝道故也。此等之人犯罪者，并依职官犯罪律拟断。应请旨者请旨，应径问者径问，一如职官之法。

条　例

1.10.(1) 〔致仕及封赠官〕一、子孙缘事革职，其父祖诰敕不追夺者，仍与正官同。若致仕及封赠官犯赃，与无禄人同科。

1.11 无官犯罪

1.11.0.1 凡无官犯罪，有官事发，所犯公罪应罚金者，俱依律罚金。○ 1.11.0.2 卑官犯罪，迁官事发，在任犯罪，去任考满、丁忧、致仕之类事发，公罪应降罚者，依律降罚。罪重于降罚者，依律科断。若事干埋没钱粮、遗失官物，虽系公罪，事须追究明白，应赔偿者赔偿，应还官者还官。但犯一应私罪，并论如律。其吏典有犯公私罪名，各依本律科断。

条　例

1.11.(1) 〔无官犯赃有官事发有官犯赃黜革事发〕一、无官犯赃，有官事发，照有官参提，以无禄人科断。有官时犯赃，黜革后事发，不必参提，以有禄人科断。

1.12 除名当差

1.12.0.1 凡职兼文武官犯私罪，罢职不叙，应追夺诰敕、除名削去仕籍。者，官阶、爵勋皆除。不该追夺诰敕者,不在此限。僧道犯罪曾经决罚者,追收度牒,并令还俗。职官、僧道之原籍军民灶户,各从本色,发还原籍当差。

条 例

1.12.(1)〔革职各官封赠分别夺免〕一、凡失陷城池,行间获罪,及贪赃革职各官,封赠俱行追夺。其别项革职者,免追。

1.13 常赦所不原

1.13.0.1 凡犯谋反、叛逆、子孙谋杀祖父母父母、内乱、妻妾杀夫、雇工人杀家长、杀一家非死罪三人、采生折割人、谋杀、故杀、蛊毒魇魅毒药杀人、强盗、妖言、十恶等真正死罪,及侵贪入己、军务获罪者,虽会赦并不原宥,其余咸得赦除。律未赅载者,一以现奉恩赦条款为断。 ○ 1.13.0.2 若奉减等恩旨,则减死从流、流从徒、徒从罚金,亦准此查办。恩赦所不得免者,即恩旨所不得减。

条 例

1.13.(1)〔关系军机兵饷〕一、凡关系军机、兵饷事务,俱不准援赦宽免。关系行间、兵饷者乃坐。

1.13.(2)〔侵盗钱粮拟绞监候之犯〕一、凡侵盗仓库钱粮入己,数在一千两以上,拟绞监候之犯,遇赦准予援免。如数逾一万两以上者,不准援免。

1.13.(3)〔诬告叛逆及捕役诬陷无辜〕一、诬告叛逆未决,应拟斩候者,不准援赦。又捕役诬拿良民及曾经犯窃之人,威逼承认,除被诬罪名遇赦尚准援免者,其反坐捕役亦得援赦免罪外,若将平民及犯窃之轻罪人犯逼认为谋杀、故杀、强盗者,不准援免。

1.13.(4)〔以赦前事告言人罪〕一、以赦前事告言人罪者,以其罪罪之。若干系钱粮、婚姻、田土等项,罪虽遇赦宽免,事须究问明白。应追取者,仍行追取;应改正者,仍行改正。

1.13.(5)〔文武官员等犯奸盗诈伪等罪〕一、文武官员、举人、监生、生员,及吏典、兵役,但有职役之人,犯奸盗、诈伪,并一应赃私罪名,遇赦取问明白,罪虽宥免,仍革去职役。

1.13.(6)〔拟徒官犯及人命徒犯遇赦〕一、凡问拟徒罪,奏请发往军台效力官犯,不论已未发配,遇赦减免,令该都统及各督抚造册咨部,汇奏存案。

其有关人命拟徒常犯,遇赦减等,另册报部核办,不得与寻常徒犯按季册报。

1.13.(7)〔触犯祖父母父母发遣之犯〕一、凡触犯祖父母父母发遣之犯遇赦,查询伊祖父母父母愿令回家,如恩赦准其免罪者,即准释放。若止准减等者,仍行减徒。其所减徒罪,照律收赎,追缴释放。倘放回后,复经祖父母父母呈送者,发遣新疆当差。

1.13.(8)〔触犯祖父母父母发遣圈禁之犯遇亲病故〕一、凡宗室、觉罗及旗人、民人,触犯祖父母父母,呈送圈禁、发遣之犯,除恭逢恩赦,仍遵定例查询办理外,若遇有犯亲病故,许令亲属呈报各该旗籍咨明宗人府,并行知配所督抚查核,原案止系一时偶有触犯,尚无怙终屡犯重情,并察看本犯果有闻丧哀痛迫切情状,如系宗室、觉罗,由宗人府奏请释放;如系旗人、民人,由各督抚咨报法部核明,奏请释放。如在逃被获,讯明实因思亲起见,又有闻丧哀痛情状者,即免其逃罪,仍发原配安置,不准释回。其逃回后,自行投首,及亲属代首者,遇有犯亲病故,准其察看情形,如实系闻丧哀痛,免其发回原配,仍照不应重律治罪。若本系桀骜性成,屡次触忤干犯,致被呈送者,不准释回。

1.13.(9)〔直省雨泽愆期清理刑狱〕一、直省地方,偶值雨泽愆期,应请清理刑狱者,该督抚一面奏闻,一面饬令问刑衙门,将无关人命徒罪以下,及牵连待质人犯,酌量分别减免、省释,办结后,汇册咨部存查。

1.13.(10)〔三流安置人犯遇有减等恩旨〕一、凡三流安置人犯,系属常赦所得原,毋庸发配者,如原犯系流二千里,在本地习艺所工作已过三年;原犯系流二千五百里,工作已过五年;原犯系满流工作,已过七年;原犯极边及烟瘴地方安置,工作已过八年,遇有减等恩旨,即照满徒人犯例减折罚金,追缴释放。

1.13.(11)〔在徒人犯遇赦减等〕一、凡在京、在外,已徒而又犯徒,律应总徒四年,及原犯总徒四年、准徒五年者,若遇赦减等,与寻常徒犯一律办理。其诬告人死罪未决,应流三千里,加徒役三年者,遇赦减等,减为总徒四年。如所加徒役已满,照寻常流犯减为徒三年。

1.14 犯罪存留养亲

1.14.0 凡犯死罪,非常赦不原者,而祖父母^{高、曾}、父母老^{七十以上。}疾^{笃、废。}应侍,或老或疾,家无以次成丁^{十六以上。}者,即与独子无异,有司推问明白。开具所犯罪名^{并应侍缘由}奏闻,俟取旨后,照律收赎。犯徒、流_{而祖父母、父母老疾，无人侍养}者，亦照所犯收赎，存留养亲。_{遣罪人犯，准满流收赎。}

条 例

1.14.(1)〔遣流以下人犯告称留养〕一、大理院及各级审判厅审结遣流以下人犯，有告称祖父母、父母老疾应侍，及其母系属孀妇守节二十年，家无以次成丁者，若例得准留养，如属大、宛二县民人，该县出结，府尹确查，分报部、院；属内外巡警厅管辖地面居住者，该区官出结，巡警总厅厅丞确查，分报部、院；如属外省民人，州县官出结，按察司或提法使确查，分报部、院，俟收赎银两完缴，俱准存留养亲。其各省审结人犯，亦照此确查办理。

1.14.(2)〔捏报死遣流徒各犯留养〕一、死罪及遣、流、徒各犯，到案之初，该承审官务将该犯有无祖父母、父母、兄弟、子、侄，及年岁若干，是否孀妇之子，详悉取具确供。如漏未取供，交部照例分别议处。若祖父母、父母无存，或现存而未老疾，及伊母本非孀妇，或守节未至二十年，或该犯并非独子，或家有以次成丁之人，与留养之例不符，该地方官知情捏报者，以故出论。如有受贿情弊，以枉法论。失察者，亦交部议处。其邻保、族长人等有假捏出结者，照证佐不言实情减本犯罪二等律治罪。若地方官查报后，复将假捏情弊自行查明，或上司复饬察出，及邻保人等自行首送者，除本犯仍行按照律例拟罪外，官员及邻保人等俱免议。

1.14.(3)〔秋审矜缓旧事缓决声请留养〕一、凡死罪案件，除谋、故杀及连毙二命，秋审时应入情实无疑之犯，虽亲老丁单，毋庸声请留养外，其余各案，核其情节，秋审时应入可矜者，如有祖父母、父母老疾应侍，及孀妇独子，伊母守节二十年者，定案时查取各结，声明大理院随案核复，声请留养。其余秋审并非应入可矜之案，定案时止将应侍缘由声明，不必分别"应准""不应准"字样，统俟秋审时法部核定后，先将此项人犯开单进呈，恭候钦定。俟奉有谕旨，法部行文各该督抚，将准留各犯，饬令该管州县取具犯属、族邻人等甘结，加具印结详报，并追取收赎银四十两。如案关人命，以一半给死者家属养赡，一半入官，将该犯保释，存留养亲。若定案时非例应留养之人，迨至本届秋审，或已经秋审一次，归入旧事缓决以后，核其祖父母、父母已成老疾，或伊母守节年份符合，以及成招时家有次丁嗣经身故，或被杀之人先有父母，后经物故，与留养之例相符者，亦准其随时随案奏请留养。京师秋审案件，一体遵行。至留养之后，复有不安分守法，别生事端，无论罪名轻重，即照现犯定拟，不准再行声请。

1.14.(4)〔殴妻致死之犯声请留养承祀〕一、殴妻致死之案,除亲老丁单,或孀妇独子,应准查办留养外,如父母已故,别无兄弟子孙,定案时将应行承祀缘由声明法部,俟秋审后,与寻常留养人犯一体开单进呈。其或定案时声请留养之犯,遇有父母先存后故,与承祀之例相符者,该省按察司或提法使于秋审时确查报部,统俟奉有谕旨,再行取结办理。惟所追赎银,尽数入官。

1.14.(5)〔卑幼殴死有服尊长而亲老丁单者〕一、凡卑幼殴死本宗期功尊长,定案时皆按律问拟,概不准声请留养。其有所犯情节实可矜悯,奉旨改为绞监候者,统俟秋审情实二次,蒙旨免勾,奏明改入缓决之后,由该省按察司或提法使查明该犯应侍缘由,于秋审时报部核办。至殴死本宗缌麻、外姻功缌尊长,如有亲老丁单应行留养,均俟法部于秋审时分别准留、不准留,开单奏明办理。

1.14.(6)〔故杀卑幼之犯亲老丁单〕一、尊长故杀卑幼之案,如有亲老丁单,定案时于折内声明,仍俟秋审时分别情罪轻重办理。

1.14.(7)〔被杀之人亲老丁单凶犯不准留养〕一、杀人之犯,有秋审应入缓决、应准存留养亲者,查明被杀之人有无父母、是否独子,于本内声明。如被杀之人亦系独子,但其亲尚在,无人奉侍,不论老疾与否,杀人之犯皆不准留养。若被杀之人平日游荡离乡,弃亲不顾,或因不供养赡,不听教训,为父母所摈逐,及无姓名、籍贯可以关查者,仍准其声请留养。至擅杀罪人之案,与殴毙平人不同,如有亲老应侍,照例声请,毋庸查被杀之家有无父母、是否独子。

1.14.(8)〔兄弟共犯酌留养亲〕一、凡犯罪有兄弟俱拟正法者,存留一人养亲,仍照律奏闻,请旨定夺。

1.14.(9)〔忘亲不孝之人不准留养〕一、凡曾经触犯祖父母、父母犯案,并素习匪类,为父母所摈逐,及在他省获罪,审系游荡他乡,远离父母者,俱属忘亲不孝之人,概不准留养。若系官役奉差,或客商贸易在外,寄资养亲,确有实据,及两省地界毗连,相距在数十里以内者,定案时察核明确,按其情罪轻重,照例将应侍缘由于奏咨内声叙。

1.14.(10)〔赦款得原流遣人犯声请留养〕一、流、遣人犯,核其罪名系常赦所不原者,毋庸声请留养。若赦款得原之犯,自定案时以至工作未满以前,遇有祖父母、父母老疾应侍,或孀妇独子,伊母守节已至二十年,与例相符者,随时咨部准其留养一次。各照所犯本罪,追取收赎银两入官。

其入所工作有年者,得平均按限折减。若留养之后复犯流、置等罪,概不准再行声请。至徒罪,非有关十恶,俱得照例留养。

1.15 徒流人又犯罪

1.15.0 凡犯罪已发^{未论决}又犯罪者,从重科断。徒、流、遣已决而又犯,罪重于本罪者,亦同。^{安置复犯当差,仍以当差为重。}其重犯遣者,加役五年;重犯流者,加役三年;重犯徒者,加役一年。^{若加役并原犯并计,不及后犯年限者,仍从重论,但总不得过四年。}后犯之罪轻于本罪者,亦准此。^{例如遣罪犯流,加役三年;遣、流犯徒,加役一年之类。}若犯罚金以下,仍各依数处罚。

条　例

1.15.(1)〔流遣发配人犯滋生事端〕一、凡流遣应行发配人犯,于经过处所滋生事端者,核其所犯罪名,俱依已决又犯律分别治罪。

〔卷二 名例下〕

1.16 老小废疾收赎

1.16.0 凡年七十以上、十五以下,及废疾,_{瞎一目、折一肢之类}犯流罪以下,收赎。_{犯死罪者,不用此律。其余侵损于人一应罪名,并听收赎。犯该遣罪者,亦照流罪收赎。}八十以上、十岁以下,及笃疾,_{瞎两目、折两肢之类}犯杀人_{谋、故、斗殴}、应死者,议拟奏闻,_{犯反逆者,不用此律。}取自上裁;盗及伤人_{罪不至死}者,亦收赎;_{谓既侵损于人,故不许全免,亦令其收赎。}余皆勿论。_{谓除杀人应死者上请,盗及伤人者收赎之外,其余有犯,皆不坐罪。}九十以上、七岁以下,虽有死罪,不加刑。_{九十以上犯反逆者,不用此律。}其有人教令,坐其教令者。若有赃应偿,受赃者偿之。_{谓九十以上、七岁以下之人,皆少智力。若有教令之者,罪坐教令之人。或盗财物,旁人受而将用,受用者偿之。若老小自用,还着老小之人追征。}

条 例

1.16.(1)〔年逾七十人犯秋审可矜减流收赎〕一、每年秋审人犯,现在年逾七十,经复核拟以可矜,蒙恩宥免减流者,俱准其收赎。

1.16.(2)〔七十以上十五以下废疾犯流以下收赎后再犯〕一、凡年七十以上、十五以下及废疾,犯流罪以下者,准其收赎一次,详记档案。若收赎之后,复行犯罪,除因人连累,过误入罪者,仍准其照例收赎外,如系有心再犯,即各照应得罪名,按律治罪,不准再行收赎。

1.16.(3)〔瞎一目之人犯徒流遣等罪〕一、凡瞎一目之人,有犯徒、流、遣等罪,俱不得以废疾论赎。若殴人瞎一目者,仍照律科罪。

1.16.(4)〔笃疾杀人减流收赎〕一、凡笃疾杀人之案,如衅起理直,回殴适毙者,随案减为流三千里,收赎。若理曲肇衅,或伤痕较多,及其余犯一应死罪者,各照本律本例问拟,毋庸随案声请,俱入于秋审分别实、缓办理。其缓决之犯,俟查办减等时,核其情节应减流、置者,再行依律收赎。

1.16.(5)〔十五岁以下致毙人命分别死者年龄情伤减流拟绞〕一、幼孩杀人之案,除七岁以下、十岁以下,仍依律分别办理外,至十五岁以下幼孩致毙人命,如死者年长四岁以上,恃长欺凌,力不能敌,回抵适伤者,随案减为流三千里;若死亦幼孩,及伤痕较多者,仍按律拟绞监候。如衅起护亲,不论是否互斗,及护伯叔父母、兄、姊,并无互斗情形者,亦减为流三千里。

1.16.(6)〔教令七岁以下九十以上犯罪〕一、教令七岁小儿殴打父母者,坐教令者以殴凡人之罪。教令九十老人故杀子孙者,亦坐教令者以杀凡人之罪。

1.17 犯罪时未老疾

1.17.0 凡犯罪时虽未老疾,而事发时老疾者,依老疾论。_{谓如六十九以下犯罪,年七十事发,或无疾时犯罪,有废疾后事发,得依老疾收赎;或七十九以下犯罪,八十事发,或废疾时犯罪,笃疾时事发,得入上请;八十九犯死罪,九十事发,得入勿论之类。}若在徒年限内老疾,亦如之。_{谓如六十九以下徒役三年,役限未满年入七十,或入徒时无病,徒役年限内成废疾,并听准老疾收赎。以徒一年三百六十日为率,验该徒若干,应赎银若干,除去应役月日,余该银若干,照例收赎。}犯罪时幼小,事发时长大,依幼小论。_{谓如七岁犯死罪,八岁事发,勿论;十岁杀人,十一岁事发,仍得上请;十五岁时作贼,十六岁事发,仍以赎论。}

1.18 给没赃物

1.18.0.1 凡彼此俱罪之赃,_{谓犯受财枉法、不枉法,计赃,与、受同罪者。}及犯禁之物,_{谓如应禁兵器及禁书之类。}则入官。若取与不和,用强生事,逼取求索之赃,并还主。_{谓恐吓、诈欺、强买卖有余利、科敛及求索之类。}○ 1.18.0.2 其犯罪应合籍没财产,赦书到后,罪人虽_{在赦前}决讫,而家产未经抄札入官,或罪未处决,籍没之物虽已送官,但未经分配与人守掌者,并从赦免。其已抄札入官守掌,及犯谋反、叛逆者,_{财产不分已、未入官,}并不准免。○ 1.18.0.3 若以赃入罪,正赃见在者,还官主。_{谓官物还官,私物还主。}又若本赃是驴,转易得马,及马生驹,羊生羔,畜产蕃息,皆为见在。其赃_{别赃身死者亦同。若不因赃罪而犯别罪,亦有应追财物如埋葬银两之类。}已费用者,若犯人身死,勿征,余皆征之。若计雇工赁钱_{私借官车船之类}为赃者,死亦勿征。○ 1.18.0.4 其估赃者,皆据犯处_{地方、}当时_{犯时、}中等物价估计定罪。若计雇工钱者,一人一日为银一钱二分五厘。其牛、马、驼、骡、驴、车船、碾磨、店舍之类,照依犯时雇工赁值。_{计算,定罪、追还。}赁钱虽多,各不得过其本价。

谓船价值银一十两,却不得追赃值一十一两之类。 ○ 1.18.0.5 其赃罚金银,并照犯人原供成色,从实追征入官、给主。若已费用不存者,追征足色。谓人原盗或取受正赃金银,使用不存者,并追足色。

条 例

1.18.(1) 〔隐瞒罚金赎银〕一、凡问刑衙门自理罚金及收赎银两,岁底造册,申详上司报法部察核。并应开明罚、赎人姓名及数目,晓示各该地方。如有以多报少及隐漏者,督抚奏参,以贪赃治罪。

1.18.(2) 〔追罚变赃赎银两承追例限〕一、京城现审案内,凡应追赃、罚赃、变赃、赎银两,俱将该犯发交本旗籍该管官,定限一年追完。如逾限不行追交,法部即行查参,将承追各官照例议处。

1.18.(3) 〔违例入官房屋〕一、大理院及京师各级审判厅现审案内,违例入官住房、铺面各项房屋,于定案后,大理院则径咨民政部办理,各级审判厅则径咨内外城巡警总厅办理,毋庸原问衙门估变。

1.18.(4) 〔无主及不应给主之窃盗赃〕一、京城现审窃盗案内,无主赃物及一切不应给主之赃,如系金珠、人参等物,交内务府;银钱及铜、铁、铅、锡等项有关鼓铸者,交度支部;硫黄、焰硝及砖石、木植等项有关营造者,交农工商部;洋药及盐、酒等项有关税务者,交崇文门;其余器皿、衣饰及马、骡牲畜,均行文民政部,札行内外城巡警总厅督同该区官当堂估值变价,交度支部汇奏,并将变价数目报法部查核。倘有弊混及变价不完,由法部奏参。

1.18.(5) 〔入官什物之变卖〕一、地方官吏有将入官田房私租于人者,除照数追赔外,仍照侵盗钱粮例治罪。其一应变卖什物,俱勒限一年,眼同本犯家属照数变卖。如逾限未变,器皿、衣服仍于本地方勒变;一应金银珠玉等物,兑明分两、数目,造具清册,眼同本犯家属封固,取具并无更换甘结,具文解交藩库,遇有便员,附搭解部,转交崇文门变价。若有窃换等弊,许家人及旁人首告,加倍追赔,仍照侵盗钱粮例治罪。

1.18.(6) 〔入官田房产业售买〕一、田房产业一经入官,即令本犯家属将契券呈堂出业,该管官眼同原主,秉公估定,开明价值,出示速售。有愿买者,即给与印照,不许原主勒索找价,仍令买主出具并无假冒影射甘结存卷。如该管官纵容原主据占影射,将据占之家属、影射之父兄,俱照隐瞒入官财物律坐赃治罪。该管官并该上司,俱照例分别议处。如并无影射等弊,首告之人捏词陷害,按律反坐。至所典房地及质当物件,勒限令原主取赎,归还原本。如逾限不赎,即开明原本价值,出示招卖。

1.18.(7)〔比追抢夺窃盗之赃〕一、凡追赃人犯,除侵贪官吏仍照例限监追外,其抢夺、窃盗之赃,问刑衙门于定案之日严行着追。如果力不能完,即将本犯治罪,分别奏咨豁免。

1.18.(8)〔应追官员因公核减借欠等项〕一、凡内外官员名下应追因公核减、借欠等项,及该员本系分赔、代赔,经地方官查明结报家产尽绝、无力完缴者,俱照例奏豁,毋庸再于同案各员名下摊追。

1.18.(9)〔亏空贪赃官吏应追赔银两〕一、亏空、贪赃官吏一应追赔银两,该督抚委清查官产之员会同地方官,令本犯家属将田房、什物呈明时价,当堂公同确估,详登册记,申报上司,仍令本犯家属眼同售卖完项。如有侵渔需索等弊,许该犯家属并买主首告,将侵渔需索之官吏,照侵盗钱粮及受枉法赃律治罪。

1.18.(10)〔缘事查抄而兄弟未经分产者〕一、缘事获罪,应行查抄资产,而兄弟未经分产者,将所有产业查明,按其兄弟人数,分股计算。如家产值银十万,兄弟五人,每股应得二万,止将本犯名下应得一股入官,其余兄弟名下应得者,概行给予。

1.18.(11)〔侵贪本犯身故监追其子〕一、凡侵贪之案,如该员身故,审明实系侵盗库帑、图饱私橐者,即将伊子监追。

1.18.(12)〔现获强窃盗赃不足原失将盗犯家产变赔〕一、强、窃盗贼现获之赃,各令事主认领外,如强、盗赃不足原失之数,将无主赃物赔补,余剩者入官;如仍不足,将盗犯家产变价赔偿。若诸色人典当、收买盗赃及窃赃,不知情者勿论,止追原赃,其价于犯人名下追征给主。

1.18.(13)〔命案内减等人犯应追埋葬银〕一、应该偿命罪因,遇蒙赦宥,应给被杀家属养赡银二十两,及命案内随案减等或罪应徒、流人犯应追埋葬银两,并老小废疾收赎、过失杀伤收赎、留养收赎各银两,俱勒限一个月追完。有物产可抵者,亦着于限内变交。如审系十分贫难者,量追一半,分别给属、入官。若限满勘实力不能完,其由死罪减等及例应流、徒人犯,即行收所习艺,一面取具地邻、亲族甘结,详请督抚核实,咨部豁免。如有隐匿发觉者,地邻人等照不应重治罪,承追官照例议处。其应行援免及收赎释放人犯,仍再限一月,将减半银两着落本犯或亲属完交,不得概行请豁。

1.18.(14)〔断付死者之财产〕一、断付死者之财产,遇赦不得免追。

1.19 犯罪自首

1.19.0.1 凡犯罪未发而自首者,免其罪,〔若有赃者,其罪虽免〕,犹征正赃。〔谓如枉法、不枉法赃,征入官;用强生事逼取、诈欺、科敛、求索之类,及强、窃盗赃,征给主。〕其轻罪虽发,因首重罪者,免其重罪。〔谓如窃盗事发自首,又曾私铸铜钱,得免铸钱之罪,止科窃盗罪。〕若因问被告之事而别言余罪者,亦如上科之。〔止科见问罪名,免其余罪。谓因犯私盐事发被问,不加拷讯,又自别言曾窃盗牛,又曾诈欺人财物,止科私盐之罪,余罪俱得免之类。〕○1.19.0.2 其犯人虽不自首,遣人代首,若于法得相容隐者〔之亲属〕为之首,及彼此诘发,互相告言,各听如罪人身自首法。〔皆得免罪。其遣人代首者,谓如甲犯罪,遣乙代首,不限亲疏,亦同自首免罪。若于法得相容隐为首,谓同居及大功以上亲,若雇工人为家长首及相告言者,皆与罪人自首同得免罪。卑幼告言尊长,尊长依自首律免罪,卑幼依干犯名义律科断。〕若自首不实及不尽者,〔重情首作轻情,多赃首作少赃。〕以不实、不尽之罪罪之。〔自首赃数不尽者,止计不尽之数科。〕至死者,听减一等。其知人欲告及逃叛〔如逃避山泽之类。是叛去本国之类。〕而自首者,减罪二等坐之。其逃叛者虽不自首,能还归本所者,减罪二等。○1.19.0.3 其损伤于人,〔因犯杀伤人而自首者,得免所因之罪,仍从本杀伤法。〕于物不可赔偿,〔谓如弃毁印信、官文书、应禁兵器及禁书之类,私家既不合有,是不可偿之物,不准首。若本物见在,首本过失者,听从本法。损伤〕者听同首法免罪。事发在逃,〔已被囚禁,越狱在逃者,虽不得首,所犯之罪但既出首,得减逃走之罪二等,正罪不减。若逃在未经到官之先者,本无加罪,仍减本罪二等。〕若奸者,并不在自首之律。○1.19.0.4 若强、窃盗,诈欺取人财物,而于事主处首服,及受人枉法、不枉法赃,悔过回付还主者,与经官司自首同,皆得免罪。若知人欲告,而于财主处首还者,亦得减罪二等。其强、窃盗若能捕获同伴解官者,亦得免罪,又依常人一体给赏。〔强、窃盗自首免罪后再犯者,不准首。〕

条 例

1.19.(1)〔亲属首告〕一、小功、缌麻亲首告,得减罪三等,无服之亲减一等。其谋反、叛逆未行,如亲属首告或捕送到官者,正犯俱同自首律免罪;若已行者,正犯不免。采生折割之案,亦照此办理。

1.19.(2)〔律得容隐亲属首告强盗〕一、凡遇强盗,系律得容隐之亲属首告到官,同自首法照例拟断。其亲属本身被劫,因而告诉到官者,依亲属相盗律科罪,不在此例。

1.19.(3)〔强盗同居父兄等人出首〕一、强盗同居之父兄伯叔与弟,明知为匪,或分受赃物者,许其据实出首,均准免罪,本犯亦得照例减等问拟。

1.19.(4)〔被掳从贼乘间来归〕一、被掳从贼,不忘故土,乘间来归者,俱免其罪。

1.19.(5)〔因变逸出重囚自行投归〕一、在监斩、绞重囚及遣、流、徒人犯,如有因变逸出,自行投归者,除谋反、叛逆之犯,仍照原拟治罪,不准自首外,余俱照原犯罪名各减一等治罪。若被拿获者,仍照原犯罪名定拟。

1.19.(6)〔越狱限内投首〕一、一人越狱,半年内自行投首者,仍照原拟罪名完结。如同伙越狱多人,有一人于限内投首,供出同伙,于半年内尽行拿获者,将自行投首之犯照原罪减一等发落。倘供出之同伙内尚有一二人未获者,亦仍照原拟罪名完结。如系有服亲属拿首者,亦照本犯自首之例分别完结。

1.19.(7)〔强盗自首追赔〕一、凡强盗,除杀死人命、奸人妻女、烧人房屋,罪犯深重,及殴事主至折伤以上,首、伙各犯俱不准自首外,其伤人首、伙各盗,伤轻平复,如事未发而自首,及强盗行劫数家,止首一家者,均发遣新疆当差;系闻拿投首者,拟绞监候。未伤人之首、伙各盗及窝家、盗线,事未发而自首者,流三千里;闻拿投首者,发烟瘴地方安置。以上各犯,如将所得之赃悉数投报,及到官后追赔给主者,方准以自首论;若赃未投报,亦未追赔给主,不得以自首论。

1.19.(8)〔诱拐之犯自首〕一、凡诱拐不知情妇人、子女,首、从各犯,除自为妻妾,或典卖与人,已被奸污者,不准自首外,其甫经诱拐,尚未奸污,亦未典卖与人,即经悔过自首,被诱之人即时给亲完聚者,将自首之犯照例减二等发落。若将被诱之人典卖与人,现无下落,诱拐之犯自首者,仍各按例拟罪监禁。自投首到官之日起,三年限满,被诱之人仍无下落,或限内虽经查获,已被奸污者,即将原拟绞候之犯入于秋审办理,原拟流罪之犯,即行照原罪发落;倘能限内查获,未被奸污,给亲完聚者,各于原犯罪名上减一等发落。

1.19.(9)〔脱逃遣流人犯投回〕一、遣、流人犯在配、在所或中途脱逃,如有畏罪投回,并该犯得相容隐之亲属赴官禀首拿获,俱准免其逃罪,从前役过月日,并得准理。若准免一次之后,复敢脱逃,虽自行投首,及亲属再为首告,俱不准宽免。

1.19.(10)〔闻拿投首〕一、闻拿投首之犯,除律不准首及强盗自首例有正条外,其余一切罪犯,俱于本罪上减一等科断。

1.19.(11)〔强窃盗犯捕役带同投首〕一、不论强、窃盗犯,有捕役带同投首者,除本犯不准宽减外,仍将捕役严行审究,倘有教令及贿求,故捏情弊,将捕役照受财故纵律治罪。

1.20 二罪俱发以重论

1.20.0 凡二罪以上俱发,以重者论。罪各等者,从一科断。若一罪先发,已经论决,余罪后发,其轻若等,勿论;重者,更论之,通计前^{所论}决之罪,以充后^发之数。谓如二次犯窃盗,一次先发,计赃一十两,已工作四月,一次后发,计赃四十两,该工作十月,合贴工作六月;如有禄人节次受人枉法赃四十两,内二十两先发,已徒一年,二十两后发,合并取前赃,通计四十两,更科全罪,徒三年。其应^赃入官、^物赔偿、^官罢职、罪止者,^{虽得勿论,或重}科,或从一,仍各尽本法。谓一人犯数罪,如枉法、不枉法赃合入官,毁弃器物合赔偿,职官私罪处十等罚以上合罢职,无禄人不枉法赃一百二十两以上罪止流三千里之类,各尽本法拟断。

条 例

1.20.(1)〔律不应拟抵之人命案件致死三命者〕一、凡人命案件,按律不应拟抵,罪止流、徒人犯,除致死二命,照律从一科断外,如至三命者,于本罪上各加一等,三命以上者,按照致死人数递加一等,罪止发遣新疆当差,不得加入于死。若致死三命以上,例有专条者,仍各照定例办理。至过失杀人至数命者,按死者名数各追银二十两,给各亲属收领,毋庸加等治罪。此等案件,必须详细研鞫,若核其案情近于过失而情节较重,或耳目所可及、思虑所可到,并非初无害人之意者,应仍照例分别定拟,不得滥引过失杀律收赎。

1.21 犯罪共逃

1.21.0 凡犯罪共逃亡,其轻罪囚能捕获重罪囚而首告,及轻重罪相等,但获一半以上首告者,皆免其罪。以上指自犯者言。谓同犯罪事发或各犯罪事发而共逃者,若流罪囚能捕死罪囚、徒罪囚能捕流罪囚首告;又如五人共犯罪在逃,内一人能捕二人而首告之类,皆得免罪。若损伤人及奸者,不免,仍依常法。其因^{他人犯}连累致罪,而^{正犯}罪人自死者,^{连累}听减本罪二等。以下指因人连累而言。谓因别人犯罪连累以得罪者,如藏匿、引送、资给罪人,及保勘、供证不实,或失觉察关防、钤束听使之类。其罪人非被刑杀而自死者,又听减^{二等}。若罪人自首告^{得免}及遇赦原免,或蒙特恩减罪收赎者,^{连累}亦准罪人原免、减等赎罪法。谓因罪人连累以得罪,若罪人在后自首告,或遇恩赦全免,或蒙特恩减一等、二等或罚赎之类,被累人本罪亦各依法全免、减等、收赎。

1.22 同僚犯公罪

1.22.0.1 凡同僚犯公罪者，(谓同僚官吏连署文案，判断公事差错而无私曲者。)并以吏典为首，首领官减吏典一等，佐贰官减首领官一等，长官减佐贰官一等。(官吏如有缺员，亦依四等递减科罪。本衙门所设官吏无四等者，止准见设员数递减。)若同僚官一人有私，自依故出入人罪(私罪)论；其余不知情者，止依失出入人罪(公罪)论。(谓如同僚连署文案，官吏五人，若一人有私，自依故出入人罪论；其余四人虽连署文案，不知有私者，止依失出入人罪论，仍依四等递减科罪。)

○ 1.22.0.2 若(下司)申上司，(事有差误，上司)不觉失察准行者，各递减下司官吏罪二等；(谓如县申州、州申府、府申布政司之类。)若上司行下，(事有差误而)所属依错施行者，各递减上司官吏罪三等。(谓如布政司行府、府行州、州行县之类。)亦各以吏典为首。(首领、佐贰、长官，依上减之。)

1.23 公事失错

1.23.0.1 凡(官吏)公事失错，自觉举者，免罪。其同僚官吏(同署文案，法)应连坐者，一人自觉举，余人皆免罪。(谓缘公事致罪而无私曲者，事若未发露，但同僚判署文案官吏一人能检举改正者，彼此俱无罪责。) ○ 1.23.0.2 其断罪失错，(于)已行论决者，仍从失入人罪论。不用此律。(谓死罪已决，流、徒罪已收所工作，罚金已处罚讫，此等并为已行论决，官司虽自检举，皆不免罪，各依失入人罪律减三等及官吏等级递减科之，故云不用此律。其失出人罪，虽已决放，若未发露能自检举贴断者，皆得免其失错之罪。)其官文书稽程(官应连坐)者，一人自觉举，余人亦免罪。承(行)主典(之吏)不免。(谓文案小事五日程、中事十日程、大事二十日程，此外不了，是名稽程。官人自检举者，并得全免，惟当该吏典不免。)若主典自举者，并减二等。(谓当该吏典自检举者，皆得减罪二等，官全免。)

1.24 共犯罪分首从

1.24.0.1 凡共犯罪者，以(先造意一人)为首，(依律断拟。)随从者减一等。 ○ 1.24.0.2 若一家人共犯，止坐尊长。(如僧道徒弟与师共犯，亦同。)若尊长年八十以上及笃疾，归罪于共犯罪以次尊长。(如无以次尊长，方坐卑幼。谓如尊长与卑幼共犯罪，不论造意，独坐尊长，卑幼无罪，以尊长有专制之义也。如尊长年八十以上及笃疾，于例不坐罪，即以共犯罪次长者当罪。又如妇人尊长与男夫卑幼同犯，虽妇人为首，仍独坐男夫。)侵损于人者，以凡人首从论。(造意为首，随从为从。"侵"谓窃盗财物，"损"谓斗殴杀

○ 1.24.0.2 若共犯罪而首、从各别者,各依本律首从论。伤之类。如父子合家同犯,并依凡人首从之法,为其侵损于人,是以不独坐尊长。仍以一人坐以首罪,余人坐以从罪。谓如甲引他人共殴亲兄,甲依弟殴兄徒二年半,他人依凡人斗殴论处二等罚。又如卑幼引他人盗己家财物一十两,卑幼以私擅用财加二等,处四等罚,外人依凡盗论,工作两月之类。

○ 1.24.0.3 若本条言"皆"者,罪无首、从;不言"皆"者,依首从法。

○ 1.24.0.4 其同犯擅入紫禁城、宫殿等门,若同避役在逃,及同犯奸者,律虽不言"皆",亦无首从。谓各自身犯,是以亦无首、从,皆以正犯科罪。

条 例

1.24.(1) 〔父兄子弟共犯奸盗杀伤〕一、凡父兄子弟共犯奸、盗、杀伤等案,如子弟起意,父兄同行助势,除律应不分首、从,及其父兄犯该斩、绞死罪者,仍按其所犯本罪定拟外,余俱视其本犯科条,加一等治罪,概不得引用"为从"字样。

1.25 犯罪事发在逃

1.25.0.1 凡二人共犯罪而有一人在逃,现获者称逃者为首,更无人证佐,则但据其所称决其从罪。后获逃者称前获之人为首,鞫问是实,还将前人依首论,通计前决罪,以充后问数。○ 1.25.0.2 若犯罪事发而在逃者,众证明白,或系为首,或系为从,即同狱成,将来照提到官,止以原招决之,不须对问。仍加逃罪二等。逃在未经到官之先者,不坐。

条 例

1.25.(1) 〔人命强窃拒捕等案正犯在逃其现获者称逃者为首〕一、凡二人以上共犯罪,现获者称逃者为首,除首、从罪在遣、流、徒以下,仍应照律办理外,若人命、强窃盗及拒捕等案,正犯在逃未获,为从罪应绞候者,按例定拟,入于秋审,分别情实、缓决办理。其拟入缓决之犯,遇有恩诏,查办所避罪名,应准减免者,一体减罪省释。如本罪应得援赦,所避系不准减免者,仍行监禁三年,倘正犯无获,再行收所工作,或取保释放。其为首罪应斩、绞,为从罪止遣、流、徒或罚金之案,现获者称逃者为首,如现获多于逸犯,供证确凿;以及逸犯虽多,而现获之犯系先后拿获;或虽同时并获,经隔别研讯,实系逃者为首;或事主、尸亲、旁人指证有据者,即依律拟罪。案内牵连无干之人,一概省释。缉获逸犯,不须对问。若案内人数众多,仅获一二名,无事主、尸亲、证佐指认者,俱照现供定罪。系强盗案件,仍令待质三年,限满视正犯有无弋获,再行发配。其余罪应流、徒者,分别发配、留籍,均收入习艺所按限工作。限满发配,人犯即交配所地方官管束,不准回籍。本地工作人犯与罪应罚金者,均取具的保释放。逸犯就获时,无论限内、限外,俱提回质讯。如原供属实,即照例完结;若实系前获之人为首,还依斩、绞罪名问拟。承审官如因定拟在先,有意回护者,以出入人罪论。

1.25.(2)〔死罪输服供词遣流众证无疑定案〕一、内外问刑衙门审办案件,除本犯事发在逃,众证明白,照律即同狱成外,如犯未逃走,鞫狱官详别讯问,系死罪人犯,务得输服供词,毋得节引众证明白即同狱成之律,遽请定案。若遣、流以下人犯,本犯狡供不认,果系众证确凿,复经层递亲提,研讯皆无疑义,即照例定拟。系本应具奏之案,照例奏请。其寻常咨行事件,即具众证情状,咨部复核完结。如再行控告,均不准理。

1.25.(3)〔现任文武职官负罪潜逃〕一、内外现任文武职官,除擅离职役,查明尚非实在脱逃者,仍照本律办理外,如负罪潜逃,一经拿获,本犯应死者,依常律;如该徒以上,发往新疆效力赎罪;仅处罚金者,仍照律加逃罪二等。

1.25.(4)〔旗下未经赎放家人逃走〕一、旗下未经赎放之家人逃走,属实者,准赴该管衙门投递逃牌。逃走之人,不计次数,俱处十等罚,给主领回。年六十岁以上、十五岁以下,及自行投回者,俱免罪。如有不服传唤,抗拒、避匿,致伊主报逃者,照子孙违犯教令律治罪。其逃人带逃物件,载在原递册内者,准行提;如原册未载,虽告,不准行;如所载审系虚开,免其行提,逃人仍治逃罪。庄头拖欠地租、偷典地亩,并带家业逃走者,将带逃家业分为三分,一分给出首之人,二分给主。

1.26 亲属相为容隐

1.26.0.1 凡同居,"同"谓同财共居亲属,不限籍之同异,虽无服者亦是。若大功以上亲,谓另居大功以上亲属,系ёй重。及外祖父母、外孙、妻之父母、女婿,若孙之妇,夫之兄弟,及兄弟妻,系恩重。有罪彼此得相为容隐;雇工人义重为家长隐者,皆勿论。家长不得为雇工人隐者,义当治其罪也。○ 1.26.0.2 若漏泄其事,及通报消息,致令罪人隐匿、逃避者,以其于法得相容隐,亦不坐。谓有得相容隐之亲属犯罪,官司追捕,因而漏泄其事及暗地通报消息与罪人,使令隐避、逃走,故亦不坐。○ 1.26.0.3 其小功以下相容隐及漏泄其事者,减凡人三等;无服之亲减一等。_{谓另居小功以下亲属。} ○ 1.26.0.4 若犯谋叛以上者,不用此律。_{谓虽有服亲属,犯谋反、谋大逆、谋叛,但容隐不首者,依律科罪,故云不用此律。}

1.27 处决叛军

1.27.0 凡边境_{重地}城池,若有军人谋叛,守御官捕获到官,显迹证佐明白,鞫问招承,申报督抚、提镇审问无冤,随即依律处治,具由奏闻。如在军前_{有谋叛能}临阵擒杀者,_{事既显明,机系呼吸。}不在此_{委审审之}、公限。_{事后亦须奏闻。}

1.28 蒙古及入国籍人有犯

1.28.0 凡蒙古人犯罪,照理藩部蒙古例定拟。其余藩属,并因归化入籍者,仍依律科断。

条　例

1.28.(1) 〔内外蒙古死罪案件〕一、凡内、外蒙古死罪案件,不论所引何律,概归理藩部主稿,咨送大理院复判,会同具奏。奉旨之后,系立决人犯,由理藩部行文该将军、都统处决;系监候人犯,由理藩部、大理院分咨法部,秋审时,由法部会同理藩部办理;其遣罪以下人犯,应发遣者,由理藩部咨送大理院复判;应改折者,由原审判衙门判结。其在京蒙古案件,咨交地方审判厅审理,仍由部派员翻译。

1.28.(2) 〔青海蒙古人有犯死罪〕一、青海蒙古人有犯死罪应正法者,照旧例在西宁监禁。其余一切应拟绞候之犯,俟部复后,解赴甘肃按察使衙门监禁,于秋审时,将该犯情罪入于该省招册,咨送法部查核。

1.28.(3) 〔蒙古与民人交涉之案〕一、蒙古与民人交涉之案,凡遇斗殴、拒捕等事,该地方官与旗员会讯明确,如蒙古在内地犯事者,照刑律办理;如民人在蒙古地方犯事者,即照蒙古例办理。

1.28.(4) 〔蒙古地方抢劫案件〕一、蒙古地方抢劫案件,如俱系蒙古人,专用蒙古例;如俱系民人,专用刑律;如蒙古与民人伙同抢劫,核其罪名蒙古例重于刑律者,蒙古与民人俱照蒙古例问拟,刑律重于蒙古例者,蒙古与民人俱照刑律问拟。

1.28.(5) 〔苗蛮獐猺犯罪例无专条者〕一、凡苗人、土蛮、獐、猺犯罪,例无专条者,无论罪名轻重,悉照民人一律问拟。

1.29 本条别有罪名

1.29.0.1 凡本条自有罪名与名例罪不同者,依本条科断。○ 1.29.0.2 若本条虽有罪名,其心有所规避罪重者,又不泥于本条,自从所规避之重罪论。○ 1.29.0.3 其本应罪重,而犯时不知者,依凡人论。谓如叔、侄别处生长,素不相识,侄打叔伤,官司推问始知,是叔止依凡人斗法;又如别处窃盗,偷得大祀、神御之物,如此之类,并是犯时不知,止依凡论,同常盗之律。本应轻者,听从本法。谓如父不识子,殴打之后,方始得知,止依打子之法,不可以凡殴论。

1.30 加减罪例

1.30.0 凡称加者,就本罪上加重。谓如人犯处四等罚,加一等,即坐五等罚;或犯处十等罚,加一等,即坐徒一年;或徒一年,加一等,即坐徒一年半;或犯徒三年,加一等,即坐流二千里;或犯流二千里,加一等,即坐流二千五百里之类。称减者,就本罪上减轻。谓如人犯处五等罚,减一等,即坐四等罚;或犯徒一年,减一等,即坐十等罚;或犯徒三年,减一等,即坐徒二年半之类。惟二死、三流,各同为一减。二死谓绞、斩,三流谓二千里、二千五百里、三千里,各同为一减。如犯死罪,减一等,即坐流三千里;减二等,即坐徒三年;犯流三千里者,减一等,亦坐徒三年。加者,数满乃坐。谓如赃加至四十两,纵至三十九两九钱九分,虽少一分,亦不得科四十两罪之类。又加罪,止于流三千里,不得加至于死。本条加入死者,依本条。加入绞者,不加至斩。

条 例

1.30.(1) 〔流置以下人犯不得擅拟发往新疆〕一、发遣新疆罪名,除官犯及例有正条,应照例办理外,其余三流、安置以下人犯,悉照本条律例问拟,不得用"不足蔽辜""无以示惩""从重加等"及"加数"等字样,擅拟发往新疆。其案情错出,律无正条,应折中至当,援引他律、他例酌核。或实在案情重大,罪浮于法,仍按本律例拟罪,将应行加重发遣缘由,均于折内声明,恭候圣裁。如拒捕、脱逃等项,载明照本罪加等者,仍各遵照办理。

1.31 称乘舆车驾

1.31.0 凡律中所称乘舆车驾及御者,如御物、御膳所、御在所之类,自天子言之。而太皇太后、皇太后、皇后并同。称制者，_{自圣旨言之。而}太皇太后、皇太后懿旨并同。_{有犯毁失制书，盗及诈为制书，擅入宫殿门之类，皆当一体科罪。}

1.32 称期亲祖父母

1.32.0 凡_律称期亲及称祖父母者，曾、高同。称孙者，曾、元同。嫡孙承祖，与父母同。其嫡母、继母、慈母、养母，_{有犯与亲母律}同。_{改嫁、义绝，及殴杀子孙，不与亲母同。}称子者，男、女同。

1.33 称与同罪

1.33.0.1 凡_律称与同罪者，_{谓被累人与正犯同罪，其情轻，}止坐其罪，_{正犯至死者，}_{同罪者}减一等；罪止流三千里，不在绞、斩之律。若受财故纵与同罪者，_{其情重。}全科。至死者，_{其故纵绞。}谋反、叛逆者，皆依本律。_{绞。}○ 1.33.0.2 _{凡称同罪者，至死减一等；称罪同者，至死不减等。}○ 1.33.0.3 称准枉法论、准盗论之类，_{事相类而情轻。}但准其罪，亦罪止流三千里。称以枉法论、以盗论之类，_{事相等而情并重。}皆与正犯同，绞、斩皆依本律科断。_{然所得同者，律耳。若律外引例发遣等项，则又不得而同焉。}

1.34 称监临主守

1.34.0.1 凡_律称监临者，内外诸司统摄所属，有文案相关涉，及_{别处驻扎衙门带管兵粮、水利之类，}虽非所管百姓，但有事在手者，即为监临。称主守者，_{内外各衙门}该管文案，吏典专主掌其事；及守掌仓库、狱囚、杂物之类，官吏、库子、斗级、攒拦、禁子并为主守。○ 1.34.0.2 其职虽非统属，但临时差遣管领提调者，亦是监临主守。

1.35 称日者以百刻_{今《时宪书》，每日计九十六刻。}

1.35.0 凡_律称一日者，以百刻。_{犯罪违律，计数满乃坐，仍遵照《时宪书》，每日计九十六刻。}计工者，从朝至暮。_{不以百刻为限。}称一年者，以三百六十日。_{如秋粮违限，虽三百五十九日，亦不得为一年。}称人年者，以籍为定。^{谓称人年纪，以附籍年甲为准。} 称众者，三人以上。称谋者，二人以上。^{谋状显迹明白者，虽一人，同二人之法。}

1.36 称道士女冠

1.36.0 凡^律称道士、女冠者，僧、尼同。^{如道士、女冠犯奸，加凡人罪二等，僧、尼亦然。}若于其受业师，与伯叔父母同。^{如俗人骂伯叔父母，徒一年，道、冠骂师，罪同。受业师，谓于寺观之内亲承经教，合为师主者。}其于弟子，与兄弟之子同。^{如俗人殴杀兄弟之子，徒三年，道、冠、僧、尼殴杀弟子，同罪。}

1.37 断罪依新颁律

1.37.0 凡律自颁降日为始。若犯在已前者，并依新律拟断。^{如事犯在未经定例之先，仍依律}及已行之例定拟。其定例内有限以年月者，俱以限定年月为断。若例应轻者，照新例遵行。

条 例

1.37.(1)〔问刑衙门引拟失当移情就例〕一、律例颁布之后，凡问刑衙门敢有恣任喜怒，引拟失当，或移情就例，故入人罪，苛刻显著者，各依故失出入律坐罪。

1.38 断罪无正条

1.38.0 凡律令该载不尽事理，若断罪无正条者，^援引^他律比附，应加应减，定拟罪名，^{申该上司}议定奏闻。若辄断决，致罪有出入，以故失论。

条 例

1.38.(1)〔律例本有正条而任意删减〕一、引用律例，如律内数事共一条，全引恐有不合者，许其止引所犯本罪。若一条止断一事，不得任意删减，以致罪有出入。其律例无可引用，援引别条比附者，问刑衙门务宜详慎斟酌情节，声明"律无正条，今比照某律某例科断"或"比照某律某例加一等、减一等科断"；案应具奏者，详细奏明，恭候谕旨遵行。若律例本有正条，承审官任意删减，以致情罪不符；及故意出入人罪，不行引用正条，比照别条，以致可轻可重者，该上司查出，或经大理院驳诘，将承审之员指名奏参，按律治罪。

1.39 五徒三流二遣地方

1.39.0 凡徒役,各照应徒年限,收入本地习艺所工作,限满释放。流犯,照依本省地方,计所犯应流道里定发。该内遣者,发往极边足四千里及烟瘴省份(广东、广西、云南、贵州)安置。该外遣者,发往新疆,酌拨种地当差。

条 例

1.39.(1) 〔流寓京外各省民人犯徒流安置〕一、各省民人流寓在京、在外,犯该徒、流、安置罪名,并免死减等之犯,其有应追银两,讯明本犯原籍有产可赔者,移查明确,将该犯解回原籍,追银完交后,徒犯即收入习艺所按限工作,流、置各犯无庸发配者亦即收所工作,应行发配者即由原籍督抚定地,将所完银两移交犯事地方分别给主。如无应追银两,或赃项已经追完,及移查原籍并无产业者,徒罪与毋庸发配之流、置人犯,均在犯事地方收所习艺;其流、置应行发配之犯,即于犯事地方,按本犯原籍应配地方起解发配。若计原籍应配地方,即系该犯流寓之所,令各该督抚按照所犯流、置道里远近,分别改发,仍回避原籍相近之地。

1.39.(2) 〔流置人犯发配〕一、凡流、置人犯发配,查明道里表内应发省份,预行咨明配所,各督抚毋庸指定府、州。各督抚接咨后,除有土司及苗、瑶、黎、獞等杂处地方不得派拨发往外,余俱视所犯罪名,按照各州县道里远近、在配人犯多寡,均匀定地,先期饬知首站州县,随到随发,不必解赴督抚衙门。其起解省份,并于解犯兵牌内填明"解往某省,入境首站州县遵照定地转解配所投收申缴"字样。

1.39.(3) 〔各省应发烟瘴人犯〕一、凡各省应发烟瘴人犯,无论在四千里内、外,均编发有烟瘴省份安置。其籍隶烟瘴之云南、贵州、广东、广西四省应发烟瘴人犯,应于隔远烟瘴省份调发。广东省与云南省互调,广西省与贵州省互调。至不足四千里、邻近烟瘴之湖南、福建、四川三省应发烟瘴人犯,湖南省发往云南,福建省发往贵州,四川省发往广东。其余各省有距烟瘴省份较远者,如奉天、吉林、黑龙江应发烟瘴人犯,编发广西、贵州二省;甘肃之甘州、凉州、西宁、安西、宁夏、肃州等府州及新疆各属应发烟瘴人犯,编发云南、贵州二省。均预行咨明各该督抚,先期酌量定地,饬知入境首站州县径行解往,照例办理。

1.39.(4)〔流遣人犯盛暑严寒停解〕一、凡流、遣应行发配人犯,未起解者,十月至正月终及六月,俱停其解发。若已至中途,初冬十月,经过州县照常接递,至十一月初一日方准截止,俟次年二月转解。如遇六月,照前停留。倘抵配不远,并于未起解之先,本犯有情愿前进赴配者,取具该犯确供,一体起解,并将不行停解缘由移咨前途接递,仍报法部。惟云南省并无盛暑严寒,各省应配人犯已入该省边境者,照常转解。至流、遣各犯脱逃被获,例应解回原配,虽遇隆冬盛暑,不准停止。其民人在外省犯罪,应行递回原籍发配者,若离籍在一千里以外,遇例应停解月份,亦准停解。其起解及接递州县,如有将应行停解之犯而不停解,及将不应停解之犯擅行停解者,均交吏部照例议处。

1.39.(5)〔回民犯罪应发极边新疆者〕一、回民犯罪应发极边安置者,毋庸编发甘肃等省回民聚集之处。其犯该发遣新疆者,亦不得发往回疆地方。

1.39.(6)〔徒流安置人犯收所工作〕一、凡犯总徒四年、准徒五年者,俱照应徒年限,收入本地习艺所工作,限满释放。其犯三流,及极边或烟瘴地方安置者,核其所犯罪名,如系常赦所不原,即按道里表定地发配,到配一律收所习艺。流二千里者,限工作六年;二千五百里者,限工作八年;三千里者,限工作十年;极边及烟瘴地方安置者,工作十二年;限满俱释放。有不愿回本籍者,并准在配所地方入籍为民。如系常赦所得原,无论流、置,俱毋庸发配,即在本籍或犯事地方收所习艺,工作年限照前科算,限满即行释放。犯至外遣者,到配工作十二年,限满仍令种地当差,不准回籍。

1.39.(7)〔新疆民人犯遣改发〕一、凡新疆民人犯该外遣者,改发广东、广西烟瘴地方,到配收入习艺所工作十二年,限满由该地方官酌量安插,不准回籍。

1.39.(8)〔强盗抢匪等项人犯流置外遣〕一、凡三流、安置、外遣人犯,如犯系强、盗、抢夺、会匪、棍徒等项,到配收入习艺所,充当折磨苦工,工作年限俱照本例科算。限满,系外遣人犯,仍令种地当差;系三流、安置人犯,分拨配所各州县安插;令地方官严加管束,不准回籍。

1.39.(9)〔苗蛮瑶獞夷猓人等有犯流置〕一、凡苗、蛮、瑶、獞及夷、猓人等有犯流、置等罪,无论常赦是否得原,俱收入本地习艺所,按照例定年限工作,限满释放。本罪系外遣者,工作十二年后,察看情形,如尚知改悔,从宽开释;若仍怙恶不悛,再加工作五年,限满保释。

1.39.(10)〔发遣新疆人犯〕一、发遣新疆人犯到配后,该抚即将该犯收入习艺所工作十二年。限满酌量所属地方,派拨种地,责令当差。并于每年十二月初旬,将该处一年内发到遣犯名数,同节年问发到配遣犯现存共计若干名,并该处安插遣犯有无脱逃、拿获,详细声叙,咨报法部,照例汇奏。

  1.39.(11)〔发往新疆种地人犯不能耕种者〕一、犯罪发往新疆种地人犯,如年老力衰不能耕种纳粮者,令该抚酌量该犯年力、应当差使,责令承充官给与半分口粮,以资养赡,仍令该管官管束。

  1.39.(12)〔军台效力文武员弁呈缴台费〕一、凡文武员弁犯五徒及总徒四年、准徒五年者,均发军台效力。其年限以应徒之年为断,限满即行释放,毋庸呈缴台费。如系侵贪之案,仍令完缴台费,限满后奏请释回。其无力完缴者,于应徒年限已满之后,奏明再行留台三年,限满即行释放,分咨法部、陆军部存查,不必再行奏请。

  1.39.(13)〔发遣新疆效力废员〕一、发遣新疆效力废员,由该省巡抚酌量差使,十年期满,原犯系流、置等罪加重改发者,该抚即奏请释回;如原犯已至外遣,由本罪发往者,再行留成五年,限满仍具奏请旨。

  1.39.(14)〔遣流人犯发配到配专咨报部〕一、各省遣、流人犯定地发配及到配安置,俱声明何司案呈,专咨报部。

〔卷三〕

职　制

2.40 官员袭荫

2.40.0.1 凡文武官员应合袭荫者，并令嫡长子孙袭荫。如嫡长子孙有故，_{或有亡没、疾病、奸盗之类。}嫡次子孙袭荫；若无嫡次子孙，方许庶长子孙袭荫；若无庶出子孙，许令弟侄应合承继者袭荫。若庶出子孙及弟侄不依次序，挨越袭荫者，徒一年。_{仍依次袭荫。}○ 2.40.0.2 其子孙应承袭者，_{本宗及本管衙门保勘明白，}移文_{该部}奏请承袭、支俸。如所袭子孙年幼，候年一十八岁，方预朝参、公役。如委绝嗣无可承袭者，准令本人妻小依例关请俸给，养赡终身。若将异姓外人乞养为子，瞒昧官府，诈冒承袭者，乞养子流二千里，本家所关俸给_{事发}截日住罢。他人教令_{挨越诈冒}者，并与犯人同罪。○ 2.40.0.3 若当该官司知其_{挨越诈冒}而听行，与同罪。不知者不坐。_{若受财扶同保勘，以枉法从重论。}

条　例

2.40.(1) 〔世职犯十恶军机死罪免死安置枉法侵盗等案〕一、凡世职犯十恶关系军机，或因人命、强盗实犯死罪及免死安置，并枉法赃、侵盗钱粮、以财行求等案者，本犯之子孙俱不准袭，应以亲兄弟承袭；无亲兄弟，以亲兄弟之子孙或亲伯叔之子孙承袭；如均无人，按得爵人之谱牒，择宗支相近者承袭。若遇恩诏，所获罪与应免之条相符，或奉旨宥免，复加录用者，其子孙仍照常开列。

2.40.(2) 〔以乞养子等冒袭及用财买嘱冒袭〕一、凡世职将乞养异姓与抱养族属疏远之人诈冒承袭，或用财买嘱冒袭，及受财卖与冒袭，已经到官袭过者，将朦混继立之世职，与以子与世职为嗣之人，并其知情之义子，俱照乞养子冒袭律流二千里，保勘之官罢职，其世职永不得袭。保勘官以首先出与保结者为坐,连名保结者,俱依律减等科断;有赃者,并以枉法论。若朦胧保送,违碍子孙弟侄者,俱照律发落。

2.40.(3)〔诈称父亡冒袭官职〕一、应袭之人,若父见在,诈称死亡,冒袭官职者,徒三年。候父故之日,许令以次儿男承袭。如无以次儿男,令次房子孙承袭。

2.40.(4)〔通事及色目人等拨置不该承袭之人争袭土官〕一、各处土官袭替,其通事及诸凡色目人等,有拨置土官亲族不该承袭之人,争袭、劫夺、仇杀者,俱发烟瘴地方安置。

2.40.(5)〔銮仪卫校尉缺出替补〕一、銮舆卫校尉缺出,于见役校尉亲生儿男弟侄内选择堪用者替补。如校尉子弟不足,移文民政部,将身家殷实民人保送。有朦胧冒替者,以违制论。

2.41 滥设官吏

2.41.0.1 凡内外各衙门,有于额定员数外多添设者,当该官吏,^{指典选者。}一人处十等罚,每三人加一等,罪止徒三年。^{若受赃,计赃,以枉法从重论。} ○ 2.41.0.2 若吏典、书役人等额外滥充者,徒二年。容留一人,正官处二等罚,首领及吏递加一等,每三人各加一等,并罪止十等罚,罪坐所由。 ○ 2.41.0.3 其罢闲官吏,在外干预官事,结揽写发文案,把持官府,蠹政害民者,并处八等罚。再于犯人名下追银二十两,付告人充赏。有所规避者,从重论。 ○ 2.41.0.4 若官府税粮由帖、户口籍册雇募攒写者,勿论。

2.42 信牌

2.42.0.1 凡府、州、县置立信牌,^{拘提人犯,催督公事,}量地远近,定立程限,随事销缴。违者,^{指差人违牌限。}一日处一等罚,每一日加一等,罪止四等罚。 ○ 2.42.0.2 若府、州、县官遇有催办事务,不行依律发遣信牌,辄^亲下所属^{坐守催}并者,处十等罚。^{所属指州、县、乡村言。}其点视桥梁、圩岸、驿传、递铺、踏勘灾伤、检尸、捕贼、抄札之类,不在此限。

条 例

2.42.(1)〔差票务须随时缴销〕一、内外问刑衙门大小案件,凡有差票,务须随时缴销。如遇封印时而案未完结，将票暂行缴销，俟开印，另行给票。违者，分别议处。

2.43 贡举非其人

2.43.0.1 凡贡举非其人，及才堪时用，应贡举而不贡举者，_{计其妄举与不举人数，}一人处八等罚，每二人加一等，罪止十等罚。所举之人知情，与同罪；不知者不坐。○ 2.43.0.2 若主司考试艺业技能而_故不以实者，_{可取者置之下等，不可取者反置之上等，}减二等。○ 2.43.0.3 若贡举、考试失者，各减三等。_{受赃，俱以枉法从重论。}

2.44 举用有过官吏

2.44.0 凡官吏曾经断罪罢职役不叙者，诸衙门不许朦胧保举。违者，举官及匿过之人，各处十等罚；举官仍罢职不叙。_{受赃，俱以枉法从重论。若将帅异才，不系贪污、规避而罢闲者，有司保勘明白，亦得举用。}

条 例

2.44.(1)〔不准保升捐复并永不叙用文武各员等改名弊混以图选用〕一、奉旨不准保升，及曾经获咎不准捐复，并奉特旨永不叙用之文武各员，暨举贡、吏员、承差人等曾经考察论劾罢黜，及为事问革例不入选者，倘敢改名弊混，若买求官吏，改洗文卷，隐匿公私过名，或诈作丁忧起复，以图选用，事发问罪，已除授者，流二千五百里；未除授者，徒三年。如系止图顶戴荣身，无关铨选，即照违制律治罪，系官革职。其起送官吏，但知情、受贿者，流二千里；赃重者，从重论；若原不知情，止是失于觉察者，照常处分发落。

2.44.(2)〔被革官吏贡监易名复捐〕一、被革官吏、贡监，有易名复捐贡监、职衔者，除将复捐贡监、职衔革退，勒缴执照外，仍照违制律治罪。伊等犯事到官，一面追照缴销，一面即行审拟。

2.44.(3)〔犯侵盗钱粮等罪衙役复入应役〕一、凡衙役犯侵盗钱粮、婪赃等罪，遇赦豁免后，复入原衙门及别衙门应役者，徒三年。该管官知情故纵，及督抚不即纠参者，俱交该部议处。

2.45 擅离职役

2.45.0.1 凡官〔内外文武。〕吏〔典吏。〕无〔患病、公差之〕故擅离职役者,处四等罚。〔各留职役。〕若避难〔如避难解之钱粮、难捕之盗贼,有干系者。〕因而在逃者,处十等罚,罢职役不叙;所避事重者,各从重论。〔如文官随军供给粮饷,避难在逃,以致临敌缺乏;武官已承调遣,避难在逃,以致失误军机。若无所避而弃印在逃,则止罢职。〕○ 2.45.0.2 其在官〔如巡风官吏、伙夫之类。〕应值不值、应宿不宿,各处二等罚。若主守〔常川看守。〕仓库、务场、狱囚、杂物之类,应值不值、应宿不宿,各处四等罚。〔俱就无失事者言耳。若仓吏不值宿而失火、库子不值宿而失盗、禁子不值宿而失囚之类,自有本律科罪。〕

2.46 擅勾属官

2.46.0 凡上司催会公事,立〔文〕案定〔期〕限,或遣牌,或差人行移所属衙门督并〔完报〕。如有迟错,依律论〔其稽迟、违错之〕罪。若擅勾属官,拘唤吏典听事,及差占司狱、各州县首领官,因而妨废公务者,〔上司官吏〕处四等罚。若属官承顺逢迎,及差拨吏典赴上司听事者,罪亦如之。其有必合追对刑名、查勘钱粮、监督造作重事,方许勾问,事毕,随即发落。无故稽留三日者,处二等罚,每三日加一等,罪止五等罚。〔勾问谓勾问其事情,非勾拘问罪也。若问罪,则名例明开上司不许径自勾问矣。〕

2.47 交结近侍官员

2.47.0 凡诸衙门官吏,若与内官及近侍人员互相交结,漏泄〔机密〕事情,夤缘作弊,〔内外交通,泄漏事情,〕而扶同奏启〔以图乘机迎合〕者,皆绞。〔监候。若止以亲故往来,无夤缘等弊者,不用此律。〕

条 例

2.47.(1)〔罢闲官吏擅入禁门交结〕一、罢闲官吏在京潜住,有擅出入禁门交结者,各门盘诘,拿送法司问实,发烟瘴地方安置。

2.47.(2)〔现居外任各旗王公所属不许私谒通问〕一、各旗王公所属人员,除服官在京者,如遇年节、生辰,仍准其向各府往来外,其现居外任,因事来京者,概不许于本管王公处谒见通问,违者处十等罚。如有夤缘馈送等弊,计赃,从其重者论。该管王公容令谒见者,交宗人府照违制律议处。若私通书信,有所求索借贷,及先自馈遗,希图厚报者,交该审判衙门计赃治罪。

2.48 上言大臣德政

2.48.0 凡诸衙门官吏及士庶人等,若有上言宰执^{执政}大臣美政才德者,^{非图引用,便系报私。}务要鞫问,穷究^{所以阿附大臣}来历明白,犯人^{连名上言,止坐为首者。}绞。^{监候。}若宰执大臣知情,与同罪;不知者不坐。^{大臣知情与同罪,亦依名例至死减一等法,流三千里。}

条 例

2.48.(1)〔百姓保留督抚及督抚等官授意保留〕一、督抚等官,或升任、更调、降谪、丁忧、离任,而地方百姓赴京保留控告者,不准行,将来告之人审实治罪。若下属交结上官,派敛资斧,驱民献媚;或本官留恋地方,授之意指,借公行私,审实,从重治罪。其有贿嘱百姓保留者,审实,将与、受官民俱照枉法赃治罪。至民人附合结党,妄预官府之事者,处十等罚。

〔卷 四〕
3 公 式

3.49 讲读律令

3.49.0.1 凡国家律令，颁行天下，永为遵守。百司官吏，务要熟读，讲明律意，剖决事务。每遇年终，在内、在外各从上司官考校。若有不能讲解，不晓律意者，官罚俸一月，吏处四等罚。○ 3.49.0.2 其百工技艺、诸色人等，有能熟读讲解，通晓律意者，若犯过失及因人连累致罪，不问轻重，并免一次；其事干谋反、叛逆，不用此律。○ 3.49.0.3 若官吏人等挟诈欺公，妄生异议，擅为更改，变乱成法^{即律令}者，绞。^{监候}。

3.50 制书有违 ^{天子之言曰"制"，书则载其言者。如诏、敕、谕、敕之类，若奏准施行者，不在此内。}

3.50.0.1 凡奉制书有所施行而^故违^{不行}者，处十等罚。失错旨意者，减三等。○ 3.50.0.2 其稽缓制书者，一日处五等罚，每一日加一等，罪止十等罚。

3.51 弃毁制书印信

3.51.0.1 凡故弃毁制书及各衙门印信者，绞。^{监候}。若弃毁官文书者，处十等罚；有所规避者，从重论；事干军机、钱粮者，亦绞。^{监候。○事干军机，恐致失误，故虽无钱粮，亦绞。若侵欺钱粮，弃毁欲图规避，以致临敌告乏，故罪亦同科。}当该官吏知而不举，与犯人同罪；^{至死减一等}。不知者不坐。误毁者，各减三等。其因水火、盗贼毁失有显迹者，不坐。○ 3.51.0.2 若遗失制书、圣旨、印信者，徒二年半，俱停俸责寻。三十日得见者，免罪。^{限外不获，依上科罪}。

○ 3.51.0.3 若主守官物，遗失簿书，以致钱粮数目错乱者，处八等罚。^{亦住俸责寻}。限内得见者，亦免罪。○ 3.51.0.4 其各衙门吏典役满替代者，明立案验，将原管文卷交付接管之人,违〔而不立案交付〕者,旧〔吏〕处八等罚。首领官吏不候〔吏典〕交割,扶同给照〔起送离役〕者,罪亦如之。

条 例

3.51.(1) 〔府州县官交代遗漏隐匿案卷〕一、凡直省州县,无论正、署,俱于离任时,将任内自行审理户婚、田土、钱债等项一切已结卷宗,及犯证、呈状、供词,均于接缝处钤印,照依年月编号登记,注明经承姓名,造册交代;并将历任递交之案一并检齐,加具并无藏匿抽改甘结,交代接任之员,报明上司查核。其未结各案,分别内结、外结及上司批审、邻省咨查并自理各项,俱开注事由、月日,造册交代。接任官限一个月按册查核,如并无隐匿、遗漏,即出具印结,照造款册,由知府、直隶州知州核明加结,详赍巡道、臬司存核查催,臬司查明,仍将印结移送藩司,入于交代案内汇详。知府、直隶州交代,亦照此办理。倘有不肖胥吏不行查明交代者,处八等罚。其有乘机隐匿、添改作弊等情,各按其所作之弊,悉照本条治罪;受财者,以枉法从重论。其州县官失察,及造册迟延、遗漏、隐匿,并希图省事,或卷不黏连,或黏连不用印,以致胥吏乘机舞弊者,该管上司查参,照例分别议处。

3.51.(2) 〔奉行条例汇齐造册〕一、大小衙门,将奉行条例汇齐造册,于新旧交盘之时,一体交盘。如有遗漏,将吏典照遗失官文书律治罪,该管官交部议处。

3.51.(3) 〔臬司卷宗词讼造册钤印移交〕一、各省臬司交代,无论正、署,离任时,将一应卷宗及自理词讼,毋论已结、未结,俱造册、钤印、封固,一体移交。其接任臬司将交代清楚情由,自行陈奏,一面具结详明督抚报部。并将在班书吏加紧防闲,不许借端出署。如有迟延、朦混,即行严究。如因离任事故不及亲办者,责成首领官关防造册,封卷呈办。其道、府、厅员一切卷宗,各照州县钤印造册交代例,报明上司存案。

3.52 上书奏事犯讳

3.52.0.1 凡上书,若奏事,误犯御名及庙讳者,处八等罚。余文书误犯者,处四等罚。若为名字触犯者,〔误非一时,且为人唤。〕处十等罚。其所犯御名及庙讳,声音相似,字样各别,及有二字,止犯一字者,皆不坐罪。○ 3.52.0.2 若上书及奏事错误,当言原免而言不免〔相反之甚〕,当言千石而言十石〔相悬之甚〕之类,有害于事者,处六等罚。申各部错误,有害于事者,处四等罚。其余衙门文书错误者,处二等罚。若所申虽有错误,而文案可行,不害于事者,勿论。

3.53 事应奏不奏

3.53.0.1 凡军务、钱粮、选法、制度、刑名、死罪、灾异,及事应奏而不奏者,处八等罚;应申上而不申上者,处四等罚。○3.53.0.2 若已奏、已申,不待回报而辄施行者,并同不奏、不申之罪。○3.53.0.3 其〔各衙门〕合奏公事,须要依律定拟明白奏闻。若〔官吏〕有规避,〔将所奏内〕增减紧关情节,朦胧奏准〔未行者,以奏事不实论〕。施行以后,因事发露,虽经年远,鞫问明白,绞〔监候。非军务、钱粮酌情减等〕。

条 例

3.53.(1)〔京控之案核审咨奏〕一、大理院遇有京控之案,先由总检察厅详核原呈,分别准、驳。如实系冤抑,或案情较重者,即交本院分庭审明,咨回本省再审。于一月或两月,视控案之多寡,汇奏一次。各案情节,于折内分晰注明。如距京较近省份,将原告暂行散禁,提取本省全案卷宗,细加查核,再行分别酌办。其关系行政事务,如官吏营私舞法,及被参冤抑之类,仍于都察院呈控。

3.53.(2)〔各省寻常命盗死罪案件汇案具奏〕一、各省具奏案件,除例内载明应奏各案,或事关重大,或驳令复审,或由死罪减等例内载明请旨定夺,及声明援例两请者,仍专折具奏外,其余寻常命盗死罪案件,一律改为汇案具奏,分罪应斩、绞立决者为一项,罪应监候者为一项,每折酌量多寡,至多以八案为率,奏交大理院复判。仍另录供招,先行咨院,以备详核奏复。其由死罪径行减拟遣、流人犯,并正犯病故案内余犯应拟遣、流人犯,以及寻常遣、流人犯,与徒罪有关人命等项,均详叙案情,专案咨交大理院核定。仍按季咨报法部,列入司法汇报。

3.53.(3)〔例应从一科断命盗等案归一具奏〕一、凡审奏命、盗等案,如另案内尚有别犯应拟斩、绞重罪者,仍照例分案具奏外,如止一犯应拟斩、绞,两案罪名相同,例应从一科断者,归于一案内声叙明晰具奏,其另案即咨院完结。如有余犯问拟安置、流罪者,亦随咨案办结。

3.53.(4)〔职官自尽专折奏闻〕一、文自知县以上,武自守备以上,如有自尽之案,该督抚专折奏闻。

3.53.(5)〔州县官不行详报小民疾苦〕一、凡州、县官,将小民疾苦之情,不行详报上司,使民无可控诉者,革职,永不叙用。若已经详报,而上司不接准奏闻者,革职。

3.54 出使不复命

3.54.0.1 凡奉制敕出使(使事已完。)不复命,干预他事者,(与使事绝无关涉。)处十等罚。各衙门出使(使事已完。)不复命,干预他事者,(所干预系常事,)处七等罚;军情重事,处十等罚。若(使事未完,)越理(理不当为。)犯分(分不得为。),侵人职掌行事者,处五等罚。○ 3.54.0.2 若回还后,三日不缴纳圣旨(制敕)者,处六等罚,每二日加一等,罪止十等罚;不缴纳符验者,处四等罚,每三日加一等,罪止八等罚。○ 3.54.0.3 若(或使事有乖,或圣旨、制敕、符验有损失之类,)有所规避(不复命、不缴纳)者,各从重论。

3.55 官文书稽程

3.55.0.1 凡官文书稽程者,一日,吏典处一等罚,三日加一等,罪止四等罚;首领官各减一等。(首领官,吏典之头目。凡言首领,正官、佐贰不坐。)○ 3.55.0.2 若各衙门(上司)遇有所属申禀公事,随即详议可否,明白定夺(批示)回报。若当该(上司)官吏不与果决,含糊行移,(上下)互相推调,以致耽误公事者,(上司官吏)处八等罚。其所属(下司)将可行事件,不行区处,(无疑)而作疑申禀者,(下司官吏)罪亦如之。

条 例

3.55.(1)〔内外衙门公事程限〕一、内外衙门公事,小事五日程,中事十日程,大事二十日程,并要限内完结。若事干外郡官司关追、会审,或踏勘田土者,不拘常限。

3.55.(2)〔部院应行事件批行〕一、各部、院衙门一切应行事件,俱于堂官批行后五日内行文。其有讹误舛错之处,将承行之员交部议处。如遗漏未行,或迟延日久,将管理之员交部分别议处。

3.55.(3)〔大理院寻常移咨外省案件依限查复〕一、大理院寻常移咨外省案件,如行查家产、关提人犯,俱以文到之日为始,依限查复。于复文内将何日接到该院咨文、有无逾限之处,随案声明。倘一时未得清晰,必须辗转咨查,不能依限查复者,亦即声请展限。如逾限不完,又不声明缘由,仍由该院行催,并知照法部查参,将承办之州县及各该上司俱交部议处。

3.55.(4)〔报部难结事件通缉已届三十年〕一、凡各省报部难结事件,如通缉已届三十年者,即行查销,毋庸列入汇奏。倘后经缉获,仍行质明办理。

3.55.(5)〔州县承审案件犯证患病扣限〕一、州县官承审案件,或正犯或紧要证佐患病,除轻病旬日即痊者,毋庸扣展外,如遇病果沉重,州县将起病、病痊月日及医生、医方,先具文通报,成招时出具甘结附送,令该管府、州于审转时查察加结转送。如府、州、司、道审转之时,或遇犯证患病,亦准报明扣除。但病限毋论司、府、州、县,止准其扣展一月。若带病起解,以致中途病毙,照解犯中途患病不行留养例议处。倘系州县捏报,假病借延,立即揭参;府、州扶同加结,院、司察出,将府、州一并开参。如审转之府、州、司、道无故迟延,捏报患病,希图扣限,及上司徇隐,并交部议处。

3.55.(6)〔州县承审命案详情检验驳查扣限〕一、凡承审命案,详请检验,上司并未批驳者,仍按限审解外,其有屡次驳查,后经批准,迟延有因之案,该督抚据实声明报部,准其另行扣限。如有捏饰,照例严参。

3.56 同僚代判署文案

3.56.0 凡应行^{上下}官文书而同僚官代判^{判日}署^{书名画押}者,处八等罚。若因遗失^{同僚经手}文案而代为^{判署,以补卷宗}者,加一等。若^{于内事情}有增减出入罪重者,从重论。

条　例

3.56.(1)〔部院司员诿不画押及堂官逼勒〕一、各部院衙门司员,有偷安偏执,故意推诿,不行画押者,该堂官即指名奏参。其实有患病、事故告假者,免其议处。若堂官徇情枉法,逼勒画押,该司员密揭都察院,将该堂官指名奏参。如有挟嫌诬告情弊,将该司员照例治罪。

3.57 增减官文书

3.57.0.1 凡增减官文书（内情节字样）者，处六等罚。若有所规避，（而增减者，）流罪以下，各加（规避）本罪二等，罪止流三千里；未施行者，（于加罪上）各减一等；规避死罪者，依常律。其当该官吏自有所避，（之罪）增减（原定）文案者，罪（与规避）同。若增减以避迟错者，处四等罚。○ 3.57.0.2 若行移文书，误将军马、钱粮、刑名重事紧关字样译写失错而洗补更正者，译写之人处三等罚；首领官员失于对同，减一等。（若洗改更正而有）干碍调拨军马及供给边方军需、钱粮数目者，首领官员及译写之人皆处八等罚。若有规避，故改补者，以增减官文书论；（各加本罪二等，）未施行者，各（于规避加罪上）减一等。（监候。罪坐所由，仍分首、从。）若因改补，而官司涉疑，有碍应付，或至调拨军马不敷供给，钱粮不足，因而失误军机者，无问故、失，并绞。（监候。）（若）（非军马、钱粮、刑名等事文书而）无规避，及常行字样偶然误写者，皆勿论。

3.58 漏使印信

3.58.0.1 凡各衙门行移出外文书，漏使印信者，当该吏典、对同首领官并承发，各处六等罚。○ 3.58.0.2 全不用印者，各处八等罚。○ 3.58.0.3 （若漏印及全不用印之公文）关系调拨军马、供给边方军需钱粮者，各处十等罚。因（其漏使不用，所司疑虑，不即调拨、供给）而失误军机者，绞。（监候。亦以当该吏为首，经管首领官并承发止流三千里。若倒用印信者，照漏用律处六等罚。）

条 例

3.58.(1)〔添改稿案俱钤印〕一、各部院稿案，有将紧要数目字样添改之处，俱用印钤盖。如有疏忽，照例参处。

3.58.(2)〔奏销册内漏印及洗补添注〕一、奏销册内钱粮总数，遗漏印信及有洗补、添注字样，造册之员交部议处，缮册书吏按律治罪。

3.59 擅用调兵印信

3.59.0 凡统兵将军及各处提督总兵官印信，除调度军马、办集军务、行移公文用使外，若擅出批帖，假公营私，（及为凭照防送物货图免税）者，首领官吏各处十等罚,罢职役不叙;^(罪其不能禀阻。)正官奏闻区处。

条 例

3.59.(1)〔以官印用于私书〕一、凡各省文武大小官员,有以官印用于私书者,照违制律治罪。有所求为,从重论。

〔卷　五〕

4 户　役

4.60 脱漏户口

4.60.0.1　凡一户（家曰）全不附籍，若有（田应出）赋役者，家长处十等罚；若系无（田不应出）赋役者，处八等罚。（准附籍　有赋照赋、无赋照丁，当差。）　○ 4.60.0.2　若将他人（家）隐蔽在户不另报立（籍），及相冒合户附籍（他户），有赋役者，（本户）家长亦处十等罚；无赋役者，亦处八等罚。若将（内外）另居亲属隐蔽在户不报，及相冒合户附籍者，各减二等。所隐之人，并与同罪，改正立户，别籍当差。其同宗伯叔弟侄及婿，自来不曾分居者，不在此（断罪、改正之）限。　○ 4.60.0.3　其见在官役使办事者，虽脱户，（然有役在身、有名在官。）止依漏口法。　○ 4.60.0.4　若（曾立有户）隐漏自己成丁（十六岁以上。）人口不附籍，及增减年状、妄作老幼废疾，以免差役者，一口至三口，家长处六等罚；每三口加一等，罪止十等罚。不成丁三口至五口，处四等罚；每五口加一等，罪止七等罚。（所隐人口入籍、成丁者当差。）　○ 4.60.0.5　若隐蔽他人丁口不附籍者，罪亦如之。所隐之人与同罪，发还本户，附籍当差。　○ 4.60.0.6　若里长失于取勘，致有脱户者，一户至五户，处五等罚；每五户加一等，罪止十等罚。漏口者，一口至十口，处三等罚；每十口加一等，罪止五等罚。本县提调正官、首领官吏（失于取勘致有）脱户者，十户处四等罚，每十户加一等，罪止八等罚；漏口者，十口处二等罚，每三十口加一等，罪止四等罚。知情者，并与犯人同罪。受财者，计赃，以枉法从重论。若官吏曾经三次立案取勘，已责里长文状，叮咛省谕者，事发，罪坐里长。（如里长、官吏知其脱漏之情而故纵不问者，则里长、官吏与脱漏户口之人同罪。若有受财者，并计赃，以枉法从重论。）

条　例

4.60.(1)　〔直隶各省编审〕一、直隶各省编审，察出增益人丁实数，缮册奏闻,名为《盛世滋生户口册》。其征收钱粮,但据康熙五十年(1711年)丁册,定为常额,续生人丁,永不加赋。如额征丁粮数内,有开除者,即将各该省新增人丁补足额数。至新增人丁,倘不据实开报,或有私派钱粮,及造册之时借端需索,该督抚严查奏参。

4.61 人户以籍为定

4.61.0 凡人户,并以^{原报册}籍为定。若诈冒脱免,避^己重就^人轻者,处八等罚。其官司妄准脱免,及变乱版籍者,罪同。

条 例

4.61.(1) 〔宛大两县人员出仕同乡京官出结〕一、凡籍隶顺天府宛、大两县人员,出仕时,取具同乡京官印结者,各宜细心察核。如有混冒出结,除照例议罪外,遇有承追无着之项,即于定例后出结官名下追赔。

4.61.(2) 〔旗人犯窝窃等罪销除旗档〕一、凡旗人窝窃、窝娼、窝赌及诬告、讹诈,行同无赖,不顾行止;并棍徒扰害、教诱宗室为非、造卖赌具、代贼销赃、行使假银、捏造假契、描画钱票、一切诓骗诈欺取财,以窃盗论、准窃盗论;及犯诱拐、强奸、亲属相奸者,均销除本身旗档。

4.61.(3) 〔旗下家奴概听赎身为民〕一、凡旗下从前家奴,不论系赏给、投充,及红契、白契所买,是否数辈出力,概听赎身,放出为民,报明地方官,编入民籍,毋庸稽查旧档及取结咨部核复。所生子孙,准与平人一体应试、出仕。其未经放出及无力赎身者,概以雇工人论。

4.61.(4) 〔营业不正身家不清白不准入考捐监〕一、营业不正及身家不清白者,概不准入考捐监。如有变易姓名,朦混应试报捐者,除斥革外,照违制律治罪。若将良民诬指,希图倾陷拖累者,按诬告律治罪。

4.62 私创庵院及私度僧道

4.62.0 凡寺、观、庵、院,除现在处所^{先年额设}外,不许私自创建、增置,违者,处十等罚,僧、道、尼僧、女冠还俗。^{地基、材料入官}若僧道不给度牒,私自簪剃者,处八等罚。若由家长,家长当罪。寺观住持及受业师私度者,与同罪,并还俗。

条 例

4.62.(1)〔户内不及三丁或十六以上出家〕一、民间子弟,户内不及三丁,或在十六以上而出家者,俱照不应重律治罪,并罪坐所由。僧道官及住持知而不举者,各罢职、还俗。

4.62.(2)〔僧道招徒〕一、僧、道招徒,除应付、火居等项,不准滥行收受外,其非应付、火居,而为例应招徒之僧、道,亦须年逾四十,方准招徒一人。若所招之人,无罪犯而病故者,准其另招一人为徒。如有年未四十,即行招受,及招受不止一人者,照违令律治罪。若招受之人,身犯奸盗重罪,伊师亦不准再行续招;其有复行续招者,亦照违令律治罪。僧道官容隐者,罪同。地方官不行查明,交部照例议处。所招生徒,俱勒令还俗。

4.62.(3)〔僧道犯罪还俗原籍安插〕一、僧道犯罪,该还俗者,查发各原籍安插。若仍于原寺观、庵院或他寺观、庵院潜住者,并照不应重律治罪,照旧还俗。其僧道官及住持知而不举者,照违令律治罪。

4.62.(4)〔僧纲道纪举报僧道为匪不法〕一、僧道如有为匪不法等事,责令僧纲、道纪等司,随时举报。倘瞻①徇故纵,别经发觉,犯系逆案者,将该管僧纲、道纪,照知情故纵逆犯本律,分别已行、未行定罪。若止失于觉察者,照不应重律治罪。

4.63 立嫡子违法

4.63.0.1 凡立嫡子违法者,处八等罚。其嫡妻年五十以上无子者,得立庶长子。不立长子者,罪亦同。俱改正。○ 4.63.0.2 若养同宗之人为子,所养父母无子 所生父母有子。而舍去者,处十等罚,发付所养父母收管。若所养父母有亲生子,及本生父母无子,欲还者,听。○ 4.63.0.3 其乞养异姓义子以乱宗族者,处六等罚。若以子与异姓人为嗣者,罪同。其子归宗。○ 4.63.0.4 其遗弃小儿,年三岁以下,虽异姓,仍听收养,即从其姓。但不得以无子,遂立为嗣。○ 4.63.0.5 若立嗣,虽系同宗,而尊卑失序者,罪亦如之。其子亦归宗。改立应继之人。○ 4.63.0.6 若庶

---

① "瞻",原件作"赡",政学社本、法政研究会本所载本条条例亦作"赡"。宪政编查馆会奏《〈现行刑律〉修改各条清单》、宪政编查馆《核订现行刑律》不载本条条例,现据修订法律馆《大清现行刑律案语》"私创庵院及私度僧道"条修改后条例订正。

民之家,存养良家男女为奴婢者,处十等罚,即放从良。

条 例

4.63.(1)〔无子立嗣及立嗣后生子〕一、无子者,许令同宗昭穆相当之侄承继。先尽同父周亲,次及大功、小功、缌麻。如俱无,方许择立远房及同姓为嗣。若立嗣之后,却生子,其家产与原立子均分。

4.63.(2)〔嗣子不得于亲听其告官别立〕一、无子立嗣,除依律外,若继子不得于所后之亲,听其告官别立。其或择立贤能及所亲爱者,若于昭穆伦序不失,不许宗族指以次序告争,并官司受理。若义男、女婿为所后之亲喜悦者,听其相为依倚,不许继子并本生父母用计逼逐,仍酌分给财产。若无子之人家贫,听其卖产自赡。

4.63.(3)〔应继之人有嫌及应为其子立后者〕一、无子立嗣,若应继之人平日先有嫌隙,则于昭穆相当亲族内,择贤择爱,听从其便。如族中希图财产,勒令承继或怂恿择继,以致涉讼者,地方官立即惩治,仍将所择贤爱之人,断令立继。其有子婚而故,妇能孀守;已聘未娶,媳能以女身守志;及已婚而故,妇虽未能孀守,但所故之人业已成立;或子虽未娶,而因出兵阵亡者,俱应为其子立后。若支属内实无昭穆相当为其子立后之人,而其父又无别子者,应为其父立继,待生孙以嗣应为立后之子。其寻常夭亡未婚之人,不得概为立后。若独子夭亡,而族中实无昭穆相当,可为其父立继者,亦准为未婚之子立继。如可继之人亦系独子,而情属同父周亲,两相情愿者,取具阖族甘结,亦准其承继两房宗祧。

4.63.(4)〔无子守志合承夫分凭族长择继〕一、妇人夫亡无子守志者,合承夫分,须凭族长择昭穆相当之人继嗣。其改嫁者,夫家财产及原有妆奁,并听前夫之家为主。

4.63.(5)〔乞养异姓义子情愿归宗〕一、凡乞养异姓义子,有情愿归宗者,不许将分得财产携回本宗。其收养三岁以下遗弃之小儿,仍依律即从其姓,但不得以无子遂立为嗣,仍酌分给财产,俱不必勒令归宗。如有希图资财,冒认归宗者,照例治罪。

4.63.(6)〔争继酿成命案争继房分不准继嗣〕一、因争继酿成人命者,凡争产谋继及扶同争继之房分,均不准其继嗣,应听户族另行公议承立。

4.64 收留迷失子女

4.64.0.1 凡收留^良人家迷失^{道路}子女,不送官司,而卖为奴婢者,徒三年;为妻、妾、子孙者,徒二年半。被卖之人不坐,给亲完聚。○ 4.64.0.2 若收留在逃子女,^{不送官}而卖为奴婢者,徒二年半;为妻、妾、子孙者,徒二年。被卖在逃之人,各减一等。若在逃之罪重者,自从重论。○ 4.64.0.3 其自收留为奴婢、妻、妾、子孙者,罪亦如之。^{暂时}隐藏在家者,^{不送官}并处八等罚。○ 4.64.0.4 若买者及牙保知情,减犯人罪一等,追价入官。不知者,俱处八等罚,追价还主。○ 4.64.0.5 若冒认良人为奴婢者,徒三年;为妻、妾、子孙者,徒二年半。

4.65 赋役不均^{赋取于田产,役出于人丁。}

4.65.0 凡有司科征税粮及杂泛差役,各验籍内户口、田粮,定立^{上、中、下。}等第科差。若放富差贫、挪移^{等则}作弊者,许被害贫民赴控该上司,自下而上陈告。当该官吏,各处十等罚。^{改正。}若上司不为受理者,处八等罚。受财者,^{兼官吏}_{上司言。}计赃,以枉法从重论。

条 例

4.65.(1) 〔绅衿齐民一体编次保甲〕一、凡绅衿之家,与齐民一体编次,听保、甲长稽查。违者,照脱户律治罪。地方官徇情不详报者,交部照例议处。至充保长、甲长,并轮值支更、看栅等役,绅衿免派,齐民内老、疾、寡妇之家,子孙尚未成丁者,亦俱免役。

4.65.(2) 〔七十以上许一丁侍养〕一、军民年七十以上者,许一丁侍养,免其杂派差役。

4.66 禁革主保里长

4.66.0.1 凡各处人民,每一百户内,议设里长一名、甲首一十名,轮年应役,催办钱粮,勾摄公事。若有妄称主保、小里长、保长、主首^{主管甲首}等项名色,生事扰民者,徒二年。○ 4.66.0.2 其合设耆老,须于本乡年高有德、众所推服人内选充,不许罢闲吏卒及有过之人充应。违者,处六等罚;<small>革退</small>当该官吏,处四等罚。<small>若受财枉法,从重论。</small>

4.67 点差狱卒

4.67.0 凡各处狱卒,于相应惯熟人内,点差应役,令人代替者,处四等罚。

4.68 私役部民夫匠

4.68.0 凡有司官私役使部民,及监工官私役使夫匠,出百里之外,及久占在家使唤者,<small>有司官使</small>一名,处四等罚;每五名加一等,罪止处八等罚。<small>监工官照名各加二等。私役罪小,误工罪大。</small>每名计一日,追给雇工银一钱二分五厘。若有吉凶,及在家借使杂役者,勿论。<small>监工官仍论。</small>其所使人数不得过五十名,每名不得使过三日,违者以私役论。

4.69 别籍异财

4.69.0 凡祖父母、父母在,子孙别立户籍、分异财产者,处十等罚。<small>须祖父母、父母亲告乃坐。</small>若居父母丧,而兄弟别立户籍、分异财产者,处八等罚。<small>须期亲以上尊长亲告乃坐。或奉遗命,不在此律。</small>

条　例

4.69.(1)〔父母许令分析〕一、祖父母、父母在者,子孙不许分财异居。<small>此谓分财异居,尚未别立户籍者。有犯,亦处十等罚。</small>其父母许令分析者,听。

4.70 卑幼私擅用财

4.70.0 凡同居卑幼,不由尊长,私擅用本家财物者,十两,处二等罚;每十两加一等,罪止十等罚。若同居尊长应分财物不均平者,罪亦如之。

条　例

4.70.(1)〔分析家财以子数均分〕一、嫡庶子男,分析家财田产,不问妻、妾所生，止以子数均分。奸生之子，依子量与半分；如别无子，立应继之人为嗣，与奸生子均分；无应继之人，方许承继全分。

4.70.(2)〔户绝财产〕一、户绝财产，果无同宗应继之人，所有亲女承受。无女者，听地方官详明上司，酌拨充公。

4.71 收养孤老

4.71.0 凡鳏寡孤独及笃废之人，贫穷无亲属依倚，不能自存，所在官司应收养而不收养，处六等罚。若应给衣粮，而官吏克减者，以监守自盗论。凡系监守者，不分首从，并赃论。

条　例

4.71.(1)〔直省州县所属养济院收养孤贫〕一、直省州县所属养济院，或应添造，或应修盖者，令地方官酌量修造。据实估计，报明督抚，在于司库公用银内拨给。仍不时查勘，遇有渗漏之处，即行黏补完固。倘有升迁事故，造入交代册内，取具印结送部。其正实孤贫，俱令居住院内，每名各给印烙年貌腰牌一面。该州县按季到院，亲身验明腰牌，逐名散给口粮。如至期印官公务无暇，遴委诚实佐贰官代散，加结申报上司，毋许有冒滥扣克情弊。若州县官不实力奉行者，该督抚即行查参，照例议处。

〔卷 六〕
5 田 宅

5.72 欺隐田粮

5.72.0.1 凡欺隐田粮,^{全不报户入册。}脱漏版籍者,^{一应钱粮,俱被埋没,故计所隐之田,}一亩至五亩,处四等罚;每五亩加一等,罪止十等罚。其^{脱漏之}田入官,所隐税粮,依^{亩数、额数、年数,总约其}数征纳。○ 5.72.0.2 若将^{版籍上自己}田土,移丘^{方圆成丘。}换段^{丘中所分区段}、挪移^{起科}等则,以高作下,减瞒粮额,及诡寄田粮,^{诡寄,谓诡寄于役过年份,并应免人户册籍。}影射^{脱免自己之}差役,并受寄者,罪亦如之。^{如欺隐田粮之类。}其^{减额、诡寄之}田改正,^{丘段收}归本户起科当差。○ 5.72.0.3 里长知而不举,与犯人同罪。○ 5.72.0.4 其还乡复业人民,丁力少而旧田多者,听从尽力耕种,报官入籍,计亩纳粮当差。若多余占田而荒芜者,三亩至十亩,处三等罚;每十亩加一等,罪止八等罚;其田入官。若丁力多而旧田少者,告官于附近荒田内,验力拨付耕种。

条 例

5.72.(1)〔宗室田产管庄人恃强不纳差粮〕一、凡宗室置买田产,管庄人恃强不纳差粮者,该管官察实,将管庄人等比依功臣欺隐田土律问罪。宗室知而纵容者,交该衙门察议。仍追征应纳差粮。若该管官阿纵不举者,听督抚参奏,交部议处。

5.72.(2)〔自己应纳钱粮洒派别户〕一、将自己田地应纳钱粮洒派别户者,按数计赃,准枉法论。田地入官。其洒派钱粮,照年份、亩数追征,还给代纳之户。

5.72.(3)〔里书飞洒诡寄税粮〕一、各乡里书,飞洒、诡寄税粮二百石以上者,问拟流二千五百里。

5.72.(4)〔州县征收粮米完纳给票〕一、州县征收粮米之时,预将各里、各甲花户、额数的名填定联三版串：一给纳户执照，一发经承销册，一存州县查对。按户征收，对册完纳，即行截给归农。其未经截给者，即系欠户，该印官查摘追征。若遇有粮无票、有票无粮等情，即系胥吏侵蚀，严比治罪。

5.73 检踏灾伤田粮

5.73.0.1 凡部内有水旱霜雹及蝗蝻为害，一应灾伤$^{应减}_{免之}$田粮，有司官吏应准告而不即受理申报$^{上司}_{亲行}$、检踏，及本管上司不与委官复踏者，各处八等罚。若初、复检踏$^{有司}_{承委}$官吏不行亲诣田所，及虽诣田所，不为用心从实检踏，止凭里长、甲首朦胧供报，中间以熟作荒、以荒作熟，增减分数，通同作弊，瞒官害民者，各处十等罚，罢职不叙。若致枉有所征免$^{有灾伤当免而征，曰"枉征"；}_{无灾伤当征而免，曰"枉免"。}$粮数，计赃，重者坐赃论。$^{枉有所征免粮数，自奏准后发觉，谓之}_{"赃"，故罪重于十等罚，并坐赃论。}$里长、甲首，各与同罪。受财$^{官吏、里、甲受财检踏，开}_{报不实，以致枉有征免}$者，并计赃，以枉法从重论。○ 5.73.0.2 其检踏官吏及里长、甲首$^{原未受}_{财，止}$失于关防，致$^{使荒熟}_{分数}$有不实者，计$^{不实}_{之}$田，十亩以下，免罪。十亩以上至二十亩，处二等罚；每二十亩加一等，罪止八等罚。$^{官吏系公罪，}_{俱留职役。}$

○ 5.73.0.3 若人户将成熟田地移丘换段，冒告灾伤者，$^{计所冒}_{之田}$一亩至五亩，处四等罚；每五亩加一等，罪止十等罚。$^{其冒免}_{之田}$合纳税粮，依$^{额}_{数}$追征入官。

条 例

5.73.(1)〔前往被灾地方售卖米船免其纳税〕一、凡被灾地方，米船过关，果系前往售卖，免其纳税，给予印票。责令到境之日呈送该地方官钤盖印信，回空查销。如有免税米船，偷运别省，并未到被灾地方先行粜卖者，将宽免之税加倍追出，仍照违制律治罪。

5.73.(2)〔冲坍沙洲地亩以涨地拨补〕一、凡沿河沙洲地亩，被冲坍塌，即令业户报官，勘明注册。遇有淤涨，亦即报官查丈，照原报之数拨补，此外多余涨地，不许霸占。如从前未经报坍，不准拨给。至隔江远户，果系报坍有案，即将多余涨地，秉公拨补。若坍户数多，按照报坍先后，以次照拨。倘补足之外，尚有余地，许召无业穷民认垦，官给印照。仍令各属按数造报，统俟五年大丈,再行履勘,造册送部,以定升除。其报坍报涨在两县接壤之处者,委员会同两邑地方官,据实勘验,秉公拨补。如有私行霸占,将淤洲入官,该户照盗耕官田律治罪。地方官不查丈明确,以致拨补舛错,查出,照官吏不用心从实检踏律,分别议处。

5.73.(3)〔侵吞赈灾及蠲免钱粮〕一、赈济被灾饥民,以及蠲免钱粮,如有官员侵吞入己,数在一千两以上者,照侵盗钱粮例,拟绞监候;其数逾巨万,实在情罪重大者,仍照例拟绞监候,该督抚临时酌量,具奏请旨定夺;其入己之数虽未至千两以上,而巧立名色、任意克扣,及有吏胥串弊、绅董分肥情事,即照侵盗钱粮例,加一等治罪。督、抚、司、道、府、州失于查察者,俱交部议处。

5.74 功臣田土

5.74.0 凡功臣之家,除_{朝廷}拨赐公田_{免纳粮当差}外,但有_{自置}田土,从管庄人尽数报官入籍,_{照额一体}纳粮当差。违者,_{计所隐之田},一亩至三亩,处六等罚;每三亩加一等,罪止徒三年;罪坐管庄之人。其田入官,_{仍计递年}所隐粮税,依_{亩数}、_{年额}数征纳。若里长及有司官吏_{阿附}踏勘不实,及知而不举者,与_{管庄人}同罪;不知者不坐。

5.75 盗卖田宅

5.75.0.1 凡盗_{他人田宅}卖、_{将己不堪田宅}换易及冒认,_{他人田宅作自己者}。若虚_{写价钱实立文}契典买,及侵占他人田宅者,田一亩、屋一间以下,处五等罚;每田五亩、屋三间,加一等;罪止徒二年。系官_{田宅}者,各加二等。○ 5.75.0.2 若强占官民山场、湖泊、茶园、芦荡,及金、银、铜、锡、铁冶者,_{不计亩数},流三千里。○ 5.75.0.3 若将互争_{不明}及他人田产,妄作己业,朦胧投献官豪势要之人,与者、受者各徒三年。○ 5.75.0.4 _{盗卖与投献等项}田产及盗卖过田价,并_{各项田产中}递年所得花利,各_{应还官者}还官、_{应给主者}给主。○ 5.75.0.5 若功臣有犯者,照律拟罪,奏请定夺。

条例

5.75.(1)〔丈量开垦永行停止〕一、各省丈量田亩及抑勒首报垦田之事,永行停止。违者,以违制律论。

5.75.(2)〔告争坟山〕一、凡人民告争坟山,近年者,以印契为凭。如系远年之业,须将山地字号、亩数及库存鳞册,并完粮印串,逐一丈勘查对,果相符合,即断令管业。若查勘不符,又无完粮印串,其所执远年旧契及碑谱等项,均不得执为凭据,即将滥控侵占之人,按例治罪。

5.75.(3)〔投献捏卖田产及祖坟山地〕一、军民人等将争竞不明,并卖过及民间起科,僧道将寺观各田地,若子孙将公共祖坟山地,朦胧投献王府及内外官豪势要之家,私捏文契典卖者,投献之人依律问拟。其受投献家长,并管庄人,参究治罪。直隶各省空闲地土,俱听民尽力开种,照年限起科,若有占夺投献者,亦照律治罪。

5.75.(4)〔子孙盗卖祖遗祀产义田宗祠〕一、凡子孙盗卖祖遗祀产,并义田,及历久宗祠者,俱照盗卖官田宅律定拟,罪止徒三年。知情谋买之人,各与犯人同罪。房产收回,给族长收管,卖价入官。不知者,不坐。其祀产、义田,令勒石报官,或族长自立议单公据,方准按例治罪。如无公私确据,借端生事者,照诬告律治罪。

5.75.(5)〔雇工庄头盗卖伊主田产房屋〕一、凡雇工、庄头人等,因伊主外出,私自盗卖所遗田产,至五十亩者,流三千里;不及前数者,照盗卖官田律治罪。盗卖房屋,亦照盗卖官宅律科断。谋买之人,与串通说合之中保,均与盗卖之人同罪。房产给还原主,卖价入官。其不知者,不坐。倘不肖之徒,借端讹诈,照诬告律治罪。

5.75.(6)〔强占典卖屯田〕一、用强占种屯田,五十亩以上,不纳子粒者,照数追纳完日,照强占官民山场律,流三千里。其屯田人等,将屯田典卖与人,至五十亩以上,典主、买主各不纳子粒者,俱照前问拟。若数不满五十亩,及上纳子粒不缺,或因无人承种而侵占者,照侵占官田律治罪;典卖与人者,照盗卖官田律治罪。管屯等官,不行用心清查者,参奏,依违制律治罪。

5.75.(7)〔将公共山场私召异籍之人搭棚开垦者〕一、凡租种山地棚民,除同在本山有业之家,公同画押出租者,山主、棚民均免治罪外,若有将公共山场,一家私召异籍之人搭棚开垦者,照盗卖官田宅律治罪,租价入官。承租之人,罪亦如之。为从,并减一等。父兄子弟同犯,仍照律罪坐尊长。族长、祠长失于查察,照不应重律科罪。至因召租、承租酿成事端,致有抢夺杀伤者,仍各从其重者论。

5.76 典买田宅

5.76.0.1 凡典买田宅,不税契者,处五等罚,仍追契内田宅价钱一半入官。不过割者,一亩至五亩,处四等罚;每五亩加一等,罪止十等罚。其不过割之田入官。○ 5.76.0.2 若将已典卖与人田宅,朦胧重复典卖者,以所得重典卖之价钱,计赃,准窃盗论,追价还后典买主。田宅从原典买主为业。若重复典买之人及牙保知其重典卖之情者,与犯人同罪,追价入官;不知者不坐。○ 5.76.0.3 其所典田宅、园林、碾磨等物,年限已满,业主备价取赎。若典主托故不肯放赎者,处四等罚。限外递年所得多余花利,追征给主,仍听依原价取赎。其年限虽满,业主无力取赎者,不拘此律。

条 例

5.76.(1)〔争财赎产以五年为限〕一、告争家财、田产,但系五年之上,并虽未及五年,验有亲族写立分书已定、出卖文约是实者,断令照旧管业,不许重分、再赎,告词立案不行。

5.76.(2)〔卖产立有绝卖文契不准找赎〕一、卖产立有绝卖文契,并未注有"找贴"字样者,概不准贴赎。如契未载"绝卖"字样,或注定年限回赎者,并听回赎。若卖主无力回赎,许凭中公估找贴一次,另立绝卖契纸。若买主不愿找贴,听其别卖,归还原价。倘已经卖绝,契载确凿,复行告找、告赎;及执产动归原先尽亲邻之说,借端挟勒,希图短价;并典限未满,而业主强赎者,俱照不应重律治罪。

5.76.(3)〔典契卖契分别注明回赎及绝卖字样〕一、民间置买产业,如系典契,务于契内注明"回赎"字样;如系卖契,亦于契内注明"绝卖""永不回赎"字样。如有混行争告者,均照不应重律治罪。

5.76.(4)〔州县官征收田房税契〕一、凡州县官征收田房税契,照征收钱粮例,别设一柜,令业户亲自赍契投税。该州县即粘司印契尾,给发收执。若业户混交匪人代投,致被假印诓骗者,照不应重律治罪,责令换契重税。倘州县官不粘司印契尾,侵税入己,照例参追。该管之道、府、直隶州知州,分别失察、徇隐,照例议处。

5.77 盗耕种官民田

5.77.0 凡盗耕种他人田^{园、土}_地者，^{不告田}_{主，}一亩以下，处三等罚；每五亩加一等，罪止八等罚。荒田减一等。强者，^{不由田}_{主。}各^{指熟田、}_{荒田言。}加一等。系官者，各^{通盗耕、强耕、}_{荒、熟言。}又加二等。仍追_{所得}花利^官_田归官、^民_田给主。

5.78 荒芜田地

5.78.0 凡里长部内已入籍纳粮当差田地，无^{水旱灾}_{伤之}故荒芜，及应课种桑麻之类而不种者，^{计荒芜不种}_{之田地，}俱以十分为率，一分，处二等罚；每一分加一等，罪止八等罚。县官各减^{里长}_罪二等。长官为首，^{一分减尽无科。二分方处一}_{等罚。加至六等罚罪止。}佐职为从。_{又减长官一等。二分者减尽无科。三}_{分者方处一等罚。加至五等罚罪止。}人户亦计荒芜田地，及不种桑麻之类，^{就本户}_{田地，}以五分为率，一分，处二等罚；每一分加一等；追征合纳税粮还官。^{应课种桑枣、黄麻、}_{苎麻、棉花、蓝靛、}_{红花之类，各随}_{乡土所宜种植。}

5.79 弃毁器物稼穑等

5.79.0.1 凡^故_意弃毁人器物，及毁伐树木稼穑者，计^{所弃毁之}_{物，即为}赃，准窃盗论。_{照窃盗定罪。罪}_{止流三千里。}官物加^{准窃盗}_{赃上}二等。若遗失及误毁官物者，各^{于官物加}_{二等上}减三等。_{凡弃毁、遗}_{失、误毁，}并验数追偿。_{还官给主。}若_{遗失、误毁}私物者，偿而不坐罪。○ 5.79.0.2 若毁人坟茔内碑碣、石兽者，处八等罚。毁人神主者，处九等罚。若毁损人房屋、墙垣之类者，计合用修造雇工钱，坐赃论。^{一两以下，处二等}_{罚。罪止徒三年。}各令修立。官屋加二等。误毁者，但令修立，不坐罪。

5.80 擅食田园瓜果

5.80.0 凡于他人田园，擅食瓜果之类，坐赃论。^{计所食之物价，一两以下，处一等}_{罚；二两处二等罚；计两加等，罪}

止徒一年。弃毁者,罪亦如之。其擅将^(挟)去及食,^(之者。)系官田园瓜果,若官造酒食者,加二等。^(照擅食他人罪,加二等。)主守之人给与,及知而不举者,与同罪。若主守私自将去者,并以监守自盗论。^(至四十两,问杂犯,准徒五年。)

5.81 私借官车船

5.81.0 凡监临主守将系官车船、店舍、碾磨之类,私自借用,或转借与人,及借之者,各处五等罚。验日,追雇赁钱入官。^(不得过本价。)若计雇赁钱,重^(于五等罚)者,各坐赃论,加一等。

〔卷　七〕

婚　姻

6.82 男女婚姻

6.82.0.1 凡男女定婚之初，若^或有残^废疾^病、老幼、庶出、过房、同宗、乞养^{异姓}者，务要两家明白通知，各从所愿^{不愿即止，愿者同媒妁}，写立婚书，依礼聘嫁。若许嫁女已报婚书，及有私约^{谓先已知夫身残疾、老幼、庶养之类。}而辄悔者，^{女家主婚人}处五等罚；^{其女归本夫。}虽无婚书，但曾受聘财者，亦是。○ 6.82.0.2 若再许他人，未成婚者，^{女家主婚人}处七等罚；已成婚者，处八等罚。后定娶者^{男家}知情，^{主婚人}与^{女家}同罪，财礼入官；不知者不坐，追还财礼。^{给后定娶之人。}女归前夫。前夫不愿者，倍追财礼给还，其女仍从后夫。男家悔^{而再聘}者，罪亦如之，^{仍令娶前女，后不追财礼。}○ 6.82.0.3 其未成婚男女，有犯奸盗者，^{男子有犯，听女别嫁；女子有犯，听男别娶。如定婚未曾过门，私下奸通，男、女各处十等罚，免其离异}不用此律。○ 6.82.0.4 若为婚而女家妄冒者，^{主婚人}处八等罚，^{谓如女有残疾，却令姊妹妄冒相见，后却以残疾女成婚之类。}追还财礼。男家妄冒者，加一等，^{谓如与亲男定婚，却与义男成婚；又如男有残疾，却令弟兄妄冒相见，后却以残疾男成婚之类。}不追财礼。未成婚者，仍依原定。^{所妄冒相见之无疾兄弟、姊妹及亲生之子为婚，如妄冒相见男女先已聘许他人，或已经配有室家者，不在仍依原定之限。}已成婚者，离异。○ 6.82.0.5 其应为婚者，虽已纳聘财，期约未至，而男家强娶，及期约已至，而女家故违期者，^{男、女主婚人}并处五等罚。○ 6.82.0.6 若卑幼或仕宦或买卖在外，其祖父母、父母及伯叔父母、姑、兄姊^{自卑幼出外之}后为定婚，而卑幼^{不知，}自娶妻，已成婚者，仍旧为婚，^{尊长所定之女，听其别嫁。}未成婚者，从尊长所定。自定者，^{从其别嫁。}违者，处八等罚。^{仍改正。}

条 例

6.82.(1)〔禁指腹割襟为婚〕一、男女婚姻各有其时,或有指腹、割衫襟为亲者,并行禁止。

6.82.(2)〔嫁娶皆由主婚及定婚未成亲而身故〕一、嫁娶皆由祖父母、父母主婚。祖父母、父母俱无者,从余亲主婚。其夫亡携女适人者,其女从母主婚。若已定婚,未及成亲,而男女或有身故者,不追财礼。

6.82.(3)〔招婚明立婚书并仍立继〕一、招婚须凭媒妁,明立婚书,开写养老或出舍年限。止有一子者,不许出赘。其招婚养老者,仍立同宗应继者一人,承奉祭祀,家产均分。如未立继身死,从族长依例议立。

6.82.(4)〔女家悔婚男家强抢〕一、凡女家悔盟另许,男家不告官司强抢者,照强娶律减二等。其告官断归前夫,而女家与后夫夺回者,照抢夺律,徒三年。

6.83 典雇妻女

6.83.0.1 凡将妻妾受财^{立约出}典、^{验日暂}雇与人为妻妾者,^{本夫}处八等罚;典、雇女者,^父处六等罚;妇女不坐。○6.83.0.2 若将妻妾作姊妹嫁人者,处十等罚;妻妾处八等罚。○6.83.0.3 知而典、娶者,各与同罪,并离异,^{女给亲,妻妾归宗。}财礼入官。不知者不坐,追还财礼。^{仍离异。}

条 例

6.83.(1)〔将妻女姊妹嫁卖后领回抢回〕一、将妻妾作姊妹,及将亲女并姊妹嫁卖与人作妻妾、使女名色,骗财之后,设词托故,公然领去者,照本律加一等,徒一年,赃罪重者,仍从重论;若瞰起程,中途聚众行凶,邀抢人财者,除实犯死罪外,余俱流二千五百里。媒人同谋邀抢者,罪同。

6.84 妻妾失序

6.84.0.1 凡以妻为妾者,处十等罚。妻在,以妾为妻者,处九等罚,并改正。○6.84.0.2 若有妻更娶妻者,亦处九等罚,^{后娶之妻离异。}^{归宗。}

6.85 逐婿嫁女

6.85.0 凡逐^{已入赘之}婿嫁女,或再招婿者,处十等罚,其女不坐。^{如招赘之女,通同父母,逐婿改嫁者,亦处十等罚。后婚}男家知而娶^{或后赘}者,同罪。^{未成婚者,各减五等,财礼入官。}不知者,亦不坐。其女断付前夫,出居完聚。

6.86 居丧嫁娶

6.86.0.1 凡^{男女}居父母及^{妻妾居}夫丧,而身自^{主婚}嫁娶者,处十等罚;若男子居^{父母}丧^而娶妾,妻^{居夫丧、}女^{居父母丧,而}嫁人为妾者,各减二等;若命妇夫亡,^{虽服满,}再嫁者,罪亦如之,^{亦如凡妇居丧嫁人者拟断。}追夺^{敕诰,}并离异。知^{系居丧及命妇}而共为婚姻者,^{主婚人}各减五等。^{财礼入官。}不知者,不坐。^{仍离异追财礼。}若居祖父母、伯叔父母、姑、兄姊丧,^{除承重孙外}而嫁娶者,处八等罚,^{不离异}妾不坐。○ 6.86.0.2 若居父母、舅姑及夫丧,而与应嫁娶人主婚者,处八等罚。○ 6.86.0.3 其夫丧服满,^{妻妾}果愿守志,而女之祖父母、父母,及夫家之祖父母、父母强嫁之者,处八等罚。期亲加一等,大功以下又加一等。妇人及娶者,俱不坐。未成婚者,追归前夫之家,听从守志,追还财礼。已成婚者,给与完聚,财礼入官。

条 例

6.86.(1) 〔孀妇守志卑幼尊长强卖强嫁〕一、孀妇自愿守志,其期亲以下卑幼,谋占资财,贪图聘礼,用强抢卖尊属、尊长,已成婚者,均拟绞监候。^{以本妇服制为断。非孀妇亦同。}如系祖父母、父母,夫之祖父母、父母,图财抢嫁,照强嫁本律加一等定拟;有服尊属、尊长,照强嫁本律加二等定拟。未成婚者,各减已成婚者一等。若中途夺回,及娶主自行送回,未被奸污者,均以未成婚论。如并非为图财、图产起见,但因家贫不能养赡,或虑不能终守,辄行强嫁者,祖父母、父母,夫之祖父母、父母,及亲属人等,仍照强嫁本律治罪。倘妇女不甘失节,因而自尽者,不论已、未被污,系图财案内,期亲以下卑幼,均仍拟绞监候;系强嫁案内,缌麻卑幼,流三千里;小功卑幼,发极边足四千里安置;大功卑幼，发烟瘴地方安置；期亲卑幼，拟绞监候；祖父母、父母、夫之祖父母、父母，照强嫁本律加二等问拟；有服尊属、尊长，照强嫁本律加三等问拟。娶主知情同抢者，减正犯罪一等；不知者不坐。若亲属别无主令改嫁之人，而用强求娶，逼受聘财，致令自尽者，流二千五百里，仍追埋葬银两。其因强抢而取去财物，及杀伤人者，各照本律例，从其重者论。

6.86.(2)〔孀妇改嫁主婚〕一、孀妇自愿改嫁，由夫家祖父母、父母主婚；如夫家无祖父母、父母，但有余亲，即由母家祖父母、父母主婚；如母家亦无祖父母、父母，仍由夫家余亲主婚。倘夫家主婚受财，而母家统众强夺；及夫家并无例应主婚之人，母家主婚改嫁，而夫家疏远亲属强夺者，均处八等罚。

6.87 父母囚禁嫁娶

6.87.0 凡祖父母、父母犯死罪被囚禁，而子孙^自嫁娶者，处八等罚。若男娶妾、女嫁人为妾者，减二等。其奉^{囚禁}祖父母、父母命而嫁女、娶妻者，不坐，亦不得筵宴。违者，依父母囚禁筵宴律，处八等罚。

6.88 尊卑为婚

6.88.0.1 凡外姻有服^或尊属^或卑幼，共为婚姻，及娶同母异父姊妹，若妻前夫之女者，各以亲属相奸论。○6.88.0.2 其父母之姑舅两姨姊妹，及姨，若堂姨；母之姑、堂姑；己之堂姨及再从姨；^己堂外甥女；若女婿及子孙妇之姊妹，^{虽无服。}并不得为婚姻，违者，^{男、女}各处十等罚，并离异。^{妇女归宗，财礼入官。}

条 例

6.88.(1)〔男女尊卑相犯情犯稍有可疑〕一、男女亲属尊卑相犯重情，或干有律应离异之人，俱照亲属已定名分，各从本律科断，不得妄生异议，致罪有出入。其情犯稍有可疑，揆于法制似为太重，或于名分不甚有碍者，听各该原问衙门临时斟酌拟奏。

6.89 娶亲属妻妾

6.89.0.1 凡娶同宗无服^{姑、侄、姊妹}之亲，^{同宗，谓同宗共姓，不论支派之远近、籍贯之同异皆是。}及无服亲之妻者,^{男、女}各处十等罚。若娶^{同宗}缌麻亲之妻,及舅甥妻,各徒一年;小功以上,^{之妻、}及收父、祖妾者,各以奸论。^{自徒三年}^{其亲之}曾被出,及已改嫁,而娶为妻妾者,^{无服之亲及伯叔}各处八等罚。○ 6.89.0.2 ^{妾父、祖妾}各减^妻二等^{被出、改嫁者,递减}^{母、兄弟妻不与。}各处八等罚。○ 6.89.0.2 ^{妾父、祖妾}各减^妻二等^{被出、改嫁者,递减}为妾,当从妻论;原系妾,○ 6.89.0.3 若娶同宗缌麻以上姑、侄、姊妹者,亦各以奸而娶为妻,仍从妾减科。论。○ 6.89.0.4 ^{除应死}并离异。

6.90 娶部民妇女为妻妾

6.90.0 凡府、州、县亲民官,任内娶部民妇女为妻妾者,处八等罚。若监临^{内外}官娶^见为事人妻妾及女为妻妾者,处十等罚。女家^{主婚}并同罪。妻妾仍两离之,女给亲。^{两离者,不许给与后娶者,亦不给还前夫,令归宗。其女以}财礼入官。^{恃势}强娶者,各加二等;女家不坐,^{妇还前夫,}不追财礼。若为子孙、弟侄、家人娶者,^{或和或}罪亦如之,男、女不坐。^{若娶为事人妇、女,而于事有}

6.91 娶逃走妇女

6.91.0 凡娶^{自己犯罪}^{已发在}逃走^{在外}妇女为妻、妾,知^{逃走}情者,与同^{其所犯}罪。^{妇人加逃罪二等}至死者,减一等。离异。不知者,不坐。若无夫,^又会赦免罪者,不离。^{一有不合,}

6.92 强占良家妻女

6.92.0 凡豪^强^势力之人,强夺良家妻女,奸占为妻妾者,绞;^监妇女给亲;^{妇归夫,}配与子孙、弟侄、家人者,罪^{归所}亦如之;^{所配}男、女不坐。^{仍离异,}

条 例

6.92.(1)〔强夺良家妻女奸占为从〕一、强夺良家妻女奸占,为从之犯,应照为首绞罪减一等,流三千里;如被逼诱随行,止于帮同扛抬,照未成婚减绞罪五等,徒一年半。其中途夺回,及尚未奸污,为从者,审系助势济恶,减为首流罪一等,徒三年;如被逼诱随行,止于帮同扛抬,各照不应重律治罪。

6.92.(2)〔强夺良家妻女中途夺回及妇女并亲属羞忿自尽〕一、强夺良家妻女,中途夺回,及尚未奸污者,照已被奸占律减一等定拟。若本妇羞忿自尽,不论已、未被污,均拟绞监候。若强夺良家妻女,其夫或父母羞忿自尽者,流三千里;致亲属自尽者,徒三年。

6.92.(3)〔强夺良人妻女转卖投献〕一、强夺良人妻女,卖与他人为妻妾,及投献王府并勋戚势豪之家者,俱拟绞监候。

6.92.(4)〔聚众伙谋抢夺妇女〕一、凡聚众伙谋抢夺路行妇女,或卖,或自为妻妾、使女,及被奸污者;并聚众伙谋,入室抢夺妇女,一经抢获出门,即属已成;审实,不分得财与未得财,为首,绞立决;为从在场帮抢者,皆绞监候;并未帮抢者,发烟瘴地方安置。知情故买者,减正犯罪一等;不知情者,处八等罚。如图抢入室,尚未抢获,首犯发新疆当差,为从流三千里。至因伙众抢夺妇女,拒捕杀人者,无论已成、未成,下手杀人之犯,斩立决;帮殴成伤从犯,不论手足、他物、金刃,均拟绞监候;其并未帮殴首、从各犯,仍分别已、未抢获妇女本例问拟。其有并非伙众,但强卖与人为妻妾者,拟绞监候;如有拒捕杀伤人者,照抢夺杀伤人例办理。

6.92.(5)〔聚众伙谋抢夺兴贩妇女〕一、凡聚众伙谋抢夺兴贩妇女,已成者,为首拟绞监候,为从发烟瘴地方安置,同谋未经同抢之犯流二千里;如图抢未成,为首发烟瘴地方安置,为从流三千里,同谋未经同抢之犯徒三年。其有并非聚众,但将兴贩妇女抢夺,已成者,为首发极边足四千里安置,为从徒三年,同谋未经同抢之犯徒二年半;若图抢未成,为首徒三年,为从徒二年半,同谋未经同抢之犯徒二年。如拒捕,杀伤兴贩之犯,以凡论;若系本妇及本妇之有服亲属,均依罪人拒捕律科断。

6.92.(6)〔聚众伙谋抢夺曾经犯奸妇女〕一、凡聚众伙谋抢夺曾经犯奸妇女已成,无论在途、在室,首犯发遣新疆当差,为从帮抢者流三千里,同谋未经同抢之犯徒三年;如图抢未成,首犯流三千里,为从帮抢者徒三年,同谋未经同抢之犯徒二年半。其有并非聚众,但将犯奸妇女抢夺已成者,为首流三千里,为从徒三年,同谋未经同抢之犯徒二年半;若图抢未成,为首徒三年,为从徒二年半,同谋未经同抢之犯徒二年。如妇女犯奸后已经悔过自新,确有证据者,仍以良人妇女论。

6.93 娶娼妓为妻

6.93.0 凡^{文武}官并吏娶娼妓为妻者,处六等罚,并离异。^{归宗,财礼入官。}若官员子孙应袭荫者^{娶者},罪亦如之,注册候荫袭之日,^{照应袭本职上,}降一等叙用。

6.94 僧道娶妻

6.94.0.1 凡僧道娶妻妾者,处八等罚,还俗。女家^{主婚人}同罪。离异。财礼入官。寺观住持知情,与同罪;^{以因人连累,不在还俗之限。}不知者不坐。○ 6.94.0.2 若僧道假托亲属或僮仆为名求娶,而僧道自占者,以奸论。^{以僧道犯奸,加凡人和奸罪二等论。妇女还亲,财礼入官。系强者,以强奸论。}

6.95 出妻

6.95.0.1 凡妻^{于七出}无应出^{之条}及^{于夫无}义绝之状,而擅出之者,处八等罚。虽犯七出,^{无子、淫佚、不事舅姑、多言、盗窃、妒忌、恶疾。}有三不去,^{与更三年丧、前贫贱后富贵、有所娶无所归。}而出之者,减二等。追还完聚。○ 6.95.0.2 若犯义绝,应离而不离者,亦处八等罚。若夫妻不相和谐,而两愿离者,不坐。^{情既已离,难强其合。}○ 6.95.0.3 若^{夫无愿离之情}妻辄背夫在逃者,徒二年,听其离异;^{其妻}因逃而辄^自改嫁者,加二等。其因夫^{弃妻}逃亡,三年之内不告官司而逃去者,处八等罚;擅^自改嫁者,处十等罚。妾各减二等。^{有主婚、媒人,有财礼,乃坐。无主婚人,不成婚礼者,以和奸、刁奸论。}○ 6.95.0.4 若^{立契议雇之}使女背家长在逃者,处八等罚,给还家长;因而嫁人者,处十等罚。^{追缴未满工值,免其离异。}○ 6.95.0.5 窝主及知情娶者,各与^{妻妾、使女}同罪。^{财礼入官。}不知情者,^{主娶者言。}俱不坐。^{财礼给还。}○ 6.95.0.6 若由^{妇女之}期亲以上尊长主婚改嫁者,罪坐主婚;妻妾止得在逃之罪。余亲主婚者,^{余亲谓期亲卑幼,及大功以下尊长、卑幼,主婚}事由主婚,主婚为首,男女为从;事由男女,男女为首,主婚为从。

条　例

6.95.(1)〔妻犯七出有三不去之理〕一、妻犯七出之状，有三不去之理，不得辄绝。犯奸者不在此限。

6.95.(2)〔期约五年无过不娶及夫逃亡三年不还〕一、期约已至五年，无过不娶，及夫逃亡三年不还者，并听经官告给执照，别行改嫁，亦不追财礼。

6.96 嫁娶违律主婚媒人罪

6.96.0.1 凡嫁娶违律，若由^{男女之}祖父母、父母、伯叔父母、姑、兄姊及外祖父母主婚者，^{违律之罪独坐主婚。男女不坐。}余亲主婚者，^{余亲谓期亲卑幼，及大功以下尊长、卑幼主婚者。}事由主婚，主婚为首，男女为从。^{得减一等。其以奸论至死者，除事由男女，自当依律论死。其由}主婚人，并减一等。^{主婚人虽系为首，罪不入于死，故并减一等。男女已科从罪，至死亦是满流，不得于主婚人流罪上再减。} ○ 6.96.0.2 其男女被主婚人威逼，事不由己，若男年二十岁以下，及在室之女，^{虽非威逼。}亦独坐主婚，男女俱不坐。^{不得以首、从科之。}

○ 6.96.0.3 未成婚者，各减已成婚罪五等。^{如绞罪减五等，徒一年半。余类推减。} ○ 6.96.0.4 若媒人知情者，各减^{男、女主婚}犯人罪一等；不知者不坐。 ○ 6.96.0.5 其违律为婚各条称"离异、改正"者，虽会赦，^{但得免罪，}犹离异、改正。离异者，妇女并归宗。

○ 6.96.0.6 财礼，若娶者知情，则^{不论已、未成婚，俱}追入官；不知者，则追还主。

条　例

6.96.(1)〔使女年至二十五不行婚配〕一、凡绅衿庶民之家，如将使女年至二十五岁，不行婚配者，照不应重律治罪，即令择配。

6.96.(2)〔嫁娶违律应行离异者与其夫及夫之亲属有犯〕一、凡嫁娶违律，应行离异者，与其夫及夫之亲属有犯，如系先奸后娶，或私自苟合，或知情买休，虽有媒妁、婚书，均依凡人科断。若止系居丧嫁娶，或有妻更娶，或将妻嫁卖，娶者果不知情，实系明媒正娶者，虽律应离异，有犯，仍按服制定拟。

6.96.(3)〔未经挑选旗女私行许聘〕一、八旗、内务府三旗人，如将未经挑选之女，私行许聘者，将主婚之人，照违制律治罪。

7 仓 库 _{收米谷曰仓，收财帛曰库。}

〔卷八 仓库上〕

7.97 钱法

7.97.0 凡钱法，设立宝源、宝泉等局，鼓铸制钱，内外俱要遵照度支部议定数目，一体通行。其民间金银、米麦、布帛诸物价钱，并依时值，听从民便。若阻滞不即行使_{使用}者，处六等罚。

条　例

7.97.(1)〔行用铜圆任意折减及抗不收使〕一、各省行用铜圆，如经纪、牙行人等，于交易时不照钱面数目字样，任意折减，及与铺户人等通同舞弊，减成定价，甚至造言煽诱，抗不收使，将为首阻挠者，徒二年；随同附和者，徒一年。

7.98 收粮违限

7.98.0 凡收夏税，_{所收小麦}于五月十五日开仓，七月终齐足；秋粮，_{所收粮米}十月初一日开仓，十二月终齐足。如早收去处预先收受者，不拘此律。若夏税违限至八月终，秋粮违限至次年正月终，不足者，其提调部粮官、吏典分催里长。欠粮人户，各以_{税粮}十分为率，一分不足者，处六等罚，每一分加一等，罪止十等罚。_{官吏里长}受财而容_{拖欠}者，计_{所受赃}，以枉法从重论。_{分别受赃违限轻重。}若违限一年之上不足者，人户、里长处十等罚，提调部粮官、吏典照例拟断。

条　例

7.98.(1)〔文武乡绅进士举生贡监及有顶戴人员欠纳钱粮〕一、凡文武、乡绅、进士、举人、生员、贡监及有顶戴人员应纳钱粮，以十分为率，如有欠数，各州县逐户开出另册详报。欠至四分以下者，问革为民，处六等罚；欠至七分以下者,问革为民,处八等罚;欠至十分以下者,问革为民,处十等罚。俱以次年奏销以前为限,不足分数者,照例治罪,仍严催未完钱粮。如革后全完者,仍准开复。倘州县并不另册详报,别经发觉,交部议处。

7.98.(2)〔兵役上司书役抗粮不纳〕一、凡兵役有应输之粮,抗玩不纳者,该州县即将未完钱粮数目开明,移令所辖衙门着本管官弁照数追完,移交州县。如不实力催追完解,即照州县催征钱粮未完分数律议处。其上司书役有抗粮不纳者,该州县一面详报上司,一面严行拘拿,革役追比。如上司有阿庇袒护,州县有瞻徇等弊,均照例议处。

7.99 多收税粮斛面

7.99.0 凡各仓_{主守官役}收受税粮,听令纳户亲自行概,平斛交收,作^正数_{即以平收者作正数。}支销,依例准除折耗。若仓官、斗级不令纳户行概,踢斛淋尖,多收斛面_{在仓}者,处六等罚。若以_{所多收之}附余粮数^总计赃重^{于六等罚}者,坐赃论,罪止十等罚。_{此皆就在仓者言。如入己,以监守自盗论。}提调官吏知而不举,与同罪;_{多粮给主。}不知者不坐。

条 例

7.99.(1)〔匪徒盘踞打搅仓场〕一、凡收放粮草去处,如有匪徒借端滋事,盘踞把持,挟诈分肥,打搅仓场者,各于所犯本罪上加一等定拟。各仓管事之人不行禀举者,照不应为律治罪。

7.100 隐匿费用税粮课物

7.100.0 凡运送本户应纳税粮课物,_{如蚕丝、铜铁之类,}及应_追入官之物,_{已给文送运,}而隐匿,_{肥己、私自}费用不纳,或诈作_{水火盗贼}损失,欺罔_{经收}官司者,并计所亏欠物数,准窃盗论。_{罪止流三千里。}其部运官吏知_{隐匿、诈妄之}情,与同罪;不知者不坐。_{此系公罪,各留职役。若受财故纵,以枉法从重论。}小户附搭侵匿者,仍依此律准窃盗。

7.101 揽纳税粮

7.101.0.1 凡揽纳^{他人}税粮者,处六等罚,着落^{本犯}赴仓^{照所揽数}纳足,再于犯人名下^{照所纳数}追罚一半入官。○ 7.101.0.2 若监临主守^{官役挟势}揽纳者,加罪二等,仍追罚一半入官。○ 7.101.0.3 其小户畸^{残田。}零^{零丁不足以成一户。}米麦,因便凑数,于^{本里}纳粮人户处附纳者,勿论。包揽侵费正数及多科费用,以诓骗论。若侵欺,以监守自盗论。包与者,照不应重律治罪。

7.102 虚出通关朱钞 _{凡钱粮通完,出给印信长单,为"通关";仓库截收,则暂给红批照票,为"朱钞"。}

7.102.0.1 凡仓库收受一应系官钱粮等物^{原数本}不足,而监临主守通同有司提调官吏,虚出通关^{给发}者,计所虚出之数,并赃^{不分摊各犯}皆以监守自盗论。○ 7.102.0.2 若委官盘点钱粮,数本不足,扶同^{监临提调官}申报足备者,罪亦如之。亦计不足数,以监守自盗论,并赃。受财者,计^{入己}赃,以枉法从重论。○ 7.102.0.3 其监守不收本色,^{诈言奉文}折收财物,虚出朱钞者,亦以监守自盗论。纳户知情,减二等,原与之赃入官;不知者不坐,其赃还主。○ 7.102.0.4 ^{通上。}同僚知而不举者,与犯人同罪;^{至死减等。}不知及不同署文案者,不坐。^{以失觉察论。}

条 例

7.102.(1) 〔州县交代钱粮亏空米谷霉变及抑勒交盘〕一、州县交代,如将已征钱粮侵蚀亏空,捏称民欠,令后官接受,或仓储米谷收存不慎,库储官物遗失不全,接任官立即揭报该管上司奏参,于前官名下着追。如该管上司护庇离任之员,及该管道、府、州畏虑分赔,因而抑勒交盘者,许被勒之员直揭部院代为陈奏。其所揭抑勒之司、道、府、州等官,该督抚据实确审定拟。如有干连督抚,将具揭及亏空之员押赴来京,奏交大理院确审,将抑勒之督抚一并从重议处。或系诬捏枉揭,照例治罪。倘前官亏空以及米谷霉变、官物短少,后官容隐不报,出结接受,至本身离任,始诿诸前任者,应将欠项及米谷、官物照数追赔,仍治以瞻徇接受之罪。其揭报之员,准赴部呈请于别省调补。倘调补省份该管上司因前揭报之故，多方搜求，借端诬陷者，并许该员于都察院呈辩，果系冤抑，将该管上司交部议处；如系该员借名诬辩，从重治罪。

7.103 附余钱粮私下补数

7.103.0.1 凡各衙门及仓库，但有附余钱粮，须要尽实报官，明白^{立案于}簿内另作数^{支销}。若监临主守，将增出钱粮私下销补别项事故亏折之数，瞒官作弊者，^{不分首从}，并计赃，以监守自盗论。^{其亏折追赔还官。}○ 7.103.0.2 若内库收受金帛，当日交割未完者，^{不许带出}，许令附簿寄库。若有余剩之物，本库明白立案正收，开申度支部作数。若^{解户}朦胧擅将金帛等物出外者，^{不分多少}，绞。^{杂犯，准徒五年。}守门官失于盘获搜检者，处十等罚。^{金帛等物追还官。}

7.104 私借钱粮

7.104.0.1 凡监临主守，将系官钱粮等物^{乃金帛之类，非下条衣服之属。}私自借用，或转借与人者，虽有文字，^{文字兼文约、票批、簿籍}，并计^{所借之}赃，以监守自盗论。其非监守之人借者，以常人盗仓库钱粮论。^{监守坐以自盗，非监守止以常人盗。追出原物还官。}○ 7.104.0.2 若将自己物件抵换官物者，罪亦如之。^{自己物件入官。}

条　例

7.104.(1)〔绅衿牙行人等捏领仓谷入己〕一、府、州、县春间借出仓谷，秋收后勒限追征，务于十月中全完，造具册收详请，该管上司加结申报督抚，咨送度支部查核。如有绅衿及牙行、蠹役，将家人、佃户姓名影射，零星领出入己，积至二三十石者，绅衿斥革，牙行、蠹役处十等罚，俱照追入仓。其代为造册之乡保、地方，有无受赃，分别治罪。该管上司不行揭参，交部议处。

7.104.(2)〔地方荒歉出借米谷籽种等项人亡产绝奏请豁免〕一、凡遇地方荒歉，借给贫民米石谷麦，或开垦田土，借给牛具籽种，以及一切吏役、兵丁人等办公银两，原系奏明咨部行令出借，倘遇人亡产绝，确查出结，奏请豁免。如有捏饰侵渔,以及未经报明,私行借动者,即行奏参,按律治罪。

7.104.(3)〔违例开销款额上司抑勒摊派〕一、凡支销钱粮,均有一定款项、额数,如有违例开销,着落擅动滥给之员赔补。倘上司官因为数繁多,一人不能归结,派令属员公捐还项,或逼令接任官按股分赔,将抑勒之上司官照例治罪。

7.104.(4)〔州县亏空钱粮其民欠等项限内官员代完复职〕一、凡州县亏空钱粮,如果民欠未完,捏报全完,或私自借给百姓仓粮,其私借钱粮之员及捏报官员应照虚出通关朱钞律,计所虚出之数,并赃,皆以监守自盗论。其实在民欠、民借,仍着落原借欠之人完纳。其挪移钱粮有项可抵者,即令接任官催征补项。若捏报、私借、挪移之项,该员情愿一年内代民全完者,准其复还原职。

7.104.(5)〔亏空人员欠项以有印领者开抵〕一、亏空人员,除查明正犯家产尽数追赔外,如有属员借支、借领,及同官挪借,出有印领者,将所有借欠之项责令追还,以抵该员亏空,仍分别议处。至平日债负,或帮助亲友,及同官私借,虽有文约、书札、记簿,并无印领,止许自行取讨。若混请开抵亏空者,无论远近年份,概不准行。如将无干之人肆行诬赖,将正犯照图赖诬攀治罪。承追各官徇庇正犯,听从开抵,妄拿无辜追比者,照故勘平人律治罪。受贿得赃者,计赃,以枉法从重论。其因规避处分,指引开欠者,承追官照将亲族滥行着落追赔例革职,该管上司官交部分别议处。

7.105 私借官物

7.105.0 凡监临主守,将系官什物、衣服、毡褥、器玩之类私自借用,或转借与人,及借之者,各处五等罚。过十日,各 ^{计借物} 坐赃论,减二等。罪止徒二年。各追所借还官。若有损失者,依毁失官物律坐罪,追赔。有心致损,依弃毁官物计赃准窃盗论加二等,罪止流三千里;误毁及遗失者,减弃毁之罪三等,徒二年;并追赔。

〔卷九 仓库下〕

7.106 挪移出纳

7.106.0.1 凡各衙门收支钱粮等物,已有文案^{以备照}勘合,^{以行移典守者,}_{自合依奉出纳。}若监临主守不正收正支,^{如不依文}_{案勘合。}挪移出纳,还充官用者,并计^{所挪}_{移之}赃,准监守自盗论。^{系公}_{罪。}○ 7.106.0.2 若^{各衙}_门不给半印勘合,擅出权^宜_帖帖,^关_支或给勘合,不立文案放支,及仓库^{但据}_{权帖}不候勘合,或已奉勘合,不附簿放支者,罪亦如之。^{各衙门及典守者,并计支}_{放之赃,准监守自盗论。}○ 7.106.0.3 其出征镇守军马经过去处,^合_付行粮草料,明立文案,即时应付,具数开申合干上司准除,不在擅支之限。^{违而不即}_{应付}者,处六等罚。

条 例

7.106.(1)〔州县垫办军需公务完后申报〕一、凡地方有军需公务,督抚不及咨奏者,行令该州县垫办,或挪库项,或垫己资,先行详明督抚。办完十日内,即照实价申详,该督抚照时价核实,于文到半月内奏报。度支部亦于文到日半月内,核定议复,行文该布政司,不论库项、己资,即令给发。倘州县申报过限,或督抚奏报后期,俱交吏部议处。若该州县报价不实,及督抚不核实奏报,希图冒销者,度支部即行奏参,州县照侵欺例治罪,督抚、司、道等官照徇庇例议处。

7.106.(2)〔各省仓谷减价平粜后买补及遇州县交代〕一、各省仓谷减价平粜,其价值解存司库或就近之道府库。至秋收,务依原粜之数,领价买补。其买补仓谷,时价不敷,于本邑粜卖盈余银两内动支。倘谷价昂贵,不能于次年买补,声明报部展限。若故意迟延,不行买补,以玩视仓储奏参。倘遇州县交代,未及秋收买补之期,所存价值无亏,即令新任领买,不得捏勒推诿。违者,将该员及该管各官分别议处。

7.106.(3)〔前任官私粜亏缺仓粮折银交代奏参〕一、凡州县官交代,其存仓米谷,除实应出粜存价,未买之银照例准其接收外,如前任官私行出粜,及仓粮亏缺,折银交代者,照例奏参,仍留任所按数买补,并令接任之员查明,出具并无粜多报少、籴少报多、折银抵交确实印结申报。违者,一并奏参究追。该管上司不能查出,照徇庇例议处。

7.106.(4)〔上司逼勒所属挪移库银首告赴控〕一、上司逼勒所属挪移库银,本官自行首告者,审实,上司照贪官例治罪,下属免议。逼勒至死者,家属赴控,上司如不行准理,许赴都察院、大理院具告。审实,以逼勒至死之上司抵罪,不行准理之上司革职。

7.106.(5)〔挪移库银依银数治罪及限内全完免减〕一、凡挪移库银五千两以下者,仍照律拟杂犯流,总徒四年;其挪移五千两以上至一万两者,拟实犯流三千里;若挪移一万两以上至二万两者,发极边足四千里安置;二万两以上者,虽属挪移,亦照侵盗钱粮例拟绞监候。统限一年,果能尽数全完,俱免罪。其未至二万两者,仍照例准其开复。若不完,再限一年追完,减二等发落;二年限满不完,再限一年追完,减一等发落;若三年限满不能全完者,除完过若干之外,照现在未完之数治罪。

7.106.(6)〔州县亏空行查原籍任所家产以备变完〕一、州县亏空钱粮仓谷,该督抚立即奏参,一面于任所严追,一面行查原籍并该员历过任所,有无隐寄,将其家产悉数查封,如任所无完,即变价补完。若承追地方官不行查明,致有漏报,及徇情隐匿者,均交部议处。迟延至三月以上,照钦部事件迟延例议处。

7.106.(7)〔府州县亏空仓谷治罪并勒追赔补〕一、凡各府、州、县亏空仓谷,以谷一石照银五钱定罪。麦、豆、膏粱、青稞等杂粮并同。系侵蚀入己者,照侵欺钱粮例拟断;系挪移者,照挪移库银例拟断。其仓谷,令接任官于秋成谷贱时,申详督抚、藩司酌动何项钱粮,照时价先行买补,该府、州、县出具仓收,道、府、直隶州知州加结报部。于亏空人员及妻子名下,勒限一年,将动用银两照数追补还项。如逾限不完,亦照勒追库银例分别治罪。若有将仓谷侵盗入己,捏称霉烂亏空者,仍照侵欺钱粮例治罪。

7.106.(8)〔亏空之案审出民欠挪垫〕一、凡亏空之案,审出民欠挪垫是实,除将本犯照例议罪外,另限四个月,委员彻底清查,出具并无假捏影射印结,再令接任官出具认征印结,仍向欠户催征。如限满不完,将接征官照例参处。倘本无实欠,接任官通同捏结,察出,照捏欠之数与本犯同罪,仍令分赔。

7.106.(9)〔追赔还官银两浮多给还〕一、凡追赔还官各项银两,有较原参之数浮多者,仍给还本人。

7.107 库秤雇役侵欺

7.107.0 凡仓库、务场、局院库秤、斗级,若雇役之人,^{受雇之人即是主守。}或侵欺、或借贷、或移易,^{二字即抵换也。}系官钱粮,并以监守自盗论。若雇主同情分受赃物者,罪亦如之;其知情不曾分赃,而扶同^{雇役者,以所盗物捏作见在,}申报瞒官,及不首告者,减^{自盗}一等,罪止十等罚;不知者不坐。

条　例

7.107.(1)〔书吏侵蚀漕粮米石〕一、凡粮重仓多州县,印官不能兼顾,遴点老成书吏收粮。如有佥派匪人,侵蚀漕粮者,书吏照监守自盗律例计赃治罪;侵蚀米石,即着该吏名下严行追补。州县官交部议处。

7.108 冒支官粮

7.108.0 凡管军官吏冒支军粮入己者,计^{所冒支之}赃,准窃盗论。^{取之于军,非取之于官也,故止准窃盗论。}若军已逃,故不行扣除而入己者,以常人盗官粮论。若承委放支而冒支者,以监守自盗论。

7.109 钱粮互相觉察

7.109.0.1 凡仓库、务场官吏、攒拦、库子、斗级,皆得互相觉察。若知侵欺、盗用、借贷系官钱粮,已出仓库匿而不举,及故纵者,并与犯人同罪。^{至死减一等。}失觉察者,减三等,罪止十等罚。 ○ 7.109.0.2 若官吏虚立文案,挪移出纳,及虚出通关,^{另有本律。}其斗级、库子、拦头不知者,不坐。

条　例

7.109.(1)〔侵盗钱粮案内隐匿故纵各犯正犯完赃减免〕一、凡侵盗钱粮案内隐匿故纵之官吏、攒拦、库子、斗级,如正犯限内完赃,例得减免者,亦各于应得本罪上分别减免。

7.110 仓库不觉被盗

7.110.0 凡有人^{非监守}从仓库中出,守把之人不搜检者,处二等罚。因不搜检,以至盗物出仓库而不觉者,减盗罪二等。若夜值更之人不觉盗者,减三等。仓库值宿官、攒、斗级、库子^{非正值本更。}不觉盗者,减五等,并罪止十等罚。故纵者,各与盗同罪。^{至死减一等。}若被强盗者,勿论。^{互相觉察,与此不觉被盗,官吏皆系公罪,仍留职役;隐匿不举与此故纵,皆系私罪,各罢职役。}

7.111 守支钱粮及擅开官封

7.111.0.1 凡仓库官、攒、斗级、库子役满得代,^{不得离去}所收钱粮官物,并令守候^{支放}尽绝,若无短少,方许^{官、攒}、各离职役。^{斗、库还家}其有应合相沿交割之物,听提调官吏监临盘点见数,不得指廒、指库交割。违者,各处十等罚。○ 7.111.0.2 若^{仓库所收}官物有印封记,其主典不请原封官司^{阅视}而擅开者,处六等罚。^{其守支、盘点及擅开,各有侵盗等弊者,俱从重论,追赔入官。}

7.112 出纳官物有违

7.112.0.1 凡仓库出纳官物,当出陈物而出新物、^{则价有多余。}应受上物而受下物则价有^{以公用}之类,及有司^{以公用}和雇、和买不即给价,若给价有增减不^{如价值之}实者,计^{通上言。}所亏欠^{当受上物而受下物,及雇、买不即给价,即给价减不以实,各有亏欠之利。}及多余^{当出陈物而出新物,及雇、买给价增不以实,各有多余之利。}之价,并计所亏欠、所多余、^{坐赃论。}^{以钱粮不系入己,雇买非充私用,故罪止徒三年。赃分还官、给主。}○ 7.112.0.2 若应给俸禄,未及期而预给者,罪亦如之。○ 7.112.0.3 其监临官吏^{统上论。}知而不举,与同罪;不知者不坐。

条 例

7.112.(1) 〔采买仓粮及驿需草豆不得派发里递〕一、各省采买一应仓粮谷石,务令州县等官平价采买运仓,不许转发里递派买。至驿递所需草豆,令有驿各官平价采买,亦不得派发里递,苦累小民。应需运价,准令开销。敢有私派勒买,及短给价值,强派强拿民力运送者,坐赃治罪。

7.113 收支留难

7.113.0.1 凡收受、支给官物,其当该官吏无故（二字重看）留难刁蹬,不即收支者,一日处五等罚,每三日加一等,罪止徒一年。○ 7.113.0.2 守门人留难者,（不放入,计日论）罪亦如之。○ 7.113.0.3 若领物、纳物之人到有先后,主司不依（原到）次序收支者,处四等罚。

条 例

7.113.(1)〔解部钱粮物料当该官吏不即掣批及书役索诈〕一、凡钱粮物料等项解送到部,当该官吏,限文到三日内,即行查收,掣给批回。如无故不收完给批者,照律计日治罪。至书役人等指称估验、掣批、挂号等项费用名色,借端包揽索诈者,许解官、解役即于该部首告,交送地方审判厅,照蠹役诈赃例治罪,系官革职问罪。该管官失察者,交部议处。

7.113.(2)〔各仓书役等勒索得财及已革书役影射把持〕一、各仓书役、头目人等,向关米之人勒索得财者,照蠹役诈赃例治罪。其已经斥革书役,复在现充书役、头目身后影射把持勒索者,亦照此办理。若甫经影射办事,尚未得赃者,处十等罚。书役、头目有心容隐,朋比为奸者,均革役,与首犯同罪。

7.114 起解金银足色

7.114.0 凡收受（纳官）诸色课程,变卖货物,起解金银,须要足色。如成色不及分数,提调官吏、（及估计、煎销）人匠各处四等罚,着落均赔还官。（官有侵欺,问监守盗;知情通同,故不收足色,坐赃论。）

7.115 损坏仓库财物

7.115.0.1 凡仓库及积聚财物,主守之人安置不如法,晒晾不以时,致有损坏者,计所损坏之物（价）坐赃论,（罪止徒三年。）着落均赔还官。○ 7.115.0.2 若猝遇雨水冲激、失火延烧^{若仓库内失火,自依本律,徒二年。}、盗贼^{分强窃}、劫夺,事出不测,而有损失者,委官保勘复实,显迹明白,免罪不赔。其监临主守^{官吏}若将侵欺、借贷、挪移之数,乘其水火盗贼,虚捏文案,及扣换交单、籍册申报瞒官^{希图幸免本罪}者,并计赃,以监守自盗论。同僚知而不举者,与同罪;不知者不坐。

条 例

  7.115.(1)〔州县米谷霉烂勒限赔补及交代仓廒毁烂倾圮〕一、凡各府、州、县仓廒,倘于渗漏处既不黏补、应盖造处又不详请,以致米谷霉变者,革职。动帑买补,勒限一年,照数追赔。一年限内全完,免罪,开复原官;一年以外赔完,免其治罪,不准开复。二年之内不完,即照律治罪,仍着落家属赔缴。如遇交代,应将仓廒造入交代册内,责成接任官切实查验。若有木植毁烂、倾圮、渗漏,即行揭报,将原任官交部议处赔修,霉烂米谷勒限赔补。接任官徇情滥受,别经查出,亦交部议处赔修,霉烂米谷并即勒限赔补。限内不完,均照律治罪。

7.116 转解官物

  7.116.0.1 凡各处征收钱帛、买办军需、成造军器等物解部,其起运长押官及解物人安置不如法,致有损失者,计所损失之物,坐赃论,着落均赔还官。若船行猝遇风浪,及^{外人}失火延烧,或盗贼劫夺,事出不测,而有损失者,申告所在官司委官保勘复实,显迹明白,免罪不赔。若有侵欺者,计赃,以监守自盗论。○7.116.0.2 若起运官物不运^原本色,而辄贸财货于所纳去处,收买纳官者,亦计^{所买余利为}赃,以监守自盗论。

条 例

  7.116.(1)〔解饷兵役中途私回〕一、凡运解饷鞘,数系一万两者,拨防护兵二名、防护役四名;二万两以上,酌量加派。倘兵役有于中途私回者,解官即报明该督抚奏参,将该管文武照少拨解役例议处。中途私回之兵役,斥革名粮。

  7.116.(2)〔解饷失鞘文员分赔〕一、护解饷鞘,务须申请兵役防护,按站行走。若管解官不申请防护,不经由大路,以致有失者,着落管解官全赔。

若管解官已请防护,又系经由大路,而饷鞘被失者,该管地方文员分赔一半,差委不慎之大员分赔三分,解员赔二分。如解员不能赔补,亦着差委之大员赔补。武员照例处分,免其分赔。

7.116.(3)〔押鞘失事兵役分别治罪〕一、管押饷鞘失事之兵役,如有知情同盗,仍照常人盗仓库钱粮例,分别首从定拟外,其违例雇替,托故潜回,无故先后散行者,减首犯罪一等;其依法管解,偶致疏失,审有确据者,减二等治罪。若系勾通强劫,照盗劫官帑例治罪。

7.116.(4)〔解役潜行小路不请拨护〕一、州县起解地丁等项银两,管解丁役潜行小路,沿途不请拨护,即未被失,亦照不应重律治罪。

7.116.(5)〔委解铜斤颜料违不按运更换及收铜舞弊〕一、委解铜斤,照解饷之例,按运更换。如有递年长令管解者,将原委之上司交部议处。倘局内书役、炉头人等,于收铜之时,任意轻重,照收支留难律治罪;查有勒索情弊,照诈欺取财律,计赃,准窃盗论。失察之该管官,交部严加议处。其各省委解颜料等项,亦照此例,按批更换。

7.116.(6)〔解运铜斤因循怠惰〕一、承办铜斤之厂员、运员,不以公事为心,因循怠惰,以致厂铜缺额,运泸逾限者,均革职,发往新疆效力。数年后,厂铜日旺,渐有积余,泸店底铜亦日增充裕,遇有天时之不齐,物力之偶绌,间有缺额,迟运为数无几者,度支部再行核酌情形,请旨办理。

7.117 拟断赃罚不当

7.117.0 凡拟断赃罚财物,应入官而给主,及应给主而入官者,坐赃论,罪止十等罚。

条 例

7.117.(1)〔查估追变之员勘报不实瞻徇延缓〕一、凡查估追变之员勘报不实,瞻徇延缓,以致帑项悬缺者,着令代赔。若查勘本无不实,催追本无徇纵,止因变抵不敷,以致公帑悬缺,仍在本人名下归结,不得向查估追变之人勒令代赔。违者,以违制论。

7.117.(2)〔侵盗赃着落犯妻及未分家之子名下追赔〕一、凡侵盗应追之赃,着落犯人妻及未分家之子名下追赔。如果家产全无,不能赔补,在旗参佐领、骁骑校,在外地方官,取具甘结,申报都统、督抚,奏明豁免结案。倘结案后,别有田产发觉,尽行入官,承追、申报各官革职,所欠赃银米谷着落赔补。督催等官,照例议处。内外承追、督催武职,俱照文职例议处。

7.118 守掌在官财物

7.118.0 凡官物当应给付与人,已出仓库而未给付,若私物当供官用,已送在官而未入仓库,^{均为官物。}但有人守掌在官,^{官司委令守掌之人,}若有侵欺、借贷者,并计入己赃,以监守自盗论。^{若非守掌之人侵欺者,依常人盗仓库律论。其有未纳而侵用者,经催、里纳、保歇,各照隐匿包揽欺官取财科断,不得概用此律。}

7.119 隐瞒入官家产

7.119.0.1 凡抄没财产,除谋反、谋叛依律^{酌量}抄没,其余有犯,律不该载者,财产不在抄没入官之限。违者,依故入人流罪论。^{抄没尚未入官,作未入官,各减一等。} ○ 7.119.0.2 若抄札入官家产而隐瞒田土者,计田,以欺隐田粮论;若隐瞒财物、房屋、孳畜者,坐赃论;各罪止十等罚;所隐财产并入官;罪坐供报之人。 ○ 7.119.0.3 若里长同情隐瞒,及当该官吏知情者,并与同罪,计所隐赃重^{于十等罚}者,坐赃论,全科。 ○ 7.119.0.4 受财者,计赃,以枉法各从重论。^{以枉法之重罪论,分有禄、无禄。}失觉举者,减^{供报人}三等,罪止五等罚。

条 例

7.119.(1)〔隐匿侵盗案内入官财产计值坐赃〕一、凡一切应追入官财产,如已经豁免,后查出隐匿,除挪移案内隐匿者仍照隐匿本律治罪外,如侵盗案内隐匿者,不论原案未完之数,计所隐财产价值之多寡,照坐赃律治罪。

7.119.(2)〔官员赃赔各项无产可追由原籍奏豁〕一、凡应追官员赃赔各项银两,若原籍、任所查明财产尽绝,实在无可着追者,任所官出具切实印结,由原籍加结,奏请豁免。旗员由本旗查明具结,咨部办理。

7.119.(3)〔欠帑人员力不能完不得株连分居亲族人等〕一、凡欠帑人员,或因独力难赔,或因产尽无着,遂将分居别业之弟兄亲族,并不知情之亲友旁人,巧借认帮名目,转辗株连,勒令赔补者,将承审、承追各官,均照违制律治罪。

7.119.(4)〔坟地祭产免予亏空入官〕一、凡亏空入官房地内,如有坟地及坟园内房屋、看坟人口、祭祀田产,俱给还本人,免其入官变价。

〔卷 十〕

8 课 程

课者,税物之钱;程者,谓物有贵贱。课有多寡,如地利之有程限也。

8.120 盐法

8.120.0.1 凡犯^{无引}私盐^{凡有确货即是,不必赃之多少}者,徒三年。若^带有军器者,加一等。流二千里。^{盐徒}诬指平人者,加三等。^{流三千里。}拒捕者,绞。^{监候。}盐货、车船、头匹并入官。^{道途}引领、^秤牙人及窝藏、^{盐犯}寄顿^{盐货}者,徒二年半。受雇挑担驮载者,^{与例所谓肩挑背负者不同。}徒二年。非应捕人告获者,就将所获私盐给付告人充赏。^{同贩}有一人能自首者,免罪,一体给赏。若一人自犯而自首,止免罪,不赏,仍追原赃。○若^{私盐}事发,止理见获人盐。^{如获盐不获人者,不追;获人不获盐者,不坐。}当该官司不许^{听其}辗转攀指,违者^{官吏}以故入人罪论。^{谓如人盐同获,止理见发。有确货无犯人者,其盐没官,不须追究。}

8.120.0.2 凡盐场灶丁人等,除^{岁办}正额盐外,夹带余盐出场,及私煎盐货卖者,同私盐法。^{该管}总催知情故纵,及通同货卖者,与犯人同罪。

8.120.0.3 凡妇人有犯私盐,若夫在家,或子知情,罪坐夫男。其虽有夫而远出,或有子幼弱,罪坐本妇。

8.120.0.4 凡买食私盐者,处十等罚。因而货卖者,徒三年。

8.120.0.5 凡管理盐务及有巡缉私盐之责文武各衙门,巡获私盐,即发有司归勘,^{原获}各衙门不许擅问。若有司官吏通同^{原获各衙门}脱放者,与犯人同罪。受财者,计赃,以枉法从^{其罪之}重论。

8.120.0.6 凡管理盐务及有巡缉私盐之责文武各衙门,设法差人于该管地面,并附场紧关去处,常川巡禁私盐。若有透漏者,关津把截官及所委巡盐人员,初犯处四等罚,再犯、三犯递加一等,^{公罪}并留职役。若知情故纵,及容令兵役随同贩卖者,与犯人同罪。私受财者,计赃,以枉法从重论。〇 其巡获私盐入己不解官者,徒三年。若装诬平人者,加三等。流三千里。

8.120.0.7 凡起运官盐,每引照额定斤数为一袋,并带额定耗盐,经过批验所,依引目数掣挚秤盘。随手取袋,挚其轻重。但有夹带余盐者,同私盐法。〇 若客盐越过批验所,不经掣挚、及引上不使关防者,处九等罚,押回逐一盘验。尽盘盐而验之,有余盐,以夹带论罪。

8.120.0.8 凡客商贩卖有引官盐,当照引发盐,不许盐与引相离,违者,同私盐法。〇 其卖盐了毕,十日之内不缴退引者,处四等罚。〇 若将旧引不缴影射盐货者,同私盐法。

8.120.0.9 凡起运官盐,并灶户运盐上仓,将带军器,及不用官船起运者,同私盐法。

8.120.0.10 凡客商将验过有引官盐插和沙土货卖者,处八等罚。

8.120.0.11 凡将有引官盐,不于拘定应该行盐地面发卖,转于别境犯界货卖者,处十等罚。知而买食者,处六等罚;不知者不坐。其盐入官。

条 例

8.120.(1) 〔越境兴贩官司引盐〕一、越境如淮盐越过浙盐地方之类。兴贩官司引盐至三千斤以上者,流二千里。其客商收买余盐、买求掣挚至三千斤以上者,亦照前例问发。掣验官吏受财,及经过官司纵放,并地方、甲邻、里老知而不举,各治以罪。掣验官吏受财,依枉法;经过官司、里老、地方、火甲,依知罪人不捕;邻佑,依违制。巡捕官员乘机兴贩,至三千斤以上,亦照前例问拟。须至三千斤。不及三千斤,在本行盐地方,虽越府省,仍依本律。

8.120.(2) 〔聚众十人以上持械兴贩私盐杀伤人〕一、凡聚众十人以上,兴贩私盐,带有军器,杀人者,为首并杀人之犯拟绞立决,未下手之犯发极边足四千里安置;伤人者,为首依律拟绞监候,下手之犯发烟瘴地方安置,未下手之犯流三千里。虽带军器,不曾拒捕者,为首发极边足四千里安置,为从流二千里。

8.120.(3) 〔贩私盐徒装点客商被格伤后挟制控告〕一、凡贩私盐徒,如有略置货物,装点客商,被官兵格伤后,挟制控告者,除聚众贩私杀人罪犯应死无可复加外,余于巡获私盐装诬平人满流律上加一等,发极边足四千里安置。

8.120.(4)〔收买肩贩官盐越境货卖拒捕杀伤〕一、凡收买肩贩官盐,越境货卖,审明实非私枭者,除无拒捕情形,仍照律例问拟外,其拒捕者,照罪人拒捕律加罪二等;倘拒捕殴人至折伤以上者,绞监候;杀人者,亦绞监候;为从各减一等。_{下手帮殴之人,以为从论。}

8.120.(5)〔贫难小民等买盐挑卖〕一、除行盐地方大伙私贩,严加缉究外,其贫难小民及妇女、孤独无依者,许于本州县报明,验实注册,每日赴场买盐四十斤挑卖,止许陆路,不许船装并越境至别处地方及一日数次出入。如有违犯,仍分别治罪。

8.120.(6)〔巡盐兵捕夹带私贩〕一、巡盐兵捕自行夹带私贩,及通同他人运贩者,照私盐加一等治罪。

8.120.(7)〔贩私盐犯拒不实供买自何人何地〕一、拿获贩私盐犯,务须先将买自何人何地,以及买盐日月数目究明,提集犯证,并密提灶户、煎盐、火伏、簿扇,查审确实,如系大伙兴贩,将本犯并卖盐及窝顿之人照律治罪。本犯不据实供出,于应得本罪上加一等。如审系诬攀,依律加三等。若向老幼孤独零星收买,实不能供出姓名者,仍以本罪科断。承审官曲为开脱,照故出人罪律从重参处;不能审出诬攀者,交部议处。若审出买自场灶,将该管盐场大使,并沿途失察各官奏参议处。其得赃包庇之兵役,从重治罪。

8.120.(8)〔拿获私盐车船头匹等项分别给赏充公〕一、拿获私盐,限四个月完结。人、盐并获者,所获盐货、车船、头匹等项,全行赏给。如获盐而不获人,确查盐犯实系脱逃者,以一半赏给、一半充公。倘有故纵情事,无论巡役、兵丁,受贿者,计赃,以枉法从重论;未受贿者,处十等罚,革退;所获盐货等项,一概充公。

8.120.(9)〔运盐船户盗卖商盐及押运商厮通同盗卖〕一、凡运盐船户,偷窃商盐,整包售卖者,分别首从,计赃科罪。所卖之赃,照追给主;如追不足数,将船变抵。其押运商厮起意,通同盗卖者,依雇工人勾引外人同盗家长财物例治罪;如非起意,止通同偷卖分赃者,依雇工人盗家长财物科断;若商厮稽察不到,被船户乘机盗卖者,照不应重律治罪;如押运之人或系该商亲族,仍分别有服、无服,照亲属相盗律例科断。

8.120.(10)〔埠头朦揽扣克致船户盗卖商盐〕一、埠头明知船户不良,朦混揽装,及任意扣克水脚,致船户途间乏用,盗卖商盐者,照写船保载等行悖强代揽勒索使用扰害客商例治罪。船户变赔不足之赃,并令代补。如无前项情弊,止于保雇不实者,照不应重律治罪。

8.120.(11)〔缉私弁兵准携枪支抵御拒捕枭匪〕一、凡商雇巡役,仍照例办理,不得擅带枪支外,其各省派出缉私员弁兵役,准其携带枪支,编列字号。遇有大伙私枭抢窃、贼匪持械拒捕者,许放枪抵御,登时格杀者,勿论。若非格杀,或遇零星小贩,及虽属大伙而非持械拒捕,或缉私兵役所带枪支并无官编字号,实系抵御聚众私枭辄行放枪致有杀伤者,各依罪人不拒捕而擅杀伤律分别科断。至准带枪支之处,一俟枭贩稍戢,即行停止。倘准带枪支,缉私大员仍以力不能擒借口,即以故纵私盐律从重惩究。

8.120.(12)〔盐商雇募巡役报院有名缉私杀伤〕一、凡盐商雇募巡役,由州县详明运司,转报盐院有名者,如因缉拿盐匪致被杀伤,或杀伤盐匪者,各照贩私拒捕杀伤并擅杀伤罪人本律例科断。若仅报州县有名,并未详司报院者,仍各以凡斗杀伤及兴贩私盐本律例,从其重者论。

8.120.(13)〔盐商雇募巡役不许私带枪支〕一、盐商雇募巡役,如遇私枭大贩,即飞报营汛协同擒拿。其雇募巡役,不许私带枪支,违者,照私藏军器律治罪。失察之地方官,交部照例议处。

8.120.(14)〔盐船大江失风失水〕一、盐船在大江失风、失水者,查明准其装盐复运。倘有假捏情弊,以贩私律治罪。

8.120.(15)〔引盐淹消报勘核补及捏报勒索〕一、引盐淹消,具报到官,该地方州县官即会同营员查勘确实,限一月内通详盐道。该道于详到之日起,限半月内核转以凭,饬商补运,限三月内过所运口岸。该盐政仍将淹消补运盐斤数目报部。其沿途督抚及该管盐道、知府,随时查察。如有州县营员,扶同商人捏报,及勒索捺搁情弊,即行指名奏参,商人照例治罪。

8.121 私茶

8.121.0 凡犯私茶者,同私盐法论罪。如将已批验截角退引,入山影射照出茶者,以私茶论。 _{截角,凡经过官司一处验过,将引纸截去一角,革重冒之弊也。}

条　例

8.121.(1)〔做造假茶及店户窝顿〕一、做造假茶五百斤以上者,本商并转卖之人,俱徒三年。若店户窝顿,在一千斤以上,徒二年半。

8.121.(2)〔甘肃茶商赴楚买茶搭行印票及多带私茶〕一、甘肃茶商赴楚买茶,每茶一千斤,准带附茶一百四十斤,令产茶地方官给发船票,开明该商引目、茶数,不得另给印票收茶。其应行盘查之地方官,悉照引目及正、附茶斤验放,不许揑勒留难。如于部引之外,有搭行印票,及附茶不依所定斤数,多带私茶者,即行查拿,照私盐律治罪。查验地方官故纵失察者,照失察私盐例处分。至五司变卖茶斤,如有地僻引多,壅滞不能行销者,各商具呈该司,详报甘督行令往卖,司分照数盘查,听其发卖办课。

8.122 匿税

8.122.0.1 凡客商匿税不纳课程者,处五等罚,物货一半入官。于入官物内,以十分为率,三分付告人充赏;务官、攒拦自获者,不赏。入门不吊引,同匿税法。_{商匠入关门,必先取官置号单,备开货物,凭其吊引,照货起税。} ○ 8.122.0.2 若买头匹不税契者,罪亦如之,仍于买主名下追征价钱一半入官。

条 例

8.122.(1)〔权豪把持搅扰商税〕一、京师及在外税课司局、批验茶引所,但系纳税去处,皆令客商自纳。若权豪无藉之徒,结党把持,拦截生事,搅扰商税者,徒罪以上,加一等治罪。

8.122.(2)〔奉天军民兴贩私酒进边〕一、奉天省军民人等,潜赴边外蒙古地方,兴贩私酒进边,不及百斤处九等罚,一百斤以上处十等罚,二百斤以上徒一年,每百斤加一等,罪止流三千里。至沿边三十里以内,贫民肩挑背负进边售卖,或易钱换物,及自用者,不在禁限。每人仍不得过五十斤,如至五十斤以上,照兴贩例治罪。酒俱变价入官。

8.122.(3)〔奉天烧锅协查兴贩私酒〕一、奉天省各处烧锅,轮流值年,准其协同该地方差役,在边内盘查兴贩私酒之人,送官究治。失察旗民、地方官,照失察私入围场例议处。兴贩之犯由何边门经过,由何边栅偷越,该边门章京知而故纵者,与犯同罪;失于觉察者,官减三等,罪止十等罚,军兵又减一等,罪坐值日者。如该烧锅人并兵役等受贿故纵,及妄拿,借端讹诈,计赃,以枉法从重论。

8.122.(4)〔奉天烧锅高价卖酒及偷运边酒〕一、奉天省边内烧锅,开写发票卖酒,随粮价高低定值,不准任意增至倍蓰。违者,照违制律治罪。如偷运边酒,影射渔利,照兴贩私酒例加一等治罪。

8.122.(5)〔奉天沿边店铺收买零酒〕一、奉天省沿边以内店铺收买零酒,不得过五百斤。倘寄顿至五百斤以上,开给发票,出境渔利者,将店铺照兴贩私酒按斤治罪。

8.123 人户亏兑课程

8.123.0.1 凡民间周岁额办茶、盐、商税诸色课程,年终不纳齐足者,计不足之数,以十分为率,一分处四等罚,每一分加一等,罪止八等罚,追课纳官。

○ 8.123.0.2 若盐运司、盐场、茶局及税务、河泊所等官不行用心^催办课,^程。年终比附上年课额亏^欠兑^缺者,亦以十分论,一分处五等罚,每一分加一等,罪止十等罚,所亏课程着落追补还官。○ 8.123.0.3 若^{人户已纳,而}_{官吏、人役}有隐瞒、^{不附簿}_{因而}侵欺、借用者,并计赃,以监守自盗论。

条　例

8.123.(1)〔奸牙地棍假称京员名帖或京员子弟执持父兄名帖讨关〕一、在京在外官员眷口船只过关,除无货物照常验放,胥吏人等毋得任意需索外,如有奸牙地棍假称京员名帖,或京员子弟执持父兄名帖讨关,夹带货物,希图免税者,该管关员即行查拿究治。如该管关员不行详查,及明知瞻徇,照例议处。

〔卷十一〕

9 钱 债

9.124 违禁取利

9.124.0.1 凡私放钱债,及典当财物,每月取利,并不得过三分。年月虽多,不过一本一利。违者,处四等罚。以余利计赃,重^{于四等罚}者,罪止十等罚。

○ 9.124.0.2 若监临官吏于所部内举放钱债、典当财物者,^{不必多取余利,有犯即}处八等罚。违禁取利,以余利计赃,重^{于八等罚}者,准不枉法论。并追余利给主。^{兼庶民、官吏言。}其负欠私债违约不还者,五两以上,违三月,处一等罚;每一月加一等,罪止四等罚。五十两以上,违三月,处二等罚;每一月加一等,罪止五等罚。百两以上,违三月,处三等罚;每一月加一等,罪止六等罚。并追本、利给主。 ○ 9.124.0.3 若豪势之人,^{于违约负债者,}不告官司,以私债强夺去人孳畜产业者,处八等罚。^{无多取余利,听赎不追。}若估^{所夺畜产之}价过本、利者,计多余之物,^{罪有重于八等罚者,}坐赃论;^{罪止徒三年。}依^{多余之}数追还。主。 ○ 9.124.0.4 若准折人妻妾、子女者,处十等罚。^{奸占加一等论。}强夺者,加二等。^{徒一年半。}因^{强夺}而奸占妇女者,绞。^{监候。}所准^{折、强夺之}人口给亲,私债免追。

条 例

9.124.(1) 〔监临官吏于部内举放钱债典当财物〕一、监临官吏于所部内举放钱债、典当财物者,即非禁外多取余利,亦按其所得月息,照将自己货物散与部民多取价利,计赃,准不枉法论;强者,准枉法论;不枉法,各主者,折半科罪律,减一等问罪。所得利银,照追入官。至违禁取利,以所得月息,全数科算,准不枉法论;强者,准枉法论;并将所得利银追出,余利给主,其余入官。

9.124.(2) 〔佐领等在管下及民人向八旗兵放印子钱而指扣钱粮〕一、佐领、骁骑校、领催等,有在本佐领或弟兄佐领下,指扣兵丁钱粮、放印子银者,照官吏于所部内举放钱债违禁取利律,加一等治罪。伙同放印子银者,以为从论,减一等。如非在本佐领下举放重债,勒取兵丁钱粮;及民人违禁向八旗兵丁放转子、印子、长短钱,扣取钱粮者,照私放钱债本律,加一等治罪,利银均勒追入官。佐领、骁骑校、领催等,代属下兵丁指扣钱粮保借者,照不应重律治罪。其指米借债之人,照不应为律科断。自行首出者,免其治罪,所欠债目,并免着追。失察之该管文武各官,俱交部分别议处。八旗佐领,每月仍将有无放债之人,出具印结,呈报该参领,按季加结,呈报都统查核。

9.124.(3)〔听选官吏人等与债主保人同赴任所取偿〕一、听选官吏人等借债,与债主及保人同赴任所取偿,至五十两以上,借者革职,债主及保人照不应重律治罪,债追入官。

9.124.(4)〔短票扣折巧取重利〕一、放债之徒,用短票扣折,违例巧取重利者,严拿治罪,其银照例入官。受害之人,许其自首免罪,并免追息。

9.125 费用受寄财产

9.125.0 凡受寄他人财物、畜产而辄费用者,坐赃论,以坐赃致罪律,减一等。罪止徒二年半。诈言死失者,准窃盗论,减一等;罪止徒三年。并追物还主。其被水火、盗贼费失,及畜产病死,有显迹者,勿论。若受寄财物而隐匿不认,依诓骗律;如以产业转寄他人户下,而为所卖失,自有诡寄盗卖本条。

条 例

9.125.(1)〔典当及染铺自行失火及邻火延烧分别照成赔偿〕一、凡典商收当货物,自行失火烧毁者,以值十当五,照原典价值计算,作为准数;邻火延烧者,酌减十分之二;按月扣除利息,照数赔偿。其米麦、豆石、棉花等粗重之物,典当一年为满者,统以贯三计算,照原典价值,给还十分之三;邻火延烧者,减去原典价值二分,以减剩八分之数,给还十分之三;均不扣除利息。至染铺被焚,即着开单呈报地方官,逐一估计,如系自行失火者,饬令照估赔还十分之五;邻火延烧者,饬赔十分之三;均于一月内给主具领。其未被焚烧及搬出各物,仍听当主、染主照号取赎。倘奸商、店伙人等于失火时有贪利隐匿、乘机盗卖等弊,即照所隐之物,按所值银数计赃,准窃盗论,追出原物给主。若止以自己失火为邻火延烧,希图短赔价值者,即计其短赔之值为赃,准窃盗为从论,分别治罪。如典商、染铺及店伙人等图盗货物,或先有亏短,因而放火故烧者,即照放火故烧自己房屋盗取财物,及凶徒图财放火故烧人房屋,各本律例,从重问拟。

9.125.(2)〔典铺染铺被窃被劫分别照成再赔及酌赔〕一、典铺被窃,无论衣服、米豆、丝棉、木器、书画,以及金、银、珠、玉、铜、铁、铅、锡各货,概照当本银一两,再赔一两;如系被劫,照当本银一两,再赔五钱;均扣除失事日以前应得利息。如赔还之后,起获原赃,即给与典主领回变卖,不准原主再行取赎。染铺被窃,照地方官估报赃数,酌赔十分之五。如系被劫,酌赔十分之三;均令于一月内给主收领。如赔赃之后,起获原赃,给与该铺具领,由地方官出示晓谕,令原主归还所得赔赃之资,将原物领回,仍查明已染、未染,分别付给染价。倘奸商、店伙人等于失事后,有贪利隐匿、乘机盗卖等弊,即照所隐之物,按所值银数计赃,准窃盗论。若止以窃报强,希图短赔价值者,即计其短赔之值为赃,准窃盗为从论,分别治罪。

9.126 得遗失物

9.126.0.1 凡得遗失之物,限五日内送官。官物^{尽数}还官。私物召人识认,于内一半给与得物人充赏,一半给还失物人;如三十日内无人识认者,全给。^{五日}限外不送官者,官物,坐赃论;^{罪止徒三年}_{追物还官}私物,减^坐_赃二等,其物一半入官,一半给主。^{若无主,}_{全入官。}○ 9.126.0.2 若于官、私地内,掘得埋藏^无_主之物者,并听收用。若有古器、钟鼎、符印、异常之物,^{非民间所}_{宜有者}限三十日内送官。违者,处八等罚,其物入官。

〔卷十二〕

10 市　廛

10.127 私充牙行埠头

10.127.0 凡城市、乡村诸色牙行及船^之埠头,并选有抵业人户充应,官给印信、文簿,附写^{逐月}_{所至}客商船户籍贯、姓名、路引字号、货物数目,每月赴官查照。^{其来历、引、货}_{若不由官选,}私充者,处六等罚,所得牙钱入官。官牙埠头容隐者,处五等罚,^{各革去}。

条　例

10.127.(1) 〔棍徒顶冒朋充霸开总行久占累商〕一、凡在京各牙行,领帖开张,应按五年清查换帖一次。若有棍徒顶冒朋充,巧立名色,霸开总行,逼勒商人不许别投,拖欠客本久占累商者,流二千里。地方官通同徇纵者,一并参处。

10.127.(2) 〔无帖铺户私分地界违禁把持〕一、京城一切无帖铺户,如有私分地界,不令旁人附近开张;及将地界议价若干,方许承顶;至发卖酒斤等项货物车户,设立名牌,独自霸揽,不令他人揽运,违禁把持者,处十等罚。

10.127.(3) 〔土棍人等开立写船保载等行恃强揽载〕一、各处关口地方,有土棍人等开立写船保载等行,合伙朋充,盘踞上下;遇有重载,雇觅小船起剥,辄敢恃强代揽,勒索使用,以致扰累客商者,该管地方官查拿,照牙行及无藉之徒用强邀截客货例处八等罚。

10.127.(4) 〔胥役更名捏姓兼充牙行〕一、各衙门胥役,有更名捏姓兼充牙行者,照更名重役例处十等罚,革退;如有诓骗客货,累商久候,照棍徒顶冒朋充霸开总行例流二千里。若该地方官失于觉察及有意徇纵,交部分别议处;受财故纵,以枉法从重论。

10.128 市司评物价

10.128.0.1 凡诸物,^牙行人评估物价,或^{以贵为贱},或^{以贱为贵},令价不平者,计所增减之价,坐赃论。^{一两以下处二等罚,罪止徒三年}入己者,准窃盗论。^{查律坐罪。} ○ 10.128.0.2 其为以赃入罪之罪人估赃^{增减}不实,致罪有轻重者,以故出入人罪论。^{若未决放,减一等。}受财^{受赃犯之财,估价轻;受事主之财,估价重}者,计赃,以枉法从重论。^{无禄人,查律坐罪。}

条 例

10.128.(1)〔京城平粜时贩卖收买官米及铺户囤积居奇〕一、京城平粜米石时,如有贩卖收买官米十石以下者,照不应重律治罪,米石仍交该厂另行粜卖;至十石以上,各处十等罚;如所得余利计赃重于本罪者,计赃治罪。各铺户所存米麦杂粮等项,每种不得过一百六十石,逾数囤积居奇者,照违制律治罪。^{若非囤积居奇,系流通粜卖者,无论米石多寡,俱听其自便,不在定限一百六十石之例。}其收买各仓土米、黑豆,不在此例。

10.129 把持行市

10.129.0.1 凡买卖诸物,两不和同,而把持行市,专取其利;及贩鬻之徒,通同牙行,共为奸计,卖^己物以贱为贵、买^人物以贵为贱者,处八等罚。 ○ 10.129.0.2 若见人有所买卖,在旁^{混以己物,}高下比价,以相惑乱而取利者,^{虽情非把持。}处四等罚。 ○ 10.129.0.3 若已得利物,计赃重^{于八等罚、四等罚}者,准窃盗论。^{赃轻者,仍以本罪科之。}

条 例

10.129.(1)〔牙行及无藉之徒用强邀截客货〕一、各处客商辐辏去处,若牙行及无藉之徒用强邀截客货者,不论有无诓赊货物,依本律处八等罚。如有诓赊货物,仍勒追完足发落。若勒追年久,无从赔还,累死客商者,流二千里。

10.129.(2)〔控追牙行侵欠依其有无中饱分别治罪勒追〕一、牙行侵欠控追之案,审系设计诓骗,侵吞入己者,照诓骗本律计赃治罪。一百二十两以上,问拟满流,追赃给主。若系分散客店牙行,并无中饱者,一千两以下,照例勒追,一年不完,依负欠私债律治罪;一千两以上,监禁严追,一年不完,于负欠私债律上加三等治罪。所欠之银,仍追给主。承追之员,按月册报该管上司稽查;逾限不给者,该管上司按册提比。如怠忽从事,拖延累商者,该管上司据实揭参,照事件迟延例议处;有意徇纵者,照徇情例降二级调用;如有受财故纵者,计赃,从重以枉法论。

10.129.(3)〔把持京城官地井水〕一、京城官地井水,不许挑水之人把持多家,任意争长价值,及作为世业私相售卖。违者,许该户呈首,将把持挑水之人照把持行市律治罪。

10.129.(4)〔内府人员及大臣官员家人霸占要津倚势欺凌及干预词讼肆行非法〕一、凡内府人员家人,及王、贝勒、贝子、公、大臣、官员家人,领本生理,霸占要地关津,倚势欺凌,不令商民贸易者,事发,将倚势欺凌之人拟绞监候。如民人借贷王以下大臣官员银两,指名贸易,霸占要地关津,恃强贻累地方者,亦照此例治罪。又,内府人员家人及王以下大臣官员家人,指名倚势,网收市利,挟制有司,干预词讼,肆行非法,该主遣去者,本犯发烟瘴地方安置;本犯私去者,照光棍例治罪。王、贝勒、贝子、公失察者,俱交与该衙门照例议处,管理家务官革职;大臣官员失察者,亦俱革职;不行察拿之该地方文武官,交该部议处。

10.129.(5)〔衙门公私所需货物不得充用牙行纵役私取〕一、大小衙门公私所需货物,务照市价公平交易,不得充用牙行,纵役私取。即有差办,必须秉公提取,毋许借端需索。如有纵役失察,交部分别议处。其衙役照牙行及无藉之徒用强邀截客货者不论有无诓赊货物例治罪;如赃至三十五两者,照枉法赃问拟;所得赃私货物,分别给主、入官。

10.130 私造斛斗秤尺

10.130.0.1 凡私造斛斗、秤尺不平,在市行使,及将官颁斛斗、秤尺作弊增减者,处六等罚,工匠同罪。○ 10.130.0.2 若官颁不如法者,_{官吏、工匠}处七等罚。提调官失于较勘者,减_{原置官吏工匠罪}一等;知情与同罪。○ 10.130.0.3 其在市行使斛斗、秤尺虽平,而不经官司较勘、印烙者,_{即系私造}处四等罚。○ 10.130.0.4 若仓库官吏私自增减官颁斛斗、秤尺,收支官物而不平^{纳以所增,}_{出以所减。}者,处十等罚;以所增减物,计赃重^{于十}_{等罚}者,坐赃论;因而得^{所增}_{减之}物入己者,以监守自盗论。^{并赃,不分首从,}_{查律科断。}工匠处八等罚。监临官知而不举者,与犯人同罪;失觉察,减三等,罪止十等罚。

10.131 器用布绢不如法

10.131.0 凡民间造器用之物不牢固正实,及绢布之属纰薄短狭而卖者,各处五等罚。

〔卷十三〕

11 祭 祀

11.132 祭享

11.132.0.1 凡天地社稷大祀及庙享所司，^{礼部太常司将祭，则先致斋；将斋，则先誓戒；将戒，则先告示。}不将祭祀日期预先告示诸衙门^{知会}者，处五等罚；因^{不告示}而失误行事者，处十等罚。其已承告示而失误者，罪坐失误之人。^{亦处十等罚。}○11.132.0.2 若^{传制与百官斋戒}百官已受誓戒而吊丧、问疾、判署刑杀文书及预筵宴者，皆罚俸一月。其^{所司知百官}有缌麻以上丧，遣充执事及令陪祀者，罪同。不知者，不坐。若有丧不自言者，罪亦如之。其已受誓戒人员，散斋^{于外}不宿净室、致斋^{于内}不宿本司者，并罚俸一月。○11.132.0.3 若大祀牲牢、玉帛、黍稷之属不如法者，处五等罚；一事缺少者，处八等罚；一座全缺者，处十等罚。○11.132.0.4 若奉大祀^{在涤之}牺牲，主司^{牺牲所官}喂养不如法，致有瘦损者，一牲处四等罚，每一牲加一等，罪止八等罚。因而致死者，加一等。○11.132.0.5 中祀有犯者，罪同。^{余条准此。}

11.133 毁大祀丘坛

11.133.0.1 凡大祀丘坛而毁损者，^{不论故误，}流二千里。壝门，减二等。^{徒二年半。}○11.133.0.2 若弃毁大祀神御^{兼太庙}之物者，徒三年。^{虽轻必坐。}遗失及误毁者，各减三等。^{徒一年半。如价值重者，以毁弃官物科。}

条 例

11.133.(1)〔天地等坛内纵畜作践及私种〕一、天地等坛内，有纵放牲畜作践；或放鹰打枪、成群饮酒游戏；及私种耤田外余地,并夺取耤田禾把者,俱照违制律治罪,畜物入官。

11.134 致祭祀典神祇

11.134.0 凡^{各府州、县}社稷、山川、风云雷雨等神,及^{境内先代}圣帝明王、忠臣烈士,载在祀典,应合致祭神祇,所在有司,置立牌面,开写神号、祭祀日期,于洁净处常川悬挂,依时致祭。至期失误祭祀者,^{所司官吏}处十等罚。其不当奉祀之神^{非祀典所载。}而致祭者,处八等罚。

11.135 历代帝王陵寝

11.135.0 凡历代帝王陵寝,及先圣先贤、忠臣烈士坟墓,^{所在有司,当加护守。}不许于上樵采耕种及牧放牛羊等畜。违者,处八等罚。

11.136 亵渎神明

11.136.0.1 凡私家告天拜斗,焚烧夜香,燃点天灯、^{告天。}七灯,^{拜斗}亵渎神明者,处八等罚。妇女有犯,罪坐家长。若僧道修斋设醮及祈禳火灾而拜奏青词表文者,同罪,还俗。^{重在拜奏。若止修斋祈禳而不拜奏青词表文者,不禁。} ○ 11.136.0.2 若有官及军民之家,纵令妻女于寺观神庙烧香者,处四等罚,罪坐夫男；无夫男者,罪坐本妇。其寺观神庙住持及守门之人,不为禁止者,与同罪。

11.137 禁止师巫邪术

11.137.0.1 凡师巫假降邪神,书符咒水,扶鸾祷圣,假托名号,妄设教会,一应左道异端之术,或隐藏图像,烧香集众,夜聚晓散,佯修善事,煽惑人民者,绞；^{监候}为从者,各流三千里。 ○ 11.137.0.2 若军民装扮神像,鸣锣击鼓,迎神赛会者,处十等罚,罪坐为首之人。 ○ 11.137.0.3 里长知而不首者,各处四等罚。其民间春秋义社,^{以行祈报者,}不在此限。

条 例

11.137.(1)〔邪教事件讳匿完结从严惩处〕一、京外地方,遇有兴立邪教,哄诱愚民事件,该地方官一有见闻,立赴搜讯,据实详报,听该管上司按核情罪轻重,分别办理。倘有讳匿,辄自完结,别经发觉,除有化大为小、曲法轻纵别情,严参惩治外,即案无出入,亦照讳窃例交部从重加等议处。该管上司徇庇不行纠参,一并议处。旁人出首者,于各犯名下并追银二十两充赏;如系应捕人拿获者,追银十两充赏。

11.137.(2)〔求讨布施烧炼丹药夤缘作弊并窝留披剃冠簪〕一、凡称为善友,求讨布施,至十人以上者;或称烧炼丹药,出入内外官家;或擅入禁城,夤缘作弊,希求进用者;并军民人等、寺观住持,不问来历,窝藏、接引、容留披剃冠簪至十人以上者,俱流二千五百里。若不及十人容留潜住,荐举引用,及邻甲知情不举,并禁城各门守卫官军不行关防搜拿者,各照违制律治罪。如事关重大,临时酌量办理。至守业良民,讽念佛经,茹素邀福,并无学习邪教,捏造经咒,传徒敛钱惑众者,不得滥用此例。

11.137.(3)〔私相传习避刑邪术及代人架刑〕一、奸匪之徒,将各种避刑邪术私相传习,为首教授之人拟绞监候;为从学习之人,流三千里。代人作法架刑者,减本犯罪一等;得赃,照枉法从重论。保甲、邻里知而容隐不首者,处四等罚。地方官不行查拿,照例议处。

〔卷十四〕

12 礼　制

12.138 合和御药

12.138.0.1 凡合和御药，误不依^{对证}本方及封题错误，^{经手}医人处十等罚；料理拣择^误不精者，处六等罚。若造御膳误犯食禁，厨子处十等罚；若饮食之物不洁净者，处八等罚；拣择^误不精者，处六等罚。^{御药}^{御膳}不品尝者，处五等罚。监临提调官各减医人、厨子罪二等。〇 12.138.0.2 若监临提调官及厨子人等，误将杂药至造御膳处所者，处十等罚；将杂药就令自吃。^{御膳}^所厨子人等有犯，监临提调官知而不奏者，门官及守卫官失于搜检者，与犯人同罪；并临时奏闻区处。

12.139 乘舆服御物

12.139.0.1 凡乘舆服御物，^{主守}^{之人}收藏、修整不如法者，处六等罚；进御差失者，^{进所不}^{当进。}处四等罚。其车马之属不调习、驾驭之具不坚完者，处八等罚。

〇 12.139.0.2 若主守之人将乘舆服御物私自借用，或转借与人，及借之者，各徒三年。若弃毁者，罪亦如之。^{平时怠玩，}^{不行看守}遗失及误毁者，各减三等。

〇 12.139.0.3 若御幸舟船误不坚固者，工匠处十等罚；若不整顿修饰及在船篙棹之属缺少者，处六等罚；并罪坐所由。^{经手造作之人}^{并主守之人。}监临提调官各减工匠罪二等，并临时奏闻区处。

12.140 收藏禁书

12.140.0 凡私家收藏图谶、^{图象谶纬之}^{书，推治乱。}应禁之书及^绘^画历代帝王图像、金玉符

玺等物 ^{不首官} 者,处十等罚,并于犯人名下追银一十两,给付告人充赏。^{图谶等项并追入官。}

12.141 御赐衣物

12.141.0 凡御赐百官衣物,使臣不行亲送,转付他人给与者,处十等罚,罢职不叙。

12.142 失误朝贺

12.142.0 凡朝贺及迎接诏书,所司不预先告示者,处四等罚。其已承告示而失误者,罪亦如之。

12.143 失礼

12.143.0 凡^{陪助}祭祀,及谒拜园陵,若朝会,行礼差错及失礼者,罚俸一月。其纠礼官应纠举而不纠者,罪同。

条 例

12.143.(1) 〔坛庙祭祀圣驾出入升殿朝会厮役喊叫拥挤〕一、凡坛庙祭祀,及圣驾出入,并升殿之日,派委司官及步军校严加巡察。有厮役肆行喊叫,将聚集官员冲突拥挤者,处十等罚,其主处五等罚。寻常朝会日犯者,处六等罚,其主处三等罚。系官俱交该部议处。若在内执事人并大臣侍卫、跟役犯者,交与该管大臣衙门治罪。

12.144 奏对失序

12.144.0 凡在朝侍从官员,特承顾问,官高者先行回奏,卑者以次进对。若先后失序者,各罚俸一月。

12.145 上书陈言

12.145.0.1 凡国家政令得失,军民利病,一切兴利除害之事,并从各部院官奏闻区处,及给事中各道、督抚各陈所见,直言无隐。○ 12.145.0.2 若内外大小官员,但有本衙门不便事件,许令明白条陈合奏事之本管官,实封进呈,取自上裁。若知而不言,苟延岁月者,在内从给事中各道、在外从督抚纠察。^{犯者,以事应奏不奏论。} ○ 12.145.0.3 其陈言事理,并要直言简易,每事各开前件,不许虚饰繁文。○ 12.145.0.4 若纵横之徒,假以上书,巧言令色,希求进用者,处十等罚。

条　例

12.145.(1)〔台省督抚纠举内外官员〕一、内外大小衙门官员,但有不公、不法等事,在内从台省、在外从督抚纠举,须要明著年月,指陈实迹,明白具奏;若系机密重事,实封御前开拆;并不许虚文泛言。若挟私搜求细事及纠言不实者,抵罪。

12.146　见任官辄自立碑

12.146.0　凡见任官,实无政迹,^{于所部内}辄自立碑建祠,并他人迎合故为建立者,均处十等罚。若遣人妄称己善,申请于上^{而为之立碑建祠}者,处八等罚。受遣之人,各减一等。^{碑祠拆毁。}

12.147　禁止迎送

12.147.0　凡上司官及^{奉朝命}使客经过,而所在各衙门官吏出郭迎送者,处九等罚。其容令迎送不举问者,罪亦如之。

条　例

12.147.(1)〔上司入城过境属员交界迎送〕一、上司入城,凡文武属员,止许出城三里迎送。如不入城,在境内经过处所迎送。倘迎送必至交界,或因事营求,或乘便贿赂,将属员革职拿问。如止出界迎送,无营求、贿赂等情,照擅离职役律议处。若上司有必欲迎送,致属员畏其威势至交界迎送者,倘有勒索情弊,将上司革职提问。如止令迎送,无勒索情弊,照例议处。地方官俱免议。

12.147.(2)〔提镇等官赴任属员越境远送〕一、凡提镇赴任,所属将弁于是日迎接,除跟役外,其司事兵丁不得过十名,出城不得过五里。其副参、游击等官赴任,本标员弁于是日迎接,除跟役外,司事兵丁不得过五名,出城不得过三里。从境内经过者,止许在本营汛地经过处所迎送。如属员多带兵丁、越境远迎,及上司容令远迎,并不行揭报者,俱交部照律议处。

12.147.(3)〔书役迎接新官〕一、凡新官到任,旧任官于书役内酌拨数人,在交界处所等候,呈送须知册籍。其余书役,概令随印交代。并将头接、二接、三接陋习,严行禁止。如有约结多人,执批远迎者,照律治罪。

12.147.(4)〔属员与上司亲戚子侄交通贿嘱〕一、属员与上司亲戚子侄有乘便夤缘、因事贿嘱者,按律分别革职、治罪。上司之子侄亲戚有官职者,经过属员境内拜候往来,属员供应馈送,均照不应重律降三级调用;无官职者,照不应重律处八等罚。该上司自行查出参处者,免议;漫无觉察者,照约束不严例,降一级调用;知而不举,照徇庇例降三级调用。如有夤缘、贿嘱等事,通同徇纵者,一并分别革职、治罪。

12.148 公差人员欺凌长官

12.148.0 凡公差人员,在外不循礼法,^{言语傲慢}欺凌地方文武各官者,处六等罚。

条 例

12.148.(1)〔越礼犯分擅入公堂正门〕一、公堂乃民人瞻仰之所,如家丁、皂隶人等入正门、驰当道、坐公座者,徒一年半,吏员、承差人等加一等。若各部、都察院、在京各衙门人役接奉批差,敢有似前越礼犯分者,许所在官长奏参,照例治罪。

12.149 服舍违式

12.149.0.1 凡官民房舍、车服、器物之类,各有等第,若违式僭用,有官者处十等罚,罢职不叙;无官者处五等罚;罪坐家长。工匠并处五等罚。违式之物责令改正。工匠自首免罪,不给赏。○ 12.149.0.2 若僭用违禁龙凤纹者,官、民各徒三年;未用者处三等罚。工匠处十等罚;违禁之物并入官。○ 12.149.0.3 首告者,官给赏银五十两。○ 12.149.0.4 若工匠能自首者,免罪,一体给赏。

12.150 僧道拜父母

12.150.0.1 凡僧、尼、道士、女冠,并令拜父母,祭祀祖先,^{本宗亲属在内。}丧服等第^{谓斩、衰、期、功、缌麻之类。}皆与常人同。违者,处十等罚,还俗。 ○ 12.150.0.2 若僧道衣服,止许用绸绢布匹,不得用纻丝绫罗。违者,处五等罚,还俗,衣服入官。其袈裟、道服,不在禁限。

12.151 失占天象

12.151.0 凡天文,^{如日月、五纬、二十八宿之属。}垂象,^{如日重轮及日月珥蚀、景星彗孛之类。}钦天监官失于占候奏闻者,处六等罚。

12.152 术士妄言祸福

12.152.0 凡阴阳术士,不许于大小文武官员之家妄言^{国家}祸福。违者,处十等罚。其依经推算星命卜课,不在禁限。

12.153 匿父母夫丧

12.153.0.1 凡闻父母^{若嫡孙承重,与父母同。}及夫之丧,匿不举哀者,徒一年;若丧制未终,释服从吉,忘哀作乐,及参预筵宴者,处八等罚。若闻期亲尊长丧,匿不举哀者,亦处八等罚;若丧制未终,释服从吉者,处六等罚。 ○ 12.153.0.2 若官吏父母死应丁忧,诈称祖父母、伯叔、姑、兄、姊之丧不丁忧者,处十等罚,罢职役不叙。若父母^{见在,}无丧诈称有丧,或父母^{已殁,}旧丧诈称新丧者,与^{不丁忧}罪同。有规避者,从^{其重者}论。 ○ 12.153.0.3 若丧制未终,冒哀从仕者,处八等罚。^{亦罢职。} ○ 12.153.0.4 其当该官司知而听行,各与同罪;不知者不坐。 ○ 12.153.0.5 其仕宦远方丁忧者,以闻丧月日为始。夺情起复者,不拘此律。

条 例

12.153.(1) 〔官吏丁忧勾问赃罪〕一、官吏丁忧,除公罪不问外,其犯赃罪及系官钱粮,依例勾问。

12.153.(2)〔官员匿丧恋职预为出继归宗〕一、凡官员出继为人后者,于起文赴部选补之时,即将本生三代姓氏、存殁一并开列;选补之后,即行知照该省。如有出仕之后,始行出继归宗者,即着该员取具本旗原籍印结,详报咨部,改正三代。倘有临时先谋出继、归宗,预为匿丧恋职地步者,一经发觉,将本官照匿丧例革职,不准原赦。扶同出结之旗籍各官,俱交该部照例议处。其扶同具结之邻族,照不应重律治罪。

12.153.(3)〔官员生员为生祖母及本生父母之丧〕一、凡内外大小官员,遇父之生母病故,父已先故,又无父之同母伯叔及父同母伯父之子,准其回籍治丧。其本身出继为人后者,遇本生父母之丧,令其回籍守制。除路程外,俱定限一年,限满咨部赴补。其匿丧不报及无丧诈称有丧、旧丧诈称新丧规避者,革职。若举贡生员遇生祖母并本生父母之丧,例应治丧及守制者,期年内俱不许应试。有隐匿不报,朦混干进者,事发,照匿丧例治罪。

12.154 弃亲之任

12.154.0 凡祖父母、父母年八十以上及笃疾,别无以次侍丁,而弃亲之任,及妄称祖父母、父母老疾,求归入侍者,并处八等罚。若祖父母、父母及夫犯死罪见被囚禁,而筵宴作乐者,罪亦如之。_{筵宴不必本家,并他家在内。}

12.155 丧葬 _{职官庶民,三月而葬。}

12.155.0.1 凡有_{尊卑}丧之家,必须依礼_{定限}安葬。若惑于风水,及托故停柩在家,经年暴露不葬者,处八等罚。_{若弃毁死尸,又有本律。}其从尊长遗言,将尸烧化及弃置水中者,处十等罚;从卑幼,并减二等。若亡殁远方,_{尊长卑幼}不能归葬而烧化者,听从其便。 ○ 12.155.0.2 其居丧之家,修斋、设醮,若男女混杂,_{所重在此。}饮酒食肉者,家长处八等罚;僧、道同罪,还俗。

条 例

12.155.(1)〔丧葬不许火化〕一、旗民丧葬,不许火化。除远乡贫人不能扶柩归里,不得已携归骨葬者,姑听不禁外,其余有犯,照违制律治罪。佐领及族长隐匿不报,照不应轻律科断。

12.155.(2)〔丧葬严禁演戏〕一、民间丧葬之事,凡有聚集演戏及扮演杂剧等类,或用丝竹管弦演唱佛戏者,该地方官严行禁止。违者,照违制律治罪。

12.156 乡饮酒礼

12.156.0 凡乡党叙齿及乡饮酒礼,已有定式,违者,处五等罚。乡党叙齿,自平时行坐而言;乡饮酒礼,自会饮礼节而言。

条 例

12.156.(1)〔乡党叙齿〕一、乡党叙齿,士、农、工、商人等,平居相见及岁时宴会,揖拜之礼,幼者先施;坐次之列,长者居上。如佃户见田主,不论齿叙,并行以少事长之礼;若亲属,不拘主佃,止行亲属礼。

12.156.(2)〔乡饮坐叙〕一、乡饮坐叙,高年有德者居于上,高年纯笃者并之,以次序齿而列。其有曾违条犯法之人,列于外坐,不许紊越正席。违者,以违制论。主席者若不分别,致使良莠溷淆,或察知,或坐中人发觉,依律科罪。

〔卷十五〕
13 宫　卫

13.157 太庙门擅入

13.157.0 凡^{无故}擅入太庙门及山陵兆域门者，处十等罚；太社门，处九等罚。^{但至门}未过门限者，各减一等。守卫官故纵者，各与犯人同罪；失觉察者，减三等。

13.158 宫殿门擅入

13.158.0.1 凡擅入紫禁城午门、东华、西华、神武门及禁苑者，各处十等罚。擅入宫殿门，徒一年。擅入御膳所及御在所者，绞。^{监候。}未过门限者，各减一等。^{称御者，太皇太后、皇太后、皇后并同。}○ 13.158.0.2 若无门籍冒^{他人}名^籍而入者，^{兼已入未过}罪亦如之。○ 13.158.0.3 其应入宫殿^{宿值}之人，未着门籍而入，或当下值而辄入，及宿次未到^{虽应入班次未到越次}而辄宿者，各处四等罚。○ 13.158.0.4 若不系宿卫应值合带兵仗之人，但持寸刃入宫殿门内者，绞；^{监候。不言未入门限者，以须入门内乃坐}入紫禁城门内者，流三千里。○ 13.158.0.5 门官及宿卫官军故纵者，各与犯人同罪。^{至死减一等。}失觉察者，官减三等，罪止十等罚；军又减一等；并罪坐值日者。

通指官与军言。
余条准此。

13.159 宿卫守卫人私自代替

13.159.0.1 凡宫禁宿卫，及紫禁城、皇城门守卫人，应值不值者，处四等罚。以应宿卫、守卫人^{下值之人。}私自代替，及替之人，各处六等罚。以不系宿卫、守卫人冒名私自代替,及替之人,各处十等罚,官员各加一等。○ 13.159.0.2 若在值而逃者,罪亦如之。^{应值不值之罪,官员加等。}京城门,减一等;各处城门,又减一等。亲管头目知而故纵者,各与犯人同罪;失觉察者,减三等。有故而赴所管告知者,不坐。

13.160 从驾稽违

13.160.0.1 凡^{巡幸应扈}从车驾之人,违^{原定之}期不到,及从而先回还者,一日处四等罚,每三日加一等,罪止十等罚。职官有犯,各加一等。^{罪止徒一年。}

○ 13.160.0.2 若从车驾行而逃者,流三千里;职官,绞。^{监候。}○ 13.160.0.3 亲管头目故纵^{不到、先回、在逃}者,各与犯人同罪;^{至死减一等。}失觉察者,减三等,罪止十等罚。

13.161 直行御道

13.161.0 凡午门外御道至御桥,除侍卫官军导从车驾出入,许于东西两旁行走外,其余文武百官、军民人等,^{非侍卫导从}无故于上直行,及辄度御桥者,处八等罚;若于宫殿中直行御道者,处十等罚。守卫官故纵者,各与犯人同罪;失觉察者,减三等。若于御道上横过,系一时经行者,不在禁限。^{在外衙门、龙亭、仗卫已设,而直行者,亦准此律科断。}

条 例

13.161.(1) 〔祭祀随扈大臣官员多带跟役及无执事人等妄乱行走〕一、凡遇祭祀日期,随圣驾前引后护之大臣及侍卫,并有执事官员、拜唐阿等,于午门外骑马前去时,一品大臣令跟役三人、二品大臣令跟役二人、三品以下侍卫官员及拜唐阿等俱令跟役一人骑马行走;其无执事人等俱不许骑马。如有多带跟役前行,无执事官员人等妄乱行走者,除即行赶逐外,仍将多带跟役行走并不应行走官员,指名参奏,照违制律治罪。

13.161.(2) 〔至下马牌不下〕一、凡至下马牌不下而竟过者,处五等罚。看守人役失于防范者,处四等罚。

13.161.(3) 〔车马过陵及守陵官民入陵〕一、车马过陵者,及守陵官民入陵者，百步外下马。违者，以大不敬论，处十等罚。

13.162 宫殿造作罢不出

13.162.0 凡宫殿内造作，所管司具工匠姓名，报所入之处门官及守卫官，就于所入门首逐一点姓名视形貌放入；工作至申时分，仍须相视形貌照数点出，其不出者绞。监候。监工及提调内监门官、守卫官军点视，如原入名数短少，就便搜捉，随即奏闻。知而不举者，与犯人同罪；至死减一等。失觉察者，减三等，罪止十等罚①。

13.163 辄出入宫殿门

13.163.0.1 凡应出宫殿如差遣、给假等项。而门籍已除，辄留不出，及应入值之人被告劾，已有公文禁止，籍虽未除，辄入宫殿者，各处十等罚。昼禁。○ 13.163.0.2 若宿卫人已被奏劾者，本管司先收其兵仗。违者，罪亦如之。○ 13.163.0.3 若于宫殿门虽有籍②，应值至夜皆不得出入。若入者，处十等罚；出者，处八等罚。无籍夜入者，加二等。若夜持仗入殿门者，绞。监候。入宫门亦坐此夜禁比昼加谨。

13.164 关防内使出入

13.164.0 凡内监并奉御内使，但遇出外，各守门官须要收留本人在身关防牌面，于门簿上印记姓名、及牌面字号明白，附写前去某处干办、是何事务，其门官与守卫官军搜检沿身，别无夹带，官私器物，方许放出。回还一体搜检，给牌入内，以凭逐月稽考出外次数。但有搜出应干杂药，就令带药之人自吃。若有出入不服

---

① "十等罚"，原件作"十等罪"，政学社本亦作"十等罪"，现据法政研究会本、修订法律馆《大清现行刑律案语》"宫殿造作罢不出"条修改后律文订正。

② "虽有籍"，原件作"虽有藉"，政学社本亦作"虽有藉"，现据法政研究会本、修订法律馆《大清现行刑律案语》"辄出入宫殿门"条修改后律文订正。

搜检者,流二千里。若非奉旨,私将兵器带进入紫禁城门内者,流三千里;入宫殿门内者,绞。监候值日守其门官及守卫官失于搜检者,与犯人同罪。至死减一等。

13.165 向宫殿射箭

13.165.0 凡向太庙及宫殿射箭、放弹、投砖石者,绞。监候向太社,流三千里。须箭石可及乃坐之。若远不能及者,勿论。但伤人者,绞。监候,则杀人者可知。若箭石不及,致伤外人者,不用此律。

13.166 宿卫人兵仗

13.166.0 凡宿卫人,兵仗不离身。违者,处四等罚。辄暂离应值职掌处所,处五等罚。别处宿,经宿之离。处六等罚。官员各加一等。亲管头目知而不举者,与犯人同罪;失觉察者,减三等。

13.167 禁经断人充宿卫

13.167.0.1 凡在京城犯罪被极刑之家,其本犯亲属人等并一应有犯轻罪曾经同决断之人,并不得入充近侍及宫禁宿卫,守把紫禁城、皇城、京城门禁。若隐匿前项情由朦胧充当者,绞。监候。其当该官司,不为用心详审,或听人嘱托,及受财容令充当者,罪同。绞监候。并究嘱托人。○ 13.167.0.2 若极刑亲属及经断人奉有特旨选充,曾经其由复奏,明立文案者,所选之人不在此限。及官司

13.168 冲突仗卫 凡车驾行幸之处,其前列者,为仗卫。仗卫之内,即为禁地。

13.168.0.1 凡车驾行处,除近侍及宿卫护驾官军外,其余军民,并须回避。冲入仗卫内者,绞。系杂犯,准徒五年。若在郊野之外,一时不能回避者,听俯伏道旁以待。驾过。其随行文武百官,非奉宣唤,无故辄入仗卫内者,处十等罚。典仗护卫官军故纵者,与犯人同罪;不觉者,减三等。○ 13.168.0.2 若有申诉冤抑者,止许

于仗外俯伏以听。若冲入仗卫内,而所诉事不实者,绞;^{系杂犯,准徒五年。}得实者,免罪。○ 13.168.0.3 军民之家纵放牲畜,若守卫不备,因而冲突仗卫者,^{守卫人}处八等罚。冲入紫禁城门内者,^{守卫人}处十等罚。^{其纵畜之家,并以不应重律论罪。}

条　例

13.168.(1)〔冲突仗卫妄行奏诉及临幸地方妄行呈诉〕一、圣驾出郊,冲突仗卫,妄行奏诉者,及圣驾临幸地方,虽未陈设卤簿,妄行呈诉者,追究主使、教唆捏写本状之人,俱问罪,各流二千五百里;所奏情词,立案不行。

13.168.(2)〔细故牵涉人命叩阍案件〕一、叩阍案件,除所控之案尚未讯结者,仍发回原省审讯外,其余户婚、田土、钱债等项细故牵涉人命,情节支离,显系捏砌耸听者,照例立案不行,仍治以冲突仗卫之罪。如系亲身赍呈,严究有无教唆之人,照例问拟。如系代人抱告,卑幼罪坐尊长,妇女罪坐夫男,雇工罪坐家长,抱告之卑幼、妇女、雇工从宽免议。至不相干之人扛帮受雇,应严究有无包揽、教唆情弊,与主使之人一体治罪。

13.169 行宫营门

13.169.0 凡行宫外营门、次营门,与紫禁城门同,若有擅入者,处十等罚。内营牙帐门,与宫殿门同,擅入者,徒一年。

13.170 越城

13.170.0 凡越紫禁城者,绞;^{监候}皇城、京城者,各递减一等。越各府、州、县、镇城者,处十等罚;官府公廨墙垣者,处八等罚。越而未过者,各减一等。若有所规避者,各从^其重^者论。

条　例

13.170.(1)〔京城兵丁城上缒取什物〕一、京城该班兵丁,如取用什物不由马道行走,乘便由城上缒取者,照违制律治罪。该管员弁疏于觉察,交部议处。

13.171 门禁锁钥

13.171.0.1 凡各处城门,应闭而误不下锁者,处八等罚;非时擅开闭者,处十等罚。京城门,各加一等。其有公务急速,非时开闭者,不在此限。

○ 13.171.0.2 若紫禁城门应闭而误不下锁者,流三千里;非时擅开闭者,绞。监候。其有旨开闭者,勿论。

[卷十六]

14 军 政

14.172 擅调官军

14.172.0.1 凡将帅部领军马,守御城池,及屯驻边镇,若所管地方遇有报到草贼生发,即时差人体探缓急声息,^{果实}须先申报本管上司,转达朝廷奏闻,给降圣旨,调遣官军征讨。若无警急,不先申上司,虽已申上司,不待回报,辄于所属擅调军马,及所属发与者,^{将领属}各流三千里。○ 14.172.0.2 其暴兵猝至,欲来攻袭,及城镇屯聚军马之处,或有内贼^{内贼作}反叛,或贼有内应,事有警急,及路程窎远^{难候申文待报}者,并听从便火速调拨^{所属}军马,乘机剿捕。若贼寇滋蔓,应合会^{兵剿}捕者,邻近官军,虽非所属,亦得^{行文}调拨策应,^{其将领官并策应官}并即申报本管上司,转达朝廷。若不即调遣会合,或不即申报上司,及邻近官军^{已奉调遣}不即发兵策应者,^{将领与邻近官}并与擅调发罪同。其上司及^{典兵}大臣,将文书调遣将士、提拨军马者,^{文内}非奉圣旨不得擅离信地。若^{守御屯驻}军官有^{奉文}改除别职,或犯罪^{奉文}取发,如^{文内}无奏奉圣旨,亦不许擅动。违者,^{兼上数事}罪亦如之。

14.173 申报军务

14.173.0.1 凡将领、参随、统兵官征进,如统兵官分调攻取城寨,克平之后,^{将领}随将捷音差人飞报,^{知会本管}统兵官转行陆军部;统兵官^{又须将克捷事情}另具章奏,实封御前。^{无少停留}○ 14.173.0.2 若贼人数多,出没不常,如所领军人不敷,须要速申统兵官添拨军马,设策剿捕,不速飞申者,^听从统兵官量事轻重治罪。

至失误军机，自依常律。 ○ 14.173.0.3 若有^{贼党}来降之人，^{将领官}即便送赴统兵官，转达朝廷区处。其贪取来降人财物，因而杀伤^其人，及中途逼勒逃窜者，绞。^{监候。若无杀伤、逼勒，止依吓骗律科。}

14.174 飞报军情

14.174.0 凡飞报军情，府、厅、州、县及巡司即差人申督抚、布政司、按察司，^{提法司同。}本道仍报将军、提镇。其守御官差人，各申督抚，仍报本管将军、提镇。督抚、将军、提镇得报，一行移咨军部，一具实封^{直奏}御前。若互相知会，隐匿不速奏闻者，处十等罚，罢职不叙；因而失误军机者，绞。^{监候。}

14.175 漏泄军情大事

14.175.0.1 凡闻知朝廷及统兵将军调兵讨袭外番及收捕反逆贼徒机密大事，而辄漏泄于敌人者，绞。^{监候。} ○ 14.175.0.2 若边将报到军情重事^{报于朝廷}而漏泄^{以致传闻敌人}者，徒三年。^{二项犯人，若有心泄于敌人，作奸细论。}仍以先传说者为首；传至者为从，减一等。

○ 14.175.0.3 若私开官司文书印封看视者，处六等罚；事干军情重事者，以漏泄论。^{为首徒三年；从，减等。} ○ 14.175.0.4 若近侍官员漏泄机密重事^{不专指军情，凡国家之机密重要皆是。}于人者，绞；^{监候。}常事，处十等罚，罢职不叙。

条 例

14.175.(1) 〔内外衙门紧要事件密封投递本官亲拆收储〕一、内外衙门办理紧要事件，俱密封投递，本官亲拆收储，不得令吏胥经手。倘有密封章奏，未经上达，先已传播，及缉拿之犯闻风远扬等事，查究根由，分别议处。如将应密之事并不密封，及收受承办衙门不行谨慎，以致漏泄者，将封发、收受承办官查参，交部分别议处。如封储之处及投递之前，提塘及衙役人等将密封事件私开窃视，以致漏泄者，处六等罚；事重者，为首徒三年，为从减一等治罪。

14.176 失误军事

14.176.0.1 凡临军征讨，^{有司}应合供给军器、行粮、草料。^{若有征解，}违期不完者，当该官吏各处十等罚，罪坐所由。^{或上司移文稽迟，或下司征解不完，各坐所由。} ○ 14.176.0.2 若临敌^{有司违期不至而}缺乏，及领兵官已承^{上司}调遣，而逗留观望，不依期进兵策应，若^{军中}承差告报会军^日期而违限，因而失误军机者，并绞。^{监候。}

14.177 从征违期

14.177.0.1 凡官军^{已承调遣}临当征讨，^{行师}已有起程日期，而稽留不进者，一日处七等罚，每三日加一等。若故自伤残及诈为疾患之类，以避征役者，各加一等。^{计日坐之。}并罪止十等罚，仍发出征。^{若伤残至不堪出征，验实开役，不在仍发出征之限。} ○ 14.177.0.2 若军临敌境，托故违期，一日不至者，处十等罚；^{不必失误军机}三日不至者，绞。^{监候。统兵官竟行军法。}若能立功赎罪者，从统兵官区处。

14.178 军人替役

14.178.0.1 凡军人^{已遣}不亲出征，雇倩人冒名代替者，替身处八等罚；正身处十等罚，依旧着伍。^{仍发出征。}若守御^{城池}军人雇人冒名代替者，各减二等。其^{出征、守御军人不堪征守者，}子孙弟侄及同居少壮亲属，^{非由雇倩，}自愿代替者，听。若果有老弱残疾，赴本管官司陈告，验实，与免军身。 ○ 14.178.0.2 若医工承差，关领官药，随军征进，转雇庸医冒名代替者，^{本身及替身}各处八等罚，^{庸医所得}雇工钱入官。

14.179 主将不固守

14.179.0.1 凡守边将帅，被贼攻围城寨，不行固守而辄弃去，及^{平时}守备不设,为贼所掩袭,因^{此弃守无备}而失陷城寨者,绞。^{监候。}若^{官兵}与贼临境,其望高巡哨之人失于飞报,以致陷城损军者,亦绞。^{监候。}若^{主将懈于守备,及哨望失于飞报,不曾陷城失军,止}被贼侵入境内,掳掠人民者,流三千里。○ 14.179.0.2 其官军临阵先退,及围困敌城而逃者,绞。^{监候。}

条 例

14.179.(1) 〔失误军机奏请处置及侦探军役等被贼杀掳〕一、失误军机,除律有正条者,拟议监候奏请外,若情轻律重,有碍发落者,备由奏请处置。其有被贼入境,将侦探军役及飞报声息等项公差、官军人等一时杀伤捉去,事出不测者,俱问不应重罪,留任;或境外被贼杀掳侦探军役,非智力所能防范者,免其问罪。

14.179.(2) 〔失守城池专城武职守土州县及同城知府捕盗等官分别治罪〕一、凡沿边、沿海及腹里州县,与武职同城,若遇边警及盗贼生发攻围,不行固守而辄弃去,及守备不设,被贼攻陷城池,劫杀焚烧者,除专城武职照本律拟绞监候外,其守土州县亦照守边将帅失陷城寨律拟绞监候;其同城之知府及捕盗官,比照守边将帅被贼侵入境内掳掠人民律流三千里;统辖、兼辖各官交部分别议处。如系兵饷充足,不行固守,一闻贼警,弃城先逃者,专城武职及守土州县,均拟绞监候,请旨即行正法;同城知府,亦从重拟绞监候;捕盗官及统辖、兼辖各官,仍分别议处。若有两县同住一城,专管官分有守城汛地①,各以贼所进入地方坐罪;若无城池,与虽有城池被贼潜隐设计,越入劫盗,随即逃散,不系失陷者,止以失盗论,俱不得引用此例。

14.179.(3) 〔统兵将帅玩视军务〕一、凡统兵将帅,玩视军务,苟图安逸,故意迁延,不将实在情形具奏,贻误国事者;又,凡将帅因私忿娼嫉,推诿牵制,以致糜饷老师,贻误军机者;又,凡身为主帅,不能克敌,转布流言,摇惑众心,借以倾陷他人,致误军机者,均属有心贻误,应拟绞立决。

14.179.(4) 〔文武员弁无备仓促及重兵畏葸失守要隘〕一、防守要隘文武员弁,若带兵无多,仓促遇贼,寡不敌众,因而失守要隘者,照同城捕盗官失守城池拟流例从重发往新疆效力赎罪。倘统带重兵,畏葸巧避,失守要隘

---

① "汛地",原件作"汛地",政学社本、法政研究会本、修订法律馆《大清现行刑律案语》所载本条原条例及修并后条例亦均误作"汛地"。吉同钧《新订现行刑律讲义》"主将不固守"条附本条条例,作"汛地"。原件"汛"多误作"汛",现据吉同钧讲义改。

者,照守边将帅失陷城寨律拟绞监候。

14.179.(5)〔失守城池案内文武员弁如有可原情节酌议减免〕一、失守城池,该督抚立即参奏,将守土州县及专城武职均革职治罪,不得以功过相抵免议。如有可原情节,或甫经到任不及设防,或被围日久粮尽援绝,或失守后一月内,督率乡团随同官兵将城池克复者,于绞监候罪上量减一等治罪。若甫经到任及被围日久,于失守后一月内,随同克复,或非甫经到任及被围日久,但于失守时身受重伤,或一月内自行收复城池者,于绞监候罪上减二等治罪。其实因兵单力竭,身受重伤,而又能督率兵勇于一月内自行收复及随同克复者,革职,免其治罪。若克复城池在一月以外,及克复并非本处城池,概不准随案声请减免。其减等议罪及免罪各员弁,如果素得民心,循声卓著,及克敌陷阵,屡著战功,仍准酌量奏请,留营效力,再得劳绩,方准免罪。均由法部专案知照吏部、陆军部存记。若失守而未经参办,或议罪而并未奏留员弁,仍不准胪列后来劳绩,率行奏请免罪开复。至失守之同城知府及捕盗官,如身受重伤,或一月内随同克复城池,亦准叙明可原情节,应拟绞监候者量予减等,应拟流者革职免罪。其并未随同克复城池,亦未身受重伤,但系甫经到任及被围日久,止准于本律流罪上量减一等,不得概请免罪。如系平日官声素好及战功卓著之员,亦准奏请留营效力,再得劳绩,方准免罪。

14.180 纵军掳掠

14.180.0.1 凡守边将领,私自使令军人于^{未附}外境掳掠人口、财物者,^{将领}流二千里;所部听使武官及管队递减一等;并罪坐所由,^{使令之人}军人不坐。

○ 14.180.0.2 若军人不曾经由本管头目,^{使令}私出外境掳掠,为首处十等罚,为从处九等罚。^{因而伤外境}人为首者,绞;^{监候}为从^{并不伤人首从}俱流三千里。若本管头目钤束不严,处六等罚,留任。 ○ 14.180.0.3 其边境城邑有贼出没,乘机领兵攻取者,不在此限。 ○ 14.180.0.4 若于已附地面掳掠者,不分首从,皆绞。^{监候}本管头目钤束不严,处八等罚,留任。 ○ 14.180.0.5 其^{将领}知^{军人私出外境及已附地面掳掠之}情故纵者,各与犯人同罪。^{至死减一等。}

条　例

14.180.(1)〔凯撒回营兵丁强行携带良民子女逆犯家属及典买民人〕一、凡出征官员、兵丁，除有不遵纪律，欺压良民，肆行掳掠子女者，仍按律治罪外，其于凯撒回营之日，沿途遇有良民子女，并非逃失该官兵等，强行携带者，即照于已附地面掳掠人口律治罪；若携带逃失良民子女，照收留迷失子女律治罪。其携带人口有亲属者，追出给还完聚；无亲属者，交地方官妥为抚恤。如有携带逆犯家属，例应治罪者，除该家属仍照例治罪外，该官兵等讯明，知系逆犯家属，即照知情藏匿罪人律治罪；若讯不知情，及携带不应治罪之逆犯家属，均仍以携带逃失子女论。跟役等有犯，照兵丁一律办理。领兵之该管官、跟役之家长知情故纵者，与同罪；失察者，交部分别议处；能自查出究办者，免议。若出征官兵于经过地方私自典买人口，均照不应重律，系兵处八等罚，系官交部议处；失察各官照例减等议处；典买人口由官安插。

14.181 不操练军士

14.181.0.1 凡各处^{边方}_{腹里}守御官不守纪律，不操练军士，及城池不完，衣甲、器仗不整者，初犯处八等罚，再犯处十等罚。○14.181.0.2 若^守_御官堤备不严，抚驭无方，致有所部军人反叛者，该管官各追夺^诰_敕，流三千里。若^{因军人}_{反叛}弃城而逃者，绞。^监_候。

14.182 激变良民

14.182.0 凡^有_司牧民之官，^平_日失于抚字，^又非法行事，^{使之不}_堪激变良民，因而聚众反叛，失陷城池者，绞。监候。止反叛而城池未陷者，依守御官无驭无方致军人反叛按流三千里律奏请。

条　例

14.182.(1)〔刁恶之徒聚众抗官〕一、凡刁恶之徒聚众抗官，地方文武员弁即带领兵壮迅往扑捉，如稍有迟延者，即照定例严议。其扑捉之时，该犯即俯首伏罪，不敢抗拒，应分别末减。如该犯等持仗抗拒，许文武官带同兵壮持械擒拿。若聚众之犯并未执有器械，文武官纵令兵壮杀伤者，严加议处。

14.182.(2)〔直省刁民约会聚众抗粮罢市哄堂殴官敛钱构讼〕一、直省刁民，假地方公事，强行出头，逼勒平民，约会抗粮，聚众至四五十人以上，或借事罢市，尚无哄堂塞署，并未殴官者，照光棍例，为首拟绞立决，为从拟绞监候；如哄堂塞署，逞凶殴官，为首拟斩立决，其同谋聚众、转相纠约、下手殴官者拟绞立决，其余从犯俱拟绞监候；被胁同行者，各处十等罚。至因事敛钱、构讼，或果有冤抑，不于上司控告，擅自聚众至四五十人，尚无前项情事者，减一等定拟。若遇前项案件，该督抚先将实在情形奏闻，严饬所属立拿正犯，速讯明确，分别究拟。如实系首恶，通案渠魁，例应斩决者，该督抚一面具奏，一面将首犯于该地方即行正法，将犯事缘由及正法人犯姓名刻示，遍贴城乡晓谕。若承审官不将实在为首之人究出拟罪，混行指人为首，因而坐罪；并差役诬拿平人，株连无干，滥行问拟者，严参治罪；该督抚一并交部严加议处。至刁民滋事，其同城武职不行擒拿，及该地方文职不能弹压抚恤者，俱革职。该管之上司文武官徇庇不即申报，该督抚、提镇不行奏参，俱交部议处。

14.183 私卖战马

14.183.0 凡军人出征获到 ^敌人 马匹，须要尽数报官。若私下货卖 ^与常人 者，处十等罚；军官 ^私 卖者，罚同，罢职。买者处四等罚，马匹价钱并入官。 ^若出征 军官、军人买者，勿论。 ^卖者追价入官，仍科罪。

14.184 私卖军器

14.184.0 凡军人 ^将自己 关给衣甲、刀枪、旗帜，一应军器，私下货卖 ^与常人 者，流三千里；军官 ^私 卖者，流二千里。买者，处四等罚。 ^其间有 应禁 ^军器，民间不宜私有而买 者，以私有论， ^一件处八等罚，每一件加一等，罪止流三千里。所买 军器， ^不论应禁与否，及所得 价钱并入官。官军买者，勿论。 ^卖者仍坐罪，追价入官。

条 例

14.184.(1)〔私当收当军器〕一、军人、军官私当关给衣甲、旗帜、应禁军器,照私卖律减一等,徒三年。收当之人,照私有军器律减一等,处七等罚,每一件加一等,罪止徒三年。如有结伙盘踞,加倍重利收当军器者,发极边足四千里安置,军器、当本照例入官。其非应禁者,不在此限。失察之地方将领、各官,交部议处。

14.185 毁弃军器

14.185.0.1 凡将领关拨一应军器,^出征守^御事讫,停留不^收回纳还官者,以事讫之日为始,十日处六等罚,每十日加一等,罪止十等罚。○ 14.185.0.2 若_{将领征守事讫,将军器}辄弃毁者,一件处八等罚,每一件加一等;二十件以上,绞。^监^{候。}遗失及误毁者,各减三等;军人_{遗误}^{弃毁}各又减一等;并验^{毁失}_之数追赔。^还_{官。}其曾经战阵而有损失者,不坐、不赔。

条 例

14.185.(1)〔兵丁遗失器械〕一、凡看守城池、仓库、街道等处兵丁,遗失本身器械者,处七等罚。

14.186 私藏应禁军器

14.186.0 凡民间私有人马甲、傍牌、火筒、火炮、旗纛、号带之类应禁军器者,一件处八等罚,每一件加一等;私造者,加私有罪一等;各罪止流三千里。非全成_{用。}^{不堪}者,并勿论,许令纳官。其弓箭、枪、刀、弩及鱼叉、禾叉,不在禁限。

条 例

14.186.(1)〔私造私买鸟枪洋枪〕一、各省居民应需鸟枪、洋枪守御者,务报明地方官确查,实在必需,准其报官制造鸟枪、购买洋枪,上刻姓名、编号,立册按季查点。有私造、私买者,处十等罚;私藏者,处九等罚;仍各照律每一件加一等,罪止流三千里。该管地保失察私造者,处八等罚,革役;如系知情故纵,处十等罚。该管官不行查出,交部议处。如兵丁有借查鸟枪、洋枪名色扰民者,该管官一并议罪。至私造、私藏竹铳,及失察故纵之地保,俱照鸟枪例治罪。地方官失于觉察，亦照鸟枪例议处①。

14.186.(2)〔私贩外洋炮位洋枪洋药等〕一、内地奸民私贩外洋炮位者，发烟瘴地方安置；贩卖洋枪，处十等罚，每一件加一等，罪止流三千里。贩卖洋药、洋砂、铜帽，照兴贩硫黄例治罪。倘有济匪情事，均以通贼论。

14.186.(3)〔煎挖窝囤兴贩硝黄〕一、内地奸民煎挖、窝囤、兴贩硫黄，十斤以下处十等罚，十斤以上徒一年，每十斤加一等；六十斤以上流二千里，八十斤以上流二千五百里，一百斤流三千里，百斤以上发极边足四千里安置。若甫经窝囤，尚未兴贩，减兴贩罪一等。焰硝每二斤作硫黄一斤科断。硝黄入官。邻保知情不首，处十等罚；挑夫、船户知情不首，减本犯罪二等。知情分赃，与犯同罪；赃重，以枉法从重论。首报人免罪，仍照硝黄入官价值向本犯另追给赏。如合成火药卖与匪徒，不问斤数多寡，发极边足四千里安置。其本省银匠、药铺、染坊需用硝黄，每次不许过十斤，令其呈明地方官批限，卖完缴销，违者，以私囤论。

14.186.(4)〔违例售卖火药〕一、凡制造花爆之家，于地方保甲门牌内注明"业花爆"字样，止准售卖花爆，不准售卖火药。如违例售卖火药，数不足十斤者，处五等罚；十斤处六等罚，每十斤加一等；至五十斤以上者，徒三年。其应需硝黄，如不由官行、官店承买者，照私囤例治罪。

14.186.(5)〔苗猓蛮户带刀出入及私藏违禁等物〕一、苗猓蛮户俱不许带刀出入及私藏违禁等物，违者，照民间私有应禁军器律治罪。该管头目人等知而不报者，处十等罚。地方文武官弁失察，照例议处。

14.187 纵放军人歇役

14.187.0.1 凡管军千总、把总及管队军吏，纵放军人出百里之外买卖，或私种田土，或隐占在己使唤，空歇军役^{不行操备者}，^{计所纵放及隐占之军数}，一名处八等罚，每三名加一等，罪止十等罚，罢职。若受财卖放者，以枉法从重论。所隐^{纵放、隐占、卖放各项。}军人，并处八等罚。若私使出境，因而致死，或被贼拘执者，流三千里；至三名者，绞。^{监候。}本营专管官吏知情容隐，不行举问，及虚作逃亡，扶同报官者，

---

① "议处"，原件作"义处"，政学社本亦作"义处"，现据法政研究会本、宪政编查馆《核订现行刑律》"私藏应禁军器"条修改后条例订正。

与犯人同罪。^{罪止流三千里。}若管队把总、千总纵放军人,其本营专管官吏知情故纵,或容隐不行举问,及本营专管官故纵军人,其千总、把总、管队知而不首告者,罪亦如之。^{私使出境而不首告者,同罪。}○14.187.0.2 若钤束不严,^{原无纵放、私使之情。}致有违犯,^{或出百里,或出外境,私自歇役。}及^{原无知情容隐,止}失觉举者,管队名下一名、把总名下五名、千总名下十名、本营专管官名下五十名,各处四等罚;管队名下二名、把总名下十名、千总名下二十名、本营专管官名下一百名,各处五等罚;并留任;不及数者不坐。○14.187.0.3 若武职官私家役使军人,不曾隐占歇役^{妨废操备}者,一名处四等罚,每五名加一等,罪止八等罚;并每名计一日追雇工银^{一钱二分五厘}入官。

条　例

14.187.(1) 〔擅拨下班军士与人役使〕一、凡军士下班之日,其本管官员擅拨与人做工等项役使,照私役军人本律发落。

14.188 从征守御官军逃

14.188.0.1 凡官军^{已承调遣}从军征讨,私逃还家,及逃往他所者,初犯处十等罚,仍发出征;再犯者,绞。^{监候。}知^{在逃之}情窝藏者,^{不问初犯、再犯,}流二千里。^{原籍及他所之}里长知而不首者,处十等罚。若^{征讨事毕}军还^{官军不同振旅。}而先归者,减^{在逃}五等;因而在逃者,处八等罚。若在京军人逃者,初犯处九等罚;各处守御城池军人逃者,初犯处八等罚;俱发充伍;再犯^{不问京外}俱流三千里;三犯者,绞。^{监候。}知^{在逃之}情窝藏者,与犯人同罪,罪止流二千里。^{不在满流处绞之限。}里长知而不首者,各处八等罚。其^{从征军与守御军}本管头目知情故纵者,各^{随所犯次数}与同罪,罪止流二千里。其^{征守}在逃官军,^{自逃日为始,}一百日内能自出官首告者,^{不问初犯、再犯,}免罪;若在限外自首者,减罪二等。但于随处官司首告者,皆得准理。^{准免罪及减罪二等。}○14.188.0.2 若各营军人,^{不着本伍,}转投别营当军者,同逃军论。^{或初犯、再犯,皆依上文律科断。}

14.189 优恤军属

14.189.0 凡阵亡、病故官军回乡,家属^{应给}行粮、脚力,^{经过}有司不即应付者,以家属到日为始,迟一日处二等罚,三日加一等,罪止五等罚。

〔卷十七〕

15 关　津

15.190 关津留难

15.190.0.1 凡关津往来船只，守把之人不即盘^诘验^文_引放行，无故阻挡者，一日处二等罚，每一日加一等，罪止五等罚。_{坐值日。若取财者，照在官人役取受有事人财例，以枉法计赃科罪。}

〇 15.190.0.2 若官豪势要之人，乘船经过关津，不服盘验者，处十等罚。

〇 15.190.0.3 若撑驾渡船梢水，如遇风浪险恶，不许摆渡，违者，处四等罚。若不顾风浪，故行开船，至中流停船勒要船钱者，处八等罚。因而杀伤人者，以故杀^死_伤^未_死论。_{或不曾勒要船钱，止是不顾风浪，因而沉溺杀伤人者，以过失科断。}

15.191 盘诘奸细

15.191.0 凡缘边关塞及腹里地面，但有境内奸细走透消息于外人，及境外奸细入境内探听事情者，盘获到官，须要鞫问接引、^入_内起谋^出_外之人，得实，_{不分首从，}皆绞。_{监候。}经过去处守把之人，知而故纵及隐匿不首者，并与犯人同罪；_{至死减等。}失于盘诘者，^官处十等罚，军兵处九等罚。_{罪坐值日者。}

条　例

15.191.(1) 〔保甲法〕一、凡州县城乡，十户立一牌头，十牌立一甲头，十甲立一保长。户给印牌一张，书写姓名、丁数，出则注明所往，入则稽其所来。其客店亦令各立一簿，每夜宿客姓名几人、行李牲口几何、作何生理、往来何处，逐一登记明白。至于寺观，亦分给印牌，上写僧道口数、姓名，稽察出入。如有虚文应事，徒委捕官吏胥需索扰害者，该上司查参治罪。

15.191.(2) 〔诓骗苗蛮人等引惹边衅及教诱为乱〕一、内地人民诓骗苗蛮、猺狑、黎獞人等财物,引惹边衅,或潜住苗蛮等寨,教诱为乱^{如行劫民财,}^{以强盗分别。}贻患地方者,除实犯死罪外,俱流三千里。

15.191.(3) 〔贩卖军器与土司番蛮〕一、奸商贩卖军器与土司番蛮者,流三千里。该管官知情故纵者,罪同;不知情者,道府、州县官,及武职专管、兼辖官,并该督抚、提镇,俱交部照例分别议处。

15.191.(4) 〔米谷豆麦杂粮偷运外洋〕一、奸徒将米、谷、豆、麦、杂粮偷运外洋,希图渔利者,米过一百石,流二千五百里;一百石以下,徒三年;不及十石者,处十等罚。为从及知情不首之船户,各减一等。谷及豆、麦、杂粮每二石作米一石科断。如系由此口运至彼口,有护照可凭者,不在此例。

15.191.(5) 〔盘获货物人数不符税单牌票之疑船〕一、凡内地、沿海盘获形迹可疑之船,货物、人数不符税单、牌票者,限即日查明。果系商船,即速放行;如系贼船,交与地方官审鞫有无行劫,按律例分别治罪。如巡缉官兵以贼船作为商船释放者,照讳盗例治罪;以商船作为贼船扰害者,照诬良为盗例治罪;索取财物者,拿问。该管上司失察,照例议处。

15.191.(6) 〔出洋船只编甲保结〕一、船只出洋,十船编为一甲,取具连环保结。一船为非,余船知而不首者,并坐;能首捕到官者,免。初出口时,必于汛口挂号,将船照呈送地方官、管营官验明,填注日月,盖印放行;入口亦如之。经过省份,一省必挂一号,回籍时,仍于本籍印官处送照查验。违者,俱各处十等罚。失察及知情之该管各官,交部议处。

15.191.(7) 〔商渔船只书刻字号舵工水手人等给与腰牌〕一、沿海地方商渔船只,分别书刻字样,其营船刊刻某营第几号哨船,舵工、水手人等俱各给与腰牌,刊明姓名、年貌、籍贯。如船无字号、人有可疑,即严加究治。若货物与照内不符,仍按货物不符单票例办理。至渔船出洋,不许多载米酒,进口不许装载货物,违者严加治罪。守口文武各官不行盘查,照例议处。

15.191.(8) 〔各色小船印烙编号〕一、沿海一应采捕及内河通海之各色小船,地方官取具澳甲、邻佑甘结,一体印烙编号,给票查验。如有为匪行劫等项,照例治罪。甲邻知而不首,一体治罪。倘船只有被贼押坐出洋者,立即报官,将船号、姓名移知营汛缉究;容隐不首,照违制律治罪。其呈报遭风船只,必查讯实据,方准销号;捏报者,即行究治。

15.191.(9) 〔往洋船只倒换照票〕一、海关各口,如遇往洋船只倒换照票,务须查验人数,登填簿籍,钤盖印戳,始准放行。进口时,责成该委员、吏役稽查。其有人照不符、船货互异,即送地方官审究。如失于查察,致匪船滥出滥入,审明系何处口岸,有委员者,将该委员照例议处;无委员者,将该吏役处十等罚,革役;并将失察之该管官,交部议处。倘关口员役借端需索,照例分别参处治罪。

15.191.(10)〔盘获归复乡土人口〕一、沿边关塞及腹里地面盘诘奸细处所,有归复乡土人口被获到官,查审明白,即行起送归籍;有妄作奸细,希图冒功者,以故入人罪论;若实系奸细,能首降者,亦一体给赏、安插。

15.191.(11)〔出洋华商人等回籍〕一、出洋华商人等回籍以后,地方胥吏遇事刁难,里族莠民借端苛索勒诈者,按律严惩。

〔卷十八〕

16 厩 牧

16.192 牧养畜产不如法

16.192.0 凡牧养^官马、牛、驼、骡、驴、羊，并以一百头为率，若死者、损者、失者，各从实开报。死者，即时将皮张、鬃尾入官，牛筋、角、皮张亦入官。其^{管牧}牧长、牧副，每^{马、牛、驼}一头各处三等罚，每三头加一等；过十等罚，每十头加一等；罪止徒三年。羊减马三等，^{四头处一等罚，每三头加一等；过十等罚，每十头加一等；罪止徒一年半}驴、骡减马、牛二等。^{一头处一等罚，每三头加一等；过十等罚，每十头加一等；罪止徒二年}若胎生不及时日而死者，灰腌，并年老而自死者，看视明白，不坐；若失去，赔偿。损伤不堪用，减死者一等坐罪。其死损数目，并不准除。

条 例

16.192.(1) 〔解送军营马匹倒毙及有盗卖别情〕一、解送军营马匹倒毙，其分起解送之文武各员，照军营赔补马匹之数，每百匹准其倒毙三匹，如倒毙三匹以上至二十匹者，交部照例分别议处；三十匹以上者，徒一年；三十五匹以上者，徒一年半；四十匹以上者，徒二年；四十五匹以上者，徒二年半；五十匹以上者，徒三年。如有盗卖别情，计赃，以监守自盗论。至总理督解之员，合其督解总数，按其倒毙多寡，亦即照此分别议处、治罪。若知盗卖之情而故纵者，罪同。

16.193 孳生马匹

16.193.0 凡牧长管领骒马，一百匹为一群，每年三群孳生驹一百匹。若一年之内，止有驹八十匹者，处五等罚；七十匹者，处六等罚。典牧官不为用心提调者，^{致孳生不及数}各减三等；该管衙门官，又减典牧官罪二等。

条 例

16.193.(1)〔管领游牧马群每三年整顿视其孳生多少分别赏罚〕一、凡上驷院、陆军部所管游牧马群,每三年整顿一次,不论骒马、儿马、马驹,每三匹内,合算当孳生马一匹,除合算正额外,多孳生一百六十匹以上者,为头等;八十匹以上者,为二等;一匹以上者,为三等,牧长、牧副分别给赏。若合算正额内,少孳生五十匹以下者,牧长罚马五匹,牧副各处四等罚;一百匹以下者,牧长罚马七匹,牧副各处五等罚;一百匹以上者,牧长罚马九匹,牧副各处六等罚。骟马群倒毙少者赏,多者罚,相半者免议;赏罚之数,视骒马群第三等例。其各马群赏罚相半者,总管官免议;赏多者,按群给赏;罚多者,按群受罚。

16.194 验畜产不以实

16.194.0 凡^{官司}相验分拣^{相验其美恶而分别拣选,以定高下。}官马、牛、驼、骡、驴不以^{美恶之}实者,一头处四等罚,每三头加一等,罪止十等罚;验羊不以实,减三等。若因^{验畜不实}而价有增减者,计所增^{亏官}减^{损民}价坐赃论;入己者,以监守自盗论;各从重科断。^{不实罪重,从不实,坐赃。自盗罪重,从自盗坐赃。}

16.195 养疗瘦病畜产不如法

16.195.0 凡疗养瘦病^官马、牛、驼、骡、驴不如法,^{无论头数}处三等罚。因而致死者,一头处四等罚,每三头加一等,罪止十等罚。羊减三等。

16.196 乘官畜脊破领穿

16.196.0 凡官马、牛、驼、骡、驴乘驾不如法而^致脊破领穿,疮围绕三寸者,处二等罚;五寸以上,处五等罚。^{并坐乘驾之人。}若牧养瘦者,计百头为率,十头瘦者,牧养人及牧长、牧副各处二等罚;每十头加一等,罪止十等罚。羊减三等。典牧官各随所管牧长多少,通计科罪,^{亦以十分为率。}该管衙门官,各减典牧官罪三等。

条　例

16.196.(1)〔车驾行幸所需马匹不按时饮喂私自驰骤及倒毙走失损伤〕一、车驾行幸所需马匹、车辆及校尉等所乘马匹，俱令该管职事人员亲身关领，严行约束。若校尉、当差人役、赶车步军将马匹不按时饮水喂草，私自滥行驰骤，或在沿途或到处所倒毙、走失者，各处十等罚；蹭病损伤者，减二等。

16.197　官马不调习

16.197.0　凡牧马之官，听乘官马而不调习者，一匹处二等罚，每五匹加一等，罪止八等罚。

16.198　宰杀马牛

16.198.0.1　凡私宰自己马、牛者，处十等罚；驼、骡、驴，处八等罚；筋、角、皮张入官。误杀及病死者，不坐。　○16.198.0.2　若故杀他人马、牛者，徒一年半；驼、骡、驴，处十等罚。_{官畜产同。}若计赃重于本罪者，准盗论。_{追价给主。系官者，若准常人盗官物断罪。}伤而不死，不堪乘用，及杀猪、羊等畜者，计_{杀伤所}减之价，亦准盗论，各追赔所减价钱_{还官、给主。}价不减者，处三等罚。为从者，各减一等。_{官物不分首从。}其误杀伤者，不坐罪，但追赔减价。　○16.198.0.3　若故杀缌麻以上亲马、牛、驼、骡、驴者，与本主私宰罪同。_{追价赔主。}杀猪、羊等畜者，计减价坐赃论，罪止八等罚。其误杀及故伤者，俱不坐，但各追赔减价。　○16.198.0.4　若官、私畜产毁食官、私之物，因而杀伤者，各减故杀伤三等，追赔所减价；_{还畜主。}畜主赔偿所毁食之物。_{还官、主。}　○16.198.0.5　若_故放官、私畜产损食官、私物者，处三等罚；_{计所食之}赃重_{于本罪}者，坐赃论。_{罪止徒三年。}失_防者，减一等。各赔所损物。_{还官、主。}　○16.198.0.6　若官畜产_{失防}毁食官物者，止坐其罪，不在赔偿之限。　○16.198.0.7　若畜产欲触抵踢咬人，登时杀伤者，不坐罪，亦不赔偿。_{兼官、私。}

条　例

16.198.(1)〔买宰堪用牲畜〕一、凡屠户将别项堪用牲畜买去宰杀者，虽经上税，仍照故杀他人驼骡律科罪。若将窃盗所偷马牛及别项堪用牲畜不上税买去宰杀者,与窃盗一体治罪;如窃盗罪名轻于宰杀者,仍从重依宰杀本罪问拟,不得以盗杀论。

16.198.(2)〔宰杀耕牛马匹私开圈店汤锅及贩卖与宰杀之人〕一、凡宰杀耕牛,私开圈店,及开设汤锅,宰杀堪用马匹,俱计减价,赃重于宰杀本罪者,准窃盗论,罪止流三千里。将耕牛贩卖与宰杀之人,及牙行或卖马人知情而卖者,俱减一等。其残老病死者,勿论。失察之地方官,照例分别议处。

16.199 畜产咬踢人

16.199.0.1 凡疏纵马、牛及犬,因而杀伤人者,以过失论。_{各准斗殴杀伤,收赎给主。}若故放令杀伤人者,减斗殴杀伤一等。_{亲属有犯者,依尊卑相殴杀伤律。}其受雇医疗畜产,_{无制控之术。}及无故_人触_自之,而被杀伤者,不坐罪。○ 16.199.0.2 若故放犬,令杀伤他人畜产者,处四等罚,追赔所减价钱。_{给主。}

16.200 隐匿孳生官畜产

16.200.0 凡牧养系官马、骡、驴等畜,所得孳生,限十日内报官。若限外隐匿不报,计_{所隐匿之价为}赃,准窃盗论。_{止流三千里。}因而盗卖或_{将不堪孳生}抵换者,并以监守自盗论罪。_{不分首从,并赃至四十两,杂犯绞。}其典牧官及该管衙门官知情不举,与犯人同罪;不知者,俱不坐。_{买主知情,以故买盗赃科。匿、卖、抵换之物还官。}

条 例

16.200.(1)〔盗卖抵换口外群内马匹〕一、口外群内经管马匹之人盗卖、抵换,照监守自盗律科罪。若明知故买印烙有字官马者,与犯人同罪。

16.201 私借官畜产

16.201.0 凡监临、_{官吏。}主守,_{之人。}将系官马、牛、驼、骡、驴私自借用或转借与人,及借之者,_{不论久近多寡。}各处五等罚,验_{计借日期}追雇赁钱入官。若计雇赁钱重于处五_{等罚}者,各坐赃论,加一等。_{雇钱不得过其本价。官畜死,依毁弃官物。在场牵去,依常人盗。}

〔卷十九〕

17 邮 驿

17.202 递送公文

17.202.0.1 凡铺兵递送公文，昼夜须行三百里，稽留三刻，处二等罚；每三刻加一等；罪止五等罚。其公文到铺，不问角数多少，铺司须要随即^{附籍遣兵}递送，不许等待后来文书，违者，铺司处二等罚。○ 17.202.0.2 其铺兵递送公文，若磨擦及破坏封皮，不动原封者，一角处二等罚，每三角加一等，罪止六等罚；若损坏公文，^{不动原封者，}一角处四等罚，每二角加一等，罪止八等罚。若沉匿公文及拆动原封者，一角处六等罚，每一角加一等，罪止十等罚；若事干军情机密文书，^{与漏泄不同，}不拘角数，即处十等罚；有所规避而沉、拆者，各从重论。^{规避罪重从规避沉拆罪重问沉拆。}其铺司不告举者，与犯人同罪；若已告举，而所在官司不即受理施行者，各减犯人罪二等。○ 17.202.0.3 其各县铺长，专一于概管铺分往来巡视；提调官吏，每月一次亲临各铺刷勘。若^{有奸弊}失于检举者，通计公文稽留及摩擦、破坏封皮，不动原封，十件以上，铺长处四等罚，提调吏典处三等罚，官处二等罚；若损坏及沉匿公文，若拆动原封者，^{铺长}与铺兵同罪，提调吏典减一等，官又减一等。府、州提调官吏失于检举者，各递减一等。

条 例

17.202.(1) 〔无印信文字不许入递〕一、无印信文字，不许入递。违者，照不应为律治罪。

17.202.(2) 〔马夫沉匿平常及军情机密文书〕一、各省驿站递送公文，令管站官各立印信号簿，上站号簿用下站官印，于每月底彼此移明查考。倘有沉匿、稽延等情，即行详报，该管上司据实奏参，不得故为容隐。其沉匿平常公文，马夫照铺兵律治罪，提调官吏依律递减；若事干军情机密文书而沉匿者,不计角数,马夫徒一年,提调吏典处十等罚、革役,司驿官革职。如有所规避者,从重论。

17.202.(3)〔遗失递送公文〕一、凡递送一应公文,如有遗失,除将夫役照例治罪外,该地方官一面详报该管上司,一面径报原发衙门查核补给。

17.202.(4)〔法部咨行各省立决人犯公文〕一、法部咨行各省立决人犯公文,俱钉封严固,封面注明件数并"由马上飞递"字样,派录事一员送交陆军部,加封发驿驰递。

17.202.(5)〔伪造洗用邮票信片及邮差沉匿拆动文报信件〕一、伪造邮票及信片,已成者,计赃,准窃盗论,罪止流三千里。其仅止洗用旧票,减一等。为从及知情行使者,又各减一等。若邮差将邮寄公私文报信件沉匿及拆动原封者,依铺兵沉拆公文律治罪。

17.202.(6)〔窃毁电报杆线及聚众拔毁拒捕致伤〕一、匪徒窃毁电报杆线,不论官电、商电,是窃是毁,不计赃数,但经折断,均比依马夫沉匿军情机密公文律,徒一年;误毁者,处八等罚;窃毁杆线,均照估追赔。倘有地方奸民,造言聚众,拔毁杆线至数十里外,逞凶拒捕,致伤官兵,情节重大者,察酌情形,分别首从,比照土匪滋事从严惩办。失察窃毁之地保,照不应重律处罚,革役。误毁者,免议。

17.202.(7)〔故毁窃毁安设铁轨枕木等致行车出险伤毙人命及聚众拆毁逞凶拒捕〕一、凡故毁及窃毁安设铁轨、枕木、道钉并一切重要机件,致行车出险,因而伤毙人命者,无论官路、商路,均拟绞监候,秋审时,酌核情节,分别办理;出险尚未伤毙人命者,系故毁流三千里,因窃而毁徒三年;未出险者,系故毁徒二年半,因窃而毁徒一年计;赃重者,从重论;为从各减一等。误毁者,处八等罚。所毁物件,均计估追赔。倘有造言聚众,拆毁铁路、桥梁、车站、路局,焚烧材料,逞凶拒捕,情节重大者,察酌情形,分别首从,照土匪滋事从严惩办。其窃毁路旁材料,无关行车要件者,仍照盗官物本律治罪。

17.203 邀取实封公文

17.203.0.1 凡在外大小各衙门官,但有入递进呈实封公文至御前,_{下司被上司非理凌虐,亦许据实封奏。}而上司官令人于中途急递铺邀截取回者,不拘远近,从本铺铺司、铺兵赴所在官司告举,随即申呈上司,转达该部奏闻。追究_{邀截之情}得实,绞。

监候。邀截进表文比此。其铺司、铺兵容隐不告举者，各处十等罚。若已告举，而所在官司不即受理施行者，罪亦如之。　〇 17.203.0.2　若邀取实封至各部院公文者，各减二等。下司畏上司劾奏而邀取者，比此。

17.204 铺舍损坏

17.204.0　凡急递铺舍损坏不为修理，什物不完、铺兵数少不为补置，及令老弱之人当役者，铺长处五等罚，有司提调官吏各处四等罚。

17.205 私役铺兵

17.205.0　凡各衙门一应公差人员，于经过所在，不许差使铺兵挑送官物及私己行李，违者，处四等罚，每名计一日追雇工银一钱二分五厘入官。

17.206 驿使稽程

17.206.0.1　凡出使，驰驿违限，常事一日处二等罚，每三日加一等，罪止六等罚；军情重事加三等，因而失误军机者，绞。监候。若各驿官故将好马藏匿，及推故不即应付，以致违限者，对问明白，即以前应得各罪坐驿官。其遇水涨路道，阻碍经行者，不坐。　〇 17.206.0.2　若驿使承受官司文书，误不依原行题写所在公干去处，错去他所，而违限者，减二等。四日处一等罚，每三日加一等，罪止四等罚。事干军务者，不减。若由原行公文题写错者，罪坐题写之人，驿使不坐。

17.207 多乘驿马

17.207.0.1　凡出使人员应乘驿船、驿马，数外多乘一船、一马者，处八等罚；每一船、一马，加一等。若应乘驴而乘马，及应乘中等、下等马而勒要上等马者，处七等罚。因而殴伤驿官者，各加一等。至折齿以上，依斗殴论。若驿官容情应付者，各减犯人罪一等。其应乘上等马，而驿官却与中等、下等马者，罪坐驿官；本驿如无上等马者，勿论。　〇 17.207.0.2　若出使人员枉道驰驿，及经驿不换船马者,处六等罚;因而走死驿马者,加一等;追偿马匹还官。○ 17.207.0.3 其事非警急,不曾枉道而走死驿马者,偿而不坐。○ 17.207.0.4 若军情警急,及前驿无船马倒换者,不坐、不偿。_{亦究不倒换缘由。}

条　例

17.207.(1)〔勘合之外多给夫马及差使硬派民间牲口〕一、勘合之外,如敢多给一夫一马,许前途州县据实揭报,都察院纠参。倘容情不揭,别经揭报,一并治罪。其差使至境,硬派民间牲口者,照违例妄索民夫例,该管官揭报,督抚奏参,审明后,分别议处治罪。

17.207.(2)〔扣克差船官价及各衙门乡亲书吏滥捉民船〕一、水驿一应差船,如有派拨埠头,扣克官价入己者,计赃,照侵盗钱粮例问拟。各衙门乡亲来往并书吏人等,滥捉民船,辄用旗枪、灯笼,假借本管官官衔者,照无官而诈称有官律,徒三年。

17.208 多支廪给

17.208.0 凡出使人员,多支领廪给者,计赃,以不枉法论。_{分有禄、无禄。}当该官吏与者,减一等。强取者,以枉法论,官吏不坐。_{多支口粮比此。}

17.209 文书应给驿而不给

17.209.0.1 凡朝廷调遣军马,及报警急军务至边将,若边将及各衙门飞报军情,诣朝廷实封文书,故不遣使给驿而入递者,处十等罚;因而失误军机者,绞。_{监候。}○ 17.209.0.2 若进贺表笺,及振救饥荒、申报灾异、取索军需之类重事,故不遣使给驿者,处八等罚。_{失误军机,仍从重论。}若常事不应给驿而故给驿者,处四等罚。

17.210 公事应行稽程

17.210.0 凡公事有应起解官物、囚徒、畜产,差人管送而辄稽留,及一切公事有期限而违者,一日处二等罚,每三日加一等,罪止五等罚。若起解军需,随征供给,而管送^{兼稽留}违限者,各加二等,罪止十等罚;以致临敌缺乏,失误军机者,绞。^{监候}若承差人误不依题写去处,错去他所,以致违限者,减^{本罪}二等;事干军务者,不减。^{或罚或绞照前科罪}若由公文题写错^{而违限}者,罪坐题写之人,承差人不坐。

条 例

17.210.(1)〔夫役工匠遇有紧要差使挟制官长扬散误差〕一、夫役、工匠人等遇有紧要差使,传集公所,立待应用。如不遵官长约束,为匪不法,逞刁挟制,因而率众扬散,以致误差,审明,为首者流三千里,为从均处十等罚。倘系偶尔违禁,干犯赌博、斗殴等事,并未挟制官长,扬散误差者,仍按本律治罪。

17.211 乘驿马赍私物

17.211.0 凡出使人员应乘驿马,除随身衣^{服器}仗外,赍带私物者,十斤处六等罚,每十斤加一等,罪止十等罚;驿驴,减一等;^{所带}私物入官。^{致死驿马者,依本律。}

条 例

17.211.(1)〔奉差员役随带重包及驿员徇隐〕一、奉差员役至头站时,该驿员即将应背之包称准斤数,开明印单,递送前途。其每夜住宿之站,该驿员详加查估,如果照例装载,即于印单填写"某站验明并无重包"字样。日间所过驿站,验单应付。如前站徇隐重包,经后站察出详报,该差员役照律治罪,徇隐驿员一并议处。

17.211.(2)〔奸商寄托年班进京回子等夹带私货〕一、积惯渔利奸商,寄托年班、进京回子及喇嘛、土司夹带私货者,除数在五百斤以内,仍照律分别定拟外,如数至六百斤,徒一年,每百斤加一等,罪止流三千里,货物照律入官。

17.212 私役民夫抬轿

17.212.0.1 凡各衙门官吏及出使人员,役使人民抬轿者,处六等罚;有司应付者,减一等。若豪富^{庶民}之家^{不给雇钱,以势}役使佃客抬轿者,罪亦如之。每名计一日追给雇工银一钱二分五厘。 ○ 17.212.0.2 其民间出钱雇工者,不在此限。

条 例

17.212.(1)〔非钦差及奉委官员违例妄索民夫〕一、凡陆军部勘合,钦差大臣及督抚入境,知府下县盘查,及他县奉督抚差委盘查者,准其动用民夫,其余概不准用。倘有违例妄索者,着该管官即行揭报督抚奏参。若该管官违例滥应,发觉之日,照例治罪。

17.213 病故官家属还乡

17.213.0 凡官员在任以理病故,家属无力不能还乡者,所在官司差人管领应付_{车船夫马}、脚力,随程验_{所有家}口,官给行粮,递送还乡。违而不送者,处六等罚。

条 例

17.213.(1)〔实系穷苦之县丞以下等官参革离任或告病身故回籍〕一、县丞以下等官参革、离任或告病、身故,实系穷苦不能回籍者,该督抚于存公项内酌给还乡路费,每年造册报销。

17.214 承差转雇寄人

17.214.0.1 凡承差起解官物、囚徒、畜产,不亲管送,而雇人、寄人代领送者,处六等罚。因而损失官物、畜产及失囚者,依^本律各从重论。_{损失重,问损失;轻则仍科雇寄。}受雇、受寄人,各减_{承差人}一等。 ○ 17.214.0.2 其同差人自相替者、放者,各处四等罚。取财者,_{承替取放者,贴解之物}计赃,以不枉法论。若事有损失者,亦依损失官物及失囚律追断,不在减等之限。_{若侵欺、故纵,各依本律。替者有犯,管送人不知者,不坐。}

条 例

17.214.(1)〔起解人犯兵役派不足数及雇人代解〕一、起解人犯,每名选差的役二名管押,兵丁二名护送。若兵役派不足数及雇人代解,许兵役互相禀报本管官,知会原派衙门查究补派。若兵役知而不举,将兵役及承派之书吏俱处十等罚，革役。其经由前途文武各官按批查点，有缺少及代解等弊，即详报督抚，将原派官弁参处；其缺少、顶替之兵役，照承差起解囚徒雇人代送律处六等罚，革役。如前途各官隐匿不报，别经发觉，奏参议处。

17.215 乘官畜产车船附私物

17.215.0.1 凡因公差应乘官马、牛、驼、骡、驴者，各衙门自拨官马，不得驰驿而行者。除随身衣仗外，私驮物不得过十斤，违者，五斤处一等罚，每十斤加一等，罪止六等罚。不在乘驿马之条。

〇 17.215.0.2 其乘船、车者，私载物不得过三十斤，违者，十斤处一等罚，每二十斤加一等，罪止七等罚。家人、随从者，不坐。若受寄私载他人物者，寄物之人同罪，其物并入官。当该官司知而容纵者，与同罪；不知者不坐。若应合递运家小，如阵亡、病故官军及官员在任以理病故者，虽有私带物件，不在此限。

17.216 私借驿马

17.216.0 凡驿官，将驿马私自借用或转借与人，及借之者，各处八等罚；驿驴，减一等；验计日追雇赁钱入官。若计雇赁钱重于私借之罪者，各坐赃论，加二等。

18 贼 盗

〔卷二十 贼盗上〕

18.217 谋反大逆

18.217.0 凡谋反〔不利于国,谓谋危社稷。〕及大逆,〔不利于君,谓谋毁宗庙、山陵及宫阙。〕但共谋者,不分首从,已、未行皆斩。知情故纵、隐藏者,绞。有能捕获〔正犯〕者,量功授职,仍将犯人财产给半充赏;〔余者或入官,或仍给家属,随案办理。〕知而首告,官为捕获者,止给财产。〔虽无故纵,但〕不首者,流三千里。〔未行而亲属告捕到官,正犯同自首免;已行不免。非亲属首捕,虽未行,仍依律坐。〕

18.218 谋叛

18.218.0.1 凡谋叛,〔谓谋背本国,潜从他国。〕但共谋者,不分首从,皆绞。知情故纵、隐藏者,绞。〔监候,入于秋审情实。〕有能告捕者,将犯人财产给半充赏;〔余者或入官,或仍给家属,随案办理。〕知〔已行〕而不首者,流三千里。若谋而未行者,为首,绞;〔监候,入于秋审情实。〕为从者,〔不分多少,〕皆流三千里。知〔未行〕而不首者,徒三年。〔未行则事尚隐秘,故不言故纵、隐藏。〕○18.218.0.2 若逃避山泽,不服追唤者,〔或避差,或犯罪,负固不服,非暂逃比。〕以谋叛未行论;〔依前分首从。〕其拒敌官兵者,以谋叛已行论。〔依前不分首从律。以上二条,未行时,事属隐秘,须审实乃坐。〕

条 例

18.218.(1) 〔歃血焚表或聚众结拜弟兄及有抗官拒捕〕一、凡异姓人,但有歃血订盟、焚表结拜弟兄者,照谋叛未行律,为首者拟绞监候,为从减一等。若聚众至二十人以上,为首者拟绞监候,入于秋审情实;为从者发烟瘴地方安置。其虽无歃血盟誓、焚表情事,若年少居首,并非依齿序列,即属匪党渠魁,聚众至四十人以上者,首犯改拟绞监候,入于秋审情实,为从发烟瘴地方安置；未及四十人者，为首拟绞监候，为从流三千里；其有抗官拒捕、持械格斗等情，无论人数多寡，各按本罪，分别首从，应绞候者加拟立决，应遣流以下者照罪人拒捕各律例分别治罪。如为从各犯内，审明实系良民，被胁勉从结拜，并无抗官拒捕等事者，应于为从各本罪上再减一等。仅止畏累出钱，未经随同结拜者，照违制律治罪。其闻拿投首，及事未发而自首者，各照律例，分别减免。倘减免之后，复犯结拜，不许再首，均于应拟本罪上酌予加等，应绞候者改拟绞决，应发烟瘴安置者发新疆当差，应满流者改为极边足四千里安置，应满徒以下亦各递加一等治罪。其自首免罪各犯，由县造具姓名、住址清册，责成保甲、族长严行稽查约束，仍将保人姓名登记册内，如有再犯，即将知而不首之保甲、族长处十等罚。

18.218.(2)〔会匪开堂放飘纠伙散放及勾通教匪煽惑扰害〕一、各省拿获会匪，如讯系为首开堂放飘者，及领受飘布，辗转纠伙，散放多人，或在会中充当元帅、军师、坐堂、陪堂、刑堂、礼堂名目，与入会之后，虽未放飘，辗转纠人而有伙同抢劫情事，及勾通教匪煽惑扰害者，一经审实，即开录详细供招，禀请复讯，就地正法，仍随案具奏。此外，如有虽经入会，并非头目，情罪稍轻之犯，酌定年限监禁。俟限满后，察看是否安静守法，能否改过自新，分别办理。其无知乡民被诱、被胁，误受匪徒飘布，希冀保全身家，并非甘心从逆之人，如能悔罪自首，呈缴飘布者，一概从宽，免其究治。其有向充会匪，自行投首，密告匪首姓名，因而拿获，亦一律免罪。若投首后，又能作线引拿首要各犯到案究办，除免罪之外，仍由该地方官酌量给赏。地方文武员弁，能拿获著名首要审实惩办，随案奏请优奖；如妄拿无辜，扰累闾阎，以及纵匪贻害，亦即严行参处。

18.218.(3)〔不逞之徒歃血订盟结连土豪市棍衙役兵丁为害良民〕一、凡不逞之徒，歃血订盟，转相结连土豪、市棍、衙役、兵丁，彼倡此应，为害良民，据邻佑、乡保首告，地方官如不准理，又不缉拿，惟图掩饰，或至蜂起为盗，抄掠横行，将地方文武各官革职，从重治罪。其平日失察，首告之后不自隐讳，即能擒获之地方官，免其议处。至乡保、邻佑知情不行首告者，亦从重治罪。如旁人确知首告者，该地方官酌量给赏；倘借端妄告者，仍照诬告律治罪。

18.218.(4)〔被胁入伙叛犯闻拿投首〕一、叛逆案内，被胁入伙，并无随同焚汛①戍官、抗拒官兵情事者,各于斩、绞罪上减一等,发烟瘴地方安置。其闻拿悔罪,自行投首者,再减一等,徒三年。

18.219 造妖书妖言

18.219.0 凡造妖书、妖言,及传用惑众者,皆绞。_{监候。被惑人不坐。不及众者,流三千里,合依量情分坐。}若他人造_{传。}私有妖书,隐藏不送官者,徒三年。

条　例

18.219.(1)〔狂徒造言捏曲及刊刻传播鄙俚亵慢之词〕一、凡狂妄之徒,因事造言,捏成歌曲,沿街唱和,及以鄙俚亵慢之词,刊刻传播者,内外各地方官即时察拿,审非妖言惑众者,坐以不应重罪。

18.219.(2)〔造印市卖及买看淫亵书画〕一、凡坊肆市卖一应淫亵书画,地方有司一体严禁,板书、器物尽行搜毁。有造作、刻印、描画者,系官革职,军民徒三年,市卖者处十等罚,买看者处八等罚。该管官不行查出,交部议处。仍不准借端出首讹诈。

18.220 盗大祀神御物

18.220.0 凡盗大祀_{天日}神_{地日}祇御用祭器、帷帐等物,及盗缣荐、玉帛、牲牢、馔具之属者,皆绞。_{不分首从,监守、常人。谓在殿内及已至祭所而盗者。}其_{祭器品物}未进神御,及营造未成,若已奉祭讫之物,及其余官物,_{虽大祀所用,非应荐之物。}皆徒三年;若计赃重于本罪_{徒三年}者,各加盗罪一等。_{谓监守、常人盗者,各加监守、常人盗罪一等。至杂犯绞,不加。}

18.221 盗制书

18.221.0.1 凡盗制书者,_{若非御宝原书,止钞行者,以官文书论。}皆绞。_{不分首从。}○ 18.221.0.2 盗各衙门官文书者,皆处十等罚。若有所规避者,_{或侵欺钱粮,或受财买求之类。}从重论。事干_系军

---

① "汛",原件作"汛",政学社本亦作"汛",现据法政研究会本、宪政编查馆《核订现行刑律》"谋叛"条修改后条例订正。

机之钱粮者,皆绞。_{监候。不分首从。}

18.222 盗印信

18.222.0 凡盗各衙门印信者,_{不分首从,}皆绞。_{监候。又伪造印信时宪书条例云"钦给关防,与印信同"。}盗关防印记者,皆处十等罚。

18.223 盗内府财物

18.223.0 凡盗内府财物者,皆绞。_{杂犯。但盗即坐,不论多寡,不分首从。若财物未进库,止依盗官物论。"内府"字要详。}

条　例

18.223.(1)〔偷窃大内禁苑各省行宫乘舆服物〕一、凡偷窃大内及禁苑乘舆服物者,照律不分首从,拟绞立决。偷窃各省行宫乘舆服物者,为首拟绞监候,为从发烟瘴地方安置。其偷窃行宫内该班官员人等财物,仍照偷窃衙署例问拟。若遇翠华临幸之时,有偷窃行宫物件者,仍依偷窃大内服物例治罪。

18.223.(2)〔盗御宝乘舆服御物及其余内府财物〕一、凡盗内府财物,系御宝、乘舆服御物者,绞立决;其余银两、钱帛等物,分别监守、常人,照盗仓库钱粮各本例定拟。

18.223.(3)〔行窃紫禁城内该班官员人等财物〕一、行窃紫禁城内该班官员人等财物,不计赃数、人数,照偷窃衙署例上加一等治罪;赃重者,从重论。

18.224 盗城门钥

18.224.0 凡盗京城门钥,皆_{不分首从,}流三千里。_{杂犯。遗失者,徒二年半。}盗府厅、州、县、镇城关门钥,皆徒三年。盗仓库门_{内外各衙门}等钥,皆工作十个月。_{盗紫禁城门钥,以盗内府物论;盗监狱门钥,比仓库。}

18.225 盗军器

18.225.0 凡盗_{人关领在家}军器者,_{如衣甲、枪刀、弓箭之类。}计赃,以凡盗论。若盗_{民间}应禁军器者，如人马甲、傍牌、火筒、火炮、旗纛、号带之类。与事主已得私有之罪同。若行军之所及宿卫军人相盗入己者，准凡盗论。若不入己，还充官用者，各减二等。

18.226 盗园陵树木

18.226.0 凡盗园陵内树木者，皆不分首从徒三年。若盗他人坟茔内树木者，首工作六个月。从、减一等。若计入己赃重于满徒工作本罪者，各加盗罪一等。各加监守、常人窃盗罪一等。若未驮载，仍以毁论。

条 例

18.226.(1)〔盗采官山土石树木开窑及烧山等〕一、凡在红桩以内盗砍树株，取土取石，开窑烧造，放火烧山者，为首拟绞监候，为从流二千五百里。若红桩以外、官山界限以内，除采樵枝叶，并民间修理房茔，取土刨坑不及丈余，取用山上浮石长不及丈，及砍取自种私树者，一概不禁外，其有盗砍官树，开山取石，掘地成壕，开窑烧造，放火烧山者，在红桩以外、白桩以内，流二千五百里；在白桩以外、青桩以内，徒三年；在青桩以外、官山以内，徒二年半；为从，各减一等；计赃重于徒罪者，各加一等。官山界址在二十里外，即以二十里为限；若在二十里内，即以官山所止之处为限。弁兵受贿故纵，与囚同罪；赃重者，计赃，以枉法从重论。其止疏于防范者，兵丁处十等罚，官弁交部议处。

18.226.(2)〔私入红桩火道偷打牲畜及失火延烧草木殿宇墙垣〕一、私入红桩火道以内偷打牲畜，为首发极边足四千里安置。其因起意在内偷牲，遗失火种，以致延烧草木者，发烟瘴地方安置，为从各徒三年；如延烧殿宇墙垣，为首拟绞监候，为从流三千里。

18.226.(3)〔偷挖人参分别红白青桩治罪〕一、凡在红桩、白桩以内，偷挖人参至五十两以上，为首拟绞监候；不及五十两者，流三千里；为从各减一等。在白桩以外、青桩以内偷挖者，照盗园陵树木本律治罪。弁兵受贿故纵，与本犯同科；赃重者，计赃，以枉法从重论。其止疏于防范者，兵丁处十等罚，官弁交部议处。

18.226.(4)〔子孙盗卖祖坟树株房屋碑石等物及雇工看坟人等盗卖〕一、凡子孙将祖父坟茔前列成行树木，及坟旁散树高大株颗，私自砍卖者，一株至十株，处十等罚；十一株至二十株，徒三年；计赃重者，准窃盗加一等，从其重者论；二十一株以上者，流三千里。_{如平日并无不肖行为，实系迫于贫难，别有正大需用，于坟茔并无妨碍，人所共知者，不用此例。}或系坟旁散树，并非高大树棵，照照不应重科罪。看坟人等及雇工盗卖者，罪同。若雇工、看坟人等盗卖坟茔之房屋、碑石、砖瓦、木植者，计赃，准窃盗罪加一等。

18.226.(5) 〔盗砍他人坟树〕一、凡盗砍他人坟树，初犯工作六个月，再犯递加一等；如计赃重于本罪，及犯案至三次者，均计赃，准窃盗加一等定拟。盗卖他人茔前房屋、碑石、砖瓦、木植者，罪同。

18.227 监守自盗仓库钱粮

18.227.0 凡监临、主守自盗仓库钱粮等物，不分首从，并赃论罪。_{并赃，谓如十人节次共盗官银四十两，虽各分四两入己，通算作一处，其十人各得四十两罪，皆绞；若十人共盗五两，皆工作十个月之类。三犯者，绞。问实犯。}

一两以下，工作六个月。

一两之上至二两五钱，工作八个月。

五两，工作十个月。

七两五钱，徒一年。

一十两，徒一年半。

一十二两五钱，徒二年。

一十五两，徒二年半。

一十七两五钱，徒三年。

二十两，流二千里。

二十五两，流二千五百里。

三十两，流三千里。_{杂犯三流，总徒四年。}

四十两，绞。_{杂犯，徒五年。}

条 例

18.227.(1) 〔监守盗钱粮入己者依银数治罪限内完交减免及身故无产豁免〕一、监守盗仓库钱粮，除审非入己者，各照挪移本条律例定拟外，其入己数在一百两以下至四十两者，仍照本律问拟，准徒五年；其自一百两以上至三百三十两，流二千里；至六百六十两，流二千五百里；至一千两，流三千里；一千两以上者，拟绞监候。勒限一年追完。如限内全完，死罪减二等发落，流徒以下免罪;若不完,再限一年勒追。全完者,死罪及流徒以下,各减一等发落;如不完,流徒以下即行发配,死罪人犯监禁,均再限一年,着落犯人妻及未分家之子名下追赔。三年限外不完,死罪人犯永远监禁;全完者,奏明请旨,均照二年全完减罪一等之例办理。至本犯身死,实无家产可以完交者,照例取结豁免。其完赃减免之犯,如再犯赃,俱在本罪上加一等治罪。

18.228 常人盗仓库钱粮

18.228.0 凡常人^{不系监守外皆是。}盗仓库^{自仓库盗出者坐。}钱粮等物,^{发觉而}不得财,工作两个月;^{从,减一等}但得财者,不分首从,并赃论罪。^{并赃同前。}

一两以下,工作四个月。

一两以上至五两,工作六个月。

一十两,工作八个月。

一十五两,工作十个月。

二十两,徒一年。

二十五两,徒一年半。

三十两,徒二年。

三十五两,徒二年半。

四十两,徒三年。

四十五两,流二千里。

五十两,流二千五百里。

五十五两,流三千里。^{杂犯三流,总徒四年。}

八十两,绞。^{杂犯,徒五年。其监守、值宿之人,以不觉察科罪。}

条　例

18.228.(1)〔窃盗库储银钱仓储漕粮〕一、凡窃匪之徒,穿穴壁封,窃盗库储银钱、仓储漕粮,除未得财及得财数在五十五两以下,仍依本律定拟外,其数至一百两以上者,拟绞监候;一百两以下至九十两,发极边足四千里安置;九十两以下至八十两,流三千里;八十两以下至七十两,流二千五百里;七十两以下至五十五两以上,流二千里;为从各减一等。至窃盗饷鞘银两,即照窃盗仓库钱粮,分别已、未得财,各按首、从,一律科罪。

18.229 强盗

18.229.0.1 凡强盗已行而不得财者，皆流三千里；但得^{事主}财者，不分首从，皆绞。_{虽不分赃，亦坐；其造意不行，又不分赃者，流三千里；伙盗不行，又不分赃者，工作十个月。} ○ **18.229.0.2** 若以药迷人图财者，罪同。_{但得财，皆绞。} ○ **18.229.0.3** 若窃盗临时有拒捕及杀伤人者，皆绞。_{监候。得财、不得财皆绞，须看"临时"二字。}因盗而奸者，罪亦如之。_{不论成奸与否，不分首从。}共盗之人不曾助力，不知拒捕杀伤人及奸情者，_{审确，}止依窃盗论。_{分首从，得财、不得财。} ○ **18.229.0.4** 其窃盗，事主知觉，弃财逃走，事主追逐，因而拒捕者，自依罪人拒捕律科罪。_{于窃盗不得财本罪上加二等；殴人至折伤以上，绞；杀人者，亦绞；为从各减一等。} ○ **18.229.0.5** 凡强盗自首不实不尽，止宜以名例自首律内至死减等科之，不可以不应从重科断。窃盗伤人自首者，但免其盗罪，仍依斗殴伤人律论。

条例

18.229.(1) 〔拿获盗犯供出行劫别案〕一、凡拿获盗犯到案，即行严讯，如有供出行劫别案，讯明次数、赃物，取具确供。其在本省他邑者，即行通详该督抚，无论他邑有无拿获盗犯，总于赃物查起、事主认领之后，提解来省，并案审拟具奏，将该犯即行正法。若系供出邻省之案，其伙盗已获者，应令该督抚关查明确，首、从绝无疑义者，详悉声明，奏请即行正法。如邻省伙犯未获，现获之犯或任意抵赖，系彼案盗首而供为同伙，将来后获之犯或本系盗首，因同伙已经正法，转推已决者为首犯，不无避重就轻之弊，应令各督抚详加研鞫，务得实情，其无前项情弊者，不必虚拟罪名另案具奏，即于本案声明，奏请正法。倘行查被盗之州县，有指已正法之盗作为首盗，或盗数未足作为伙盗，希图销案，及州县彼此行查盗犯口供，不即详细讯明关复，以致案件不能完结者，该督抚查明奏参，交部分别议处。

18.229.(2) 〔强盗重案交印官审鞫不许捕官私讯捕役私拷〕一、凡强盗重案，交与印官审鞫，不许捕官私行审讯、番捕等役私拷取供。违者，捕官参处，番役等工作十个月，革役。如得财及诬陷无辜者，从重科罪。其承问官于初审之时，即先验有无伤痕，若果无伤，必于招内开明"并无私拷伤痕"字样，若疏忽不开，扶同隐讳，及纵容捕官私审者，即将印官奏参，交部议处。

18.229.(3)〔强盗窃犯审明伙盗赃数或行窃次数并确认赃物即分别定拟〕
一、凡强盗初到案时,审明伙盗、赃数,及起有赃物,经事主确认,即按律定罪。其伙盗数目,以初获强盗所供为确。初招既定,不许续报。如系窃贼,审明行窃次数并事主初供,但搜有正赃,即分别定拟。若原赃花费,照例追变赔偿。如事主冒开赃物,处八等罚。其盗贼供出卖赃之处,如有伊亲党,并胥捕人等借端吓诈者,计赃,加窃盗一等治罪。

18.229.(4)〔封记审实盗犯家产候奏结变赔〕一、凡盗犯到案,审实,先将各犯家产封记,候奏结之日变赔。如该犯父、兄、伯叔知情分赃,并另有窝家者,审明治罪,亦着落伊等名下追赔。倘案内各盗,有并无家产及外来之人,无从封记开报者,将案内盗犯及窝家有家产者,除应赔本身赃物外,或有余剩,概行变价代赔。其有将无干亲族及并未分赃之亲属株连赔累,该督抚查参议处。

18.229.(5)〔拿获别省盗犯即由拿获省份讯明定拟及须移解质审者〕一、各省拿获盗犯,供出他省曾犯行劫者,不论罪轻罪重,研讯明确,毋庸解往质审。其邻省地方官自行盘获别省盗犯,及协同失事地方差役缉捕拿获者,均令在拿获地方严行监禁,详讯供词,备移被盗省份查明案情、赃证确实,即由拿获省份定拟,奏请正法,仍知照本省,将拿获正法缘由在失事地方张挂告示,明白晓谕。如果赃迹未明,或失事地方有伙盗待质,必须移解者,拿获省份遴派文武官各一员,带领解役兵丁亲身管押解送,仍预先知会前途经由地方,一体遴派员弁、挑拨兵役,接递管解,遇夜寄监收禁。其道远州县不及收监者,即令该地方官预期选拨干役前赴住宿处所,传齐地保,知会营汛,随同押解官弁锁锢防范。倘不小心管解致犯脱逃,即将各役严审有无贿纵情弊,照例从重治罪;官员交部严加议处。

18.229.(6)〔地保汛兵隐匿不报强窃盗及首报迟延〕一、凡强窃盗等事,地保及营汛兵丁一有见闻,立即分报各衙门文武员弁协力追拿。如地保、汛兵通同隐匿不报,及地保已报文职而汛兵不报武弁,或汛兵已报武弁而地保不报文职者,均处十等罚;若首报迟延,处八等罚。

18.229.(7)〔捕役兵丁为盗并分赃通贼交结巨盗及奉差承缉走漏消息〕一、捕役并防守礅卡或缉盗汛兵及营兵为盗,均照律拟绞立决。如捕役、丁起意,为首斩立决,为从仍拟绞决。失察之该管官,交部议处。该管官逼勒改供,或捏称革役,该上司不能查出,一并交部议处。如捕役、兵丁分赃通贼,及与巨盗交结往来,奉差承缉走漏消息者,不分曾否得财,均照本犯一体治罪；知情故纵，照窝主知情存留例，分别治罪；若不知情，止系查缉不力，照不应重律科断。至书差人等临时得赃卖放，亦照本犯一体治罪。

18.229.(8)〔事主续报失单及捕役私起赃物诬栽混认瞒赃等弊〕一、事主呈报盗案失单，须逐细开明。如赃物繁多，一时失记，准于五日内续报。该地方官将原报、续报缘由，于招内声明。至获盗起赃，必须差委捕员眼同起认。如捕役私起赃物，或借名寻赃，逐店搜察，或嘱贼诬攀，指称收顿，或将贼犯己物作赃，或买物栽赃，或混认瞒赃等弊，事发，除捕役照律例从重问拟外，其承问官不严禁详审，该督抚不严饬奏参者，一并交部议处。

18.229.(9)〔事主报盗止许到官听审一次认赃一次〕一、事主报盗，止许到官听审一次，认赃一次。所认赃物，即给主回家，不许往返拖累。违者，将承审官严加议处。

18.229.(10)〔虚诬捏饰盗情及借以陷害平人讹诈官役〕一、事主呈报盗情，不许虚诬捏饰。倘有并无被劫而谎称被劫，及以窃为强，以奸为盗者，俱处十等罚。以人命、斗殴等事报盗者，其本身无罪，亦处十等罚；若本有应得之罪重者，照本罪从重问拟；本罪轻者，加一等治罪。若奸棍豪绅凭空捏报盗、劫，借以陷害平人，讹诈印捕官役者，照诬告人死罪未决律流三千里，加徒役三年。甲长、邻佑扶同者，各照事主减一等治罪。

18.229.(11)〔地方官员抑勒讳盗或改强为窃〕一、地方文武官员因畏疏防承缉处分，恐吓事主，抑勒讳盗，或改强为窃者，均照讳盗例革职；承行书吏处十等罚。若抑勒苦累事主致死，或刑伤至笃废者，除革职外，照故勘平人律治罪。该管司、道、府、厅、州不行查报，督抚不行查参者，俱交部照例议处。

18.229.(12)〔鞫审强盗必须赃证明确〕一、凡问刑衙门鞫审强盗，必须赃、证明确者，照例即决。如赃迹未明，招攀续缉，涉于疑似者，不妨再审。或有续获强盗，无自认口供，赃迹未明，伙盗已决，无证者，俱引监候处决。

18.229.(13)〔强盗杀人放火行奸打劫狱库干系城衙并积至百人以上俱斩立决〕一、强盗，杀人，放火烧人房屋，奸污人妻女，打劫牢狱、仓库，^{凡官钱粮皆是。}及干系城池，^{爬越入城亦是。}衙门，并积至百人以上，不分曾否得财，俱拟斩立决。^{凡六项，有一于此，即引此例，随犯摘引所犯之事。}

18.229.(14)〔响马强盗执械白日邀劫〕一、凡响马强盗，执有弓矢、军器，白日邀劫道路,赃、证明白者,俱不分人数多寡、曾否伤人,拟斩立决。其江洋行劫大盗,俱照此例立斩。

18.229.(15)〔强劫及窃盗临时行强执持施放鸟枪洋枪〕一、强劫及窃盗临时行强之案,但有一人执持鸟枪、洋枪在场者,不论曾否伤人,不分首从,均斩立决。若窃贼施放鸟枪、洋枪拒捕,一经成伤,无论护赃、护伙、图脱,及临时、事后,所伤是否事主,为首并帮同放枪之犯皆拟绞监候,秋审时,首犯入于情实,帮同放枪者入于缓决;杀人者,俱拟斩立决。寻常行窃,但系执持鸟枪、洋枪之犯,虽未拒捕,均发极边足四千里安置。

18.229.(16)〔强盗杀人在场目击之犯〕一、强盗杀人案件,正凶及帮同下手之犯,遵照定例拟以斩立决,其仅止在场目击者,如已劫得赃物,仍照得财律,不分首从,问拟绞决;未得财者,目击杀人之犯,俱拟绞监候,秋审入于缓决。

18.229.(17)〔寻常盗劫未随同搜劫伙盗〕一、寻常盗劫之案,除起意为首,与拒捕各犯有犯杀伤,及未经伤人之伙盗如曾转纠党羽入室、过船搜赃,或行劫已至二次,并执持火器、金刃在外把风、情形凶暴者,一经得财,仍照各本律例定拟外,其止听嘱在外瞭望、接递财物,并未入室、过船搜赃,亦无执持火器、金刃情凶势恶者,均系旧例情有可原之犯,应一并免死,减等发遣新疆当差。若被胁同行,尚非甘心为盗,系在外者,仍照前拟遣;倘经入室、过船,讯未随同搜劫,均于强盗本罪上量减为绞监候。

18.229.(18)〔盗首无欲劫之家悉由引线指出〕一、强盗引线,除盗首先已立意欲劫,某家仅止听从引路者,仍照例以从盗论罪外,如首盗并无立意欲劫之家,其事主姓名、行劫道路,悉由引线指出,又经分得赃物者,虽未同行,即与盗首一体拟罪,不得以情有可原声请。

18.229.(19)〔强盗未得财〕一、凡强盗伤人未得财,首犯绞监候,为从发新疆当差;如未得财又未伤人,首犯发新疆当差,从犯流三千里。

18.229.(20)〔用药迷人取财〕一、凡用药迷人已经得财之案,将起意为首,及下手用药迷人,并迷窃为从已至二次,及首先传授药方之犯,均照强盗律拟绞立决;其余为从者,发新疆当差。其有人已被迷,经他人救醒,虽未得财,将造意为首,并首先传授药方,转传贻害,及下手用药迷人之犯,均拟绞监候,入于秋审情实。若甫经学习,虽已合药,即行败露,或被迷之人当时知觉,未经受累者,均发新疆当差。倘到配之后,故智复萌,将药方传授与人,及复行迷窃者,请旨即行正法。其案内随行为从之犯,仍各减一等定拟。

18.229.(21)〔用药及邪术迷拐幼小子女〕一、用药及一切邪术迷拐幼小子女,如人药并获,即比照用药迷人已经得财例,将起意为首,及下手用药迷人,并迷拐为从已至二次,及首先传授药方之犯,均照强盗律拟绞立决;其余为从,均发新疆当差。其或药已丢弃,无从起获,必须供证确凿,实系迷拐有据,方照此例办理。若药未起获,又无确凿证据,仍照寻常诱拐例,分别知情、不知情科断。

18.229.(22)〔窃盗临时拒捕杀伤事主邻佑〕一、窃盗临时盗所拒捕,_{护赃、护伙者皆是。}及虽未得财而未离盗所,逞凶拒捕,或虽离盗所而临时护赃格斗,_{已离盗所护伙者,不在此例。}杀人者,不论所杀系事主、邻佑,将为首者拟绞立决;为从帮殴,如刃伤及他物、手足至折伤以上者,俱拟绞监候;伤非金刃,又非折伤者,发烟瘴地方安置;拒捕未经帮殴成伤者,发极边足四千里安置。其伤人未死,_{专指事主言。如非事主,依罪人拒捕条科断。}如刃伤及折伤以上者,首犯拟绞监候,为从流三千里;若伤非金刃,伤轻平复,首犯流三千里,为从徒三年。其拒捕未经成伤,及被事主事后搜捕,起意拒捕者,仍依罪人拒捕本律,分别杀伤科断。

18.229.(23)〔窃盗弃财与未经得财逃走拒捕杀伤〕一、窃盗弃财逃走,与未经得财逃走,被事主追逐拒捕,或伙贼携赃先遁,后逃之贼被追拒捕,及已经逃走,因见伙犯被获,帮护拒捕,因而杀人者,不论事主、邻佑,首犯俱拟绞监候;为从帮殴,如刃伤及手足、他物至折伤以上者,亦俱拟绞监候;伤非金刃,又非折伤,及未经帮殴成伤者,流三千里。其伤人未死,_{专指事主言。如非事主,依罪人拒捕条科断。}如刃伤及折伤以上者,首犯拟绞监候,从犯减等拟流;若伤非金刃,伤轻平复,并拒捕未经成伤者,及事后追捕,有拒捕杀伤者,仍各依罪人拒捕本律科断。_{如逃走并未弃财,仍以临时护赃格斗论。}

18.229.(24)〔刃伤事主应绞窃犯闻拿畏惧送还原赃〕一、窃盗拒捕,刃伤事主,罪应拟绞之犯,如闻拿畏惧,将原赃送还事主,确有证据者,准其照闻拿投首例量减拟流。若止系一面之词,别无证据,仍依例拟绞监候,秋审时,入于缓决。

18.229.(25)〔因窃盗强奸妇女〕一、因窃盗而强奸人妇女,凡已成者,拟绞立决;同谋未经同奸,及奸而未成者,皆绞监候;共盗之人不知奸情者,审确,止依窃盗论。

18.229.(26)〔御驾驻跸及巡幸之处匪徒偷窃附近仓廒官廨拒伤兵弁〕一、恭遇御驾驻跸圆明园、颐和园及巡幸之处,若有匪徒偷窃附近仓廒、官廨,拒伤官弁兵丁者,如相距宫墙在三里以内,系刃伤,为首者拟绞监候,入于秋审情实;帮殴者,俱拟绞监候;未帮殴者,发极边足四千里安置。伤非金刃,伤轻平复,为首者发烟瘴地方安置。未伤人,为首者发极边足四千里安置,为从者各流三千里。若拒捕杀死官弁兵丁者,首犯绞立决;为从帮殴者,拟绞监候;未帮殴者,发烟瘴地方安置。如值御驾不驻跸之日,仍照本例行。其在紫禁城内行窃该班官员人等财物,有拒捕杀伤人者,亦照此办理。

18.229.(27)〔强逼为盗临时逃避劫后分赃及知强盗后分赃〕一、强逼为盗,临时逃避,行劫后分与赃物,以塞其口,与知强盗后而分所盗之赃,数在一百两以下者,俱照共谋为盗临时畏惧不行事后分赃例减一等,徒二年半;如所分赃至一百两以上,按准窃盗为从律递加一等定拟,罪止流三千里。

18.229.(28)〔十五岁以下盗犯审系诱胁随行上盗〕一、凡情有可原之伙盗内,如果年止十五岁以下,审明实系被人诱胁随行上盗者,无论分赃与不分赃,俱问拟满流,不准收赎。

18.229.(29)〔盗犯捕获他盗及同犯解官投首〕一、强盗首、伙各犯,于事未发觉及五日以内,果能悔罪,捕获他盗及同伴解官投首者,系伤人盗犯,于遣罪上减一等,拟徒三年;未伤人盗犯,照律免罪。若在五日以外,或闻拿将他盗及同伴捕获解官投首者,系伤人盗犯,于死罪上减一等,流三千里;未伤人盗犯,徒三年。

18.229.(30)〔被获盗犯供获首伙各盗〕一、伙盗被获,供出首盗逃所,于四个月限内拿获,系旧例法无可贷之犯,减为绞监候,入于秋审缓决;系旧例情有可原之犯,减为流三千里。其伙盗能将全案首、伙供出,于限内尽行指获,系法无可贷者,减为流三千里;情有可原者,减为徒三年。如供获伙盗在一半以上,并首盗能将全案伙犯供出,于限内指获,均减为绞监候,秋审核其情节,分别实、缓。若伙盗供获伙盗不及一半,及首盗供获伙盗虽在一半以上并拿获,已逾四个月限外者,俱照律定拟,不准轻减。以上各犯,均须到案后当堂供出,按名指获,方准以供获论。如私向捕役告知指拿到官,不得以供获论。

18.229.(31)〔投首之贼攀害平人〕一、凡投首之贼,借追赃名色,将平人捏称同伙,或挟仇攀害,或索诈财物,不分首从、得财与未得财,皆绞立决。

18.229.(32)〔曾犯盗案之盗犯眼线指获同伴〕一、拿获盗犯之眼线,曾犯盗案,悔罪将同伴指获,致被供出,无论首、伙,如在五日外一月以内,照强盗免死例,发新疆当差;若在五日以内,减为流三千里。倘原伙较多,能获三名以上者,准其再减一等。

18.229.(33)〔洋盗案内被胁为匪服役者等投首及治罪收赎〕一、洋盗案内,被胁在船为匪服役,_{如摇橹、写帐等项,均以服役论。}或事后被诱上船,并未随行上盗者,自行投首,照律免罪;如被拿获,均徒三年。年未及岁,仍照律收赎。_{如已经在盗所,自行逃回,欲行投首,尚未到官即被拿获,仍同自首免罪;若已经到家,并不到官呈首,旋被拿获,不得同自首论。}

18.229.(34)〔强盗同居父兄伯叔知情分赃及得财不知情〕一、强盗同居父兄伯叔,知情而又分赃者,减本犯罪一等;虽经得财,而实系不知情者,减二等。

18.229.(35)〔强盗行劫邻佑知而不协拿及邻佑官兵人等获盗被伤给赏〕一、强盗行劫邻佑,知而不协拿者,处八等罚。如邻佑或常人或事主家人拿获强盗一名者,官给赏银二十两;多者,照数给赏;受伤者,分别轻重,由地方官于闲杂款项内酌量给赏。如营汛①防守官兵捕贼受伤或被伤身亡者,俱照绿营阵伤阵亡例,分别赏恤。

① "营汛",原件作"营汛",政学社本亦作"营汛",现据法政研究会本、宪政编查馆《核订现行刑律》"强盗"条修改后条例订正。

〔卷二十一　贼盗中〕

18.230 劫囚

18.230.0 凡劫囚者，皆^{不分首从。}绞。^{监候。但劫即坐，不须得囚。}若私窃放囚人逃走者，与囚同罪。至死者，减一等。^{虽有服亲属，与常人同。}窃而未得囚者，减^囚二等。因而伤人者，绞；^{监候。}杀人者，亦绞。^{监候。虽杀伤被窃之囚，亦坐前罪。不问得囚与未得囚。}为从各减一等。^{承窃囚与窃而未得二项。}若官司差人追征钱粮、勾摄公事及捕获罪人，聚众中途打夺者，首流三千里；因而伤差人者，绞；^{监候。}杀人及聚至十人，^{九人而下，止依前聚众科断。}为首及下手致命者，俱绞；^{监候。}为从各减一等。其率领家人、随从打夺者，止坐尊长；若家人亦曾伤人者，仍以凡人首、从论。^{家长坐绞，为从坐流。不言杀人者，举轻以赅重也。○其不于中途而在家打夺者，若打夺之人原非所勾捕之人，依威力私家拷打律；主使人殴者，依主使律。若原系所勾捕之人，自行殴打，在有罪人者，依罪人拒捕律；无罪者，依拒殴追摄人律。}

条　例

18.230.(1)〔纠众劫囚持械杀伤官弁役卒〕一、纠众行劫在狱罪囚，如有持械拒杀官弁者，将为首及为从杀官并下手帮殴有伤之犯，均比照谋反、大逆律拟斩立决；随同余犯，俱拟绞立决。若拒伤官弁及杀死役卒者，为首并预谋助殴之伙犯，俱拟斩立决；其止伤役卒者，将为首及帮殴有伤之伙犯，俱拟绞立决，随同助势虽未伤人，亦拟绞监候，秋审时，入于情实。若并未伤人，将起意劫狱之首犯，拟绞立决；为从者，俱拟绞监候，秋审时，入于情实。

18.230.(2)〔聚众中途夺犯殴差致死〕一、官司差人捕获罪人，有聚众中途打夺，殴差致死，为首者，不论曾否下手，拟绞立决；为从下手致命伤重致死者，拟绞监候，入于秋审情实；余仍依律定拟。

18.230.(3)〔官司勾摄罪人纠谋聚众持械打夺殴差致死及一时拒殴杀伤〕一、凡官司勾摄罪人，已在该犯家拿获，如有为首纠谋，聚至三人以上，持械打夺，殴差致死者，即照中途夺犯例治罪；若并未纠约聚众，实系一时争斗拒殴,致有杀伤,仍照各本律定拟。其非本案罪犯,及非所勾捕之人,毋论在途、在家,俱以凡斗论。差人借端滋扰,照例从重治罪;地方官交部议处。

18.230.(4)〔一二人中途夺犯〕一、官司差人捕获罪人,有仅止一二人中途打夺者,照聚众打夺本律,分别杀、伤治罪;未伤人者,减一等。

18.230.(5)〔尊长率领卑幼及家长率领雇工夺犯杀伤差役〕一、官司差人捕获罪人,如有尊长率领卑幼及家长率领雇工殴差夺犯,并杀死差役案内,随从之卑幼、雇工曾经杀伤人者,照律依为从拟流三千里;在场助势并未伤人者,徒三年。若杀死差役三命以上案内,为从下手致死之卑幼、雇工,俱拟绞监候;帮殴伤轻者,流三千里;在场助势并未伤人者,徒三年。

18.231 白昼抢夺 _{人少而无凶器,抢夺也;人多而有凶器,强劫也。}

18.231.0.1 凡白昼抢夺人财物者,_{不计赃,}徒三年;计赃_{并赃论}重者,加窃盗罪二等;伤人者,_{首绞监候。}为从各减_{为首}一等。○ 18.231.0.2 若因失火及行船遭风着浅,而乘时抢夺人财物及拆毁船只者,罪亦如之。_{亦如抢夺科罪} ○ 18.231.0.3 其本与人斗殴或勾捕罪人,因而窃取财物者,计赃,准窃盗论;因而夺去者,加二等,罪止流三千里。若_{窃夺}有杀伤者,各从故斗论。_{其人不敢与争而杀之,曰故;与争而杀之,曰斗。}

条 例

18.231.(1)〔凡问白昼抢夺〕一、凡问白昼抢夺,要先明事犯根由,然后揆情剖决。在白昼为抢夺,在夜间为窃盗。在途截抢者,虽昏夜,仍问抢夺,止去"白昼"二字。若抢夺不得财,及所夺之物即还事主,俱问不应。如强割田禾,依抢夺科之。探知窃盗人财而于中途抢去,准窃盗论;系强盗赃,止问不应。若见分而夺,问盗后分赃;其亲属无抢夺之文,比依恐吓科断。

18.231.(2)〔白昼抢夺赃至一百二十两以上〕一、凡白昼抢夺人财物,赃至一百二十两以上者,拟绞监候。

18.231.(3)〔初犯再犯及三犯抢夺并抢窃并发〕一、凡白昼抢夺三犯者,拟绞监候,入于秋审情实。其因抢夺问拟徒流以上罪名,复犯抢夺者,仍照徒流人又犯罪定拟。若初犯抢夺,五次以上,发烟瘴地方安置;八次以上,发新疆当差。至抢、窃同时并发之案,仍各从其重者论。

18.231.(4)〔聚众结伙抢夺以人数及有无持械定拟〕一、抢夺之案,如结伙骑马持械,并聚至十人以上,倚强肆掠,凶暴众著者,无论白昼、昏夜,及在途、在野,江河湖港,均照强盗律,不分首从,拟绞立决;被胁同行者,发烟瘴地方安置。聚众不及十人而数在三人以上,但经持械殴伤事主者,不论伤之轻重,为首及在场帮殴有伤之犯,亦照强盗律拟绞立决;其余从犯,均发烟瘴地方安置。结伙三人以上,持械未伤事主,及虽未持械,而结伙已至十人以上者,首犯均发烟瘴地方安置,从犯流三千里。结伙不及十人,俱系徒手抢夺者,首犯流三千里,从犯徒三年。数在三人以下,而又未经持械,仍照抢夺各本律例定拟。

18.231.(5)〔结伙抢夺执持鸟枪洋枪〕一、结伙十人并三人以上抢夺案内,执持鸟枪、洋枪之人,系首犯,不论曾否伤人,拟斩立决;系从犯,伤人者,亦拟斩立决。未经伤人者,系结伙十人案内之犯,仍照向例办理。系不及十人数在三人以上案内之犯,及仅止一二人但系执持鸟枪、洋枪之犯,虽未拒捕,俱发极边足四千里安置。

18.231.(6)〔结伙不及三人白昼抢夺杀伤〕一、凡结伙不及三人,白昼抢夺杀人者,拟绞立决;为从帮殴,如刃伤及手足、他物至折伤以上者,拟绞监候;伤非金刃,又非折伤者,发烟瘴地方安置;未经帮殴成伤者,发极边足四千里安置。其伤人未死,如刃伤及折伤以上者,首犯拟绞监候,为从流三千里。伤非金刃,伤轻平复之首犯,发烟瘴地方安置;拒捕未经成伤之首犯,流二千五百里;为从各徒三年。

18.231.(7)〔抢窃拒伤事主两人同场拒伤一人以金刃他物及致命先后下手分首从〕一、抢窃拒伤事主、伤轻平复之案,如两人同场拒伤一人,一系他物,一系金刃,无论先后下手,以金刃伤者为首;如金刃伤轻,他物伤重而未至折伤者,仍以金刃伤者为首。如一系刃伤,一系他物折伤,刃伤重,以刃伤为首;折伤重,以折伤为首;刃伤与折伤俱重,无可区别者,以先下手者为首。若俱系金刃,或俱系他物,以致命重伤为首。如俱系致命重伤,或俱系他物折伤,亦以先下手者为首。若两人共拒一人,系各自拒伤,并不同场者,即各科各罪,各以为首论。

18.231.(8)〔大江洋海出哨兵丁乘危捞抢追赃给主与自首宽减〕一、大江洋海出哨兵丁乘危捞抢之案,所抢财物,照追给主,如不足数,将首犯家产变赔,无主赃物入官。其在船将弁,如同谋抢夺,虽兵丁为首,该弁亦照为首例治罪;不同谋而分赃者,以为从论;若实系不能约束,并未同谋、分赃,照钤束不严例议处。以上弁兵,除应绞决者不准自首外,其应绞候者,若事未发觉而自首,徒三年;遣流以下,概准宽免。如系闻拿投首,应绞候者,流三千里;遣流以下,减二等。仍追赃给主。如有误坐同船,并未分赃之人,能据实首报,除免罪外,酌量给赏。上司失于觉察,或通同庇匿,及地方州县据难民呈报,不即查明转详,反行抑讳,及道府不行察报,督抚、提镇不行查参者,均照例议处。如营汛①弁兵能竭力救护失风人、船,不私取丝毫货物者,该管官据实申报督抚、提镇,按次记功,照例议叙;因救援致受伤、被溺者,详报督抚查明优恤。

18.231.(9)〔大江洋海出哨兵弁乘危捞抢致商民淹毙及伤杀人〕一、凡大江洋海出哨官弁、兵丁,如遇商船遭风,尚未覆溺,及着浅不致覆溺,不为救护,反抢取财物,拆毁船只者,照江洋大盗例,不分首从,斩决。如遭风覆溺,人尚未死,不速救援,止顾捞抢财物,以致商民淹毙者,为首绞立决,为从绞监候。如见船覆溺,抢取货物,伤人未致毙命,如刃伤及折伤以上者,绞监候;伤非金刃、伤轻平复者,发烟瘴地方安置;未伤人者,为首照抢夺律加一等,流二千里,为从徒三年;赃逾贯者,绞监候。如有凶恶之徒,明知事犯重罪,在外洋无人处所,故将商人全杀灭口,图绝告发者,但系同谋,均斩决。如见船覆溺,并未抢取货物,但阻挠不救,以致商民淹毙者,为首绞监候,为从照知人谋害不即救护律治罪,官弁奏参、革职,兵丁革除名粮、折罚。如淹死人命在先,弁兵见有漂失无主船货,捞抢入己者,照得遗失官物坐赃论罪。

18.231.(10)〔边海居民并船户乘危抢夺及致商民淹毙或伤人〕一、凡边海居民以及采捕各船户,如有乘危抢夺,但经得财,并未伤人者,均照抢夺本律加一等,流二千里;为从各徒三年。若抢取货物,拆毁船只,致商民淹毙,或伤人未致毙命者,俱照前例分别治罪。有能救援商船,不取财物者,该管督抚亦酌量给赏。

18.231.(11)〔因荒伙众抢夺挟制官长及纠众罢市辱官〕一、直省不法之徒,如乘地方歉收,伙众抢夺,扰害善良,挟制官长,或因赈贷稍迟,抢夺村市,喧闹公堂,及怀挟私愤,纠众罢市、辱官者,俱照光棍例治罪。若该地方官营私怠玩,激成事端,及弁兵不实力缉拿,一并严参议处。

18.231.(12)〔饥民爬抢〕一、饥民爬抢,除纠伙执持军器、刀械,拒伤事主,及搜劫多赃者,仍照强盗本律科断外,如有聚众十人以上至数十人,执持

---

① "营汛",原件作"营汛",政学社本亦作"营汛",现据法政研究会本、宪政编查馆《核订现行刑律》"白昼抢夺"条修改后条例订正。

木棍等项,爬抢粮食,并无攫取别赃者,为首拟绞监候,为从发极边足四千里安置;如十人以下持械爬抢者,为首亦照前安置,为从减一等;其徒手并未持械者,仍照抢夺本律科断。

18.232 窃盗

18.232.0.1 凡窃盗已行而不得财,工作一个月;但得财,<small>不论分赃、不分赃。</small>以一主为重,并赃论罪。为从者,各<small>指上得财、不得财言</small>减一等。<small>以一主为重,谓如盗得二家财物,从一家赃多者科罪。并赃论,谓如十人共盗得一家财物,计赃四十两,虽各分得四两,通算作一处,其十人各得四十两之罪,造意者为首,该工作十个月,余人为从,各减一等,止工作八个月之类。余条准此。</small> ○ 18.232.0.2 掏摸者,罪同。

一两以下,工作两个月。

一两之上至一十两,工作四个月。

二十两,工作六个月。

三十两,工作八个月。

四十两,工作十个月。

五十两,徒一年。

六十两,徒一年半。

七十两,徒二年。

八十两,徒二年半。

九十两,徒三年。

一百两,流二千里。

一百一十两,流二千五百里。

一百二十两,流三千里。

二百两,发极边足四千里安置。

三百两,发烟瘴地方安置。

四百两,发新疆当差。

五百两以上,绞。<small>监候。</small> ○ 18.232.0.3 三犯流者,绞。<small>监候。</small>

条 例

18.232.(1)〔京城巡警捕役获贼呈报迟延及勒索事主〕一、京城内、外巡警厅巡警,大、宛两县及五营、内务府捕役,并步军统领衙门番役,拿获窃贼者,俱限即日禀报本管官;如晚间拿获,限次早禀报。该管官讯明被窃情由,将事主年貌、姓名、住址及所失赃物详记档案,即令事主回家,不必一同解送。如赃物现获,即出示,令事主认领。倘不法捕役及巡捕人等,违限不行呈报,任意勒索事主,许事主赴地方审判厅呈告,将捕役人等照恐吓取财例治罪。其该管官失于觉察及任意纵容者,交部分别议处。

18.232.(2)〔捕役私自搜赃中饱〕一、直省州县拿获窃盗到案,取具确供,计赃在五十两以上者,即同捕官带同捕役搜验原赃,给主收领;如赃在四十两以下,捕官带同捕役前往搜验。如州县、捕官听捕役私自搜赃,以致中饱者,除捕役与窃盗同科外,将该州县、捕官照失察捕役为盗例议处。

18.232.(3)〔各省营镇责成将备缉贼及营员会同质审〕一、各省营镇责成将备督率兵弁侦缉贼匪,其缉获之贼,送县审究。如贼犯到县狡供翻异,许会同原获营员质审。如系良民被诬,并无赃证,兵丁、营员照例分别议处、治罪。若地方官果能将捕役豢纵之处审查究拟,免其失察处分。仍将获贼之弁兵,计赃案多寡,分别奖励。

18.232.(4)〔拿获窃犯供出邻省邻邑之案〕一、拿获窃盗,承审官即行严讯,除赃至五百两及三犯流罪,律应拟绞者,俱即归犯事地方完结外,若审出多案,系积匪猾贼,计赃罪应拟遣者,其供出邻省、邻邑之案,承审官即行备文,专差关查。若赃证俱属相符,毫无疑义,即令拿获地方迅速办结,毋庸将人犯再行关解别境。倘或赃供不符,首从各别,必应质讯,或邻境拿获人众,势须移少就多者,承审官即将必应质审、移解缘由详明各该上司,会差妥役,将犯移解,从重归结。如有借端推诿,及删减案情,希图就事完结者,即将原审官分别参处。

18.232.(5)〔兵役人等犯窃及豢养窝顿包庇窃贼劫匪窝家〕一、凡捕役、兵丁、地保等项在官人役,有稽查缉捕之责者,除为匪及窝匪本罪应拟斩、绞、外遣,各照本律本例定拟外,如自行犯窃罪,应流、徒、工作者,无论首从,各加本罪二等;若勾通、豢养窃贼,坐地分赃,或受贿包庇窝家者,不计赃数,亦不论人数多少,俱实发烟瘴地方安置。地方官弁如能究出豢养、包庇等情,认真办理者,交部从优议叙。至别项在官人役,尚无缉捕稽查之责者,如串通、窝顿窃匪,贻害地方,亦各于应得本罪上加一等治罪。

18.232.(6)〔匪徒明知窃情表里为奸勒赎事主〕一、匪徒明知窃情,并不帮同鸣官,反表里为奸,逼令事主出钱赎赃,俾贼匪获利,以致肆无忌惮,深为民害者,照窃盗为从律,减本犯一等治罪。

18.232.(7)〔窃盗纠伙持械分别十人三人问拟〕一、窃盗伙众持械,赃至满贯,罪无可加,或犯该流、遣者,均仍照律例办理外,其有纠伙十人以上,但有一人执持器械者,不计赃数、次数,为首发烟瘴地方安置,为从徒三年。若纠伙十人以上,并未持械,及纠伙三人以上,但有一人持械者,不计赃数、次数,为首徒三年,为从徒二年半。如行窃未得财,为首徒一年,为从工作十个月。

18.232.(8)〔偷窃衙署服物〕一、贼匪偷窃衙署服物,除计赃一百两以上,仍依律例定拟外,其余不论初犯、再犯及赃数多寡,俱流二千里;若已行而未得财者,徒一年;仍分别首从问拟。

18.232.(9)〔行在拿获窃盗〕一、行在拿获窃盗,罪应分别工作十个月以下者,均再加工作一个月;徒罪,再加工作两个月;流罪以上,再加工作四个月。

18.232.(10)〔窃盗再犯再加工作及初犯交保管束后复行为窃〕一、窃盗再犯,计赃罪应工作两个月者,再加工作二十日;应工作四个月者,再加工作二十五日;应工作六个月者,再加工作三十日;应工作八个月者,再加工作三十五日;应工作十个月者,再加工作四十日;罪应徒、流者,五徒俱加工作两个月,三流俱加工作四个月。凡窃盗初犯,治罪释放后,俱交保管束。倘不加禁约,致复行为窃,俱按贼人所犯,罪应工作者,将原保处四等罚;徒罪以上者,原保处十等罚;知情故纵者,比照窝主不行又不分赃为从论科罪;受财者,以枉法从重论。

18.232.(11)〔窃盗三犯按第三犯窃赃数计算〕一、窃盗三犯,应按其第三犯窃赃多寡计算,毋得将从前初犯、再犯业已治罪之赃通算,以致罪有重科。

18.232.(12)〔窃盗三犯分别原犯定拟〕一、凡窃盗三犯,除罪均应流者,仍照律拟绞外,如原犯系徒、流以上罪名,俱照徒流人又犯罪例定拟。如原犯系工作罪名,仍计赃科罪,应工作者,于本罪上加二等定拟;应徒流者,加监禁半年;应安置者,加监禁一年;罪犯应死者,依本律本例定拟。

18.232.(13)〔行窃五次以下同时并发计赃以一主为重六次以上并计折半〕一、窃盗行窃五次以下同时并发者,仍依律计赃,以一主为重,分别首从定拟。至六次以上同时并发者,即属积匪猾贼,无论独窃、伙窃,均并计各次赃数,折半科罪;如内有一主之赃重于并赃折半,及再犯、三犯本罪重者,仍各从重论。

18.232.(14)〔窃盗同居父兄伯叔知情分赃及得财不知情〕一、凡窃盗同居父兄伯叔,知情而又分赃者,照本犯之罪减二等;虽经得财,而实系不知情者,减三等。

18.232.(15)〔事主追捕窃盗失足身死及失财自尽〕一、窃盗逃走,事主仓皇追捕,失足身死,及失财窘迫,因而自尽者,除拒捕伤人及赃银数多并积匪三犯等项罪在满徒以上,仍照律例从重治罪外,如赃少罪轻者,俱徒三年。

18.232.(16)〔窃盗抢夺掏摸等犯两遇恩赦再犯〕一、窃盗、抢夺、掏摸等犯,事犯到官,应将从前犯案次数并计科罪。若遇恩赦,其从前所犯,原案在流以上者,罪虽不免,仍得免并计一次;如在徒以下者,咸予赦除,免其并计,有犯均以初犯论。如得免并计之后,再行犯窃,复遇恩赦后,犯案到官,审系再犯、三犯,俱按照初次恩诏后所犯次数并计,照律科罪。若遇清理庶狱恩旨,仍行并计,按照从前次数定拟。

18.233 盗马牛畜产

18.233.0.1 凡盗民间马、牛、驴、骡、猪、羊、鸡、犬、鹅、鸭者,并计^{所值之}赃,以窃盗论。若盗官畜产者,以常人盗官物论。○18.233.0.2 若盗马、牛^{兼官、}_{私言},而杀者,^{不计}_{赃,即}徒三年;驴、骡,徒一年半。若计赃^{并从已杀}_{计赃}重于^{徒三年、}_{徒一年半}本罪者,各加盗^{窃盗、}_{常人盗}罪一等。

条　例

18.233.(1)〔盗御马〕一、凡盗御用郭什哈马者,首犯拟绞监候,从犯拟发极边足四千里安置。^{不论已宰、未宰,}_{均照此例办理。}盗多罗马者,流三千里;盗弩马者,流二千五百里;为从各徒三年。牧马官兵盗卖者,罪同。

18.233.(2)〔行围巡幸地方偷窃马匹〕一、行围巡幸地方,如有偷窃扈从、官员、兵役人等马匹者,不分蒙古、民人,五匹以上,拟绞监候;三匹至四匹者,发烟瘴地方安置;一、二匹者,发极边足四千里安置。为从及知情故买者,减本犯一等治罪。

18.233.(3)〔盗牛〕一、凡盗牛者,计赃,各于窃盗本罪上加一等定拟;至死者,仍依常律。盗杀者,流二千里。其窝家知情分赃者,与盗同罪;知情不分赃者,工作十个月。

18.233.(4)〔民人蒙古番子偷窃四项牲畜〕一、民人、蒙古、番子偷窃四项牲畜，以蒙古、内地界址为断，如在内地犯窃，即照刑律，计赃，分别首从办理。若民人及打牲索伦、呼伦贝尔旗分另户，在蒙古地方，并青海、鄂尔多斯、阿拉善毗连之番地，以及青海等处蒙古、番子互相偷窃者，俱照蒙古例分别定拟。

18.233.(5) 〔偷窃盗蒙古四项牲畜〕一、偷窃蒙古牛、马、驼、羊四项牲畜，（每羊四只作牛、马、驼一只计算。）如数至三十匹以上者，不分首从，拟绞监候，秋审时，将首犯拟入情实，从犯俱拟缓决，秋审减等时，发遣烟瘴地方；其为从未经同行，仅于窃后分赃者，流二千里。二十匹以上者，首犯拟绞监候，秋审拟入缓决，减等时发遣烟瘴地方；为从同窃分赃者，发遣烟瘴地方；其虽曾共谋，未经同行，仅于窃后分赃者，徒三年。十四匹以上者，首犯发遣烟瘴地方；为从同窃分赃者，发湖广、福建等省；其虽曾共谋，未经同行，仅于窃后分赃者，徒二年半。六匹至九匹者，首犯发湖广、福建、江西、浙江、江南；为从同窃分赃者，发河南、山东；其虽曾共谋，未经同行，仅于窃后分赃者，工作十个月。三匹至五匹者，首犯发河南、山东；为从同窃分赃者，工作十个月；其虽曾共谋，未经同行，仅于窃后分赃者，工作八个月。一、二匹者，首犯工作十个月；为从同窃分赃者，工作八个月；其虽曾共谋，未经同行，仅于窃后分赃者，工作六个月。窃羊不及四只者，首犯工作八个月；为从同窃分赃者，工作六个月；其虽曾共谋，未经同行，仅于窃后分赃者，工作四个月。以上应行发遣及发往湖广各省人犯，俱交驿地充当苦差。其蒙古地方强劫什物案内，抢有四项牲畜在十匹以上者，分别首从，照蒙古则例治罪。

18.233.(6) 〔偷盗蒙古马匹〕一、驻扎外边官兵及跟役等，有偷盗蒙古马匹者，审实，即本处正法。其蒙古偷盗官兵马匹，或官兵等自相偷盗马匹，仍依本例。

18.233.(7) 〔蒙古偷窃牲畜数案并发〕一、蒙古偷窃牲畜之案，如一年内行窃二、三次以上同时并发者，仍照刑律，以一主为重，从一科断，毋庸合计拟罪。

18.233.(8) 〔民人行窃蒙古地方民人牲畜〕一、民人在蒙古地方行窃民人牲畜之案，仍照盗马牛畜产本律本例办理，不得照蒙古例科断。

18.234 盗田野谷麦

18.234.0.1 凡盗田野谷、麦、菜、果及无人看守器物（谓原不设守及不待守之物。）者，并计赃，准窃盗论。○ 18.234.0.2 若山野柴、草、木、石之类,他人已用工力砍伐、积聚而擅取者,罪亦如之。如柴、草、木、石虽离本处,未驮载,间依不得财,工作一个月。合上条有拒捕,依罪人拒捕。

条 例

18.234.(1)〔窃放他人池塘蓄水及拒捕被杀伤〕一、民间农田,如有于己业地内,费用工力挑筑池塘潴蓄之水,无论业主已未车戽入田,而他人擅自窃放,以灌己田者,不问黑夜、白日,按其所灌田禾亩数,照侵占他人田,一亩以下处五等罚,每五亩加一等,罪止徒二年。有拒捕者,依律以罪人拒捕科断。如有被应捕之人杀伤者,各以擅杀伤罪人问拟。若于公共江河、川泽、沟渎筑成渠堰,及于公共地内挑筑池塘,占为己业者,俱不得滥引此例。如有杀伤,仍各分别谋、故、斗殴定拟。

18.234.(2)〔私掘金银等矿砂及持仗拒捕杀伤并聚众不曾拒捕〕一、凡私掘金、银、铜、锡、水银等矿砂,俱计赃,准窃盗论。若在山洞捉获,持仗拒捕杀伤人者,依罪人拒捕科断,为从并减一等。不曾拒捕,若聚至三十人以上者,为首徒三年;不及三十名者,减一等;为从各准窃盗罪发落。非山洞捉获,止是私家收藏,道路背负者,惟据见获论罪,不许巡捕人员逼令辗转攀指,违者参究治罪。

18.234.(3)〔刨参官商私刻小票影射私参〕一、刨参官商私刻小票,影射私参,照私贩人参例分别治罪。

〔卷二十二 贼盗下〕

18.235 亲属相盗

18.235.0.1 凡各居^{本宗、外姻}亲属相盗^{兼后尊长卑幼二款。}财物者,期亲,减凡人五等;大功,减四等;小功,减三等;缌麻,减二等;无服之亲,减一等。^{若盗有首从而服属不同,各依本服降减科断。为从各又减一等。}若行强盗者,尊长犯卑幼,亦^{依强盗已行而得财、不得财,}各依上减罪;卑幼犯尊长,以凡人论。^{不在减等之限。}若有杀伤者,^{总承上窃、强二项。}各依杀伤尊长、卑幼本律从^{其重者}论。○ 18.235.0.2 若同居卑幼将引^{若将引各居亲属同盗,其人亦依本服降减,又减为从一等科之。如卑幼自盗,止依擅用,不必加。}他人盗己家财物者,卑幼依私擅用财物论加二等,罪止工作十个月;他人^{兼首、从言。}减凡盗罪一等。若有杀伤者,自依杀伤尊长、卑幼本律科罪;他人纵不知情,亦依强盗^{得财、不得财、}论。若他人杀伤人者,卑幼纵不知情,亦依杀伤尊长、卑幼本律^{仍以私擅用加罪及杀伤罪权之,}从^{其重者}论。○ 18.235.0.3 其同居雇工人盗家长财物,及自相盗者,^首减凡盗罪一等。^{为从又减一等。被盗之家亲属告发,并论如律,不在名例得相容隐之例。}

条 例

18.235.(1)〔律图载明外姻尊属相盗减等〕一、凡亲属相盗,除本宗五服以外俱照无服之亲定拟外,其外姻尊长、亲属相盗,惟律图内载明者,方准照律减等,此外不得滥引。

18.235.(2)〔同居卑幼将引他人强劫己家财物〕一、同居卑幼将引他人强劫己家财物,依各居亲属行强盗卑幼犯尊长以凡人论。

18.235.(3)〔雇工人偷盗家长财物〕一、凡雇工人偷盗家长财物者,照窃盗律计赃治罪。若起意勾引外人同盗家长财物者,将起意之雇工人计赃,递加窃盗一等治罪;至五百两以上者,拟绞监候。被勾引之外人,仍照窃盗律分别定拟。

18.235.(4)〔雇工人强劫家长财物〕一、凡雇工人强劫家长财物,及勾引外人同劫家长财物者,悉照凡人强盗律定拟。其有杀伤家长者,仍依律从重论。

18.235.(5)〔亲属相盗杀伤各依服制杀伤等相较从重论〕一、亲属相盗杀伤之案,除行强窃盗者,各以杀伤尊长卑幼本律与盗罪相较从重论外,其因抢夺财物杀伤尊长、卑幼,及因强窃盗并抢夺杀伤并无尊卑名分之人,_{如兄弟妻及无名分雇工人之类。}或被无尊卑名分之人杀伤者,亦各依服制杀伤,及同姓亲属相殴、相盗,并凡斗杀伤各本律,从重定拟,均不得照凡盗杀伤科断。

18.236 恐吓取财

18.236.0 凡恐吓取人财者,计赃,准窃盗论加一等。_{以一主为重,并赃,分首从。其未得财者,亦准窃盗不得财罪上加等。}若期亲以下自相恐吓者,卑幼犯尊长,以凡人论;_{计赃,准窃盗加一等。}尊长犯卑幼,亦依亲属相盗律递减科罪。_{期亲亦减凡人恐吓五等,须于窃盗加一等上减之。}

条 例

18.236.(1)〔监临恐吓所部取财〕一、监临恐吓所部取财,准枉法论;若知人犯罪而恐吓取财者,以枉法论。

18.236.(2)〔恶棍设法索诈官民〕一、凡恶棍设法索诈官民,或张贴揭帖,或捏告各衙门,或勒写借约,吓诈取财,或因斗殴、纠众系颈,谎言欠债,逼写文券,或因诈财不遂,竟行殴毙,此等情罪重大,实在光棍,事发者,不分曾否得财,为首者绞立决,为从者俱绞监候。如非实在光棍,不得滥行援引。其例载比照光棍条款,仍照例斟酌定拟。

18.236.(3)〔棍徒生事扰害〕一、凡凶恶棍徒,屡次生事行凶,无故扰害良人,人所共知,确有实据者,发极边足四千里安置。如系一时一事,及虽屡次而系借端讹索者,量减一等拟徒。其并无凶恶实迹,偶然挟诈,赃数无多者,仍照所犯之罪,各依本律本例定拟,不得滥引此例。

18.236.(4)〔刁徒吓诈逼命之案〕一、凡刁徒无端肇衅,平空讹诈,欺压乡愚,致被诈之人因而自尽者,拟绞监候,秋审时,入于缓决;拷打致死者,亦拟绞监候,秋审时,入于情实;为从各减一等。若刁徒吓诈逼命之案,如讯明死者实系奸盗等项及一切作奸犯科有干例议之人,致被借端讹诈,虽非凶犯干已事情,究属事出有因,为首之犯应于绞罪上量减一等,流三千里;为从者,徒三年。若凶犯所借之事,在死者本无罪可科,或虽曾实有过犯,而凶犯另捏别项虚情讹诈者,均属无端肇衅,仍照例分别首从,问拟绞候、满流,不得率予量减。

18.236.(5)〔在逃太监金刃伤人并诈索有司〕一、凡在逃太监在外滋事,除犯谋、故、斗、杀等案,仍照各本律例分别定拟外,但有执持金刃伤人,确有实据者,发烟瘴地方安置,遇赦不赦。倘逃出后,另犯诈索有司得赃重情,俱照光棍例治罪。

18.236.(6)〔捉人勒赎已成〕一、捉人勒赎已成,为首发烟瘴地方安置,为从发极边足四千里安置。如任意凌虐,或虽未凌虐,致令情急自尽者,首犯拟绞监候;帮同凌虐,及虽无凌虐而助势逼勒之犯,俱发烟瘴地方安置。若被捉数在三人以上,及掳捉已至三次同时并发,或被捉系十五岁以下幼孩,不论首从,均拟绞监候。如将被捉之人谋、故、拒殴身死,不论人数、次数,是否幼孩,首犯加拟立决,从犯照谋杀加功及抢夺杀人为从帮殴成伤各本律例问拟。若勒赎得赃,数在一百二十两以上,首犯照抢夺赃一百二十两以上例拟绞监候,从犯仍发极边足四千里安置。其因细故逞忿,关禁数日后,服礼放回者,为首徒三年,为从减一等。

18.236.(7)〔捉人勒赎形同强盗及拒捕杀伤并绞候情实重情〕一、捉人勒赎之案,如有结伙三人以上,持械入室,倚强掳捉已成,形同强盗者,即照强盗得财不分首从律拟绞立决;其有执持鸟枪、洋枪者,拟斩立决;若有拒捕杀伤事主,亦照强盗杀伤人之例科断。至在途掳捉,如被捉数在三人以上,或所捉系十五岁以下幼童,或掳捉已至三次以上同时并发,或勒赎得赃数在一百二十两以上,此四项中兼有两项者,拟绞监候,入于秋审情实。若无前项重情,仍各照旧例办理。

18.236.(8)〔捉回妇女关禁勒赎〕一、各省匪徒掳人勒赎之案,如有将妇女捉回关禁勒赎者,即以抢夺妇女及掳捉勒赎各本例相比,从其重者论。

18.236.(9)〔煤窑煤窟及各项矿产佣工人等〕一、各省开采煤窑、煤窟及各项矿产,该管地方官设立印簿,给发窑、窟各户,令将佣工人等姓名、籍贯、来去缘由,十日一报,该地方官考查。如该窑、窟各户不将各项工人开报,照脱漏户口律治罪。若各项工人有犯窃、犯赌,或聚众逞凶致成人命,该窑、窟各户知情不行报究,发觉之日,除本犯按律治罪外,该窑、窟各户照总甲容留棍徒例处八等罚。如窑、窟各户附近奸民,及经管夫头人等,有设计诓诱穷民作工,不容脱身,未致毙命者,照凶恶棍徒例定拟。如将工作之人不加体恤,任意凌虐,以致毙命者,即照威力制缚因而致死律拟绞监候。若无前项情事,但将工作患病之人忍心抬弃,及病故不即报官者,照夫匠在工役之所有病官司不给医药救疗及地界内有死人不申报官司辄移他处律分别治罪。其有平空强捉客民关禁入内,即照捉人勒赎例,分别首从科断。若窝、窜各户知情纵容者,照知情藏匿罪人律治罪。该管地方官失察前项情弊,及致毙人命、私埋匿报等案,分别加等议处;受财故纵者,按枉法赃及故出人罪各律严参治罪;得受规礼者,计赃科断;失察病故之人私埋匿报者,照例议处。

18.237 诈欺官私取财

18.237.0.1 凡用计诈（伪欺瞒）官、私以取财物者,并计（诈欺之）赃,准窃盗论。若期亲以下（不论尊长、卑幼、同居、各居）,自相诈欺者,亦依亲属相盗律递减科罪。○ 18.237.0.2 若监临、主守诈（欺同监守之人）取所监守之物者,（系官物）以监守自盗论。未得者,减二等。

○ 18.237.0.3 若冒认及诓赚、局骗、拐带人财物者,亦计赃,准窃盗论。（系亲属,亦论服递减。）

条　例

18.237.(1)〔指称买官买缺规避处分诓骗官吏财物〕一、凡指称买官、买缺或称规避处分,诓骗听选并应议官吏财物,如诓骗已成,财已入手,无论赃数多寡,不分首从,发烟瘴地方安置;其央浼营干,致被诓骗者,流三千里。若诓骗未成,议有定数,财未接受者,应于安置罪上减一等,徒三年;被骗者,处十等罚。但经口许,并未议有定数,亦处十等罚;被骗者,处八等罚。若甫被诓骗,即行首送者,诓骗之人照恐吓未得财律,准窃盗论,加一等治罪;被骗者,免议。

18.237.(2)〔指称衙门打点名色诓骗财物〕一、凡指称内外大小官员名头,并各衙门打点使用名色,诓骗财物,计赃,犯该徒罪以上者,俱不分首从,于本罪上加一等定拟。（如亲属指官诓骗,止依期亲以下诈欺律,不可引例。）

18.237.(3)〔奸民卖空买空设局赌赛市价〕一、奸民卖空买空,设局诱人赌赛市价长落,其卖空者,照用计诈欺局骗人财物律计赃,准窃盗论,罪止流三千里;买空之犯,照为从律减一等。

18.237.(4)〔公司钱铺等项侵蚀倒闭拘拿勒追并互保代发〕一、商民开设公司、钱铺等项，无论新开旧设，均令五家联名互保，报官存案。私自开设者，以违制论。如有侵蚀倒闭商民各款，立即拘拿监禁，分别查封寓所资财及原籍家产，勒令家属限两个月将侵蚀各款完竣。其起意倒闭之犯，工作十个月。若逾限不完，无论财主、管事人及铺伙，侵蚀赔折计数在一百二十两以下者，照诓骗财物律计赃，准窃盗论；一百二十两以上至五百两，流三千里；五百两以上至一千两，发极边足四千里安置；一千两以上，发烟瘴地方安置；一万两以上，发新疆当差。均勒限一年追赔，限内全完释放；不完，递限两年追赔。全完，亦准释放；若不完，均暂行监禁。所欠银钱，勒令互保均匀给限代发，免其治罪；仍咨行本犯原籍，于家属名下追偿。如互保不愿代发，或限满代发未完，照准窃盗为从律减一等，徒三年。至互保代还银钱，如本犯于监禁后给还，仍准即行释放；其不能给还者，各照原拟罪名发配。若五家同时倒闭，一并拘拿勒追，照前治罪。未还银两，仍于各犯家属名下严追给领。如钱铺关闭，有包揽票存、钱文，折扣开发者，亦照诓骗财物律治罪。其有借名取钱，踹毁门窗，抢取什物者，依抢夺例办理。地方官遇有侵蚀倒闭之案，不行严拿，致令远扬，严参议处。

18.237.(5)〔京城假称金店等私自换银出票〕一、京城街市，未挂钱幌，假称金店、参店，借名烟铺、布铺，换银出票，并无联名保结，一经关闭，应勒限开发票存，完竣以后，不准私自出票。如违，照私自开设例惩办。若不依限开发完竣，照侵蚀倒闭例科断。

18.237.(6)〔京城私设钱铺〕一、京城钱铺，以五百一十一家作为定额，不准再增。如有私自开设，照违制律治罪。

18.238 略人略卖人

18.238.0.1 凡设方略而诱取良人_{为奴婢}及略卖良人_{与人为奴婢}者，皆_{不分首从。未}流三千里；为妻妾、子孙者，_{造意}徒三年；因_{诱卖不从}而杀伤_{被略之}人者，俱绞_{监候。为从各减一等}。被略之人不坐，给亲完聚。○ 18.238.0.2 若假以乞养、过房为名，买良家子女转卖者，罪亦如之。_{不得引例。若买来长成而卖者，难同此律}。○ 18.238.0.3 若和同相诱_{取在己}及_{两相}情愿卖良人为奴婢者，徒三年；为妻妾、子孙者，徒二年半。被诱之人，减一等。_{仍改正给亲}。未卖者，各减_{已卖}一等。十岁以下，虽和，亦同略诱法。_{被略诱者，不坐}。

○ 18.238.0.4 若略卖子孙为奴婢者，处八等罚；弟、妹及侄、侄孙、外孙，若己之妾、子孙之妇者，徒二年；略卖子孙之妾，减二等；同堂弟妹、堂侄及侄孙者，徒二年半。和卖者，减略卖一等。未卖者，又减已卖一等。被卖卑幼虽和同，以听从家长，不坐，给亲完聚。 ○ 18.238.0.5 其和略卖妻为婢，及卖大功以下尊卑亲为奴婢者，各从凡人和、略法。 ○ 18.238.0.6 若受寄所卖人口之窝主及买者知情，并与犯人同罪；至死减一等。牙保各减犯人一等；并追价入官。不知者，俱处八等罚，追价还主。

条 例

18.238.(1)〔兴贩妇人子女转卖〕一、兴贩妇人、子女转卖与他人为奴婢者，流三千里；若转卖与他人为妻妾、子孙，徒三年；为从各减一等。地方官匿不申报，别经发觉，交部议处。

18.238.(2)〔诱拐妇人子女〕一、凡诱拐妇人、子女，或典卖，或为妻妾、子孙者，不分已卖、未卖，但诱取者，被诱之人若不知情，为首拟绞监候，为从流三千里，被诱之人不坐。如拐后被逼成奸，亦不坐。其和诱知情之人，为首发极边足四千里安置，为从及被诱之人俱减等满徒。若虽知拐带情由，并无和同诱拐、分受赃物，暂容留数日者，照不应重律治罪。有服亲属犯者，分别有无奸情，照例科断。

18.238.(3)〔诱拐愚民出洋承工〕一、内地奸民及洋行通事、买办设计诱骗愚民出洋承工，其受雇之人并非情甘出口，因被拐卖、威逼，致父子兄弟离散者，不论所拐系男妇子女、已卖未卖、曾否上船出洋，及有无倚借洋人情事，但系诱拐已成，为首绞立决，为从绞监候，入于秋审情实。地方官获犯审实，一面按约照会领事官，将被拐之人立即释放送回；一面录供、解审、具奏，仍逐案备招咨院。其华民情甘出口承工，系照条约章程办理者，不在此限。

18.238.(4)〔将受寄他人十岁以下及十一岁以上子女卖为奴婢子孙〕一、凡将受寄他人十岁以下子女卖为奴婢者，发极边足四千里安置；卖为子孙者，徒三年；为从各减一等。若将受寄他人十一岁以上子女和同卖为奴婢、子孙者，分别首从，各递减一等。子女不知情者，仍照前问拟。被卖之人俱不坐，给亲属领回。知情故买者，减本犯罪一等；不知者，处八等罚。

18.238.(5)〔和诱略卖期亲卑幼尊长〕一、和诱、略卖期亲卑幼，依律分别拟徒外，若略卖期亲尊长，照卑幼强抢期亲尊属嫁卖例拟绞监候；和者，减一等,流三千里。如因和诱而奸,仍依律各绞立决。

18.238.(6)〔诱拐内外大功以下缌麻以上亲及亲之妻〕一、诱拐内、外大功以下缌麻以上亲及亲之妻,审无奸情者,系尊长犯卑幼,仍依本律分别和、略,拟以徒、流;系卑幼犯尊长,悉照凡人诱拐例,分别知情、不知情治罪。若因奸而拐,及因拐而和奸,各按奸、拐本罪相比从重论。至诱拐期亲以下缌麻以上亲之妾,毋论曾否通奸,概依凡人诱拐例定拟。惟奸父、祖妾者,仍依律绞决;诱拐者,以凡论。

18.238.(7)〔雇工略卖家长之妻女及子〕一、雇工略卖家长之妻、女及子者,照卑幼强抢期亲尊属嫁卖例拟绞监候。其因略卖而又犯杀、伤、奸淫等罪,仍各照本律分别从重科罪。至略卖家长之期、功以下亲属,仍照例拟绞;和者,发烟瘴地方安置。

18.238.(8)〔因贫而卖子女〕一、凡因贫而卖子女者,处七等罚;买者,处八等罚;身价入官;人口交亲属领回。

18.239 发冢

18.239.0.1 凡发掘^{他人}坟冢,见棺椁者,流三千里;已开棺椁见尸者,绞;^{监候。}发而未至棺椁者,徒三年。^{招魂而葬亦是为从,减一等。}若^{年远}冢先穿陷及未殡埋,而盗尸柩^{尸在柩未殡或在殡未埋。}者,徒二年半;开棺椁见尸者,亦绞。^{杂犯。}其盗取器物、砖石者,计赃,准凡盗论。○ 18.239.0.2 若卑幼发^{五服以内}尊长坟冢者,同凡人论;开棺椁见尸者,绞。^{监候。}若弃尸卖坟地者,罪亦如之。买地人、牙保知情者,各处八等罚,追价入官,地归同宗亲属;不知者不坐。若尊长发^{五服以内}卑幼坟冢,开棺椁见尸者,缌麻,徒三年;小功以上,各递减一等。^{祖父母、父母}发子孙坟冢,开棺椁见尸者,处八等罚。其有故而依礼迁葬者,^{尊长、卑幼}俱不坐。○ 18.239.0.3 若残毁他人死尸,及弃尸水中者,各流三千里。^{谓死尸在家,或在野未殡葬,将尸焚烧、残毁之类。若已殡葬者,自依发冢开棺椁见尸律,从重论。}若毁弃缌麻以上尊长^{未葬}死尸者,绞;^{监候。}弃^{他人及尊长}而不失,^{其尸,}及毁而但髡发若伤者,各减一等。^{凡人减流一等;卑幼减绞一等。}○ 18.239.0.4 毁弃缌麻以上卑幼,^{死尸。}各依凡人毁弃,依服制递减一等;毁弃子孙死尸者,处八等罚。其子孙毁弃祖父母、父母及雇工人毁弃家长死尸者,不论残失与否。绞。监候。律不载妻妾毁弃夫尸,有犯,以缌麻以上尊长律奏请。如子孙毁弃祖宗神主,亦依此律治罪。

○18.239.0.5 若穿地得无主死尸,不即掩埋者,处八等罚。若于他人坟墓为熏狐狸,因而烧棺椁者,徒二年;烧尸者,徒三年。若缌麻以上尊长,各递加一等;烧棺椁者,各加为徒二年半;烧尸者,递加为流二千里。不可依服属各递加,致反重于祖父母、父母也。卑幼各因其服依凡人递减一等。若子孙于祖父母、父母及雇工人于家长坟墓熏狐狸者,处十等罚;烧棺椁者,徒三年;烧尸者,绞。监候。

○18.239.0.6 平治他人坟墓为田园者,虽未见棺椁,处十等罚。仍令改正。于有主坟地内盗葬者,处八等罚,勒限移葬。若将尊长坟冢平治作地,得财卖人,止问诓骗人财,不可作弃尸卖坟地断;计赃,轻者,仍处十等罚。买主知情,则坐不应重律,追价入官;不知情,追价还主。

○18.239.0.7 若地界内有死人,里长、地邻不申报官司检验,而辄移他处及埋藏者,处八等罚;以致失尸者,首处十等罚;残毁及弃尸水中者,首徒一年;残弃之人仍坐流罪。弃而不失,及髡发若伤者,各减一等。若邻里自行残毁,仍作流罪。因而盗取衣服者,计赃,准窃盗论。

条 例

18.239.(1)〔发冢开棺见尸并见棺锯凿抽取衣饰〕一、发掘常人坟冢,开棺见尸,为首者,拟绞立决;为从,无论次数,俱拟绞监候。其发冢见棺,锯缝凿孔,抽取衣饰,尚未显露尸身,为首者,拟绞监候,入于秋审情实;为从,俱拟绞监候。

18.239.(2)〔发冢锯缝凿孔尚未得财〕一、发掘常人坟冢,除开棺见尸,情罪较重,首、从各犯,不分已、未得财,仍照本例定拟外,其锯缝凿孔,尚未得财者,首犯发烟瘴地方安置;为从者,流三千里。

18.239.(3)〔盗未殡未埋尸柩及发年久穿陷之冢开棺见尸〕一、盗未殡、未埋尸柩,及发年久穿陷之冢,除未开棺椁者,仍照本律定拟外,如开棺见尸,为首,一次者,流三千里;二次者,发烟瘴地方安置;三次者,绞监候。为从,一次者,仍照杂犯流罪,总徒四年;二次者,流三千里;三次者,发烟瘴地方安置;三次以上者,绞监候。

18.239.(4)〔盗未殡未埋尸柩锯缝凿孔〕一、盗未殡、未埋尸柩,锯缝凿孔,为首,一、二次者,徒三年;三次者,照杂犯流罪,总徒四年;四次、五次者,流三千里;六次及六次以上者,发烟瘴地方安置。为从,一、二次者,徒二年半;三次者,徒三年;四次、五次者,总徒四年;六次、七次者,流三千里;八次及八次以上者,发烟瘴地方安置。

18.239.(5)〔盗未殡未埋尸柩开棺见尸及锯凿偷窃但经得财〕一、凡盗未殡、未埋尸柩,开棺见尸,及锯缝凿孔偷窃之案,但经得财,俱核计所得之赃,照窃盗赃科断。如计赃轻于本罪者,仍依本例定拟;若计赃重于本罪者,即从重治罪。

18.239.(6)〔发冢并盗未殡未埋尸柩各按所犯本条分别首从并计科断〕一、发掘坟冢,并盗未殡、未埋尸柩,无论已开棺、未开棺,及锯缝凿孔等项人犯,各按其所犯本条之罪,分别首、从,并计科断。如一人叠窃,有首有从,则视其为首次数与为从次数,罪名相比,从其重者论。若为首各次并计罪轻,准其将为首次数归入为从次数内,并计科罪;不得以为从次数作为为首次数并计;亦不得以盗未殡、未埋尸柩,及锯缝凿孔之案,归入发冢见棺,及开棺见尸案内,并计次数治罪。

18.239.(7)〔子孙发掘祖父母父母坟冢〕一、凡子孙发掘祖父母、父母坟冢,均不分首、从,已行、未见棺椁者,皆绞监候,入于秋审情实;见棺椁者,皆绞立决;开棺见尸,并毁弃尸骸者,皆斩立决。如有尊长、卑幼或外人,为首、为从,分别服制、凡人,各以首、从论。

18.239.(8)〔子孙盗祖父母父母未殡未埋尸柩〕一、子孙盗祖父母、父母未殡、未埋尸柩,不分首、从,开棺见尸者,皆绞立决;如未开棺椁,事属已行,确有显迹者,皆绞监候。如有尊长、卑幼或外人,为首、为从,分别服制、凡人,各以首、从论。

18.239.(9)〔有服卑幼发掘尊长坟冢〕一、有服卑幼发掘尊长坟冢,未见棺椁者,为首,期亲卑幼发极边足四千里安置,功、缌卑幼流三千里;为从,期亲卑幼流三千里,功、缌卑幼流二千五百里。见棺椁者,为首,期亲卑幼发烟瘴地方安置,功、缌卑幼发极边足四千里安置;为从,期亲卑幼发极边足四千里安置,功、缌卑幼流三千里。如有尊长或外人,为首、为从,分别服制、凡人,各以首、从论。开棺见尸,并锯缝凿孔,首、从之卑幼,无论期亲、功、缌,均照常人一例问拟。

18.239.(10)〔有服卑幼盗尊长未殡未埋尸柩〕一、有服卑幼盗尊长未殡、未埋尸柩,未开棺椁者,为首,期亲卑幼发极边足四千里安置,功、缌卑幼流三千里;为从,期亲卑幼流三千里,功、缌卑幼流二千五百里。开棺见尸者,为首,期亲卑幼发烟瘴地方安置,功、缌卑幼发极边足四千里安置;为从,期亲卑幼发极边足四千里安置,功、缌卑幼流三千里。如犯至三次者,为首,无论期、功、缌麻卑幼,拟绞监候;为从,各按本罪加一等。三次以上者,无论期、功、缌麻卑幼,不分首、从,均拟绞监候。如有尊长或外人,为首、为从,分别服制、凡人,各以首、从论。

18.239.(11)〔有服尊长盗卑幼未殡未埋尸柩〕一、有服尊长盗卑幼未殡、未埋尸柩,开棺见尸者,缌麻尊长为首,依发卑幼坟冢开棺见尸徒三年律,减一等;未开棺椁者,再减一等。如系小功以上尊长为首,各依律以次递减。为从之尊长,亦各按服制,减为首之罪一等。如有卑幼或外人,为首、为从,分别服制、凡人,各以首、从论。

18.239.(12)〔发掘贝勒贝子公夫人坟冢及历代帝王陵寝及先贤名臣并前代亲王坟墓〕一、凡发掘贝勒、贝子、公、夫人等坟冢,开棺椁见尸者,为首,斩立决;为从,皆绞监候,入于秋审情实。见棺者,为首,绞监候,入于秋审情实;为从,皆绞监候。未至棺者,为首,绞监候;为从,流三千里。如有发掘历代帝王陵寝,及《会典》内有从祀名位之先贤名臣,并前代分藩亲王,或递相承袭分藩亲王坟墓者,俱照此例治罪。若发掘前代分封郡王及追封藩王坟墓者,除犯至死罪,仍照发掘常人坟冢例定拟外,余各于发掘常人坟冢本罪上,加一等治罪。以上所掘金银,交与该督抚饬令地方官修葺坟冢;其玉带、珠宝等物,仍置冢内。

18.239.(13)〔雇工人发掘家长坟冢〕一、凡雇工人发掘家长坟冢,已行未见棺者,为首,绞监候;为从,流二千五百里。见棺椁者,为首,绞监候,入于秋审情实;开棺椁见尸者,为首,斩立决;为从,各绞监候。毁弃撒撤死尸者,不分首、从,皆斩立决。如有家长、尊卑亲属或外人,为首、为从,分别服制、凡人,各以首、从论。

18.239.(14)〔雇工人盗家长未殡未埋尸柩〕一、雇工人盗家长未殡、未埋尸柩,未开棺椁,事属已行,确有显迹者,照发冢已行未见棺例,为首,绞监候;为从,流二千五百里。开棺见尸者,照发冢见棺椁例,为首,绞监候,入于秋审情实;为从,绞监候。其毁弃撒撤死尸者,不分首从,皆绞立决。

18.239.(15)〔受雇看坟之人发冢及盗未殡未埋尸柩并锯缝凿孔〕一、受雇看守坟墓,并无主仆名分之人,如有发冢及盗未殡、未埋尸柩,并锯缝凿孔,与未开棺椁者,或自行盗发,或听从外人盗发,除死罪无可复加外,犯该安置、流、徒等罪,悉照凡人首、从各本律例上,加一等问拟。

18.239.(16)〔殴故杀人案内毁弃及埋尸灭迹其听从抬弃抬埋之人〕一、凡殴故杀人案内,凶犯起意残毁死尸及弃尸水中,其听从抬弃之人,无论在场有无伤人,俱照弃尸为从律,徒三年。系余人起意,仍照弃尸为首律,流三千里。若埋尸灭迹,因而遗失者,其听从抬埋之人,无论在场有无伤人,各按余人本罪,加一等,徒一年;系余人起意,再加一等,徒一年半;伤罪重者,仍从重论;不失尸者,各减一等。若受雇抬埋,并不知情者,仍照地界内有死人不报官司而辄移藏律,处八等罚。至窃劫之犯,如有在湖河舟次,格斗致毙,尸堕水中,漂流不获,及山谷险隘,猝然遇暴,尸沉涧溪,本无毁弃之情,仍依格杀本律科断,毋庸牵引弃尸之律。若系在家黄夜格捕,致死奸盗之犯,或在旷野道途,格杀拒捕盗贼,罪本不应拟抵,将尸毁弃、掩埋、移投坑井者,照地界内有死人不报官司私自掩埋律,处八等罚;因而遗失者,照地界内有死人辄移他处以致失尸律,处十等罚。

18.239.(17)〔夫毁弃妻尸〕一、夫毁弃妻尸者,比依尊长毁弃期亲卑幼死尸律,于凡人满流罪上递减四等,徒一年半。不失尸,及毁而但髡发若伤者,再减一等,徒一年。

18.239.(18)〔平治他人坟墓为田园及子孙平治祖坟并雇工人平治家长坟〕一、平治他人坟墓为田园,未见棺椁,止一冢者,仍照律处十等罚;如平治多冢,每三冢加一等,罪止徒三年。卑幼于尊长有犯,缌麻、功服各加凡人一等,期亲又加一等。若子孙平治祖坟,并雇工人平治家长坟,一冢者,徒三年;每一冢加一等,仍照加不至死之例,加至烟瘴地方安置为止。其因平治而盗卖坟地,得财者,均按律计赃,准窃盗论,加一等;赃轻者,各加平治罪一等。知情谋买者,悉与犯人同罪;不知者不坐。如因平治而强占或盗卖,计亩数多,及因平治而见棺、见尸,并弃毁尸骸者,仍照各本例,从其重者论。其子孙因贫卖地,留坟祭扫,并未平治,又非盗卖者,不在此例。

18.239.(19)〔于他人田园山场或有主坟地及切近坟旁盗葬〕一、凡盗葬之人,除侵犯他人坟冢,发掘开棺见尸者,仍各按照本律治罪外,如因盗葬后,被地主发掘弃毁,无论所葬系尊长及卑幼尸柩,俱照强占官民山场律,流三千里。如于有主坟地及切近坟旁盗葬,尚无侵犯,致被地主发掘等情者,照强占山场满流律,量减一等,徒三年。若止于田园、山场内盗葬者,照强占山场满流律,量减二等,徒二年半。仍勒限一个月,押令犯属迁移。逾限不迁,即将犯属暂行收禁,候迁移日释放。其唆令盗葬之地师、讼师,与本犯一体治罪。

18.239.(20)〔盗发他人远年祖坟及发掘抛弃盗葬之棺并毁弃尸骸〕一、贪人吉壤,将远年之坟盗发者,子孙告发,审有确据,将盗发之人以开棺见尸律拟绞监候;如非其子孙,又非实有确据之前人古冢,但因有土墩,见人埋葬,辄称伊远祖坟墓,勾引匪类,伙告伙证,陷害无辜,审明,将为首者流三千里;为从,徒三年。若实系本人远祖之坟,被人发掘盗葬,因将所盗葬之棺发掘抛弃者,照祖父母父母被杀子孙不告官司而擅杀行凶人律治罪。若盗葬者并无发掘等情,止在切近坟旁盗葬,而本家辄行发掘者,应照地界内有死人不报官司而辄移他处律科断;如有毁弃尸骸,照地界内有死人而移尸毁弃律科断。若非系坟地,止在田地场园内盗葬,而地主发掘,开棺见尸,仍照律拟绞;其不开棺见尸者,各照本律,减一等治罪。如两造本系亲属,其所侵损之坟冢、棺椁、尸骸,与本身皆有服制者,各照律内服制科断。

18.239.(21)〔争坟阻葬开棺易罐埋藏占葬〕一、民人除无故挖焚已葬尸棺者,仍照例治罪外,其因争坟阻葬,开棺易罐,埋藏占葬者,亦照开棺见尸、残毁死尸各本律治罪。若以他骨暗埋,预立封堆,伪说荫基,审系恃强占葬者,照强占官民山场律治罪;审系私自偷埋者,照于有主坟地内偷葬律治罪;其侵犯他人坟冢者,照发掘他人坟冢律治罪。如果审系地师教诱,将教诱之地师,均照诈教诱人犯法律,分别治罪。若地方官隐讳宽纵,不实力查究,照例参处。

18.240 夜无故入人家

18.240.0 凡夜无故入人家内者,处八等罚。主家登时杀死者,勿论。其已就拘执而擅杀伤者,减斗杀伤罪二等;至死者,徒三年。

条　例

18.240.(1)〔事主邻佑人等追捕殴毙窃犯〕一、凡事主(雇工亦是)及邻佑人等,因贼犯黑夜偷窃,或白日入人家内院内偷窃财物,并市、野偷窃器物及田园谷麦、蔬果、柴草、木石等类,登时追捕殴打至死者,不问是否已离盗所、捕者人数多寡、贼犯已未得财,并器物等有无看守,俱徒二年半。若贼犯已被殴跌倒地及已就拘获,辄复叠殴致毙,或事后殴打至死者,均照擅杀罪人拟绞律上减一等,流三千里。如贼犯持仗拒捕,被捕者登时格杀,仍依律勿论。

凡刀械、石块,皆是持仗。事在顷刻,势出仓促,谓之登时;抵格而杀,谓之格杀。

18.241 盗贼窝主

18.241.0.1 凡强盗窝主造意,身虽不^同行,但分赃者,绞;^{若行,则不问分赃、不分赃,止依行而得财者,不分首、从,皆绞;若不知盗情,止是暂时停歇者,止问不应。}若不^同行又不分赃者,流三千里。共谋^{其窝主不曾造谋,但与贼人共知谋情。}者,行而不分赃,及分赃而不行,皆绞;若不行又不分赃者,工作十个月。○ 18.241.0.2 窃盗窝主造意,身虽不行,但分赃者,为首论;若不行又不分赃者,为从论。^{减一等,}以临时主意上盗者为首,其^{窝主若不造意,而但}为从者,行而不分赃及分赃而不行,^{减造意一等,}仍为从论;若不行又不分赃,工作一个月。○ 18.241.0.3 若本不同谋,^{偶然}相遇共^{为强、窃盗,}其强盗固不分首从,若窃盗,则以临时主意上盗者为首,余为从论。○ 18.241.0.4 其知人略卖、和诱人及强、窃盗后而分^{所卖所盗}赃者,计所分赃,准窃盗为从论。○ 18.241.0.5 若知强、窃盗赃而故买者,计所买物,坐赃论;知而寄藏者,减^{故买}一等;各罪止工作十个月。其不知情误买及受寄者,俱不坐。

条 例

18.241.(1) 〔窝主须有造意共谋实情〕一、推鞫窝主窝藏、分赃人犯,必须审有造意、共谋实情,方许以窝主律论。若止是勾引容留、往来住宿,并无造意、共谋情状者,但当以窝藏例论,毋得附会文致,概坐窝主之罪。

18.241.(2) 〔保甲知有为盗窝盗之人瞻徇徇匿〕一、编排保甲、保正、甲长、牌头,须选勤慎练达之人点充。如豪横之徒藉名武断,该管官严查究革,从重治罪。果实力查访盗贼,据实举报,照捕役获盗过半以上例按名给赏。倘知有为盗、窝盗之人,瞻徇隐匿者,照不应重律治罪;如系窃盗,分别贼情轻重惩警。若牌头于保正、甲长处举报而不行转报者,甲长照牌头减一等,保正减二等发落,牌头免坐。其一切户婚、田土不得问及保甲,惟人命重情取问地邻、保甲。赌博为盗贼渊薮,仍令同盗贼一并查举。再,地方有堡子、村庄,聚族满百人以上,保甲不能编查,选族中有品望者立为族正,若有匪类,令其举报,倘徇情容隐,照保甲一体治罪。

18.241.(3) 〔强盗窝主造意不行又不分赃及知情窝藏〕一、强盗窝主造意,不行又不分赃,发新疆当差。若非造意,又不同行分赃,但知情,窝藏一人,流二千五百里;窝藏二人,流三千里;窝藏三人以上,发极边足四千里安置;五人以上,发烟瘴地方安置。

18.241.(4) 〔窝线不上盗又未分赃〕一、凡窝线同行上盗得财者,仍照强盗律定拟。如不上盗,又未分赃,但为贼探听事主消息,通线引路,照强盗窝主造意不行又不分赃,发新疆当差。

18.241.(5) 〔邻佑地保知情容留强盗巨窝〕一、强盗巨窝,本处邻佑、地保有知情容留者,流二千五百里;若非知情容留,止系失于稽查,各照不应重律拟罪。其邻佑、地保及兵役、平民,能侦知强盗巨窝行踪,赴地方官密禀,该地方官即行严拿,不许指出首人姓名。俟拿获盗贼审实,将首人给赏。如盗贼将首人攀害,立案不行。首获之贼系首犯,赏银五十两;系伙犯,赏银二十五两。首获多者,按名赏给,在充公银两内动支。有挟嫌诬首情弊,仍照诬告例治罪。

18.241.(6) 〔窝藏积匪之家视有无造意及同行分赃代卖分别治罪〕一、窝藏积匪之家,果有造意及同行分赃代卖,发烟瘴地方安置。其窝藏窃盗,未经造意,又不同行,但经分得些微财物,或止代为卖赃者,均减本犯一等治罪。

18.241.(7) 〔奸徒窝匪捉人关禁勒赎坐地分赃〕一、各直省不法奸徒,窝藏匪类,捉人关禁勒赎,坐地分赃者,但经造意,虽未同行,及虽未造意,但经事前同谋者,均照捉人首犯一例治罪。若先未造意、同谋,仅止事后窝留关禁勒赎,各于首犯本罪上减一等。

18.241.(8) 〔强窃盗窝家之父兄人等自首及知情分赃〕一、强、窃盗窝家之同居父兄伯叔自首者,照例免罪;本犯照强盗父兄自首例分别发落。至父兄人等知情而又分赃,各照强、窃盗为从例,减一等治罪。

18.241.(9) 〔牌头管内有为盗之人〕一、牌头所管内有为盗之人,虽不知情而失察,照不应为律治罪;甲长、保正,递减一等科断。

18.241.(10) 〔强盗窝主之邻佑知而不首〕一、凡强盗窝主之邻佑,知而不首者,处十等罚。

18.241.(11) 〔洋盗强盗案内知情买赃及知而寄藏并代为销赃〕一、洋盗并强盗案内知情接买盗赃之犯,不论赃数多寡,一次徒三年,二次流二千五百里,三次以上发烟瘴地方安置;其知而寄藏及代为销赃者,一次徒二年,二次徒二年半,三次以上徒三年。

18.241.(12) 〔知窃盗赃而接买受寄〕一、知窃盗赃而接买、受寄,若银、物坐赃至满数者,俱不分初犯、再犯,徒一年;若三犯以上,不分赃数多寡,俱流二千五百里。^{接买盗赃,至八十两为满数;受寄盗赃,至一百两为满数。}

18.242 共谋为盗 _{此条专为共谋而临时不行者言。}

18.242.0.1 凡共谋为强盗,^{数内一人}临时不行,而行者却为窃盗,此共谋^{而不行}者^曾分赃,^{但系}造意者^即为窃盗首,^{果系}余人并为窃盗从;若不分赃,^{但系}造意者即为窃盗从,^{果系}余人并工作一个月,^{必查}以临时主意上盗者为窃盗首。○ 18.242.0.2 其共谋为窃盗,^{数内一人}临时不行,而行者为强盗,其不行之人^系造意者,^曾分赃,知情、不知情,并为窃盗首;^系造意者^但不分赃,及^系余人^{而曾}分赃,俱为窃盗从;以临时主意及共为强盗者,不分首从论。

条 例

18.242.(1)〔共谋为盗临时不行事后分赃不分赃〕一、共谋为强盗伙犯,临时畏惧不行,而行者仍为强盗,其不行之犯但事后分赃者,徒三年;赃重者,仍从重论;不分赃者,工作十个月。如因患病及别故不行,事后分赃者,流三千里;不分赃者,徒三年。

18.243 公取窃取皆为盗

18.243.0.1 凡盗,公取、窃取皆为盗。^{公取,谓行盗之人公然而取其财,如强盗、抢夺;窃取,谓潜行隐面,私窃取其财,如窃盗、掏摸,皆名为盗。}器物、钱帛^{以下兼官私言}之类,须移徙已离盗所;^{方谓之盗。}珠玉、宝货之类,据入手隐藏,纵^{在盗所}未将行亦是。^{为盗。}其木、石重器,非人力所胜,虽移本处,未驮载间,犹未成盗。^{不得以盗论。}马、牛、驼、骡之类,须出阑圈;鹰、犬之类,须专制在己,乃成为盗。^{若盗马一匹,别有马随,不合并计为罪。若盗其母而子随者,皆并计为罪。}○ 18.243.0.2 此条乃以上盗贼诸条之通例。未成盗而有显迹证见者,依已行而未得财科断;已成盗者,依律以得财科断。

〔卷二十三〕

19 人　命

19.244 谋杀人

19.244.0.1 凡谋^{或谋诸心或谋诸人}杀人，造意者，绞；^{监候}从而加功者，亦绞；^{监候}不加功者，流三千里。杀讫乃坐。^{若未曾杀讫而邂逅身死，止依同谋共殴人科断。}○ 19.244.0.2 若伤而不死，造意者，绞；^{监候}从而加功者，流三千里；不加功者，徒三年。○ 19.244.0.3 若谋而已行，未曾伤人者，^{造意为首者}徒三年；为从者，各处十等罚。但同谋者，皆坐。○ 19.244.0.4 其造意者，^{通承已杀、已伤、已行三项}身虽不行，仍为首论。从者不行，减行者一等。○ 19.244.0.5 若因而得财者，同强盗不分首从论，皆绞。^{行而不分赃，及不行又不分赃，皆仍依谋杀论。}

条　例

19.244.(1)〔勘问谋杀人犯〕一、凡勘问谋杀人犯，果有诡计阴谋，方以造意论；下手助殴，方以加功论；谋而已行，人赃见获，方与强盗同论。毋得据一言为造谋、指助势为加功、坐虚赃为得财，一概拟死，致伤多命；亦不得以被逼勉从及尚未成伤，将加功之犯率行量减。

19.244.(2)〔杀人后取财及掠取家财〕一、凡谋财害命，照例拟绞立决外，其有因他事杀人后，偶见财物，因而取去者，必审其行凶挟何仇隙、有何证据，果系初无图财之心，杀人后，见有随身衣物、银钱，乘便取去者，将所得之财倍追给主，仍各依本律科断。若杀人后，掠取家财，并知有藏蓄而取去者，审得实情，仍同强盗论罪。

19.244.(3)〔谋杀奔脱邂逅致死或迫于凶悍失跌致死〕一、凡谋杀人已行，其人知觉奔逃，或失跌，或堕水等项，虽未受伤，因谋杀奔脱死于他所者，造意者流三千里，为从处十等罚。若其人迫于凶悍，当时失跌身死，原谋拟绞监候，为从者流三千里。

19.244.(4)〔图财害命分别杀死杀伤及得财不得财依首从治罪〕一、凡图财害命，得财而杀死人命者，首犯与从而加功者，俱拟绞立决；不加功者，拟绞监候；不行而分赃者，实发烟瘴地方安置。未得财杀人，首犯与从而加功者，俱拟绞监候；不加功者，流三千里。伤人未死而已得财，首犯与从而加功者，俱拟绞监候；不加功者，流三千里；不行而分赃者，徒三年。未得财伤人，为首者，拟绞监候；从而加功者，流三千里；不加功者，徒三年。

19.244.(5)〔逞忿谋杀十岁以下幼孩〕一、凡谋杀幼孩之案，如年在十一岁以上者，仍照律办理外，如有将十岁以下幼孩逞忿谋杀者，首犯拟绞立决；从而加功之犯，拟绞监候，入于秋审情实；其从而不加功者，仍照本律流三千里。

19.245 谋杀制使及本管长官

19.245.0 凡奉制命出使而^{所在}官吏谋杀，及部民谋杀本属知府、知州、知县，军士谋杀本管官，若吏卒谋杀本部五品以上长官，已行^{未伤}者，^首流二千里；已伤者，^首绞，_{监候，入于秋审情实。流、绞俱不言"皆"，则为各减等。官吏谋杀照常监候，下"绞"同。}已杀者，皆绞。^{其从而不加功与不行者，及谋杀}六品以下长官并府州县佐贰、首领官，其非本属、本管、本部者，各依凡人谋杀论。

19.246 谋杀祖父母父母

19.246.0.1 凡谋杀祖父母、父母及期亲尊长，外祖父母，夫，夫之祖父母、父母，已行_{不问已伤、未伤}者，_{预谋之子孙，不分首从，}皆绞；已杀者，皆斩。^{其为从有服属不同，自依缌麻以上律论；有凡人，自依凡论。}_{凡谋杀服属，皆仿此。}谋杀缌麻以上尊长，已行者，^首流二千里；^{为从徒三年}已伤者，^首绞；监候，入于秋审情实。为从加功、不加功，并同凡论。已杀者，皆绞。_{不问首从}○ 19.246.0.2 其尊长谋杀^{本宗及外姻}卑幼，已行者，各依故杀罪减二等；已伤者，减一等；已杀者，依故杀法。_{依故杀法者，谓各依斗殴条内尊长故杀卑幼律问罪。为从者，各依服属科断。}○ 19.246.0.3 若雇工人谋杀家长及家长之期亲、外祖父母、若缌麻以上亲者，_{兼尊卑言。统主人服属尊卑之亲。}罪与子孙同。^{谓与子孙谋杀祖母、父母及期亲尊长、外祖父母、缌麻以上尊长同。}

条　例

19.246.(1) 〔尊长谋杀卑幼为从之犯〕一、尊长谋杀卑幼，除为首之尊长，仍依故杀法，分别已行、已伤、已杀定拟外，其为从加功之尊长，各按服制，亦分别已行、已伤、已杀三项，各依为首之罪减一等；若同行不加功，及同谋不同行，又各减一等。为从系凡人，仍照凡人谋杀为从科断。

19.246.(2) 〔抑媳同陷邪淫不从谋杀灭口及因奸将子女媳致死灭口〕一、凡尊长与人通奸，因媳碍眼，抑令同陷邪淫不从，商谋致死灭口者，俱照平人谋杀律拟罪。至因奸将子女致死灭口者，无论是否起意，如系亲母，拟绞监候，不论现在有无子嗣，秋审缓决一次后，收入本地习艺所，罚令工作十五年，限满释放；若系嫡母、继母、嗣母，亦拟绞监候，查明其夫止此一子，致令绝嗣者，俱入于秋审情实；未致绝嗣者，入于缓决一次后，收入本地习艺所，罚令工作二十年，限满释放。至姑因奸将媳致死灭口者，不论亲姑、嫡姑、继姑、嗣姑，俱拟绞监候，秋审缓决一次后，收入本地习艺所，罚令工作二十年，限满释放。奸夫仍照造意、加功本律治罪。

19.246.(3) 〔谋杀妻他人起意本夫听从加功〕一、凡夫谋杀妻之案，系本夫起意者，仍照律办理外，如系他人起意，本夫仅止听从加功者，于绞罪上减一等，流三千里。

19.246.(4) 〔蓄意谋杀子妇〕一、凡姑谋杀子妇之案，除伊媳实犯殴、詈等罪，仍照本律定拟外，如仅止出言顶撞，辄蓄意谋杀，情节凶残显著者，定案后，收入本地习艺所，罚令工作十年，限满释放。

19.247　杀死奸夫

19.247.0.1　凡妻妾与人奸通，而本夫于奸所亲获奸夫、奸妇，登时杀死者，勿论。若止杀死奸夫者，奸妇依和奸律断罪。_{或调戏未成奸，或虽成奸已就拘执，或非奸所捕获，皆不得拘此律。}

○ 19.247.0.2　其妻妾因奸同谋杀死亲夫者，斩；奸夫，绞。_{监候。}若奸夫自杀其夫者，奸妇虽不知情，亦绞。_{监候。}

条　例

19.247.(1) 〔本夫捉奸杀死奸夫分别治罪〕一、本夫于奸所登时杀死奸夫者，照律勿论。其有奸夫已离奸所，本夫登时逐至门外杀之者，处八等罚；若于奸所获奸,非登时而杀,依夜无故入人家已就拘执而擅杀拟徒律减一等,徒二年半;如捉奸已离奸所,非登时杀死不拒捕奸夫者,照擅杀情轻例,流三千里;如奸夫拒捕者,依罪人拒捕科断。若捕获奸夫,或因他故致毙者,仍以谋、故论。

19.247.(2)〔本夫捉奸杀死奸妇分别治罪〕一、非奸所获奸,将伊妻逼供而杀,审无奸情确据者,依殴妻至死论。如本夫奸所获奸,确有实据,登时将奸妇杀死,依律勿论外,其非登时而杀奸妇者,处十等罚。奸夫到官供认不讳,不论登时、非登时,俱流三千里。其非奸所获奸,或闻奸数日,将奸妇杀死,奸夫到官供认不讳,确有实据者,本夫照夜无故入人家已就拘执而擅杀律减一等,徒二年半;奸夫徒三年。

19.247.(3)〔本夫本妇有服亲属捉奸杀死犯奸有服卑幼〕一、本夫捉奸杀死犯奸有服卑幼之案,除犯奸卑幼罪犯应死,或卑幼犯奸罪不应死而杀系奸所登时者,均予勿论外,如卑幼犯奸,罪不至死,本夫于奸所获奸,非登时而杀者,于常人徒罪上减二等;如捉奸已离奸所,非登时而杀者,于常人流罪上减二等;若按其殴杀卑幼本罪止应拟流者,应再减一等。其本夫、本妇之有服亲属捉奸杀死犯奸卑幼之案,如非登时而杀,无论谋、故,各按服制于殴杀卑幼本律上减二等。如杀系登时,按其殴杀本罪在满徒以上者,即于捉奸杀死凡人徒罪上减一等;如殴杀本罪亦止满徒,应递减二等定拟。

19.247.(4)〔母犯奸子杀奸夫父母忿愧自尽〕一、凡母犯奸淫,其子实系激于义忿,非奸所登时将奸夫杀死,父母因奸情败露,忿愧自尽者,流三千里,不得概照子孙谋故杀人致父母自尽例定拟。

19.247.(5)〔本夫本妇之祖父母父母伯叔兄弟及有服亲属捉奸杀死奸夫〕一、凡本夫、本妇之伯叔兄弟及有服亲属,皆许捉奸。如有登时杀死奸夫者,依夜无故入人家已就拘执而擅杀律减一等,徒二年半;伤者勿论。非登时而杀,依擅杀情轻改流例,流三千里。若捕获奸夫,或因他故致毙者,仍以谋、故论。如犯奸有据,奸夫逞凶拒捕者,依罪人拒捕科断。其本夫、本妇之祖父母、父母捉奸杀死奸夫者,亦照此例问拟。

19.247.(6)〔非应许捉奸之人有杀伤者〕一、凡非应许捉奸之人有杀伤者,各依谋、故、斗杀伤论。如为本夫、本妇及有服亲属纠往捉奸,杀死奸夫暨图奸、强奸未成罪人者,无论是否登时,俱照擅杀情轻改流例,流三千里;若止殴伤者,非折伤,勿论;折伤以上,于斗伤本罪上减一等定拟。

19.247.(7)〔本夫本妇有服亲属捉奸杀死奸妇〕一、本夫、本妇之有服亲属捉奸杀死奸妇者,无论登时与否,奸夫均止科奸罪。其止杀奸夫者,奸妇亦止科奸罪。

19.247.(8)〔本夫及亲属捉奸误杀旁人〕一、本夫及亲属捉奸误杀旁人之案,均照误杀本律例定拟。奸夫止科奸罪。

19.247.(9)〔本夫及有服亲属擅杀调戏罪人奸夫后本妇奸妇自尽〕一、妇女被人调戏,其本夫及有服亲属擅杀调戏罪人者,如本妇畏累自尽,将擅杀之犯徒三年。其妇女与人通奸,本夫及有服亲属擅杀奸夫,罪应拟流者,如奸妇自尽,亦将擅杀之犯徒三年。

19.247.(10)〔本夫及有服亲属杀奸之案登时及非登时之分〕一、凡本夫及有服亲属杀奸之案,如奸所获奸,忿激即时殴毙者,以登时论;若非奸所而捕殴致毙,及虽在奸所,而非即时殴毙,或捆殴致毙者,俱以非登时论。

19.247.(11)〔奸夫起意杀死亲夫〕一、凡奸夫起意杀死亲夫之案,除奸妇分别有无知情同谋,按照律例办理外,奸夫俱拟绞立决。本夫纵奸者,不用此例。其为从之犯,或亦系奸夫,或系平人,悉照凡人谋杀为从本律定拟。

19.247.(12)〔奸夫起意商同奸妇谋杀本夫及期尊〕一、奸夫起意商同奸妇谋杀本夫,复杀死奸妇期亲以上尊长者,奸妇仍照律斩决外,奸夫亦拟斩立决。如奸夫商同奸妇,并纠其子,谋杀本夫,陷人母子均罹斩决者,奸夫不论是否起意,均拟斩立决。

19.247.(13)〔奸夫奸妇同谋杀伤纵奸本夫及纵奸本夫杀死奸夫奸妇〕一、凡因奸同谋杀死亲夫,除本夫不知奸情,及虽知奸情而迫于奸夫之强悍,不能报复,并非有心纵容者,奸妇仍照律斩决外,若本夫纵容抑勒妻妾与人通奸,审有确据,人所共知者,或奸妇起意谋杀,奸夫知情同谋,或奸夫起意,奸妇知情同谋,奸妇皆拟绞立决;伤而未死,奸妇拟绞监候;奸夫仍照凡人谋杀律,分别造意、加功与不加功定拟。若奸夫自杀其夫,奸妇果不知情,仍依纵容抑勒本条科断。其纵奸之本夫,因别情将奸夫、奸妇一齐杀死,虽于奸所登时,仍依故杀论。若本夫抑勒卖奸,故杀妻者,以凡论。其寻常知情纵容,非本夫起意卖奸,后因索诈不遂,杀死奸妇者,仍依殴妻至死律拟绞监候。

19.247.(14)〔奸夫自杀其夫奸妇喊救首告〕一、凡奸夫自杀其夫,奸妇虽不知情,而当时喊救,与事后即行首告,将奸夫指拿到官,尚有不忍致死其夫之心者,仍照本律定拟,并切实声明,大理院复判时,声叙量减一等,拟流三千里,于折内双请,候旨定夺。

19.247.(15)〔未婚夫杀死奸夫〕一、凡聘定未婚之妻与人通奸,本夫闻知往捉,将奸夫杀死,审明奸情属实,除已离奸所,非登时杀死不拒捕奸夫者,仍照例拟流外,其登时杀死及登时逐至门外杀之者,俱照夜无故入人家已就拘执而擅杀拟徒律减一等,徒二年半;其虽在奸所捉获,非登时而杀者,徒三年;如奸夫逞凶拒捕,为本夫格杀,照罪人拒捕格杀律勿论。至奸夫脱逃,仅杀犯奸聘定妻之案,应照本夫获奸杀死奸妇各例加一等科罪;奸夫照杀死奸妇本例减一等定拟。

19.247.(16)〔与人聘定未婚之妻通奸杀死本夫〕一、与人聘定未婚之妻通奸,杀死本夫者,照凡人谋杀本律,分别造意、加功定拟。其聘定妻因奸杀死本夫,无论起意、同谋,均于妻妾因奸同谋杀死亲夫斩决律上量减为绞立决。若奸夫自杀其夫,聘定妻果不知情,即于奸妇不知情绞候律上减为流三千里;倘实有不忍致死其夫之心,事由奸妇破案者,再于流罪上减为徒三年。

19.247.(17)〔童养未婚妻因奸杀夫及本夫及亲属捉奸杀死奸夫奸妇〕一、凡童养未婚妻因奸谋杀本夫,应悉照谋杀亲夫各本律例定拟。其本夫及夫之祖父母、父母并有服亲属,捉奸杀死奸夫、奸妇者,均照已婚妻例问拟。

19.247.(18)〔奸妇自杀其夫〕一、奸妇自杀其夫,奸夫果不知情,止科奸罪。

19.247.(19)〔奸夫临时拒捕〕一、凡奸夫并无谋杀本夫之心,其因本夫捉奸,奸夫情急拒捕,奸妇已经逃避,或本夫追逐,奸夫已离奸所,拒捕杀死本夫,奸妇并未在场,及虽在场而当时喊救,与事后即行首告,并因别事起衅,与奸无涉者,奸妇仍止科奸罪外,其奸夫临时拒捕,奸妇在场并不喊阻救护,而事后又不首告者,应照奸夫自杀其夫奸妇虽不知情律拟绞监候。

19.247.(20)〔妇女拒奸杀人〕一、妇女拒奸杀人之案,审有确据,登时杀死者,无论所杀系强奸、调奸罪人,均予勿论。非登时者,所杀系调奸罪人,徒三年;系强奸罪人,再减一等。其先经和奸,本妇悔过拒绝,确有证据,后被逼奸,将奸夫杀死者,徒三年。均照律收赎。如因别故拒绝致毙者,仍各依谋、故、斗殴等本律定拟。

19.247.(21)〔母犯奸拒绝子致毙复登门奸夫〕一、母犯奸拒绝,奸夫复登门寻衅,其子一时义忿,拒殴致毙者,徒三年;如系谋、故杀,流三千里。

19.248 谋杀故夫父母

19.248.0 凡^{改嫁}妻妾谋杀故夫之祖父母、父母者,并与谋杀^{见奉}舅姑罪同。

若妻妾被出,不用此律。若舅姑谋杀已故子孙改嫁妻妾,依故杀律,已行减二等,已伤减一等。

19.249 杀一家三人

19.249.0 凡杀^{谓谋杀、故杀、放火、行盗而杀。}一家^{谓同居之本宗五服至亲皆是;或不同居,凡属期亲亦是。}非^{实犯}死罪三人,及支解^活人者,^{但一人即坐,虽有罪亦坐,不必非死罪三人也。为首之人}斩;为从^{加功}者,绞。^{不加功者,依谋杀人律减等。○若将一家三人先后杀死,则通论。若本谋杀一人,而行者杀三人,不行之人造意者,绞;非造意者,以从者不行减行者一等论。仍以临时主意杀三人者为首。}

条 例

19.249.(1) 〔杀一家三命以上凶犯〕一、凡谋、故杀及放火、行盗杀一家三命以上凶犯,审明后,依律定罪,一面奏闻,一面恭请王命,先行正法。其杀三命而非一家者,拟绞立决。

19.249.(2) 〔为祖父母父母报仇杀死一家三命以上〕一、为祖父母、父母报仇,杀死一家三命以上之案,无论临时逞凶与杀非同时,除将致毙伊祖父母、父母正凶一命不计外,如被杀人数已至三人,仍应照律治罪。

19.249.(3) 〔谋杀人误杀旁人三命〕一、凡谋杀人而误杀旁人三命,除非一家者,仍从一科断,照故杀本律拟绞监候,秋审入于情实,从而加功者发新疆当差外,如系一家三命,拟以绞立决;其为从加功之犯,拟绞监候。若首犯并未在场,系为从下手伤重致死,如误杀三命而非一家者,拟绞监候,秋审入于情实;一家三命,拟绞立决;造意之犯,仍按致死人数,照原谋拟流律以次递加一等问拟。倘因谋、故、斗殴而误杀其人祖父母、父母、兄弟、妻、女、子孙一命及三命以上者,均依各本律本例科罪。

19.249.(4) 〔聚众共殴并斗杀之案殴死三命及以上〕一、聚众共殴,原无必杀之心,而殴死一家三命及三命以上者,将率先聚众之人,不问共殴与否,拟绞立决;为从下手伤重至死者,拟绞监候。其共殴致死三命而非一家者,将下手伤重致死之犯拟抵;率先聚众之人,照原谋本律递加一等治罪。若斗杀之案殴死一家三命及三命以上者,亦拟绞立决;如三命而非一家者,拟绞监候,入于秋审情实。

19.249.(5)〔本宗及外姻尊长杀有服卑幼一家三人〕一、本宗及外姻尊长杀缌麻、小功、大功卑幼一家非死罪三人者,俱绞立决;杀期服卑幼一家三人者,绞监候,入于秋审情实。若三人内有功服、缌麻卑幼者,仍从杀死功服缌麻卑幼三人绞决。至杀死一家三命,分均卑幼,内有一人按服制律应同凡论者,斩立决。如谋占财产,图袭官职,杀期服卑幼一家三人者,绞立决;杀大功、小功、缌麻卑幼一家三人者,斩立决。

19.249.(6)〔罪止绞监候命犯杀人后支解尸体〕一、凡谋、故、斗殴杀人,罪止绞监候之犯,若于杀人后挟忿逞凶,将尸头、四肢全行割落,及剖腹取脏掷弃者,俱各照本律例拟罪,请旨即行正法。

19.249.(7)〔无心支解但图灭迹及本欲支解杀讫随行〕一、支解人,如殴杀、故杀人后欲求避罪,割碎死尸,弃置埋没,原无支解之心,各以殴、故杀论;若本欲支解其人,行凶时势力不遂,乃先杀讫,随又支解,恶状昭著者,以支解论;俱奏请定夺。

19.250 采生折割人

19.250.0 凡采生折割人者,^{兼已杀及已伤言。首}斩;^{采生折割人是一事,谓取生人耳目、脏腑之类而折割其肢体也。此与支解事同。但支解者,止欲杀其人而已,此则杀人而为妖术以惑人,故又特重之。}为从加功者,绞。^{不加功者,依谋杀人律减等。}若已行而未曾伤人者,首亦绞;为从加功者,流三千里。^{不加功者亦减一等。}里长知而不举者,处十等罚;不知者不坐。告获者,官给赏银二十两。

19.251 造畜蛊毒杀人

19.251.0.1 凡^{置造藏}畜蛊毒,堪以杀人,及教令^{人造畜}者,并坐绞。^{不必用以杀人。}

○ 19.251.0.2 若里长知而不举者,处十等罚;不知者不坐。告获者,官给赏银二十两。 ○ 19.251.0.3 若造魇魅、符书咒诅,欲以杀人者,^{凡人、子孙、雇工人,尊长、卑幼}各以谋杀^{已行未伤}论;因而致死者,各依本^谋杀法。欲^止令人疾苦^{无杀人之心。}者,减^{谋杀已行未伤}二等。其子孙于祖父母、父母、^{不言妻妾于夫之祖父母、父母,举子孙以见义。}雇工人于家长者,各不减。^{仍以谋杀已行论绞。} ○ 19.251.0.4 若用毒药杀人者,绞。^{监候。或药而不死,依谋杀已伤律。}买而未用者,徒三年。知情卖药者,与 犯人 同罪;至死减等 不知者不坐。

条 例

19.251.(1) 〔铺户人等混卖砒霜信石及其余杀人药品〕一、诸色铺户人等货卖砒霜、信石等类及其余一切堪以杀人药品,审系知情故卖者,仍照律与犯同罪外,若不究明来历,但贪利混卖,致成人命者,虽不知情,亦将货卖之人处八等罚。

19.251.(2) 〔以毒药毒鼠毒兽误毙人命以置毒处所分别科断〕一、凡以毒药毒鼠、毒兽误毙人命之案,如置药饵之处人所罕到,或置放喂食牲畜处所,不期杀人,实系耳目、思虑所不及者,依过失杀人律收赎。若在人常经过处所置放,因而杀人者,照无故向有人居止宅舍放弹射箭律减一等,徒三年,仍追给埋葬银一十两。

19.251.(3) 〔制造施打吗啡针及铺户贩卖吗啡〕一、凡制造、施打吗啡针之犯,不论杀人与否,应依造畜蛊毒律绞罪上减为烟瘴地方安置。其贩卖吗啡之铺户,如查系未领海关专单者,照知情卖药律,与犯人同罪,仍将铺户查封房屋入官。

19.252 斗殴及故杀人 独殴曰殴;有从,为同谋共殴。临时有意欲杀,非人所知,曰故。共殴者惟不及知,仍止为同谋共殴。此故杀所以与殴同条,而与谋有分。

19.252.0.1 凡斗殴杀人者,不问手足、他物、金刃,并绞。监候。 ○ 19.252.0.2 故杀者,亦绞。监候。 ○ 19.252.0.3 若同谋共殴人,因而致死者,以致命伤为重,下手致命伤重者,绞;监候。原谋者,不问共殴与否。流三千里;余人不曾下手致命又非原谋。各处十等罚。各兼人数多寡及伤之轻重言。

条 例

19.252.(1) 〔同谋共殴人被纠之人殴死其所欲谋殴之人亲属及旁人〕一、凡同谋共殴人致死,如被纠之人殴死其所欲谋殴之祖父母、父母、伯叔父母、妻、兄弟、子孙、在室女,除下手致死之犯,各按本律例拟抵外,其起意纠殴之犯,不问共殴与否,仍照原谋律流三千里;如殴死非其所欲谋殴之人,亦非其所欲殴之祖父母、父母、伯叔父母、妻、兄弟、子孙、在室女,将起意纠殴之犯不问共殴与否,照原谋律减一等,徒三年。

19.252.(2)〔同谋共殴案内原谋及助殴重伤之人监毙病故自尽其下手应拟抵人犯减等〕一、凡同谋共殴案内,下手应拟绞抵人犯,果于未经到官之前,遇有原谋及余人内殴有致死重伤,或所殴伤痕与正凶不甚悬绝,实因本案畏罪自尽,及到官以后未结之前,监毙在狱,与解审中途及取保病故者,准其抵命,将下手应绞之人减等拟流;若系配发事结之后身故,及事前在家病亡,或因他故自尽,与本案全无干涉者,不得滥引此例,仍将下手之人拟抵。其致毙三命而非一家,及四命以上者,原谋照律按致死人数以次加等问拟,下手致死之犯均各照例拟抵;如原谋在监、在途病故及畏罪自尽者,下手之犯仍各照例拟抵,不准减等。威力主使制缚之案,均照此例办理。其余谋、故杀人,火器杀人,并有关尊长尊属者,悉照本律本例拟抵,不得率请减等。

19.252.(3)〔帮殴余人执持凶器火器金刃伤人〕一、凡同谋共殴人,除下手致命伤重者,依律处绞外,其共殴之人,审系执持凶器、火器及金刃伤人者,各照凶器、火器、金刃伤人本律本例定拟。

19.252.(4)〔同谋共殴人伤皆致命分别以后下手重伤重或原谋拟抵〕一、凡同谋共殴人,伤皆致命,如当时身死,则以后下手重者当其重罪;若当时未死而过后身死者,当究明何伤致死,以伤重者坐罪。若原谋共殴,亦有致命重伤,以原谋为首;如致命伤轻,则以殴有致命重伤之人拟抵,原谋仍照律拟流。至乱殴不知先后、轻重者,有原谋则坐原谋为首,无原谋则坐初斗者为首。

19.252.(5)〔两人共殴人致死分别部位以致命论抵〕一、凡审理命案,一人独殴人致死,无论致命、不致命,皆拟抵偿。若两人共殴人致死,则以顶心、囟门、太阳穴、耳窍、咽喉、胸膛、两乳、心坎、肚腹、脐肚、两胁、肾囊、脑后、耳根、脊背、脊膂、两后胁、腰眼,并顶心之偏左偏右、额颅、额角为致命处论抵。若致命处伤轻,不致于死,实因不致命处伤重而死者,仍以原殴不致命重伤之人拟抵。

19.252.(6)〔两家互殴各毙一命各系凶手本宗服亲其应抵人犯免死减等〕一、凡两家互殴,致毙人命,除尊卑服制及死者多寡不同,或故杀、斗杀情罪不等,仍照本律定拟外,其两家各毙一命,果各系凶手本宗有服亲属,将应拟抵人犯均免死减等,拟流三千里;其案内原谋及火器、凶器伤人者,各于本罪上减一等。如有服亲属内有一不同居共财者,各于犯人名下追银二十两给付死者之家;若两家凶手与死者均系同居亲属,毋庸追银。

19.252.(7)〔两家互殴之案律应拟抵之正凶当时被死者亲属殴死〕一、两家互殴之案,无论两造死者人数多寡,其律应拟抵之正凶,当时被死者无服亲属殴死,将殴死凶手之人流三千里;如被死者有服亲属殴死,再减一等,徒三年。如非两家互殴,仍照祖父父母被杀还杀行凶人本律定拟。

19.252.(8)〔凶犯立毙救护父母之幼孩〕一、十岁以下幼孩,因救护父母,被凶犯立时毙命者,照谋杀十岁以下幼孩例拟绞立决。

19.252.(9)〔械斗仇杀纠众至二十人以上致毙彼造多命〕一、纠众互殴之案,如审系预先敛费,约期械斗仇杀,纠众至二十人以上,致毙彼造四命以上者,主谋纠斗之首犯拟绞监候,入于秋审情实;十命以上,拟绞立决;二十命以上,拟斩立决。如所纠人数虽多,致毙彼造一命者,首犯发极边足四千里安置;二命者,发烟瘴地方安置;三命者,发遣新疆当差。若致毙彼造一家三命,主谋纠斗之首犯例应问拟绞决者,从其重者论。其随从下手伤重致死者,均各依本律例拟抵。若执持火器、凶器伤人,并其余金刃、他物、手足伤人,及未伤人者,各照本律例分别治罪。倘纠往之人,但被彼造致毙者,无论死者人数多寡,及彼造有无原谋,将此造起意纠往之人流三千里。至彼造仓促邀人抵御,及寻常共殴、谋殴,虽人数众多,并非械斗者,仍照共殴本例科罪。地方官不将主谋首犯审出究办,及有心回护,将械斗之案分案办理,该督抚严参,照官司出入人罪例议处、治罪。

19.252.(10)〔械斗案内将宗祠田谷贿买顶凶构衅械斗〕一、械斗案内,如有将宗祠田谷贿买顶凶,构衅械斗者,于审明后,除主谋买凶之犯严究定拟外,查明该族祠产,酌留祀田数十亩,以资祭费,其余田亩及所存银钱,按族支分散。若族长、乡约不能指出敛财买凶之人者,族长照共殴原谋例拟流三千里,按致死人数每一人加一等,罪止发遣新疆当差;乡约于徒一年上,每一人加一等,罪止徒三年。

19.252.(11)〔斗殴之案被殴之人追赶或互扭后凶犯闪避失跌身死〕一、凡斗殴之案,除追殴致被追之人失跌身死,并先殴伤人,致被追之人回扑失跌身死,及互拉致跌,已有争斗情形,或理曲肇衅者,均仍照律拟绞外,如殴伤人后跑走,被殴之人追赶,自行失跌身死,及彼此揪扭,于松放之后,复向扑殴,因凶犯闪避,失跌身死,或虽未殴伤人,因被揪扭挣脱,致令跌毙,或被揪、被推,并未还手,死由自行栽跌,或痰壅致毙,并因恐其栽跌,向拉致令碰磕,及被拉同跌落水落崖,幸而得生者,均于斗杀绞候律上减一等,流三千里。若仅止口角詈骂,并无揪扭推拉各情,因向人赶殴,及被死者扑殴闪避,致令自行失跌身死者,均照不应重律定拟。

19.252.(12)〔因争斗施放火器杀伤人〕一、因争斗擅将鸟枪、竹铳、洋枪、洋炮及一应火器施放杀人者,以故杀论;伤人者,发极边足四千里安置。

19.253 屏去人服食

19.253.0.1 凡以他物_{一应能伤人之物。}置人耳、鼻及孔窍中,若故屏去人服用饮食之物而伤人者,_{不问伤之轻重,}处八等罚;_{如寒月脱去人衣服,饥渴之人绝其饮食,登高、乘马私去梯、辔之类,}致成残废疾者,徒三年;令至笃疾者,流三千里;至死者,绞。_{监候。}○ 19.253.0.2 若故用蛇蝎、毒虫咬伤人者,以斗殴伤论,_{验伤之轻重定罪。}因而致死者,亦绞。_{监候。}

19.254 戏杀误杀过失杀伤人

19.254.0.1 凡因戏_{以堪杀人之事为戏,如比较拳棒之类。}而杀人者,徒三年;伤者,各于本罪上减二等。因斗殴而误杀旁人者,以斗杀论。_{死者,绞候。}其谋杀、故杀人而误杀旁人者,以故杀论。_{不言伤,仍以斗殴论。}○ 19.254.0.2 若知津河水深泥淖而诈称平浅,及桥梁、渡船朽漏不堪渡人而诈称牢固,诳令人过渡,以致陷溺死伤者,_{较戏杀为重。}各减斗杀伤罪一等。○ 19.254.0.3 若过失杀伤人者,_{较戏杀愈轻。}准斗杀伤罪减二等,依律收赎,给付其_{被杀伤之家。}_{过失,谓耳目所不及,思虑所不到,如弹射禽兽、因事投掷砖瓦不期而杀人者,或因升高险足有蹉跌累及同伴,或驾船使风、乘马惊走、驰车下坡势不能止,或共举重物力不能制损及同举物者。凡初无害人之意而偶致杀伤人者,皆准斗杀伤人罪减二等,依律收赎,给付被杀、被伤之家,以为营葬及医药之资。}

条 例

19.254.(1)〔因戏而误杀伤旁人〕一、凡因戏而误杀伤旁人者,以戏杀伤论。

19.254.(2)〔斗殴而误杀伤旁人或其人近亲〕一、凡因斗殴而误杀旁人者,流三千里。若误杀其人之祖父母、父母、伯叔父母、妻、兄弟、子孙、在室女者,仍依律以斗杀论。伤者,均各于斗伤本罪上减一等。

19.254.(3)〔谋杀人而误杀旁人〕一、谋杀人而误杀旁人之案,如系造意之犯下手致死者,照故杀律拟绞监候;为从加功者,流三千里;余人处十等罚。如下手之犯伤重致死者,照加功律拟绞监候;造意之犯,照原谋律拟流三千里。其有另挟他嫌,乘机杀害,并非失误者,审实,将下手之犯照谋杀人本律拟绞监候,造意之犯照谋杀人未伤律拟徒。

19.254.(4)〔因殴及谋杀子而误杀伤旁人及有服卑幼尊长〕一、凡因殴子而误伤旁人致死者,依殴杀子本律上加二等,徒一年半;因谋杀子而误杀旁人者,依故杀子本律上加二等,徒二年。其因殴子及谋杀子而误杀有服卑幼者,各照殴、故杀子本律加一等;若误杀有服尊长,仍依殴故杀尊长及误杀尊长各本律本例问拟。

19.254.(5)〔捕役拿贼误杀无干之人〕一、凡捕役拿贼,与贼格斗而误杀无干之人者,仍照过失杀人律定拟。

19.254.(6)〔子孙因疯殴杀祖父母父母〕一、子孙因疯殴杀祖父母、父母之案,审明平日孝顺,实系疯发无知,即比照误杀祖父母父母之例,仍照本律定拟,将可原情节于折内声叙,请旨改为绞立决。倘系装捏疯迷,即将本犯照例拟罪,恭请王命,即行正法;并将扶同捏饰之邻佑人等,及未能审出实情之地方官,分别治罪、议处。

19.254.(7)〔因疯致毙期功尊长尊属一二命〕一、因疯致毙期、功尊长尊属一命,或致毙尊长尊属之外,复另毙律应绞抵有服卑幼一命,或另毙平人一命,俱仍按致死期功尊长尊属本律问拟,大理院将可原情节声明,减为拟绞监候,于折内双请,候旨定夺。若致毙期、功尊长尊属二命,或致毙尊长尊属一命,复另毙律应绞抵有服卑幼二命,或另毙平人二命,俱按律拟绞立决,不准援例双请。

19.254.(8)〔妇人殴夫致死系因疯发或误伤及情有可悯〕一、凡妇人殴伤本夫致死罪干绞决之案,审系疯发无知,或系误伤,及情有可悯者,各按律例定拟,于案内将并非有心干犯各情节分晰叙明,大理院复判时,减为拟绞监候,于折内双请,候旨定夺。

19.254.(9)〔因疯致毙平人三命以上〕一、因疯致毙平人非一家三命以上者,拟绞监候,秋审酌入缓决;系一家三命以上者,拟绞监候,秋审入于情实。倘审系装疯捏饰,仍按谋、故、斗杀一家三命及三命而非一家各本律本例问拟。

19.254.(10)〔疯病杀人分别留养承祀〕一、疯病杀人,如系始终疯迷,永远锁锢之犯,亲老丁单,例应留养承祀者,验明病果痊愈,锁锢已逾十年,即可随案声请。若系到案供吐明晰,例应拟抵缓决人犯,遇有亲老丁单,或父母已故,家无次丁,病虽痊愈,必俟五年后方准查办。该地方官取具印甘各结,详请奏明核释。倘释放后复行滋事,将取结之地方官并邻族人等分别议处、惩治;本犯仍永远监禁,不准再予释放。

19.254.(11)〔疯病杀人之犯复审供吐明晰准拟斗杀〕一、疯病杀人之案,总以究明有无捏饰为主,如诊验该犯始终疯迷,语无伦次者,即行永远锁锢;若因一时陡患疯病,以致杀人,旋经痊愈,或二三年偶有病愈,及到案时验系疯迷,迨复审时供吐明晰者,该承审官审明,即讯取尸亲、邻佑人等切实甘结,加结转详,依斗杀律拟绞监候,入于秋审缓决。至所杀系有服卑幼,罪不至死者,应俟监禁五年后,察看疯病不复举发,即行收所习艺;倘不痊愈,仍行锁锢。若锁禁不严,以致扰累狱囚者,将管狱官、有狱官严加参处,狱卒照例治罪。如有假疯捏报,除凶犯即行按律治罪外,将知情捏报之地方、邻佑、亲属人等照隐匿罪人知情者减罪人一等律问拟。其有因疯伤人者,仍照本律本例科断。

19.254.(12)〔疯病杀人问拟死罪免勾永远监禁之犯病愈遇有恩旨例得查办释放〕一、疯病杀人问拟死罪,免勾永远监禁之犯,病愈后,遇有恩旨,例得查办释放者,除所杀系平人,仍照旧办理外,若卑幼致死尊长及妻致死夫关系服制者,仍永远监禁,不准释放。

19.255 夫殴死有罪妻妾

19.255.0.1 凡妻妾因殴骂夫之祖父母、父母,而夫^{不告官}擅杀死者,处十等罚。^{祖父母、父母亲告乃坐} ○ 19.255.0.2 若夫殴骂妻妾,因而自尽身死者,勿论。

若祖父母、父母已亡,或妻有他
罪不至死而夫擅杀,流三千里。

条 例

19.255.(1)〔殴故杀詈骂顶撞翁姑并犯奸殴夫之妻〕一、殴杀詈骂及顶撞翁姑、不孝有据之妻者,徒三年;故杀者,流三千里。如未取有尸翁姑及尸亲人等供词,或殴伤后,牵詈翁姑,及非因詈骂、顶撞翁姑起衅者,仍按律拟绞监候。至殴杀妻之案,如妻犯奸,并未纵容,及殴夫成伤者,流三千里;若纵容妻犯奸,并殴夫未经成伤,或案系谋、故,仍依律拟绞监候。

19.255.(2)〔无罪妻妾与夫角口自尽并被夫殴伤自尽〕一、妻妾无罪,与夫角口,以致自尽,无伤痕,或被殴伤轻自尽者,俱照律勿论。若殴至折伤以上,虽有自尽实迹,仍依夫殴妻妾致折伤本律科断。

19.256 杀子孙图赖人

19.256.0.1 凡祖父母、父母故杀子孙图赖人者,徒一年半。○ 19.256.0.2 若子孙将已死祖父母、父母,雇工人将家长身尸^{未葬}图赖人者,徒三年;^将期亲尊长,徒二年;^将大功、小功、缌麻,各递减一等。○ 19.256.0.3 若尊长将已死卑幼及他人身尸图赖人者,处八等罚。以上俱指未告官言。○ 19.256.0.4 其告官者,随所告轻重,并以诬告平人律^{反坐}论罪。○ 19.256.0.5 若因^{图赖}而诈取财物者,计赃,准窃盗论;抢去财物者,准白昼抢夺论;各从重科断。图赖罪重,依图赖论;诈取、抢夺罪重,依诈取、抢夺论。

条例

19.256.(1)〔有服亲属互相以尸图赖〕一、有服亲属互相以尸图赖者,仍依律分别已、未告官,各照图赖、诬告、抢、窃本罪从重科断。

19.256.(2)〔将祖父母父母尸身装伤图赖〕一、将祖父母、父母尸身装点伤痕,图赖他人,无论金刃、手足、他物成伤者,俱拟绞立决。

19.256.(3)〔妻将夫尸图赖人并夫将妻尸图赖人〕一、妻将夫尸图赖人,比依卑幼将期亲尊长图赖人律;若夫将妻尸图赖人者,依不应重律。其告官司、诈财、抢夺者,依本律科断。

19.256.(4)〔故杀妾及侄侄孙子孙之妇图赖人〕一、故杀妾及侄、侄孙与子孙之妇图赖人者,无论图赖系凡人及尊卑亲属,各照本律加一等治罪。

19.256.(5)〔无赖之徒冒认尸亲混闹殴打勒揩行诈并尸亲借命打抢勒索私和〕一、无赖之徒遇有自尽之案,冒认尸亲,混行吵闹殴打,或将棺材拦阻打坏,抬去尸首勒揩行诈者,照棍徒例减一等治罪。若系尸亲,借命打抢及勒索私和者,照抢夺、私和各本律例治罪,仍追抢毁物件给还原主、勒索财物入官。该管地方兵役知而不拿者,各照不应重律治罪。

19.257 弓箭伤人

19.257.0 凡无故向城市及有人居止宅舍放弹、射箭、投掷砖石者,^{虽不伤人}处四等罚;伤人者,减凡斗伤一等;因而致死者,流三千里。若所伤系亲属,依名例本应重罪而犯时不知者,依凡人论;本应轻者,听从本法;仍追给埋葬银一十两。

条　例

19.257.(1)〔山野城市施放枪箭竹铳打射禽兽误伤人及致死〕一、凡民人于深山旷野捕猎,施放枪箭、竹铳打射禽兽,误伤人者,减汤火伤人律二等;因而致死者,比照捕户于深山旷野安置窝弓不立望竿因而伤人致死律徒三年。若向城市及有人居止宅舍施放枪箭、竹铳打射禽兽,误伤人者,减汤火伤人律一等;因而致死者,流三千里。各追埋葬银一十两,给与死者之家。

19.258 车马杀伤人

19.258.0.1 凡无故于街市、镇店驰骤车马,因而伤人者,减凡斗伤一等;致死者,流三千里。若_{无故}于乡村无人旷野地内驰骤,因而伤人_{不致死者不论。}致死者,处十等罚。_{以上所犯,}并追埋葬银一十两。○ 19.258.0.2 若因公务急速而驰骤杀伤人者,以过失论。_{依律收赎,给付其家。}

19.259 庸医杀伤人

19.259.0.1 凡庸医为人用药、针刺误不如本方,因而致死者,责令别医辨验药饵、穴道,如无故害之情者,以过失杀人论,_{依律收赎,给付其家。}不许行医。○ 19.259.0.2 若故违本方,_{乃以诈}心疗人疾病,而_{增轻作重乘危以}取财物者,计赃,准窃盗论;因而致死,及因事_{私有所谋害。}故用_{反症之}药杀人者,绞。_{监候。}

条　例

19.259.(1)〔左道异端作为法术医人致死〕一、凡左道、异端及一切人等作为法术,_{如圆光、画符等类,}医人致死者,照斗杀律拟绞监候;未致死者,流三千里;为从各减一等。

19.260 窝弓杀伤人

19.260.0 凡打捕户于深山旷野猛兽往来去处,穿作坑阱及安置窝弓,不立望竿及抹眉小索者，^{虽未伤人}处四等罚；以致伤人者，减斗殴伤二等；因而致死者，徒三年，追埋葬银一十两。^{若非深山旷野致杀伤人者，从弓箭杀伤论。}

19.261 威逼人致死

19.261.0.1 凡因事^{户婚、田土钱债之类。}威逼人致^{自尽}死者，^{审犯人必有可畏之威，}处十等罚。若官吏、公使人等，非因公务而威逼平民致死者，罪同。^{以上二项}并追埋葬银一十两。^{给付死者之家。}○19.261.0.2 若^{卑幼}因事逼迫期亲尊长致死者，绞；^{监候}大功以下，递减一等。○19.261.0.3 若因^行奸、^为盗而威逼人致死者，绞。^{监候}○19.261.0.4^{奸不论已成与未成，盗不论得财与不得财。}

条 例

19.261.(1)〔因奸威逼人致死〕一、凡因奸威逼人致死人犯，务要审有挟制、窘辱情状，其死者无论本妇、本夫、父母、亲属，奸夫亦以威逼拟绞。若和奸、纵容，而本妇、本夫愧迫自尽，或妻妾自逼死其夫，或父母、夫自逼死其妻、女，或奸妇以别事致死，其夫与奸夫无干者，毋得概坐因奸威逼之条。

19.261.(2)〔因奸威逼致死一家三命〕一、因奸威逼人，致死一家三命者，拟绞立决。

19.261.(3)〔因事威逼人致死三命以上〕一、凡因事威逼人，致死非一家三命以上者，流二千五百里；若一家三命以上，流三千里；仍依律各追给埋葬银两。

19.261.(4)〔逼迫本管官致死〕一、凡军民人等，因事逼迫本管官致死，为首者，比依逼迫期亲尊长致死律绞监候；为从者，流三千里。

19.261.(5)〔奉差员役逼死印官〕一、凡奉差员役，执持勘合、火牌，照数支取，而该地方官不能措办，因而自尽者，勿论。若奉差员役额外需索，逼死印官者，为首，照军民人等因事逼迫本管官致死拟绞例减一等，流三千里；为从，徒三年。若有受贿实迹，仍依枉法从重论。

19.261.(6)〔因事用强殴打威逼人致死并殴伤逼迫尊长致令自尽〕一、凡因事用强殴打，威逼人致死，果有致命重伤，及成残废者，虽有自尽实迹，依律追给埋葬银两，流二千里；致笃疾者，照本律加一等，发极边足四千里安置;其致命而非重伤,及重伤而非致命者,追给埋葬银两,徒三年;如非致命,又非重伤者,徒一年。若逼迫尊长致令自尽之案,除期亲卑幼刃伤尊长尊属,及折肢、若瞎其一目,并功服以下卑幼殴伤尊长尊属至笃疾者,仍依律拟绞外,若殴有致命重伤,致成残废者,缌麻卑幼照凡人加二等流三千里,小功卑幼发极边足四千里安置,大功卑幼发烟瘴地方安置;其未成残废,及致命而非重伤,或重伤而非致命者,期服卑幼仍照逼迫本律绞监候,大功发极边足四千里安置,小功流三千里,缌麻流二千五百里;如非致命,又非重伤,期亲卑幼仍照逼迫本律绞监候,功服以下卑幼亦各照逼迫尊长尊属致死本律治罪。尊长犯卑幼,各按服制照例科其伤罪。

19.261.(7)〔子孙不孝致祖父母父母自尽并妻妾悍泼逼死其夫〕一、凡子孙不孝,致祖父母、父母自尽之案,如审有触忤干犯情节,以致忿激窘迫自尽者,拟绞立决;其本无触忤情节,但其行为违犯教令,以致抱忿轻生自尽者,拟绞监候。妻妾于夫之祖父母、父母有犯,罪同。若妻妾悍泼,逼迫其夫致死者,拟绞监候,入于秋审情实;如衅起口角,事涉微细,并无逼迫情状,实由其夫轻生自尽者,应于绞候上减一等,流三千里。

19.261.(8)〔因奸致夫与父母并夫之祖父母父母羞忿自尽〕一、妇女与人通奸,本夫与父母及夫之祖父母、父母并未纵容,一经见闻,羞忿自尽者,奸妇拟绞监候,奸夫徒三年。若纵容通奸,后因奸情败露,愧迫自尽者,奸妇、奸夫均止科奸罪。其虽知奸情,而迫于奸夫之强悍,并非有心纵容者,仍照并未纵容例科断。

19.261.(9)〔妇人逼媳卖奸抑媳同陷邪淫致媳自尽〕一、妇人令媳卖奸,或抑媳同陷邪淫不从,折磨殴逼,致媳情急自尽者,拟流三千里,不准收赎。如奸淫之徒听从奸妇,图奸其媳,致酿命案者,拟绞监候。

19.261.(10)〔妇人因奸有孕堕胎致死〕一、妇人因奸有孕,畏人知觉,与奸夫商谋用药打胎,以致堕胎身死者,奸夫比照以毒药杀人知情卖药者至死减一等律,流三千里;若有服制名分,本罪重于流者,仍照本律从重科断。如奸妇自倩他人买药,奸夫果不知情,止科奸罪。

19.261.(11)〔奸夫奸妇商谋同死奸妇殒命奸夫审明有无谋故斗杀分别治罪〕一、奸夫、奸妇商谋同死,若已将奸妇致死,奸夫并无自戕伤痕、同死确据者,审明或系谋、故,或系斗杀,核其实在情节,仍各按本律拟绞,不得因有同死之供稍为宽贷。若奸夫与奸妇因奸情败露,商谋同死,奸妇当被奸夫下手致毙,奸夫业经自戕,因人救阻,医治伤痊,实有确据者,将奸夫照雇人伤残因而致死减斗杀罪一等律,流三千里;若非奸夫下手者,仍止科奸罪。其或奸夫死,而奸妇经救得生,亦照此办理。如另有拐逃及别项情节,临时酌量,从重定拟。

19.261.(12)〔和奸奸妇羞愧自尽〕一、凡和奸之案,无论亲属、凡人,奸妇因奸情败露,羞愧自尽者,奸夫均于奸罪上加一等治罪。其本犯应死者,仍按律定拟。

19.261.(13)〔强奸调戏服亲致本夫本妇及父母亲属羞忿自尽〕一、强奸内、外缌麻以上亲,及缌麻以上亲之妻,若妻前夫之女,同母异父姊妹,未成,或但经调戏,本妇羞忿自尽者,拟绞监候;如强奸已成,本妇羞忿自尽者,拟绞立决。若致其夫与父母、亲属自尽,仍按奸罪与服制相比,从其重者论。

19.261.(14)〔强奸已成未成本妇被杀伤及羞忿自尽并奸夫拒捕杀人〕一、强奸已成,将本妇杀死者,斩立决;强奸未成,将本妇立时杀死者,拟绞立决;将本妇殴伤,越数日后,因本伤身死者,照因奸威逼致死律拟绞监候。若强奸人妻、女,其夫与父母、亲属闻声赴救,奸夫逞凶拒捕,立时杀死者,俱拟绞立决;若殴伤,越数日后,因本伤身死者,亦照因奸威逼致死律拟绞监候。至因强奸以致本妇羞忿自尽者,不论已成、未成,俱拟绞监候;其但经调戏,本妇羞忿自尽者,亦拟绞监候。

19.261.(15)〔强奸犯奸妇女已成未成时杀死本妇及本妇自尽〕一、强奸犯奸妇女已成,将本妇立时杀死者,拟绞立决;致本妇羞愧自尽者,发烟瘴地方安置。如强奸犯奸妇女未成,将本妇立时杀死者,拟绞监候,秋审入于情实;致本妇羞愧自尽者,流三千里。若妇女犯奸后已经悔过自新,确有证据者,仍以良人妇女论。

19.261.(16)〔妇女因人亵语戏谑羞忿自尽〕一、凡妇女因人亵语戏谑羞忿自尽之案,如并无图奸之心,又无手足勾引、挟制、窘辱情状,不过出语亵狎,及并无他故,仅以戏言觌面相狎者,均照但经调戏本妇羞忿自尽绞例减一等,流三千里。其因他事与妇女角口,彼此骂詈,妇女一闻秽语,气忿轻生,或并未与妇女觌面,止与其夫及亲属互相戏谑,妇女听闻秽语,气忿自尽者,应再减一等,徒三年。

19.261.(17)〔调奸和息后本夫本妇与父母亲属追悔自尽〕一、凡调奸未成,业经和息,如有因人耻笑,其夫与父母、亲属及本妇复追悔抱忿自尽者,将调奸之犯流三千里。

19.261.(18)〔秽语村辱致本妇本夫自尽〕一、因事与妇人口角,秽语村辱,致本妇气忿轻生,又致其夫痛妻自尽者,流三千里。

19.261.(19)〔因盗延烧致毙事主或三命以上〕一、贼犯除有心放火,图窃财物,延烧事主毙命者,仍照例依强盗分别问拟绞决、斩决外,如因遗落火煤,或因拨门不开,燃烧门闩、板壁,或用火煤照亮窃取财物,致火起延烧,不期烧毙事主,或死至三命而非一家者,俱照因盗威逼人致死律拟绞监候;若烧毙一家三命者,拟绞立决;三命以上,拟斩立决。

19.262 尊长为人杀私和

19.262.0.1 凡祖父母、父母及夫,若家长,为人所杀,而子孙、妻妾、雇工人私和者,徒三年;期亲尊长被杀,而卑幼私和者,徒二年;大功以下,各递减一等。其卑幼被杀,而尊长私和者,各^{依服制}减卑幼一等。若妻妾、子孙及子孙之妇、雇工人被杀,而祖父母、父母、夫、家长私和者,处八等罚。受财者,计赃,准窃盗论,从重科断。^{私和就各该抵命者言。赃追入官。} ○ 19.262.0.2 常人^{为他人}私和人命者,处六等罚。^{受财,准枉法论。}

19.263 同行知有谋害

19.263.0 凡知同伴人欲行谋害他人,不即阻挡救护,及被害之后不首告者,处十等罚。

20 斗 殴

〔卷二十四 斗殴上〕

20.264 **斗殴** _{相争为斗，相打为殴。}

20.264.0.1 凡斗殴，_{与人相争。}以手足殴人，不成伤者，处二等罚；_{但殴即坐。}成伤及以他物殴人不成伤者，处三等罚；_{他物殴人}成伤者，处四等罚。_{所殴之皮肤}青赤而肿者为伤。非手足者，其余_{所执}皆为他物，即_持兵不用刃_{持其柄背以殴人。}亦是。_{他物。}拔发方寸以上，处五等罚。若_{殴人}血从耳、目中出，及内损_{其脏腑而}吐血者，处八等罚。_{若止皮破血流及鼻孔出血者，仍以成伤论。}以秽物污人头面者，_{情固有重于伤，所以}罪亦如之。 ○ 20.264.0.2 折人一齿及手足一指，眇人一目，_{尚能小视，犹未至瞎。}抉毁人耳、鼻，若破_伤人骨，及用汤火、铜铁汁伤人者，处十等罚；以秽物灌入人口、鼻内者，罪亦如之；折二齿、二指以上，及_{尽去}髡发者，徒一年。_{髡发不尽，仍堪为髻者，止依拔发方寸以上论。} ○ 20.264.0.3 折人肋、眇人两目、堕人胎及刃伤人者，徒二年。_{堕胎者，谓辜内子死，及胎九十日之外成形者，即坐。若子死辜外，及堕胎九十日之内者，仍从本殴伤法论，不坐堕胎之罪。} ○ 20.264.0.4 折跌人肢_{手足}体_{腰项}及瞎人一目者，_{皆成废疾。}徒三年。

○ 20.264.0.5 瞎人两目、折人两肢、损人二事以上，_{二事如瞎一目又折一肢之类。又如同时并殴一人，先瞎其一目，则依废疾拟徒；一人后瞎其一目，则依笃疾拟流。损人二事，亦仿此。}及因旧患，令至笃疾，若断人舌_{令人全不能说话。}及毁败人阴阳，_{以至不能生育。}并流三千里。 ○ 20.264.0.6 同谋共殴伤人者，各以下手伤重者为重罪；原谋_{或不曾下手，或虽殴而伤轻，}减_{伤重者}一等。_{凡斗殴，不下手伤人者，勿论。惟殴杀人，以不劝阻为罪。若同谋殴人至死，虽不下手，及同行知谋不行救阻者，各依本律并处十等罚。如共殴人，伤皆致命，以最后下手重者当其重罪。如乱殴不知先后轻重者，或二人共打一人，其伤同处，或二人同时各瞎人一目，并须以原谋为首，余人为从；若无原谋，以先斗人为首。}

○ 20.264.0.7 若因斗互相殴伤者，各验其伤之轻重定罪。后下手理直者，减本二等；至死及殴兄、姊、伯叔_{依本律定拟,}者，不减。○ 20.264.0.8 _{如甲乙互相斗}
_{虽后下手理直}_{殴,甲被瞎一}
目,乙被折一齿,则甲伤为重,当坐乙以徒三年；乙被伤轻,当处甲以十等罚。若甲系后下手而又理直,
则于十等罚上减二等,处八等罚；乙后下手理直,则于徒三年上减二等,徒二年。若殴人至死,自当抵命。

条 例

20.264.(1)〔执持凶器伤人及聚众执持凶器伤人滋事〕一、凶徒因事忿争，执持腰刀、铁枪、弓、弩、箭，并铜铁简、剑、鞭、钺、斧、扒头、流星、骨朵、麦穗、扑枪、长枪、札枪、䥽刀枪等项凶器，及库刀、梭标、骗鸡尾、黄鳝尾、鲫鱼背、海蚌、朴刀、顺刀，并凡非民间常用之刀，但伤人及误伤旁人者，俱流二千五百里。_{如系民间常用之镰刀、菜刀、}若聚众执持凶器伤人，及围绕房屋抢检家财，_{小刀、柴斧等器，不在此限。}弃毁器物，奸淫妇女，除实犯死罪外，徒罪以上，不分首从，流三千里；虽执持凶器而未伤人，及执凶器自伤者，均处十等罚。

20.264.(2)〔夺获凶器伤人之犯〕一、夺获凶器伤人之犯，照执持凶器伤人流罪上量减一等，徒三年。

20.264.(3)〔枪手受雇帮殴及学习枪手已成〕一、各省械斗及共殴之案，如有自称枪手，受雇在场帮殴者，虽未伤人，流三千里；其有杀伤人者，仍按各本律例，从其重者论。若并未受雇帮殴，但学习枪手已成，确有证据者，徒三年。

20.265 保辜限期 _{保,养也；辜,罪也。保辜,谓殴伤人未至死,当}
_{官立限以保之。保人之伤,正所以保己之罪也。}

20.265.0.1 凡保辜者，_{先验伤之重轻,或手足,或他}责令犯人_保医治。辜限内，皆
_{物,或金刃,各明白立限,}_辜
须因_{原殴}伤死者，以斗殴杀人论。_{绞。}○ 20.265.0.2 其在辜限外，及虽在辜限
_之
内，_{原殴}伤已平复，官司文案明白，_{被殴}别因他故死者，_{谓别因他病}各从本殴伤
_之_{之人}_{而死者。}
法。_{不在抵命}若折伤以上，辜内医治平复者，各减二等。_{堕胎子死者不减。下手理直,}
_{之列。}_{减殴伤二等；如辜限内平复,}
又得减二等。此所_{辜内虽平复，而成残废、笃疾，及辜限满日不平复}_而者，各依律
谓犯罪得累减也。_死
全科。_{全科所殴伤残废、笃疾}○ 20.265.0.3 手足及以他物殴伤人者，_{其伤}限二十
_{之罪,虽死,亦同伤论。}_轻
日。_平 ○ 20.265.0.4 以刃及汤火伤人者，限三十日。 ○ 20.265.0.5 折跌肢
_{复。}
体，及破骨、堕胎，并刃伤筋断者，无论手足、他物，皆限五十日。

条 例

20.265.(1)〔违例抬验斗殴伤重不能动履之人〕一、凡京城内外及各省州县,遇有斗殴伤重不能动履之人,或具控到官,或经拿获,及巡役、地保人等指报,该管官即行带领刑仵亲往验看,讯取确供,定限保辜,拨医调治,不准扛抬赴验。如有违例抬验者,将违例抬验之亲属与不行阻止之地保,各照违令律治罪。因抬验而致伤生者,各照不应重律治罪。倘内外该管衙门遇有伤重不能动履之人,仍令扛抬听候验看者,各该上司察实指参,交部议处。

20.265.(2)〔斗殴伤人辜限外余限内因本伤身死者〕一、斗殴伤人,辜限内不平复,延至限外,若手足、他物、金刃及汤火伤,限外十日之内;折跌肢体及破骨、堕胎、筋断,限外二十日之内;果因本伤身死,情正事实者,拟流三千里。

20.265.(3)〔殴伤因风身死视伤轻重及致命限内限外分别绞抵流徒〕一、凡斗殴之案,如原殴并非致命之处,又非极重之伤,越五日,因风身死者,将殴打之人免其抵偿,流三千里;若死在五日以内,仍依本律拟绞监候。如当致命之处而伤轻,或伤重而非致命之处,因风身死者,必死在十日以外,方准声请改流。其致命伤重,及虽非致命,伤至骨损、骨断,即因风身死在十日以外,仍依律拟以绞抵。若已逾破骨伤保辜五十日正限,尚在余限二十日之内,及手足、他物、金刃、汤火伤正限外、余限内,因风身死者,俱徒三年。至余限外因风身死者,止科伤罪。

20.266 宫内忿争

20.266.0 凡于宫内忿争者,处五等罚。<small>忿争之</small>声彻于御在所,及相殴者,处十等罚。折伤以上,加凡斗伤二等。<small>若于临朝之</small>殿内,又递加一等。<small>递加者,如于殿内忿争者,加一等,</small>处六等罚;其声彻于御在之所及殿内相殴者,加一等,徒一年;至于折伤以上,加宫内折伤之罪一等,又加凡斗伤罪二等,共加三等。虽至笃疾,并罪止流三千里;至死者,依常律断。被殴之人虽至残废、笃疾,仍处十等罚,折半收赎。

条 例

20.266.(1)〔太监皇城及禁城内金刃自伤〕一、凡太监在紫禁城内持金刃自伤者,绞立决;在紫禁城外、皇城内持金刃自伤者,绞监候。

20.266.(2)〔行营地方管辖声音帐房及卡门以内谋故斗殴杀伤人〕一、行营地方,管辖声音帐房以内,谋、故杀人,及斗殴金刃杀人者,拟绞立决;谋杀人伤而不死,及斗殴手足、他物杀人者,拟绞监候,入于秋审情实;金刃伤人者,发极边足四千里安置;金刃自伤及手足、他物伤人者,各于本律上加三等。若在管辖声音帐房以外、卡门以内,谋、故杀人,及斗殴金刃杀人者,亦拟绞立决;谋杀人伤而不死,及斗殴手足、他物杀人者,拟绞监候;金刃伤人者,流三千里;金刃自伤及手足、他物伤人者,亦各于本律上加三等。其在卡门以外,谋、故、斗殴杀伤人,及自伤者,均照常律办理。

20.266.(3)〔各项人役工匠等在紫禁城及圆明园颐和园各门内外谋故斗殴杀伤人〕一、常人在各处当差,及各官跟役,并内务府各项人役、苑户、钦工匠役等,在紫禁城内,暨圆明园大宫门、大东、大西、大北等门,及西厂等处地方,并颐和园南宫门、东宫门、西宫门、北宫门,及各处内围墙以内,谋、故杀人,及斗殴金刃杀人者,拟绞立决;谋杀人伤而不死,及斗殴手足、他物杀人者,拟绞监候,入于秋审情实;金刃伤人者,发极边足四千里安置;金刃自伤,及手足、他物伤人者,各于本律上加三等。若在紫禁城午门以外、大清门以内,暨圆明园、颐和园宫门以外、鹿角木以内,谋、故杀人,及斗殴金刃杀人者,拟绞立决;谋杀人伤而不死,及斗殴手足、他物杀人者,拟绞监候;金刃伤人者,流三千里;金刃自伤,及手足、他物伤人者,亦各于本律上加三等。其东安、西安、地安等门以内,及圆明园、颐和园鹿角木并各内围墙以外,谋、故、斗殴杀伤,及自伤者,均照常律办理,不得滥引此例。

20.267 宗室觉罗以上亲被殴

20.267.0 凡宗室、觉罗而殴之者,^{虽无伤}徒一年;伤者,徒二年;折伤以上,^{本罪重于徒二年者},加凡斗二等。^{止徒三年}缌麻以上,^{兼殴伤言}各递加一等。^{止流三千里,不得加入于死}笃疾者,绞;^{监候}死者,亦绞。^{监候}

条 例

20.267.(1)〔宗室觉罗街市茶坊酒肆滋事争殴〕一、凡宗室、觉罗在家安分,或有不法之徒借端寻衅者,仍照律治罪外,若甘自菲薄,在街市与人争殴,如宗室、觉罗罪止折罚钱粮,其相殴者亦系现食钱粮之人,一体折罚定拟,毋庸加等;若无钱粮可罚,即照凡斗办理。至宗室、觉罗擅入茶坊、酒肆滋事召侮,先行动手殴人者,不论曾否腰系黄、红带子,其相殴之人,即照寻常斗殴科断；其宗室、觉罗应得罪名，大理院、高等审判厅分别按例定拟。犯该徒罪以上者，照例锁禁、拘禁；犯该罚金者，应否折罚钱粮之处，交宗人府酌量犯案情节办理。

20.268 殴制使及本管长官

20.268.0.1 凡^{朝臣}奉制命出使而^{所在}官吏殴之，及部民殴本属知府、知州、知县，军士殴本管官，若吏卒殴本部五品以上长官，徒三年；伤者，流二千里；折伤者，绞。^{监候。不言笃疾者，亦止于绞。}若吏卒殴六品以下长官，各^{兼殴与伤及折伤而言}减^{五品以上罪}三等；^{军民吏卒}殴佐贰官、首领官，又各递减一等。^{佐贰官减长官一等，首领减佐贰一等。如军民吏卒减三等，各罪轻于凡斗及与凡斗相等，皆谓之减罪轻者，加凡斗}^{兼殴与伤及折伤}一等；笃疾者，绞。^{监候。}死者^{不问制使、长官、佐贰、首领，并}绞。^{监候。}若流外^{杂职}官及军民吏卒殴非本管三品以上官者，徒二年；伤者，徒三年；折伤者，流二千里；殴伤^{非本管}五品以上官者，减^{三品以上罪}二等。若减罪轻，^{于凡斗伤}及殴伤九品以上^{至六品}官者，各加凡斗伤二等。^{不言折伤、笃疾、至死者，皆以凡斗论。}〇 20.268.0.2 其公使人在外殴打^{所在}有司官者，罪亦如之，^{亦照殴非本管官之品级科罪。}从^{被殴}所属上司拘问。^{如统属州县官殴知府，固依殴长官本条减吏卒二等；若上司官小，则依下条上司官与统属官相殴科之。首领殴衙门长官，固依殴长官本条减吏卒二等。若殴本衙门佐贰官，两人品级与下条九品以上官同，则依下条科之；若品级不与下条同，则止依凡斗；如佐贰、首领自相殴，亦同凡斗论罪。}

条例

20.268.(1) 〔军民殴死及谋死在京见任官员〕一、凡军民人等殴死在京见任官员，照殴死本管官律拟绞监候；若谋死者，拟绞立决。

20.268.(2) 〔军民吏卒闹堂逞凶杀害本官〕一、部民、军士、吏卒犯罪在官，如有不服拘拿，不遵审断，或怀挟私仇，及假地方公事，挺身闹堂，逞凶杀害本官者，无论本官品级，及有无谋、故，已杀者，不分首从，皆绞立决；已伤者，为首照光棍例绞决，为从下手者绞候；其聚众四五十人者，仍照刁徒聚众殴官例分别治罪。其于非本属、本管、本部各官有犯，或该管官任意凌虐，及不守官箴，自取侮辱者，俱依凡人定拟。

20.268.(3) 〔兵丁谋故殴杀本管官〕一、凡兵丁谋、故、殴杀本管官之案，若兵丁系犯罪之人,而本管官亦同犯罪者,将该兵丁照凡人谋、故、斗杀各本律治罪;如本管官将兵丁杀死,亦依凡人论。

20.269 佐职统属殴长官

20.269.0 凡本衙门首领官及所统属官殴伤长官者,各减吏卒殴伤长官二等;_{不言折伤者,若折伤不至笃疾,止以伤论。}佐贰官殴长官者,_{不言伤者,即伤而不至笃疾,止以殴论。}又各减_{首领官之罪}二等。_{若减二等之罪有轻于凡斗或与凡斗相等,而}减罪轻者,加凡斗一等。_{谓其有统属相临之义}笃疾者,绞;_{监候}死者,亦绞。_{监候}

20.270 上司官与统属官相殴

20.270.0 凡监临上司^之佐贰、首领官与所统属^之下司官品级高者,及与部民有高官而相殴者,并同凡斗论。_{一以监临之重,一以品级之崇,则不得以下司、部民拘之。}若非相统属,官品级同,自相殴者,亦同凡斗论。

20.271 九品以上官殴长官

20.271.0 凡流内九品以上官殴非本管三品以上官者,_{不问长官、佐贰}徒一年;_{但殴即坐。虽成伤至内损吐血,亦同。}折伤以上,及殴伤^{非本管}五品以上,若五品以上殴伤^{非本管}三品以上官者,各加凡斗伤二等。_{不得加至于死。盖官品相悬,则其罪重;名位相次,则其罪轻,所以辨贵贱也。}

20.272 拒殴追摄人

20.272.0 凡官司差人^{下所属}追征钱粮、勾摄公事,而^{纳户及应办公事人}抗拒不服,及殴所差人者,处八等罚;若伤重至内损吐血以上,及^{所殴差人或系职官或系亲属尊长。}本犯^{殴重罪}于凡人_{斗殴}者,各^{于本犯应得}加二等,罪止流三千里;至笃疾者,绞;_{监候}死者,亦绞。_{监候。此为纳户及应办公事之人本非有罪,而恃强违命者而言。若税粮违限、公事违错,则系有罪之人,自有罪人拒捕条。}

20.273 殴受业师

20.273.0 凡殴受业师者,加凡人二等;死者,绞。凡者,非徒指儒言,百工技艺亦在内。儒师终身如一。其余学业未成或易别业,则不坐;如学业已成,罪亦与儒同科。

条 例

20.273.(1)〔受业师谋故殴杀伤弟子〕一、凡受业师殴弟子者,减凡人二等;至死不减。若因奸、盗别情,或挟嫌逞凶,谋、故杀弟子者,无论已伤、未伤,悉同凡论。

20.274 威力制缚人

20.274.0 凡^{两相}争论事理,^{其曲直}听经官陈告,^{裁决}。若^{豪强之人}以威力挟制捆缚人,及于私家拷打、监禁者,^{不问有伤无伤},并处八等罚;伤重至内损吐血以上,各^{验其伤}加凡斗伤二等;因而致死者,绞。^{监候}。若以威力主使他人殴打而致死伤者,并以主使之人为首;下手之人为从论,减^{主使}一等。

条 例

20.274.(1)〔主使两人或数人殴一人致死为从及余人〕一、凡主使两人殴一人、数人殴一人致死者,以下手伤重之人为从,其余皆为余人。若其人自尽,则不可以致死之罪加之,止照所伤拟罪。如有致死重伤,及成残废、笃疾者,依因事用强殴打例,发极边足四千里安置;下手伤重者,减一等,徒三年。

20.274.(2)〔乡绅私置板棍擅责佃户及奸占佃户妇女〕一、凡地方乡绅私置板棍,擅责佃户者,照违制律议处;衿、监革去衣顶,处八等罚。如将佃户妇女强行奸占为婢妾者,绞监候;如无奸情,照略卖良人为妻妾律徒三年;妇女给亲完聚。该地方官不预行严禁,及被害之人告理而不即为查究者,照徇庇例议处。至奸顽佃户,拖欠租课,欺慢田主者,处八等罚;所欠之租,照数追给田主。

〔卷二十五　斗殴下〕

20.275 雇工人殴家长

20.275.0.1 凡雇工人殴家长，及家长之_{尊卑}期亲，若外祖父母者，^{即无伤，亦}徒三年；伤者，^{不问重轻}流三千里；折伤者，绞^{监候}；死者，亦绞。^{殴家长，绞决；殴家长期亲，若外祖父母，绞监候。}故杀者，斩；过失杀伤者，各减本杀伤罪二等。殴家长之缌麻亲，^{兼内外、尊卑，但殴即坐，虽伤亦}处八等罚；小功，处九等罚；大功，处十等罚。伤重至内损吐血以上，缌麻、小功，加凡人罪一等；大功，加二等。^{罪止流三千里}死者，各绞。^{监候}○ 20.275.0.2 若家长及家长之期亲，若外祖父母，殴雇工人，^{不分有罪、无罪。}非折伤勿论；至折伤以上，减凡人^{折伤}罪三等；因而致死者，徒三年。故杀者，绞^{监候}过失杀者，勿论。○ 20.275.0.3 若家长之缌麻、小功亲殴雇工人，非折伤勿论；至折伤以上，^{至笃疾者，}各减凡人罪一等；大功，减二等；至死及故杀者，^{不问缌麻、小功、大功，}并绞；^{监候}过失杀者，勿论。^{雇倩佣工之人，有主仆之分，故以家长之服属亲疏论。若他人雇工，当以凡论。}

条　例

20.275.(1)〔家长杀伤从前契买奴婢及受雇服役人等〕一、从前契买奴婢，如有干犯家长，及被家长杀伤，不论红契、白契，俱照雇工人本律治罪。其一切车夫、厨役、水火夫、轿夫、打杂受雇服役人等，平日起居不敢与共，饮食不敢与同，并不敢尔我相称，素有主仆名分者，仍依雇工人论。若农民佃户、雇倩耕作之人，并店铺小郎之类，平日共坐共食，彼此平等相称，素无主仆名分者，各依凡人科断。至未经赎放之家人，不遵约束，傲慢顽梗，酗酒生事者，仍流二千里。

20.275.(2)〔殴故杀赎身及放出奴婢并赎身及放出人干犯家长〕一、从前奴婢业经赎身、放出，而家长殴之至死者，系放出之人，徒三年；系赎身之人，流二千里；故杀者，俱绞监候。放出之人干犯家长，依雇工人本律治罪；赎身者,减一等。其家长之期以下亲殴赎身、放出之人,及家长殴赎身、放出人之子女者,各以凡论。殴族中无服亲属之雇工,亦照凡人科断。

20.275.(3)〔妾殴故杀雇工〕一、家长之妾殴、故杀雇工之案,除系生有子女者,即照家长之期亲殴、故杀雇工本律分别定拟外,其未生子女之妾殴死隶身服役之使女者,流三千里;故杀者,拟绞监候;若并非隶身服役之人,俱以凡论。

20.275.(4)〔雇工人干犯旧家长〕一、雇工人等干犯旧家长之案,如系因求索不遂,辞出后,复借端讹诈,或挟家长撵逐之嫌,寻衅报复,并一切理曲肇衅,在辞工以前者,均即照雇工人干犯家长各本律例分别定拟;其辞出之后,别因他故起衅者,仍以凡人论。

20.276 妻妾殴夫

20.276.0.1 凡妻殴夫者,_{但殴即坐。}处十等罚,夫愿离者,听;_{须夫自告乃坐。}至折伤以上,各_{验其伤之重轻,}加凡斗伤三等;至笃疾者,绞_{候,入于秋审情实。}死者,绞;故杀者,斩。_{兼魇魅蛊毒在内。}○20.276.0.2 若妾殴夫及正妻者,又各加_{妻殴夫罪}一等;加者,加入于死。_{但绞不斩。于家长,则监候,入于秋密情实;于正妻,仍照常监候。若笃疾者、死者、故杀者,仍与妻殴夫罪同。}○20.276.0.3 其夫殴妻,非折伤勿论;至折伤以上,减凡人二等。_{须妻自告乃坐}先行审问夫妇,如愿离异者,断罪离异;不愿离异者,验_{所伤应坐之}罪收赎。_{仍听完聚}至死者,绞。_{监候。故杀亦绞。}殴伤妾至折伤以上,减殴伤妻二等;至死者,徒三年。妻殴伤妾,与夫殴妻罪同。_{亦须妾自告乃坐}过失杀者,各勿论。_{盖谓其一则分尊可原,一则情亲当矜也。须得过失实情,不实仍各坐本律。○夫过失杀其妻妾,及正妻过失杀其妾者,各勿论。若妻妾过失杀其夫,妾过失杀其妻,当比用殴期亲尊长律。"过失杀"句,不可通承上二条言。}○20.276.0.4 若殴妻之父母者,_{但殴即坐。}徒一年;折伤以上,各加凡斗伤罪二等;至笃疾者,绞;_{监候}死者,亦绞_{监候。故杀者,并绞。}

20.277 同姓亲属相殴

20.277.0 凡同姓亲属相殴,虽五服已尽,而尊卑名分犹存者,尊长_{犯卑幼}减凡斗一等,卑幼_{犯尊长}加一等;_{不加至死。}至死者,无论尊卑长幼,并以凡人论。_{斗杀、故杀,皆绞监候。}

20.278 殴大功以下尊长

20.278.0 凡卑幼殴本宗及外姻缌麻兄姊，_{但殴即坐。}处十等罚；小功兄姊，徒一年；大功兄姊，徒一年半。尊属，又各加一等；折伤以上，各递加凡斗伤一等。_{罪止流三千里。}笃疾者，_{不问大功以下尊属，并}绞；死者，亦绞。_{殴死本宗大功、小功兄姊及尊属，则决；殴本宗大功、小功兄姊及尊属至笃疾，则监候，入于秋审情实；殴本宗缌麻尊长、外姻功缌尊属至笃疾及死者，俱照常监候。不言故杀者，亦止于绞也。}若_{本宗及外姻}尊长殴卑幼，非折伤勿论；至折伤以上，缌麻_{卑幼}减凡人一等，小功_{卑幼}减二等，大功_{卑幼}减三等，至死者绞。_{监候。不言故杀者，亦止于绞也。}其殴杀同堂_{大功}弟妹、_{小功}堂侄及_{缌麻}侄孙者，流三千里；_{不言笃疾，至死者，罪止此。}故杀者，绞。_{监候。不言过失杀者，盖各准本条减二等论赎。兄弟之妻及卑幼之妇，在殴夫亲属律；伯叔母及侄与侄孙，在殴期亲律。}

条例

20.278.(1)〔殴死本宗期功尊长罪干斩决若系情轻之案〕一、凡致死本宗期、功尊长罪干立决之案，若系情轻，_{如卑幼因捉奸、拒奸，或因尊长强奸、图奸而杀，又如卑幼实系被殴情急，无处躲避，徒手抵格，适致毙命，或与他人斗殴、误伤致死之类。}承审官按律例定拟，于案内将死者淫恶蔑伦、罪犯应死，并徒手抵格，及误伤致死，并非有心干犯各情节，分叙明晰，大理院复判时，亦照本条拟罪，声明应否改为斩、绞监候，于折内双请，候旨定夺。其殴死本宗缌麻及外姻小功、缌麻尊长者，照律拟绞监候，毋庸援例双请。

20.278.(2)〔殴伤功缌尊长尊属余限内外身死〕一、卑幼殴伤缌麻尊长尊属，余限内果因本伤身死，仍拟死罪，奏请定夺。如蒙宽减，减为极边足四千里安置。若在余限外身死，按其所殴伤罪在徒流以下者，于绞罪上减一等，流三千里；其原殴伤重至笃疾者，拟绞监候。殴伤功服尊长尊属正、余限内身死者，照旧办理。其在余限外身死之案，如殴大功、小功尊长尊属至笃疾者，仍依伤罪本律问拟绞候。讯非有心干犯，或系误伤，及情有可悯者，统归服制册内分别声叙。若系折伤，并手足、他物殴伤，本罪止应徒流者，各按伤罪科断。

20.278.(3)〔卑幼图奸亲属故杀有服尊长〕一、凡卑幼图奸亲属，起衅故杀有服尊长之案，按其服属，罪应绞决、斩决，无可复加者，于援引服制本律之上，俱声叙"卑幼因奸故杀尊长"字样。其有图奸亲属，故杀本宗及外姻有服尊长,按律罪止绞候者,均拟绞立决。

20.278.(4)〔听从尊长主使下手殴死功缌尊长尊属〕一、凡听从尊长主使,殴本宗小功、大功兄姊及尊属至死者,除主使之尊长,仍各按服制以为首科断外,下手之犯,讯系迫于尊长威吓,勉从下手,邂逅至死者,照威力主使律为从减等拟流;若尊长仅令殴打,而辄行叠殴多伤至死者,下手之犯拟绞监候。其听从殴死缌麻尊长尊属之案,依律减等拟流。

20.278.(5)〔致毙平人一命复致毙期功尊长尊属〕一、致毙平人一命,复致毙期、功尊长尊属之案,除另毙之命,律不应抵,或例得随案减等,及例内指明被杀之尊属尊长罪犯应死,淫恶蔑伦,并救亲情切,听从尊长主使殴毙,仍按服制拟罪,准将可原情节声明双请外,其余另犯谋、故、斗杀,复致毙期、功尊属尊长,虽系误杀情轻,亦不准援例双请。

20.278.(6)〔期功以下尊长因夺产袭职挟嫌图奸谋故杀卑幼〕一、期、功以下尊长谋、故杀卑幼之案,如系因争夺财产,图袭官职,挟嫌惨毙,及图奸等项者,不论年岁,俱照凡人谋、故杀问拟。其无前项重情,仍各依服制科断。

20.278.(7)〔期功尊长听从外人图财谋杀十岁以下卑幼〕一、功服以下尊长,如系听从外人,图财谋杀十岁以下卑幼,下手加功,即按平人谋杀加功律问拟绞候入实。如系期亲尊长图财,听从外人谋杀十岁以下卑幼,亦照此问拟绞候,惟服制较近,应俟秋审时斟酌办理。其不加功者,无论期、功,俱流三千里。

20.278.(8)〔有服亲属同谋共殴致死之案〕一、凡有服亲属同谋共殴致死之案,除下手伤重之犯,及期服卑幼律应不分首从者,仍各依本律问拟外,其原谋如系缌麻尊长,减凡人一等;期功尊长,各以次递减;若系缌麻卑幼,加凡人一等;大功、小功卑幼,各以次递加。

20.278.(9)〔于亲母继母等项之父母及各项甥舅有犯〕一、凡于亲母之父母有犯,仍照本律定拟外,其于母出,为在堂继母之父母,庶子嫡母在,为嫡母之父母,庶子为在堂继母之父母_{谓始生所遇嫡母之党,不及则服最后者之党},庶子不为父后者,为己母之父母,为人后者,为所后母之父母等五项有犯,即照卑幼犯本宗小功尊属律,殴杀、谋故杀均拟绞立决;谋杀已行、已伤及斗殴伤,亦各照本宗服制本律分别定拟。至亲母、继母等各项甥、舅等,有犯,俱照外姻尊卑长幼本律治罪;其余均以凡论。如尊长于非所出之外孙及甥等,故加凌虐或至于死,承审官权其曲直,按情治罪,不必以服制为限。

20.279 殴期亲尊长

20.279.0 凡弟妹殴^{同胞}兄姊者,徒二年半;伤者,徒三年;折伤者,流三千里;刃伤,^{不论重轻。}及折肢,若瞎其一目者,绞;^{监候,入于秋审情实，以上各依首从法。}死者,^{不分首从,}皆绞。若侄殴伯叔父母、姑,^{是期亲尊属。}及外孙殴外祖父母,^{服虽小功,其恩义与期亲并重。}各加^{殴兄姊罪}一等。加者,不至于绞。如刃伤、折肢、瞎目者,亦绞监候、入实;至死者,亦皆绞决。其过失杀伤者,各减本杀伤^{兄姊及伯叔父母、姑、外祖父母}罪二等;^{不在收赎之限。}故杀者,皆^{不分首从,}斩。若卑幼与外人谋故杀亲属者,外人造意、下手,从而加功、不加功,各依凡人本律科罪,不在皆绞、皆斩之限。其^{期亲}兄姊殴杀弟妹,及伯叔、姑殴杀侄并侄孙,若外祖父母殴杀外孙者,徒三年;故杀者,流二千里;^{笃疾至折伤以下,俱勿论。}过失杀者,各勿论。

条 例

20.279.(1) 〔期亲卑幼因救护父母殴伤伯叔等尊属〕一、期亲卑幼殴伤伯叔等尊属,审系父母被伯叔父母、姑、外祖父母殴打,情切救护者,照本律流二千里罪上减一等,徒三年。

20.279.(2) 〔期亲弟妹殴死兄姊〕一、期亲弟妹殴死兄姊之案,如死者淫恶蔑伦,复殴詈父母,经父母喝令殴毙者,定案时,仍照律拟罪,大理院复判时,随本改拟流三千里,请旨定夺。其案内情节未符者,仍照殴死尊长情轻之例,照律拟罪,于折内双请,不得滥引此例。

20.279.(3) 〔期亲卑幼听从尊长主使共殴以次尊长尊属致死〕一、期亲卑幼听从尊长主使,共殴以次尊长尊属致死之案,讯系迫于尊长威吓,勉从下手,邂逅致死者,仍照本律问拟绞决,大理院复判时,将应行减拟罪名,于折内双请,候旨定夺;不得将下手伤轻之犯,止科伤罪。如尊长仅令殴打,辄行叠殴多伤至死者,即照本律问拟,不准声请。

20.279.(4) 〔殴伤期亲尊长尊属及外祖父母在余限外身死〕一、殴伤期亲尊长尊属及外祖父母,正、余限内身死者,照旧办理,其在余限外身死者,如系金刃致伤,并以手足、他物殴至折肢、瞎目者,仍按伤罪本律问拟绞候。讯非有心干犯,或系误伤,及情有可悯者,统归服制册内,分别声叙。其刃伤并折肢、瞎目伤而未死之案,亦同。若系折伤并手足、他物殴伤,仍各按伤罪科断。

20.279.(5)〔卑幼因斗施放枪铳火器致伤期亲尊长尊属及外祖父母〕一、卑幼如因事争斗，有心施放洋枪、鸟枪、竹铳及一切火器，致伤期亲尊长尊属及外祖父母者，照刃伤律拟绞监候，入于秋审情实。若非有心干犯，或系误伤，及情有可悯者，拟绞监候。

20.279.(6)〔期亲以下有服尊长杀死有罪卑幼〕一、期亲以下有服尊长杀死有罪卑幼之案，如卑幼罪犯应死，为首之尊长俱照擅杀应死罪人律治罪；听从下手之犯，无论尊长、凡人，各减一等。其罪不至死之卑幼，果系积惯匪徒，怙恶不悛，人所共知，确有证据，尊长因玷辱祖宗起见，忿激致毙，无论谋、故，为首之尊长，悉按服制于殴杀卑幼本律上减一等；听从下手之犯，无论尊长、凡人，各依余人律治罪。若卑幼并无为匪确证，尊长假托公忿，报复私仇，或一时一事，尚非怙恶不悛，情节惨忍致死，并本犯有至亲服属并未起意致死，被疏远亲属起意致死者，^{如有祖父母、父母者，期亲以下亲属以疏远论；虽无祖父母、父母，尚有期亲服属者，功、缌以下以疏远论；余仿此。}均照谋、故、殴杀卑幼各本律定拟，不得滥引此例。

20.279.(7)〔僧尼干犯在家祖父母父母及杀伤内外有服尊长〕一、凡僧、尼干犯在家祖父母、父母，及杀伤本宗、外姻有服尊长卑幼，各按服制定拟。若本宗、外姻尊长卑幼杀伤出家之亲属，亦各依服制科断。道士、女冠、喇嘛有犯，一例办理。

20.280 殴祖父母父母

20.280.0.1 凡子孙殴祖父母、父母，及妻妾殴夫之祖父母、父母者，皆绞；杀者，皆斩；^{其为从，有服属不同者，自依各条服制科断。}过失杀者，流三千里；伤者，徒三年。^{俱不准收赎。}

○ 20.280.0.2 其子孙违犯教令，而祖父母、父母^{不依法决罚而横加殴打，}非理殴杀者，处十等罚；故杀者，^{无违犯教令之罪，为故杀。}徒一年。嫡、继、慈、养母杀者，^{终与亲母有间。殴杀、故杀。}各加一等；致令绝嗣者，^{殴杀、故杀。}绞^{监候}若^{祖父母、父母、嫡继、慈、养母，}非理殴子孙之妇^{此"妇"字及乞养者同。}及乞养异姓子孙，^{折伤以下无论。}致令废疾者，处八等罚；笃疾者，加一等；^{子孙之妇及乞养子孙，}并令归宗；子孙之妇，^{笃疾者}追还^{初嫁}嫁妆；乞养子孙，^{笃疾者}拨付合得^{所分}财产养赡；至死者，各徒三年；故杀者，流二千里。^{其非理殴子孙之}妾，各减^{殴妇罪}二等。^{不在归宗，追给嫁妆之限。}

○ 20.280.0.3 其子孙殴骂祖父母、父母,及妻妾殴骂夫之祖父母、父母,而殴杀之,若违犯教令,而依法决罚,邂逅致死,及过失杀者,_{祖父母、父母、夫之祖父母、父母,因其有罪,}各勿论。

条例

20.280.(1)〔子孙误伤祖父母父母致死〕一、子孙误伤祖父母、父母致死,律应斩决者,仍照本律定拟,将可否改为绞决之处,于折内双请,候旨定夺。其误伤祖父母、父母,律应绞决者,量减为绞监候,无庸援例声请。至误杀、误伤夫之祖父母、父母,亦照此例办理。

20.280.(2)〔子妇拒奸殴伤殴毙伊翁〕一、子妇拒奸之案,审明实系猝遭强暴,情急势危,仓促捍拒;或伊翁到官,供认不讳;或亲串邻佑,指出素日淫恶实迹;或同室之人,确有见闻证据,毫无疑义者;如殴伤伊翁,仍依殴夫之父母本律定拟,大理院复判时,将应否免罪之处,恭候钦定;如殴毙伊翁,亦依殴夫之父母本律定拟,大理院复判时,将可否改为绞监候之处,奏请定夺。倘系有心干犯,事后装点捏饰,并无确切证据;或设计诱陷伊翁,因而杀伤;及事后殴毙,并非仓促捍拒致死者;仍照本律定拟,不得滥引此例。

20.280.(3)〔继母告子不孝及伯叔兄姊等奏告弟侄等打骂〕一、继母告子不孝,及伯叔父母、兄姊、伯叔祖、同堂伯叔父母、兄姊,奏告弟侄人等打骂者,俱行拘四邻亲族人等,审勘是实,依律问断。若有诬枉,即与辩理。果有显迹伤痕、输情服罪者,不必行勘。

20.280.(4)〔嫡继母殴故杀庶生及前妻之子〕一、凡嫡母殴故杀庶生之子,继母殴杀前妻之子,审系平日抚如己出,而其子不孝,经官讯验有据,即照父母殴故杀子孙律,分别拟罪,不必援照嫡、继母加亲母一等之律。如伊子本无违犯教令,而嫡母、继母非理殴杀、故杀者,除其夫现有子嗣,仍照律加等定拟外;若现在并无子嗣,俱照律拟绞监候,秋审入于缓决,听伊夫另行婚娶。至嫡母、继母为己子图占财产、官职,故杀庶生及前妻之子者,俱拟绞监候,秋审入于情实。应入缓决者,收所工作十五年;应入情实者,蒙恩免勾一次后,收所工作二十年,均于满日释放。

20.280.(5)〔本宗为人后者之子孙于本生亲属有犯〕一、凡本宗为人后者之子孙,于本生亲属孝服,止论所后宗支亲属服制。如于本生亲属有犯,俱照所后服制定拟。其异姓义子与伊所生子孙,为本生父母亲属孝服,亦俱不准降等。各项有犯,仍照本宗服制科断。

20.280.(6)〔为人后及女之出嫁者于本生祖父母父母伯叔兄姊有犯〕

一、为人后及女之出嫁者,如于本生祖父母、父母有犯,仍照殴祖父母、父母律定罪。其伯叔、兄姊以下,均依律服图降一等科罪。尊长杀伤卑幼,同。

20.280.(7)〔义子于义父母及义父之祖父母父母并期尊外祖父母有犯〕

一、凡义子过房在十五岁以下,恩养年久;或十六岁以上,曾分有财产,配有室家;若于义父母及义父之祖父母、父母,有犯殴骂、侵盗、恐吓、诈欺、诬告等情,即同子孙取问如律。若义父母及义父之祖父母、父母,殴故杀伤义子者,并以殴故杀伤乞养异姓子孙论。若过房虽在十五以下,恩养未久;或在十六以上,不曾分有财产,配有室家,有违犯及杀伤者,并以雇工人论。义子之妇,亦依前拟岁数,照本例科断。 ○ 其义子后因本宗绝嗣,有故归宗,而义父母与义父之祖父母、父母无义绝之状,原分家产、原配妻室,不曾拘留,遇有违犯,仍以雇工人论。若犯义绝,及夺其财产、妻室,并同凡人论。义绝,如殴义子至笃疾,当令归宗;及有故归宗,而夺其财产、妻室,亦义绝也。 ○ 义父之期亲尊长并外祖父母,如义子违犯,及杀伤义子者,不论过房年岁,并以雇工人论;义绝者,以凡论。其余亲属,不分义绝与否,并同凡人论。

20.281 妻妾与夫亲属相殴

20.281.0.1 凡妻妾殴夫之期亲以下、缌麻以上 本宗、外姻 尊长,与夫殴同罪;或殴,或伤,或折伤,各以夫之服制科断。其有与夫同绞罪者,仍依名例至死减一等,流三千里。 至死者,各绞。 监候。缌麻亲兼妾殴妻之父母在内。此不言故杀者,其罪亦止于绞也。不言殴夫之同姓无服亲属者,以凡人论。 ○ 20.281.0.2 若妻殴伤卑属,与夫殴同; 各以夫殴服制科断。 至死者,绞。 监候。此夫之缌麻、小功、大功卑属也。虽夫之堂侄、侄孙及小功侄孙亦是。 若殴杀夫之兄弟子,流三千里; 不得同夫拟徒。 故杀者,绞。 监候。不得同夫拟流。 妾犯者,各从凡斗法。 不言夫之自期以下弟妹者,殴夫之弟妹,但减凡一等,则此当以凡论。 ○ 20.281.0.3 若 期亲以下、缌麻以上 尊长殴伤卑幼之妇,减凡人一等;妾又减一等。至死者, 不拘妻、妾。 绞。 监候。故杀亦绞。 ○ 20.281.0.4 若弟妹殴兄之妻,加殴凡人一等。其不言妻殴夫兄之妻,与夫殴同。 ○ 20.281.0.5 若兄姊殴弟之妻,及妻殴夫之弟妹及夫弟之妻,各减凡人一等。若殴妾者,各又减 殴妻 一等。 不言妻殴夫兄之妾者,亦与夫殴同;不言弟妹殴兄之妾,及殴大功以下兄弟妻妾者,皆以凡论。 ○ 20.281.0.6 其殴姊妹之夫、妻之兄弟,及妻殴夫之姊妹夫者, 有亲无服,皆为同辈。

以凡斗论。若妾犯者，各加_{夫殴、妻殴}一等。_{加不至于绞。}○20.281.0.7 若妾殴夫之妾子，减凡人二等；_{以其近于殴妻之子也。}殴妻之子，以凡人论。_{所以别妻之子于妾子也。}若妻之子殴伤父妾，加凡人一等；_{所以尊父也。}妾子殴伤父妾，又加二等。_{为其近于母也。共加凡人三等，不加至于绞。}至死者，各依凡人论。_{此通承本节弟妹殴兄之妻以下而言也。死者，绞；故杀，亦绞。}

条　例

20.281.(1)〔嫡孙众孙殴伤祖妾并祖妾殴伤嫡孙众孙〕一、嫡孙、众孙殴伤祖妾者，无论是否生有子女，均照妻妾之子殴伤父妾律，分别加等科断。其祖妾殴伤嫡孙、众孙者，亦同。至死者，各依凡人论。

20.282 殴妻前夫之子

20.282.0.1 凡殴妻前夫之子者，_{谓先曾同居，今不同居者。其殴伤、折伤}减凡人一等；同居者，又减一等。至死者，绞。_{监候。}○20.282.0.2 若殴继父者，_{亦谓先曾同居，今不同居者。}徒一年；折伤以上，加凡斗伤一等。同居者，又加一等。_{至笃疾，罪止流三千里，不加于死。}至死者，绞。_{监候。}

○20.282.0.3 其故杀及自来不曾同居者，_{不问父殴子、子殴父，}各以凡人论。

20.283 妻妾殴故夫父母

20.283.0 凡妻妾夫亡改嫁，殴故夫之祖父母、父母者，并与殴舅姑罪同。其旧舅姑殴已故子孙改嫁妻妾者，亦与殴子孙妇同。_{妻妾被出，不用此律，义已绝也。}

20.284 父祖被殴

20.284.0.1 凡祖父母、父母为人所殴，子孙即时_{少迟即以斗殴论。}救护而还殴_{行凶之人。}非折伤，勿论；至折伤以上，减凡斗三等；_{虽笃疾，亦得减流三千里为徒二年。}至死者，依常律。

○20.284.0.2 若祖父母、父母为人所杀，而子孙_{不告官}擅杀行凶人者，处六等罚；其即时杀死者，勿论。_{少迟即以擅杀论。}○20.284.0.3 若与祖父母、父母同谋共殴人，自依凡人首从法。又，祖父母、父母被有服亲属殴打，止宜救解，不得还殴；若有还殴者，仍依服制科罪。○20.284.0.4 父、祖外其余亲属人等被人杀而擅杀行凶人，审无别项情故，依罪人本犯应死而擅杀律治罪。

条 例

20.284.(1) 〔子孙救祖父母父母及妻救夫殴毙人命〕一、人命案内,如有祖父母、父母被人殴打,实系事在危急,其子孙救护情切,因而殴死人者,于折内声明,分别减等,援例两请,候旨定夺。其或祖父母、父母与人口角,主令子孙将人殴打致死,或祖父母、父母先与人寻衅,其子孙踵至助势共殴,及理曲肇衅,累祖父母、父母被殴,已复逞凶致毙人命,俱仍照各本律科断,不得援危急救护之例概拟减等。若妻救夫殴毙人命,亦照此例分别问拟。

20.284.(2) 〔确因救亲起衅情急殴毙犯亲有服卑幼〕一、救亲殴毙人命之案,除听从祖父母、父母主令,将人殴死,或祖父母、父母先与人寻衅,助势共殴,及理曲肇衅,累祖父母父母被殴,已复逞凶致毙人命者,虽死系犯亲卑幼,父母业经受伤,应仍将凶犯各照本律定拟,不准声请减等外,若无前项情节,确因救亲起衅,如死者系犯亲本宗、外姻有服卑幼,先将尊长殴伤,其子孙目击祖父母、父母受伤,情急救护,将其致毙,不论是否实系事在危急,及有无互殴情形,定案时,仍照本律定拟,照例两请,候旨定夺。其并非犯亲卑幼,及父母并未受伤之案,应仍分别是否事在危急,照例定拟。如案系谋、故杀及火器杀人,并死系凶犯本宗期、功尊长,虽衅起救亲,均仍各照本律问拟,不得援例声请。

20.284.(3) 〔子孙复仇杀害在逃及释回之杀父祖凶犯〕一、祖父母、父母为人所杀,凶犯当时脱逃,未经到官后,被死者子孙撞遇杀死者,照擅杀应死罪人律治罪。其凶犯虽经到官拟抵,或于遇赦减等后私自脱逃,致被死者子孙擅杀者,流三千里。若本犯拟抵后,援例减等,遇赦释回者,国法已伸,不当为仇,如有子孙仍敢复仇杀害者,仍照谋、故杀本律定拟,入于缓决,收所工作十五年。至释回之犯,复向死者子孙寻衅争闹,或用言讥诮,有心欺凌,确有实据者,即属怙恶不悛,死者子孙忿激难堪,因而起意复仇致毙,并因他故起衅殴打致毙者,各于谋、故、斗杀本律上减一等,拟以流三千里。

20.284.(4) 〔救亲殴死有服尊长卑幼〕一、祖父母、父母被本宗缌麻尊长及外姻小功、缌麻尊长殴打,实系事在危急,卑幼情切救护,因而殴死尊长者,于折内声明,减为发极边足四千里安置,照例两请,候旨定夺。若并非事在危急,仍照律拟罪,秋审时,核其情节,分别矜缓办理。至救亲殴死有服卑幼之案,不论是否事在危急,是否互斗,俱减为流三千里;如殴杀卑幼罪不应抵者,各于殴杀卑幼本律上减一等。

〔卷二十六〕

21 骂 詈

21.285 骂人

21.285.0 凡骂人者，处一等罚。互相骂者，各处一等罚。

21.286 骂制使及本管长官

21.286.0 凡奉制命出使而官吏骂之者，及部民骂本属知府、知州、知县，军士骂本管官，若吏卒骂本部五品以上长官，处十等罚。若吏卒骂六品以下长官，各_{指六品至杂职。各于处十等罚上}减三等；军民_{吏卒}骂_{本属、本管、本部之}佐贰官、首领官，又各递减一等。并亲闻乃坐。

条 例

21.286.(1) 〔毁骂公侯驸马伯及京省文武职三二品以上官〕一、凡毁骂公、侯、额驸、伯及京省文职三品以上、武职二品以上者，依骂制使及本属、本管律治罪。

21.287 佐职统属骂长官

21.287.0 凡首领官及统属官骂五品以上长官，处八等罚；若骂六品以下长官，减三等。_{处五等罚}佐贰官骂长官者，又各减二等。_{五品以上，处六等罚；六品以下，处三等罚。}并亲闻乃坐。

21.288 雇工人骂家长

21.288.0 凡雇工人骂家长者，徒二年；骂家长期亲及外祖父母，处十等罚；大功，处六等罚；小功，处五等罚；缌麻，处四等罚。并亲告乃

坐。^{以分相临,恐有谗间之言,故须亲闻;以情相与,或有容隐之意,故须亲告。}

21.289 骂尊长

21.289.0 凡骂^{内外}缌麻兄姊,处五等罚;小功兄姊,处六等罚;大功兄姊,处七等罚。尊属,^{兼缌麻、小功、大功。}各加一等。若骂^{期亲同胞}兄姊者,处十等罚。伯叔父母、姑、外祖父母,各加^{骂兄姊}一等。并须亲告乃坐。^{弟骂兄妻,比照殴律,加凡人一等。}

21.290 骂祖父母父母

21.290.0 凡骂祖父母、父母,及妻妾骂夫之祖父母、父母者,并绞。^{监候,入于秋审情实。}须亲告乃坐。^{义子骂义父母,罪同。若既聘未娶子孙之妇骂舅姑,照子孙违犯教令律治罪。}

条　例

21.290.(1)〔毁骂祖父母父母等告息词者〕一、凡毁骂祖父母、父母及夫之祖父母、父母,告息词者,奏请定夺。再犯者,虽有息词,不与准理。若祖父母、父母听信后妻、爱子蛊惑,谋袭官职,争夺财产等项,捏告打骂者,究问明白,不拘所犯次数,亦与办理。

21.291 妻妾骂夫期亲尊长

21.291.0 凡妻妾骂夫之期亲以下、缌麻以上^{内外}尊长,与夫骂罪同。妾骂夫者,处八等罚;妾骂妻者,罪亦如之;若骂妻之父母者,处六等罚。并须亲告乃坐。^{律无妻骂夫之条者,以闺门敌体之义恕之也。若犯,拟不应轻罪可也。}

21.292 妻妾骂故夫父母

21.292.0 凡妻妾夫亡改嫁,^{其义未绝。}骂故夫之祖父母、父母者,并与骂舅姑罪同。^{按,妻若夫在被出,与夫义绝,及姑、妇俱改嫁者,不用此律。又,子孙之妇守志在室,而骂已改嫁之亲姑者,与骂夫期亲尊属同;若嫡、继、慈、养母已嫁,不在骂姑之例。}

〔卷二十七〕

22 诉　讼

22.293 越诉

22.293.0.1　凡军民词讼，皆须自下而上陈告。若越本管官司，辄赴上司称诉者，^{即实，亦}处五等罚。^{须本管官司不受理，或受理而亏枉者，方赴上司陈告。}　○　22.293.0.2　若迎车驾及击登闻鼓申诉而不实者，处十等罚；^{所诬不实之}事重^{于十等罚}者，从^{诬告重罪}论。得实者，免罪。^{若冲突仗卫，自有本律。}

条　例

22.293.(1)〔遇有冤抑之事来京呈控〕一、军民人等遇有冤抑之事，应先赴州县或审判厅具控；如审断不公，再自下而上呈明；若再有屈抑，方准来京呈诉。如未经在本籍地方及该上司先行具控，或现在审办未经结案，遽行来京控告者，先治以越诉之罪。

22.293.(2)〔控诉案件于事犯地方告理〕一、凡控诉案件，即于事犯地方告理，不得于原告所住之州县及审判厅呈告。原籍之官亦不得滥准行关，彼处之官亦不得据关拘发，违者，分别议处。其于犯事地方衙门告准关提质审，而彼处之官匿犯不解者，照例参处。

22.293.(3)〔干己词讼故令老幼残疾等抱赍奏诉〕一、军民人等干己词讼，若无故不行亲赍，并隐下壮丁，故令老幼、残疾、妇女、家人抱赍奏诉者，俱各立案不行，仍提本身或壮丁问罪。

22.293.(4)〔外省人民上控各案由大理院酌量情形办理〕一、外省人民上控已结、未结各案，由大理院酌量情形，调取卷宗核对。若原审各员果有未允及他项情弊，即将该案发交本省遴员复鞫；如所控不实，即予驳斥，仍照原拟定案。倘上控之人于案外添砌情节，希图翻案，审系在本省各衙门历控者，照诬告律加一等治罪；捏称已控者，再加一等；本罪重者，仍从重论。知情受雇扛帮者,各减一等。

22.293.(5)〔在外州县事款干碍本官不便控告〕一、凡在外州县,有事款干碍本官,不便控告,或有冤抑,审断不公,须于状内将控过衙门、审过情节开载明白,上司官方许受理。若未告州县,及已告州县不候审断,越诉者,治罪。上司官违例受理者,亦议处。

22.293.(6)〔挟忿摭拾不干己之赃私奏告察核官员〕一、曾经考察、考核被劾人员,若怀挟私忿,摭拾察核官员别项赃私,不干己事,奏告以图报复者,不分现任、去任,文武官俱革职为民,已革者问罪。奏告情词,不问虚实,立案不行。

22.293.(7)〔刁徒直入衙门口称奏诉挟制官吏〕一、在外刁徒,直入衙门,口称奏诉,挟制官吏者,所在官司就拿送问。若系干己事情及有冤枉者,照例审断,仍治以不应重罪;其不系干己事情,别无冤枉,并究明主使之人,一体问罪,俱流二千五百里。

22.293.(8)〔假以建言为由挟制官府并将奸赃污人〕一、凡假以建言为由,挟制官府,及将暧昧不明奸赃情事污人名节,报复私仇者,文武官俱革职,军民人等徒三年。

22.293.(9)〔意图翻异于长安左右门并受理词讼各衙门前自戕自残聚众呼冤〕一、军民人等控诉事件,其有曾经内外问刑各衙门问断明白,意图翻异,辄于长安左、右门等处自刎、自缢,撒泼喧呼,或因小事纠聚多人,妄行谎告,及捏开大款,欲思报复,聚众呼冤者,追究主使之人,与首犯俱徒三年,余人各减一等。有在受理词讼各衙门前故自伤残者,严追主使、教唆之人,与自伤未死之犯俱徒二年半,余人亦各减一等。如自戕之犯身死,亦究明主使、教唆及预谋各犯,分别治罪。倘诬告罪重者,仍各从重论。

22.293.(10)〔擅入午门长安等门诉冤〕一、凡擅入午门、长安等门叫诉冤枉,奉旨勘问,得实者,照擅入禁门律治罪;涉虚者,流三千里。其奉旨止拿犯人治罪者,所诉情词,不分虚实,立案不行,仍将本犯照擅入禁门律治罪。

22.293.(11)〔身藏金刃欲行叩阍擅入午门长安等门〕一、凡奸徒身藏金刃,欲行叩阍,擅入午门、长安等门者,不问所告虚实,立案不行,仍照持刃入禁门律治罪。

22.294 投匿名文书告人罪

22.294.0 凡投隐匿^{自己}姓名文书告言人罪者，绞。^{监候。虽实亦坐。}见者，即便烧毁。若^{不烧毁}将送入官司者，处八等罚。官司受而为理者，处十等罚。被告言者，虽有指实，不坐。若^{于方投时}能连^{人与}文书捉获解官者，官给银一十两充赏。^{指告者，勿论。若诡写他人}姓名词帖，讦人阴私陷人，或空纸用印，虚捏他人文书，买嘱铺兵递送，陷人得罪者，皆依此律绞。其或系泛常骂詈之语，及虽有匿名文书，尚无投官确据者，皆不坐此律。

条 例

22.294.(1) 〔布散匿名揭帖及投递内外各衙门〕一、凡布散匿名揭帖，及投递内外各衙门者，俱不准行。拿获，照律治罪。如不行严拿者，交部议处。接受揭帖具奏及审理者，革职。若不肖官员唆使恶棍粘贴揭帖，或令布散、投递者，与犯人罪同。如该管文武官弁不严加查拿，别经发觉，将该管官弁及失察之上司，俱交部分别议处。

22.294.(2) 〔拾获关系国家大事匿名揭帖〕一、凡有拾获匿名揭帖者，即将原帖销毁，不准具奏。惟关系国家重大事务者，密行奏闻，候旨密办。

22.295 告状不受理

22.295.0.1 凡告谋反、叛逆官司，不即受理^{差人}掩捕者，^{虽不失事，}徒三年；因不受理掩捕以致聚众作乱，或攻陷城池，及劫掠人民者，^{官坐}绞。^{监候。}若告恶逆^{如子孙谋杀祖父母、父母之类。}不受理者，处十等罚。告杀人及强盗不受理者，处八等罚。斗殴、婚姻、田宅等事不受理者，各减凡人罪二等，并罪止八等罚。受^{被告之}财者，计赃，以枉法^{罪与不受理罪}从重论。○ 22.295.0.2 若词讼原告、被论^{即被告。}在两处州县者，听原告就被论^{本管}官司告理归结。^{其各该官司自分彼此，或受人财，}推故不受理者，罪亦如之。^{如上所告事情轻重及受财枉法，从重论。}○ 22.295.0.3 若督抚、按察使^{提法使同。}巡历去处，如有词讼未经本管官司陈告，及^{虽陈告而}本宗公事未结绝者，并听^{督抚等官}置簿立限，发当该官司追问，取具归结缘由勾销。若有迟错，^{而督抚等官}不即举行改正者，与当该官吏同罪。^{轻者，依官文书稽程十日以上吏典处四等罚；重者，依不与果决以致耽误公事者处八等罚。}○22.295.0.4 其已经本管官司陈告，不为受理，及本宗公事已绝，理断不当，称诉冤枉者，各^{督抚等}衙门即便勾问。若推故不受理，及转委有司，或仍发原问官司收问者，依告状不受理律论罪。○22.295.0.5 若^{本管衙门}追问词讼及大小公事，^{自行受理并上司批发。}须要就本衙门归结，不得转行批委，^{致有冤枉扰害。}违者，随所告事理轻重，以坐其罪。^{如所告公事合得罚罪，坐以罚罪。}^{死罪已决放者，同罪；未决放，减等。徒、流罪，抵徒、流。}

条 例

22.295.(1)〔户婚田土等细事农忙不准受理并应行展限速断词讼〕一、每年自四月初一日至七月三十日，时正农忙，民间词讼，除谋反、叛逆、盗贼、人命，及贪赃坏法，并一切呈诉无妨农业之事者，俱照常受理外，其一应户婚、田土等细事，如两造均系农民，一概不准受理；自八月初一日以后，方许听断。若田土等案，呈告虽在四月以前，如须丈量、踏勘已至农忙期内，有妨耕作者，准其详明上司，照例展限。至查勘水利、界址等事，清理稍迟，必致有妨农务者，即由该管官亲往审断速结，不得票拘至城，或致守候病农。若农忙期内受理细事病农者，该上司衙门指名参处。如各该衙门将应行审结之事，借称停讼稽延者，亦照例据实参处。

22.295.(2)〔隆冬岁暮州县及审判厅随时审理词讼〕一、州县及审判厅所有词讼，凡遇隆冬岁暮，俱随时审理，不得照农忙之例停讼展限。该管官严加察核，违者，照例揭参。

22.295.(3)〔州县及审判厅自理词讼按月登簿申送〕一、各省州县及审判厅，并有刑名之责等官，每月自理词讼，设立号簿，将到案月日、审讯情形及已结、未结详细登记，按月申送各该上司，以备查考。如有遗漏或开载不明及隐匿装饰，该管上司即行奏参。若上司徇庇，一经首告，或被给事中各道纠参，将该管上司一并交部从重议处。

22.296 听讼回避

22.296.0 凡官吏于诉讼人内，关有服亲及婚姻之家，若受业师，或旧为上司与本籍官长有司,及素有仇隙之人,并听移文回避。违者,虽罪无增减,处四等罚;罪有增减者,以故出入人罪论。

22.297 诬告

22.297.0.1 凡诬告人罚金罪者,加所诬罪二等;流、徒罪,不论已决配、未决配,加所诬罪三等;各罪止流三千里。不加入于绞。遣罪,即反坐以遣罪。若所诬徒罪人已役,流、遣罪人已配,虽经改正放回,须验其被逮发回之日于犯人名下追征用过路费给还。被诬之人若曾经典卖田宅者,着落犯人备价取赎。因而致死随行有服亲属一人者,绞。监候。至死罪而所诬之人已决者,依本绞、斩反坐诬告人以死;虽坐死罪,仍令备偿、取赎。未决者,流三千里,就于配所加徒役三年。○ 22.297.0.2 其犯人如果贫乏,无可备偿路费、取赎田宅者,止科其罪。○ 22.297.0.3 其被诬之人诈冒不实,反诬犯人者,亦抵所诬之罪,犯人止反坐本罪。谓被诬之人本不曾致死亲属,诈作致死,或将他人死尸冒作亲属,诬赖犯人者,亦抵绞罪;犯人止反坐诬告本罪,不在加等、备偿路费、取赎田宅之限。○ 22.297.0.4 若告二事以上,重事告实,轻事招虚,及数事不一,凡所犯罪同等,但一事告实者,皆免罪。名例罪各等者,从一科断,非逐事坐罪也,故告者一事实,即免罪。

○ 22.297.0.5 若告二事以上,轻事告实,重事招虚,或告一事,诬轻为重者,除被诬之人应得罪名外,皆为剩罪。皆反坐以所剩。不实之罪。若已论决,不问罚金、徒、流、遣,全抵剩罪。刑名不同者,从徒入流、遣,亦以所剩论。流、遣同比徒一年为剩;从近流入远流,每等比徒半年为剩;遣罪同远流;从内遣入外遣,同比徒半年为剩。从十等罚以下入徒、流、遣,从徒、流、遣入死罪,亦以全罪论;未论决,十等罚以下及死罪各减一等,徒以上仍罚赎。谓徒一年折银二十两,每一等加五两,五徒准此递加;由徒入流,一等加十两,三流准此递加;遣罪仍照满流科断。○ 22.297.0.6 若律该罪止者,诬告虽多,不反坐。谓如告人不枉法赃二百两,一百三十两是实,七十两是虚,依律不枉法赃一百二十两之上罪应监候绞,即免其罪。

○ 22.297.0.7 其告二人以上,但有一人不实者,罪虽轻,犹以诬告论。谓如有人告三人,二人徒罪是实,一人五等罚罪是虚,仍以一人五等罚罪上加二等反坐原告之类。○ 22.297.0.8 若各衙门官进呈实封诬告人,及风宪官挟私弹事,有不实者,罪亦如之。告人罚金、徒、流、遣、死,全诬者坐。若诬重反坐及全诬加罪轻不及徒三年者,从上书诈不实论。以徒三年科之。○ 22.297.0.9 若狱囚以招伏罪,本无冤枉，而囚之亲属妄诉者，减囚罪三等，罪止处十等罚。若囚已决，而自妄诉冤枉，撼拾原问官吏〔过失而告之〕者，加所诬罪三等，罪止流三千里。

若在役限内妄诉，当从已徒而又犯徒律。

条例

22.297.(1)〔词状止许一告一诉不许牵连并陆续投词攀引〕一、凡词状，止许一告一诉，告实犯实证，不许牵连妇女，波及无辜，亦不许陆续投词，攀引原状内无名之人。违者，概不准理，仍照违令律治罪。

22.297.(2)〔原告不到案听审及脱逃〕一、赴各衙门告言人罪，一经批准，即令原告到案投审。若不即赴审，辄行脱逃，及并非因疾病、事故，亦非程途辽远，一月不到案听审者，即将被告及证佐俱行释放；其所告之事，不与审理；拿获原告，仍治以诬告之罪。

22.297.(3)〔证佐不言实情及实非证佐挺身硬证〕一、词内干证，令与两造同具甘结，审系虚诬，将不言实情之证佐按律治罪。若非实系证佐之人，挺身硬证者，与诬告人一体治罪；受贿者，计赃，以枉法从重论。承审官故行开脱者，该管上司奏参，严加议处。

22.297.(4)〔挟仇捏名妄控非系公同陈告之事〕一、凡实系切己之事，方许陈告。若将弁克饷，务须营伍管队等头目率领兵丁公同陈告；州县征派，务须里长率领众民公同陈告，方准受理。如违禁将非系公同陈告之事，怀挟私仇，改捏姓名，砌款黏单，牵连罗织，希图准行妄控者，除所告不准外，照律治以诬告之罪。

22.297.(5)〔官民人等告讦之案事不干己及妄捏干己情事〕一、凡官民人等告讦之案，察其事不干己，显系诈骗不遂，或因怀挟私仇，以图报复者，内外问刑衙门，不问虚实，俱立案不行。若呈内胪列多款，或涉讼后复告举他事，但择其切己者，准为审理；其不系干己事情，亦俱立案不行。仍各将该原告照违制律治罪；系官革职，已革者与民人一例办理。如敢妄捏干己情事耸准，及至提集人证审办，仍系不干己事者，除诬告反坐罪重者，仍从重定拟外，其余无论所告虚实、诈赃多寡、已未入手，俱不分首从，流二千五百里。

22.297.(6)〔胥役控告本管官〕一、胥役控告本管官，除实有切己冤抑，及本官有不法等情，既经承行，惧被干连者，仍照例办理外，若一经审系诬告，应于常人诬告加等律上再加一等治罪。

22.297.(7)〔直省上司恃势抑勒及被参属员捏词诬揭〕一、直省各上司有恃势抑勒者,许属员详报督抚奏参。若督抚徇庇不参,或自行抑勒者,准其直揭各部、都察院,奏请定夺。审实,将该上司分别议处。若属员已知上司访揭奏参,即撺砌款迹,捏词诬揭部院者,由部院查参,将该员解任,令该督抚确审。系诬揭者,革职;一事审虚,即行反坐,于诬告加等律上再加一等治罪;如被参本罪重于诬告罪者,亦于被参本罪上加一等治罪。武职悉照文职例行。

22.297.(8)〔捏写本词声言奏告诈赃〕一、无藉棍徒私自串结,将不干己事捏写本词,声言奏告,诈赃满数者,准窃盗论,赃至一百二十两以上者为满数。不分首从,俱流三千里。若妄指宫禁、亲藩,诬害平人者,俱发极边足四千里安置。

22.297.(9)〔奸徒假以察访为由挟制陷害诈骗报复〕一、奸徒串结衙门人役,假以上司察访为由,纂集事件,挟制官府,无赃问违制。陷害良善,问诬告。或诈骗财物,奸徒依诈欺衙门,人役依枉法。或报复私仇以所纂集事件坐诬者,审实,各依律于本罪上加一等治罪;为从,各减一等。

22.297.(10)〔举首诗文书札悖逆〕一、有举首诗文书札悖逆者,除显有逆迹,仍照律拟罪外,若止是字句失检,涉于疑似,并无确实悖逆形迹者,将举首之人即以所诬之罪依律反坐;至死罪者,分别已决、未决办理。承审官不行详察,辄波累株连者,该管上司及给事中各道察出奏参,将承审官照故入人罪律交部议处。

22.297.(11)〔妄控人命自愿认罪递词求息〕一、控告人命,如有诬告情弊,即照诬告人死罪未决律治罪,不得听其自行拦息。其间或有误听人言,情急妄告,于未经验尸之先,尽吐实情,自愿认罪,递词求息者,讯明果无贿和等情,照不应重律治罪完结。如有教唆情弊,将教唆之人仍照律治罪。该承审官如有准其拦息不究,或徇私贿纵者,指名奏参,照例分别议处。

22.297.(12)〔捏造奸赃款迹挟仇污蔑致被诬之人自尽〕一、凡捏造奸赃款迹,写揭字帖,及编造歌谣,挟仇污蔑,以致被诬之人忿激自尽者,照诬告致死例拟绞监候。其乡曲愚民,因事争角,随口斥辱,并无字迹,及并未编造歌谣者,各依应得罪名科断。

22.297.(13)〔诬良为强窃盗拷诈搜夺财物及淫辱妇女〕一、凡将良民诬指为窃及寄买贼赃,将良民捉拿拷打,吓诈财物,或以起赃为由,沿房搜检抢夺财物,淫辱妇女,除实犯死罪外,其余不分首从,俱发极边足四千里安置。若诬指良民为强盗者,亦发极边足四千里安置。其有前项拷、诈等情,俱发烟瘴地方安置。_{诬指送官,依诬告论;}_{淫辱妇女,以强奸论。}

22.297.(14) 〔诬良及疑良为窃捆缚吓逼及拷打致死及致自尽者〕一、凡诬良为窃之案,如拷打致死,及诬告到官,或捆缚、吓诈逼认,致令自尽者,俱拟绞监候;其止空言捏指,并未诬告到官,亦无捆缚、吓诈逼认情事,死由自尽者,流三千里。至疑贼毙命之案,讯系因伤身死,仍悉照谋故斗杀、共殴及威力制缚主使各本律例定拟。

22.297.(15) 〔诬告叛逆被诬之人已决未决〕一、诬告叛逆,被诬之人已决者,诬告之人拟绞立决;未决者,拟绞监候。

22.297.(16) 〔诬告人因而致死〕一、诬告人因而致死,被诬之人委系平人,及因拷禁身死者,拟绞监候。其将案外之人拖累拷禁致死者,亦拟绞监候。若诬轻为重,及虽全诬平人,却系患病在外身死者,止拟应得罪名发落。

22.297.(17) 〔诬告致尸遭蒸检〕一、挟仇诬告人谋死人命,致尸遭蒸检者,不论平人、尊长之尸,为首者,绞监候;为从,流三千里。其官司刑逼妄供者,革职;审出实情者,交部议叙。

22.297.(18) 〔捕役人等奉差缉贼诬良为盗拷诈逼认及教供诬攀〕一、凡捕役人等奉差缉贼,审非本案正盗,若其人素行不端,或曾经犯窃有案者,将捕役照诬良为盗例减一等,徒三年。至其人虽犯窃有案,已改恶为善,确有实据,仍复妄拿,并所获窃盗,私行拷打,吓诈财物,逼勒认盗,及所缉盗案,已获有正贼,因伙盗未获,将犯有窃案之人教供诬攀,滥拿充数等弊,俱照诬良为盗例分别强、窃治罪。

22.297.(19) 〔捕役诬窃为盗〕一、凡捕役诬窃为盗,拿到案日,该地方官验明并无拷逼情事,或该犯自行诬服,并有别故,例应收禁,因而监毙者,将诬拿之捕役流三千里;其吓诈、逼认因而致死,及致死二命者,俱照诬告致死律拟绞监候;拷打致死者,照故杀律拟绞监候。

22.297.(20) 〔番役妄用脑箍等刑致无辜毙命及伤〕一、番捕等役诬陷无辜,妄用脑箍及竹签、烙铁等刑,致毙人命者,以故杀人论;伤者,照凡斗伤加二等。

22.298 干名犯义

22.298.0.1 凡子孙告祖父母、父母,妻妾告夫及告夫之祖父母、父母者,虽得实,_{祖父母等同自首者,免罪。}徒三年;但诬告者,_{不必全诬,但一事诬,即}绞。若告期亲尊长、外祖父母,及妻告夫者,虽得实,处十等罚;告大功,_{得实亦}处九等罚;告小功,_{得实亦}处八等罚;告缌麻,_{得实亦}处七等罚。其被告期亲、大功尊长及外祖父母,若妻之父母,_{及夫之正妻,}并同自首,免罪;小功、缌麻尊长,得减本罪三等。若诬告罪重_{于干犯本罪}者,各加所诬罪三等。_{谓止依凡人诬告律加三等,便不失于轻矣。○加罪不入于绞。若徒流已、未决,偿费、赎产断付,加役,并依诬告本律。若被告无服尊长,减一等,依名例。}

○ 22.298.0.2 其告_{尊长}谋反、大逆、谋叛、窝藏奸细,及嫡母、继母、慈母、所生母杀其父,若所养父母杀其所生父母,及被期亲以下尊长侵夺财产或殴伤其身,_{据实}应自理诉者,并听_{卑幼陈}告,不在干名犯义之限。_{其被告之事,各依本律科断,不在干名犯义之限,并同自首免罪之律。被告卑幼同此。又犯奸及损伤于人、于物不可赔偿者,亦同。}○ 22.298.0.3 若告卑幼得实,期亲、大功及女婿亦同自首免罪;小功、缌麻亦得减本罪三等。诬告者,期亲减所诬罪三等,大功减二等,小功、缌麻减一等。若_夫诬告妻及妻诬告妾,亦减所诬罪三等。_{被告子孙、妻妾、外孙及无服之亲,依名例。○若诬卑幼死,未决,仍依律减等,不作诬轻为重。}○ 22.298.0.4 若雇工人告家长及家长缌麻以上之亲者,各减子孙、卑幼罪一等;诬告者,不减。_{又雇工人被告得实,不得免罪,以名例不得为容隐故也。}

○ 22.298.0.5 其祖父母、父母、外祖父母诬告子孙、外孙、子孙之妇妾,及己之妾,若雇工人者,各勿论。_{不言妻之父母诬女婿者,在缌麻亲中矣。}○ 22.298.0.6 若女婿与妻父母果有义绝之状,许相告言,各依常人论。_{义绝之状,谓如身在远方,妻父母将妻改嫁,或赶逐出外,重别招婿,及容止外人通奸;又如女婿殴妻至折伤、抑妻通奸、有妻诈称无妻、欺妄更娶妻、以妻为妾、受财将妻妾典雇、妄作姊妹嫁人之类。}

22.299 子孙违犯教令

22.299.0 凡子孙违犯祖父母、父母教令,及奉养有缺者,处十等罚。_{谓教令可从而故违,家道堪奉而故缺者。须祖父母、父母亲告乃坐。}

条　例

22.299.(1)〔不能养赡致父母自尽〕一、子游惰不能营生养赡父母,因致父母自尽者,流三千里。

22.299.(2)〔呈告恳求发遣子孙及屡次触犯之子孙发遣〕一、凡呈告触犯之案,除子孙实犯殴、詈,罪干重辟,及仅止违犯教令者,仍各依律例分别办理外,其有祖父母、父母呈首子孙,恳求发遣,及屡次违犯、触犯者,即将被呈之子孙发极边足四千里安置。如将子孙之妇一并呈送者,即与其夫一并发遣。

22.299.(3)〔子孙犯奸盗等致祖父母父母自尽及被杀〕一、凡子孙因奸、因盗,以致祖父母、父母忧忿戕生,并畏累自尽;或被人殴死,及谋故杀害者,均拟绞监候。如祖父母、父母知子孙犯奸、盗,而纵容袒护,并教令子孙犯之者,子孙止科本罪。若因奸、盗罪犯应死,及谋故杀人事情败露,致祖父母、父母自尽者,即照原犯罪名,拟以立决。子孙之妇有犯,悉与子孙同科。

22.300　见禁囚不得告举他事

22.300.0.1　凡被囚禁,不得告举他人之事。其为狱官、狱卒非理凌虐者,听告。若应因禁被问,更首己之别事,有干连之人,亦合准首,依法推问科断。

○22.300.0.2　其年八十以上、十岁以下,及笃疾者,若妇人,除谋反、叛逆、子孙不孝,或己身及同居之内为人盗、诈、侵夺财产及杀伤之类,听告;余并不得告。以其罪得收赎,恐故意诬告害人。官司受而为理者,处五等罚。原词立案不行。

条　例

22.300.(1)〔年老废疾并妇人许人代告〕一、年老及废疾之人并妇人,除告谋反、叛逆及子孙不孝,听自赴官陈告外,其余公事,许令同居亲属通知所告事理的实之人代告。诬告者,罪坐代告之人。若妇人夫亡无子,或身受损害,无人代告者,听许入官告诉。

22.301　教唆词讼

22.301.0　凡教唆词讼,及为人作词状,增减情罪,诬告人者,与犯人同罪。

至死者,若受雇诬告人者,与自诬告同。 至死者,受财者,计赃,以枉法从重论。
减一等。   不减等。

其见人愚而不能申冤,教令得实,及为人书写词状,而罪无增减者,勿论。

奸夫教令奸妇诬告其子不
孝,依谋杀人造意律。

条　例

22.301.(1)〔考取代书并代书誊写呈状〕一、内外问刑衙门,务择里民中之诚实识字者,考取代书。凡有呈状,如本人不能自作者,令其照本人口诉情词,据实誊写,呈后登记代书姓名,该衙门验明,方准收受;如无代书姓名,即严行查究。其有教唆、增减者,照律治罪。

22.301.(2)〔积惯讼棍恐吓取财〕一、审理词讼,究出主唆之人,若系积惯讼棍,串通胥吏,播弄乡愚,恐吓诈财,一经审实,即依棍徒生事扰害例,问发极边足四千里安置。该地方官不能查拿禁缉,如止系失于觉察,照例议处;若明知不报,经上司访拿,将该地方官交部,照奸棍不行查拿例议处。

22.301.(3)〔诬控案件严究代作词状唆讼之人〕一、凡审理诬控案件,不得率听本犯捏称倩过路不识姓名人书写呈词,务须严究代作词状唆讼之人,指名查拿,依例治罪。

22.301.(4)〔教唆词讼诬告人以起意非起意分首从〕一、教唆词讼诬告人之案,如原告之人并未起意,诬告系教唆之人起意主令者,以主唆之人为首,听从控告之人为从;如本人起意欲告,而教唆之人从旁怂恿者,依律与犯人同罪;有赃者,计赃,以枉法从其重者论。 若仅止从旁谈论是非,并非唆令控告者,科以不应重罪,不得以教唆论。

22.301.(5)〔将本状用财雇寄与人赴京奏诉〕一、凡将本状用财雇寄与人赴京奏诉者,并受雇、受寄之人,俱流二千五百里;赃重者,从重论。

22.301.(6)〔违禁撰印贩卖及藏匿讼师秘本〕一、坊肆所刊讼师秘本,如《惊天雷》《相角》《法家新书》《刑台秦镜》等一切构讼之书,尽行查禁销毁,不许售卖。有仍行撰造、刻印者,流三千里;将旧书复行印刻及贩卖者,徒三年;买者,处十等罚;藏匿旧板不行销毁,减印刻一等治罪;藏匿其书,照违制律治罪。其该管失察各官,分别次数,交部议处。

22.301.(7)〔钦差驰审重案虚诬根究唆帮讼师〕一、凡钦差驰审重案,如果审出虚诬,除赴京捏控之人照诬告例治罪外,其有无讼师唆使、扛帮情节,原审大臣即就案严行根究,按例分别问拟。失察之地方官,从重议处。如无此种情弊,亦即随案声明。

22.302 官吏词讼家人诉

22.302.0　凡官吏有争论婚姻、钱债、田土等事,听令家人告官对理,不许公文行移。违者,处四等罚。

〔卷二十八〕

23 受　赃

23.303 官吏受财

23.303.0.1 凡官吏^{因枉法、不枉法事}受财者，计赃科断。无禄人，各减一等。官，追夺、除名；吏，罢役；^{赃止一两，}俱不叙用。○ 23.303.0.2 说事过钱者，有禄人，减受钱人一等；无禄人，减二等；^{如求索、科敛、吓诈等赃，及事后受财过付者，不用此律。}罪止徒二年。有赃者，^{过钱而又受钱。}计赃，从重论。^{若赃重，从本律。}

有禄人：^{凡月俸一石以上者。}

枉法赃，各主者，通算全科。^{谓受有事人财而曲法处断者，受一人财，固全科；如受十人财，一时事发，通算作一处，亦全科其罪。若犯二事以上，一主先发已经论决，其他后发虽轻若等，亦并论之。}

一两以下，处七等罚。

一两至五两，处八等罚。

一十两，处九等罚。

一十五两，处十等罚。

二十两，徒一年。

二十五两，徒一年半。

三十两，徒二年。

三十五两，徒二年半。

四十两，徒三年。

四十五两，流二千里。

五十两，流二千五百里。

五十五两，流三千里。

八十两，^实绞。^{监候。}

不枉法赃,各主者,通算折半科罪。虽受有事人财,判断不为曲法者,如受十人财,一时事发,通算作一处,折半科罪;一主者,亦折半科罪。准半折者,皆依此。

一两以下,处六等罚。

一两之上至一十两,处七等罚。

二十两,处八等罚。

三十两,处九等罚。

四十两,处十等罚。

五十两,徒一年。

六十两,徒一年半。

七十两,徒二年。

八十两,徒二年半。

九十两,徒三年。

一百两,流二千里。

一百一十两,流二千五百里。

一百二十两,流三千里。

一百二十两以上,实绞。监候。

无禄人:凡月俸不及一石者。

枉法,扶同听行及故纵之类。一百二十两,绞。监候。

不枉法,一百二十两以上,罪止流三千里。

条 例

23.303.(1)〔在官人役取受有事人财枉法〕一、凡在官人役,取受有事人财,律无正条者,果于法有枉纵,俱以枉法计赃科罪。若尸亲、邻证等项,不系在官人役,取受有事人财,各依本等律条科断,不在枉法之律。

23.303.(2)〔上司及巡察之员经过收受属员地方官门包并下程供应〕一、凡上司及出差巡察之员经过州县地方,收受属员及地方官门包,并下程供应,暨一切陋规,与者、受者均革职,严讯治罪。该督抚不行奏参,交部议处。若因勒索而与者,属员及地方官均照逼抑取受律不坐。其随役、家人私自索取,本官不知情者,照例议处。如知情故纵,罪坐本官,照在官求索人财物律治罪;其随役、家人,照在官求索无禄人减一等律治罪;并许被索之员据实详揭。若上司及出差巡察之员，因不迎送、不供应，别寻他事中伤属员、地方官者，照例分别议处。

23.303.(3)〔官吏婪赃除枉法入己者外限内全完分别减免〕一、官吏婪赃，审系枉法入己者，虽于限内全完，不准减等。如审无入己各赃，并坐赃致罪者，果能于限内全完，仍照挪移亏空钱粮之犯准其减免外，其因事受财入己，审明不枉法及律载准枉法、不枉法论等赃，果于一年限内全完，死罪减二等发落，流徒以下免罪；若不完，再限一年勒追。全完者，死罪及流徒以下各减一等发落；如不完，流徒以下即行发配，死罪人犯监禁，均再限一年着追。三年限外不完，死罪人犯永远监禁；全完者，奏明请旨，均照二年全完减罪一等之例办理。

23.303.(4)〔书差舞弊知法犯法〕一、凡各衙门书吏、差役，如有舞文作弊，借案生事扰民者，系知法犯法，俱照平人加一等治罪。受财者，计赃，从重论。

23.303.(5)〔县总里书犯赃入己及保人歇家串通行贿〕一、县总、里书如犯赃入己者，照衙役犯赃拟罪。保人、歇家串通衙门行贿者，照不系在官人役取受有事人财科断。

23.303.(6)〔正身衙役违禁私带白役〕一、凡正身衙役，违禁私带白役者，并处十等罚，革役。如白役犯赃，照衙役犯赃例科罪。正身衙役知情同行者，与同罪；不知情不同行者，不坐。

23.303.(7)〔白役诈赃逼命之案〕一、白役诈赃逼命之案，如事由白役，应以白役照例拟抵；正役知情同行，发极边足四千里安置。如由正役主使诈赃，应以正役照例拟抵；白役吓逼帮索，亦发极边足四千里安置。若白役诈赃，正役并未主使，亦未知情同行，但于事后分赃，即于白役死罪上减二等，徒三年；赃多者，计赃，从重论。若并未分赃，及白役诈赃并未致毙人命，仍照私带白役例处罚，革役。

23.303.(8)〔衙役逼毙人命及索诈私押拷虐人犯〕一、各衙门差役逼毙人命之案，讯无诈赃情事，但经借差倚势，凌虐吓逼，致令忿迫轻生者，为首流三千里。其差役子侄、亲属私代办公，逼毙人命，除讯系诈赃起衅，仍照蠹役诈赃毙命例一体问拟外，若非衅起诈赃，为首发烟瘴地方安置。至差役有因索诈不遂，将奉官传唤人犯私行羁押，拷打凌虐者，为首亦发烟瘴地方安置；其仅止私行羁押，并无拷打凌虐情事，为首徒三年。为从，各减一等。

23.303.(9)〔蠹役吓诈贫民及吓诈毙命〕一、内外大小衙门蠹役，恐吓索诈贫民者，计赃，一两以下，处十等罚；一两至五两，徒一年；六两至十两，徒三年；十两以上，流二千五百里。其因索诈，致令卖男鬻女者，十两以下，亦流二千五百里；至一百二十两者，绞监候。为从分赃，并减一等。计赃重于从罪，仍从重论。如吓诈致毙人命，不论赃数多寡、已未入手，拟绞监候，入于秋审情实；拷打致死，拟绞立决；若死系作奸犯科，有干例议之人，如系吓逼致令自尽，或拷打致死者，均拟绞监候；为从，并减一等。

23.304 坐赃致罪

23.304.0 凡官吏人等，非因^{枉法、}_{枉法之}事而受^人_之财，坐赃致罪，各主者，通算折半科罪；与者，减五等。_{谓如被人盗财或殴伤，若赔偿及医药之外，因而受财之类。各主者，通算折半科罪；一主者，亦折半科罪。为两相和同取与，故出钱人减受钱人罪五等。又如擅科敛财物，或多收少征，如收钱粮、税粮、斛面，及检踏灾伤田粮与私造斛斗秤尺各律所载，虽不入己，或造作虚费人工物料之类，凡罪由此赃者，皆名为坐赃致罪。〇官吏坐赃，若不入己者，拟还职役。出钱人有规避事重者，从重论。}

  一两以下，处二等罚。

  一两之上至十两，处三等罚。

  二十两，处四等罚。

  三十两，处五等罚。

  四十两，处六等罚。

  五十两，处七等罚。

  六十两，处八等罚。

  七十两，处九等罚。

  八十两，处十等罚。

  一百两，徒一年。

  二百两，徒一年半。

  三百两，徒二年。

  四百两，徒二年半。

  五百两，罪止徒三年。_{以坐赃非实赃，故至五百两，罪止徒三年。}

23.305 事后受财 _{原在事后,故别于受财律。}

23.305.0 凡官吏有^{承行}之事,先不许财,事过之后而受财,事若枉断者,准枉法论;事不枉断者,准不枉法论。_{无禄人各减有禄人一等;风宪官吏仍加二等。若所枉重者,仍从重论。官吏俱照例为民,但不追夺诰敕。律不言出钱、过钱人之罪,问不应从重可也。}

23.306 官吏听许财物 _{原未接受,故别于事后受财律。}

23.306.0 凡官吏听许财物,虽未接受,事若枉者,准枉法论;事不枉者,准不枉法论,各减^{受财}一等。所枉重者,各从重论。_{必自其有显迹、有数目者方坐。○凡律称"准"者,至死减一等,虽满数,亦罪止流三千里。此条既称准枉法论,又称减一等,假如听许,准枉法赃满数,至死减一等,流三千里;又减一等,徒三年;方合律。此正所谓犯罪得累减也。○此明言官吏,则其余虽在官之人不用此律。}

条 例

23.306.(1)〔听许财物已交未交分别着追〕一、听许财物,若甫经口许,赃无确据,不得概行议追。如所许财物封贮他处,或写立议单、文券,或交与说事之人,应向许财之人追取入官。若本犯有应得之罪,仍照律科断;如所犯本轻或本无罪,但许财营求者,止问不应重律。其许过若干、实交若干者,应分别已受、未受数目计赃,并所犯情罪,从重科断。已交之赃,在受财人名下着追;未交之财,仍向许财人名下着追。

23.307 有事以财请求

23.307.0 凡有事,以财行求^{官吏欲}得枉法者,计所与财,坐赃论。若有避难就易,所枉^{法之罪}重^{于与财}者,从重论。_{其赃入官。}其官吏刁蹬,用强生事,逼抑取受者,出钱人不坐。_{避难就易,谓避难当之重罪,就易受之轻罪也。若他律避难,则指难解钱粮、难捕盗贼皆是。}

条 例

23.307.(1)〔以财行求及说事过钱者与受财人同罪〕一、凡有以财行求,得枉法者,与受财人同罪;不枉法,计所与财,减一等。说事过钱者,如得赃,亦与受财人同罪；不得赃，依律减等定拟。其行求及说事过钱为从者，递减一等。如抑勒、诈索取财者，与财人及说事过钱人俱不坐。至于别项馈送，不系行求，照坐赃拟罪。

23.307.(2)〔受贿顶凶〕一、奸徒得受正凶贿赂，挺身到官顶认，审系案外之人，业已成招定罪，几致正凶漏网者，俱照正凶罪名，一例全科；若正凶放而还获，及逃囚自死者，顶凶之犯照本罪减一等。其行贿本犯，除罪应立决及秋审应入情实者，毋庸另议外，原犯应入缓决者，秋审时，拟入情实；原犯遣、流等罪，照遣流脱逃例治罪；徒罪以下，按律各加一等。如尚未成招，罪未拟定，旋即破案者，行贿凶犯仍照原犯罪名问拟；受贿顶凶者，减正犯罪二等。至同案之犯代认重伤，致脱本犯罪名，已招解者，减正犯罪一等；若原犯本罪重于所减之罪或相等者，各加本罪一等。未招解者，仍照本罪科断。行贿凶犯，均各照原犯罪名定拟。教诱顶凶者，与犯人同罪；说合过钱者，各减顶凶之犯罪一等。受财重者，以枉法赃从重论。

23.308 在官求索借贷人财物

23.308.0.1 凡监临官吏挟势，及豪强之人，求索、借贷所部内财物，并计_{索借之}赃，准不枉法论。强者，准枉法论。财物给主。_{无禄人各减有禄人一等。}○23.308.0.2 若将自己物货散与部民，及低价买物、多取价利者，并计余利，准不枉法论。强者，准枉法论。物货、价钱并入官、给主。_{卖物，则物入官，而原得价钱给主；买物，则物给主，而所用之价入官。○此下四条，盖指监临官吏，而豪强亦包其中。}○23.308.0.3 若于所部内买物，不即支价，及借衣服、器玩之属，各经一月不还者，并坐赃论。_{仍追物还主。}○23.308.0.4 若私借用所部内马、牛、驼、骡、驴及车船、碾磨、店舍之类，各验日计雇赁钱，亦坐赃论，追钱给主。_{计其犯时雇工赁值。虽多，不得过其本价。}○23.308.0.5 若接受所部内馈送土宜礼物，受者处四等罚，与者减一等。若因事_{在官}而受者，计赃，以不枉法论。其经过去处供馈饮食，及亲故馈送者，不在此限。○23.308.0.6 其出使人于所差去处求索、借贷、卖买多取价利，及受馈送者，并与监临官吏罪同。○23.308.0.7 若去官而受旧部内财物及求索、借贷之属，各减在官时三等。

条　例

23.308.(1)〔上司勒荐长随幕宾及长随幕宾钻营引荐并舞弊诈财收受财

物〕一、各上司如有勒荐长随及幕宾者,许属员揭报,将该上司革职。如长随钻营上司引荐,在各衙门招摇撞骗财物者,照蠹役诈赃例计赃治罪。幕宾钻营引荐,事后收受为事人礼物,尚非舞弊诈财者,计赃,以不枉法论,仍照衙门书役知法犯法加一等例治罪;如倚仗声势,欺压本官,舞弊诈财者,亦照蠹役诈赃例计赃治罪。其不由上司引荐者,有犯,亦照此例定拟。如幕宾、长随钻营引荐,别无情弊,但盘踞属员衙门者,均处十等罚,各递回原籍分别发落。若属员营求上司,因所荐幕宾、长随有勾通行贿等弊,分别议处治罪。

23.308.(2)〔外任旗员该旗各官于出结时勒索重贿〕一、凡外任旗员,该旗都统、参领等官有于出结时勒索重贿,及得缺后要挟求助,或该旗本管王、贝勒及门上人等有勒取求索等弊,许本官据实密详督抚转奏;倘督抚瞻顾容隐,许本官直揭都察院转为密奏;倘不为奏闻,许各御史据揭密奏。

23.308.(3)〔苗蛮等地骚扰逼勒激动番蛮〕一、苗、蛮、黎、獞等僻处外地之人,并改土归流地方,如该管官员有差遣兵役骚扰、逼勒、科派、供应等弊,因而激动番蛮者,照引惹边衅例从重治罪。

23.309 家人求索

23.309.0 凡监临官吏家人,^{兄弟、子侄、雇工皆是。}于所部内取受^所求索、借贷财物,依不枉法^及役使部民,若买卖多取价利之类,各减本官^吏罪二等。^{分有禄、无禄。须确系求索、借贷之项,方可依律减等。若因事受财,仍照官吏受财律定罪,不准减等。}若本官^吏知情,与同罪;不知者不坐。

条 例

23.309.(1)〔执事大臣家人私向所管人借贷〕一、执事大臣不行约束家人,致令私向所管人等往来交结借贷者,一经发觉,将伊主减五等治罪。

23.309.(2)〔长随索诈婪赃及预逃远扬〕一、长随求索、吓诈得财舞弊者,照蠹役诈赃例治罪。其有索诈婪赃,托故先期预逃,及本官被参后,闻风远扬者,拿获之日,照到官后脱逃例,各加二等治罪,仍追原赃。其各衙门现任大小官员,如有收用犯案长随者,交部议处。

23.310 风宪官吏犯赃

23.310.0 凡风宪官吏受财,及于所按治去处求索、借贷人财物,若卖买多取价利,及受馈送之类,各加其余官吏^{受财以下各款}罪二等。^{加罪不得加至于死。如枉法赃,须至八十两,方坐绞;不枉法赃,}须至一百二十两之上,方坐绞。○风宪吏无禄者,亦就无禄枉法、不枉法本律断。○其家人如确系求索、借贷,得减本官所加之罪二等;若因事受财,不准减等。本官知情,与同罪;不知者不坐。

23.311 因公科敛

23.311.0.1 凡有司官吏人等,非奉上司明文,因公擅自科敛所属财物,及管军官吏科敛军人钱粮、赏赐者,^{虽不入己,}处六等罚;赃重者,坐赃论;入己者,并计赃,以枉法论。^{无禄人减有禄人之罪一等。至一百二十两,绞监候。}○ 23.311.0.2 其非因公务科敛人财物,入己者,计赃,以不枉法论。^{无禄人罪止流三千里。}若馈送人者,虽不入己,罪亦如之。

条 例

23.311.(1)〔违禁罚取纸札笔墨银朱器皿钱谷银两等项〕一、凡京城及外省衙门,不许罚取纸札、笔墨、银朱、器皿、钱谷、银两等项,违者,计赃论罪。若有指称修理,将并无罪犯之人用强科罚,米谷至二十石、银至二十两以上,绢帛贵细之物值银二十两以上者,事发,交部照例议处。

23.312 克留盗赃

23.312.0 凡巡捕官已获盗贼,克留赃物不解官者,处四等罚;入己者,计赃,以不枉法论;仍将其^{所克之}赃,并^{解过赃,通}论盗罪。

条 例

23.312.(1)〔胥捕侵剥盗赃〕一、胥捕侵剥盗赃者,计赃,照不枉法律科断。

〔卷二十九〕

24 诈 伪

24.313 诈为制书 _{诈为,以造作之人为首从坐罪,转相誊写之人非是。}

24.313.0.1 凡诈为^{原无}制书及增减^{原有}者,已施行,^{不分首从,}皆绞;^{监候。}未施行者,^{为首}流三千里。^{为从者,减一等。}传写失错者,^{为首}处十等罚。^{为从者,减一等。}○ 24.313.0.2 诈为各部、都察院、大理院、将军、督抚、提镇、守御紧要隘口衙门文书,套画押字,盗用印信,及将空纸用印者,^{必盗用印,并事关军机、钱粮、刑名方坐。}皆绞。^{监候。不分首从。未施行者,为首,减一等;为从,又减一等;其非关军机、钱粮、刑名者,各递减一等。}○ 24.313.0.3 诈^为布政司、按察司、^{提法司同}府、州、县衙门^{印信文书}者,^{为首}流三千里;^{诈为}其余衙门^{印信文书}者,^{为首}徒三年。^{为从者,减一等。}未施行者,各^{分首从}减一等。若有规避,事重^{于前事}者,从重论。^{如诈为出脱人命,以规避抵偿,当从本律断之类。}○ 24.313.0.4 其^{诈为制书、文书已施行,及制书、}文书所至之处,当该官司知而听行,各与同罪;^{至死减等。}不知者不坐。○ 24.313.0.5 一将印信空纸捏写他人文书,投递官司害人者,依投匿名文书告言人罪者律。○ 24.313.0.6 盗用钦给关防,与印信同,有例。

条 例

24.313.(1) 〔诈为文书盗用印信及止套画押字〕一、凡诈为各衙门文书,盗用印信者,不分有无押字,依律坐罪。若止套画押字,各就所犯事情轻重,查照本等律条科断。其诈为部院各司文书者,俱与其余衙门同科。

24.314 诈传诏旨 _{诈传,以传出之人为首从坐罪,转相传说之人非是。}

24.314.0.1 凡诈传诏旨^{自内而出}者,^{为首}绞。^{监候。}^{为从者,流三千里。}○ 24.314.0.2 若诈传一品、二品衙门官言语,于各^属衙门分付公事,^自有所规避者,^{为首}徒三年;三品、四品衙门官言语〔有所规避〕者，〔为首〕处十等罚；五品以下衙门官言语者，处八等罚。为从者，各减一等。若得财〔而诈传无碍于法〕者，计赃，以不枉法；因〔得财诈传〕而〔变动事情枉曲法度〕者，以枉法，各〔以枉法、不枉法赃罪与诈传规避本罪权之，〕从重论。○ 24.314.0.3 其〔诈传诏旨、品官言语，所至之处〕当该官司知而听行，各与同罪；〔至死减一等。〕不知者不坐。○ 24.314.0.4 若〔内外〕各衙门追究钱粮、鞫问刑名公事，当该官吏将奏准合行〔免追、免问〕事理，妄称奉旨追问者，〔是亦诈传之罪。〕绞〔监候〕。

24.315 对制上书诈不以实

24.315.0.1 凡对制〔敷陈〕及奏事〔有职业该行而启奏者。〕与〔不系本职，而条陈时务者。〕上书诈不以实者，徒三年。其对奏、上书〔非密谓非谋反大逆等项。〕而妄言有密者，加一等。○ 24.315.0.2 若奉制推按问事，转报上不以实者，徒二年；若徇私曲法，而所报不实，事重于徒二年者，以出入人罪论。

24.316 伪造印信时宪书等

24.316.0.1 凡伪造诸衙门印信及《时宪书》、起船起马、符验、茶盐引者，〔为首雕刻〕绞〔监候〕。为从者，减一等，流三千里。有能告捕者，官给赏银五十两。伪造关防印记者，〔为首〕徒三年。告捕者，官给赏银三十两。为从及知情行用者，各减一等。〔"各"字承上二项而言。〕若造而未成者，〔首从〕各又减一等。其当该官司知而听行，与同罪；不知者不坐。○ 34.316.0.2 印所重者文，若有篆文，虽非铜铸，亦可以假诈行事，故形质相肖而篆文俱全者，谓之伪造。惟有其质而文不全者，方谓之造而未成。至于全无形质，而惟描之于纸者，乃谓之描摹也。

条 例

24.316.(1) 〔伪造印信之案分别行用得财未行用及造而未成〕一、伪造印信之案，如假印形质已具、篆文字体已成，仅止笔画少缺，但经行用得财，为数多者，分别首从，拟以绞候、满流；即为数无多，亦分别首从，照例拟以流、徒。甫经雕刻，尚未行用者，各减得财一等。若篆文笔画实未齐全，又未诓骗得财，方以造而未成科断。其伪造关防印记者，亦照此分别首从，各按本例办理。

24.316.(2) 〔伪造假印之案分别首从〕一、伪造假印之案，如起意者自行雕刻，或他人同谋分赃代为雕刻者，将起意之人与雕刻之人并以为首论；案内为从者，减一等。若仅受些微价值，代为私雕，并无同谋、分赃情事者，以起意之人为首，雕刻之人为从，与案内为从者并减首犯罪一等。

24.316.(3) 〔盗用钦给关防〕一、凡盗用总督、巡抚等官钦给关防，俱照各官本衙门印信拟罪。若盗及弃毁、伪造，悉与印信同科。

24.316.(4) 〔伪造关防印记事关军机钱粮假官及止诓骗财物〕一、凡伪造诸衙门印信及钦给关防，事关军机，冒支钱粮，假冒官职，大干法纪者，俱拟绞立决；为从者，拟绞监候。若非关军机、钱粮、假官等弊，止图诓骗财物，为数多者，俱照律拟绞监候；为从者，流三千里。若诓骗财物为数无多，银不及十两者，为首雕刻者，流三千里；为从及知情行用者，各减一等。其伪造关防印记，诓骗财物，为数多者，将为首雕刻之人发极边足四千里安置；若为数无多，为首者，仍照律徒三年；为从及知情行用者，各减一等。其造而未成者，又各减一等。若描摹印信行使，诓骗财物，犯该徒罪以上者，流三千里；其为数无多，犯该徒罪以下者，各计赃，以次递减。四十两，徒三年；三十两，徒二年半；二十两，徒二年；十两，徒一年半；一两以下，徒一年；不得财者，罪止十等罚。

24.317 私铸铜钱

24.317.0.1 凡私铸铜钱者，绞；^{监候}匠人罪同；为从及知情买使者，各减一等。告捕者，官给赏银五十两。里长知而不首者，处十等罚；不知者不坐。

○ 24.317.0.2 若将时用铜钱剪错薄小，取铜以求利者，处十等罚。

○ 24.317.0.3 若以铜、铁、水银伪造金银者，徒三年；为从及知情买使者，各减一等。金银成色不足，非系假造，不用此律。

条　例

24.317.(1) 〔私铸砂壳铅钱以所铸钱数十千上下及首从匠人分别治罪〕一、凡私铸，无论砂壳、铅钱，所铸钱数在十千以上，或虽不及十千而私铸不止一次者，为首及匠人，俱拟绞监候；为从，发烟瘴地方安置；受些微雇值，挑水、打炭者，徒三年。其铸钱不及十千者，首犯、匠人俱发烟瘴地方安置；为从及受雇之犯，各照十千以上从犯受雇之罪递减一等。房主、邻佑、总甲、十家长知而不首，以违制论；房屋入官。受贿纵容者，徒三年；不知情者，不坐。若私铸未成，畏罪中止者，首犯与匠人俱流三千里；〔仍回避云、贵等省出产铜、铅地方。〕受雇之人徒二年。房主人等知而不首，照不应重律治罪；受贿纵容者，徒二年；不知情者，不坐。失察之地方官，交部议处。

24.317.(2)〔私铸银圆铜圆伪造纸币已成未成〕一、凡私铸银圆、铜圆，伪造纸币，但经铸成、造就，无论银数、钱数、次数多寡，为首及铸造、雕刻之匠人，俱拟绞监候，入于秋审情实；为从，俱发烟瘴地方安置；受雇之犯，徒三年。私铸、伪造未成，畏罪中止者，为首及匠人，俱发极边足四千里安置。

24.317.(3)〔以铜铅等物搀入与用铜铁锡铅药煮伪造假银并使用〕一、凡将银挖孔，倾入铜、铅等物，及用铜、铅等物倾成锭锞，外用银皮包好，并铜、铅等物每两内搀实银二、三、四、五钱不等，伪造银使用者，均照伪造金银律，分别首从拟徒。其用铜、铁、锡、铅等质药煮伪造假银，骗人行使者，发极边足四千里安置；为从者，流三千里。

24.317.(4)〔销毁制钱及剪边图利之犯分别首从治罪〕一、销毁制钱，照私铸铜钱例，分别首从治罪。房主人等知而不首，亦照私铸铜钱例，分别定拟。将制钱翦边图利者，徒三年；为从，减一等。地方官能设法拿获，交部议叙；失察者，地方官及该管上司交部分别议处。

24.317.(5)〔收买私铸剪边钱及假银伪币搀和行使并货卖〕一、收买私铸制钱、银圆、铜圆及伪造假银、纸币，搀和行使，或货卖与人者，不计银数、钱数、次数，俱徒三年；收买翦边钱者，徒二年。官船户夹带者，罪同。甫经收买，尚未搀和、货卖者，照不应重律治罪。

24.317.(6)〔伪造外国银圆纸币行使〕一、凡伪造外国银圆、纸币行使，不论银数、次数多寡，为首及匠人，俱流三千里；为从及铸造未成之犯，各减一等。

24.317.(7)〔地方文武各官严拿私铸〕一、凡地方文武各官，严拿私铸，务于山陬水滨、人迹罕到，及居民繁庶、人烟稠密处所，并宜差委妥练员役，不时察访查拿。如遇有私铸之事，知情故纵者，与犯同罪外，其不知情者，从前虽漫无觉察，今但能拿获，不论年月远近，俱免其处分。文官拿获者，并免同城武职之处分；武弁拿获者，亦免同城文官之处分；交界之所，此县拿获，彼县亦免处分。至果能实心查拿者,不论本管地方及别州县,准以拿获之多寡,交部量予议叙。若该地方官不加意缉拿,或系上司查出,或被旁人告发,俱仍照例处分。

24.318 诈假官

24.318.0.1 凡伪造凭札诈为假官,及为伪札,或将有故官员文凭而假与人官者,绞。监候。其知情受假官者,流三千里;须有札付、文凭方坐。但凭札皆系与者所造,故减等。不知者不坐。○ 24.318.0.2 若无官而不曾假造凭札。但诈称有官,有所求为,或诈称官司差遣而捕人,及诈冒见任官员姓名有所求为者,徒三年。以上三项,总重有所求为。若诈称见任官子孙、弟侄、家人、总领,于按临部内有所求为者,处十等罚;为从者,各减一等。若得财者,并计赃,各主者,以一主为重。准窃盗从重论。赃轻,以诈科罪。○ 24.318.0.3 其当该官司知而听行,与同罪;不知者不坐。

条 例

24.318.(1) 〔诈冒假充皇亲族属姻党家人并大臣近侍家人挟骗侵占豪横生事〕一、凡诈冒皇亲族属、姻党、家人,在京、在外,巧立名色,挟骗财物,侵占地土,并有禁山场,拦当船只,揭要银两,出入大小衙门,嘱托公事,贩卖制钱、私盐,包揽钱粮,假称织造,私开牙行,擅搭桥梁,侵渔民利,或假充大臣及近侍官员家人名目,豪横乡村,生事害民,强占田土、房屋,招集流移住种者,许所在官司拿问。除实犯死罪如诈冒、假势凌虐、故杀、斗杀、私盐拒捕之类。外,徒罪以上,各于本罪上加一等定拟。若被害之人赴所在官司告诉,不即受理,及虽受理,观望逢迎,不即问断、举奏者,各治以罪。

24.318.(2) 〔无官诈称有官及冒称见任官行骗并假冒顶带〕一、凡无官而诈称有官,并冒称见任官员姓名,并未造有凭札,但系图骗一人、图行一事者,各于本律本例上加一等定拟。若假冒顶带,自称职官,止图乡里光荣,无所求为,亦无凭札者,徒一年;假冒生监顶带者,处十等罚。

24.318.(3) 〔伪造凭札行使并买受故官凭札冒名赴任〕一、伪造凭札自为假官者,伪造凭札并将有故官员凭札卖与他人者,及买受凭札冒名赴任者,俱拟绞监候;知情说合者,流三千里。

24.318.(4) 〔诈充假差妄拿吓诈扰害人民及致死伤人并自尽者〕一、凡诈充各衙门差役,假以差遣、体访事情、缉捕盗贼为由,安拿平人,搜查客船,吓取财物,扰害人民者,审系捏造签票,执持锁炼,恐吓诈财,照诈称官司差遣捕人律徒三年;所犯重于满徒者,各于本罪上加一等治罪;计赃重者,照蠹役诈赃例问拟。其未捏有签票,止系口称奉票吓唬者,于恐吓取财及各项本罪上加一等治罪。若计赃逾贯,及虽未逾贯,而被诈之人因而自尽者,均拟绞监候。拷打致死及吓诈,忿争殴故杀被诈之人者,均照罪人杀所捕人律,拟绞监候;为从,各减一等。如假差遣,有伪造印信、批文,或以捕盗抢检伤人,按律应拟死罪者,仍各从其重者论。所在官司阿从故纵者,各治以罪。若被诈之人殴死假差者,照擅杀罪人律拟绞监候。至非被诈之人,有与假差谋、故、斗杀者,仍各按本律科断。

24.319 诈称内使等官 官与事俱诈。

24.319.0.1 凡 凭空 诈称内使、近臣 内阁、各部、都察院给事中、监察御史、按察司官在外体察事务,欺诈官府,煽惑人民者, 虽无伪造札付 绞 监候 ;知情随行者,减一等。 流三千里。 其当该官司知而听行,与同罪; 罪止流三千里。 不知者不坐。

○ 24.319.0.2 若 本无符验 诈称使臣乘驿者,流三千里;为从者,减一等。驿官知而应付者,与同罪;不知情失盘诘者,处五等罚;其有符验而应付者,不坐。 符验系伪造,有伪造符验律;系盗者,依盗符验律。

24.320 近侍诈称私行 官实而事诈。

24.320.0 凡近侍之人,在外诈称私行体察事务,煽惑人民者,绞。 监候。此诈称,系本官自诈称,非他人。

24.321 诈为瑞应

24.321.0.1 凡诈为瑞应者,徒一年。 ○ 24.321.0.2 若有灾祥之类,而钦天监官不以实对者,加二等。

24.322 诈病死伤避事

24.322.0.1 凡官吏人等诈称疾病,临事避难^{如难解之钱粮、难捕之盗贼之类}者,处四等罚;^{如所避之}事重者,处八等罚。○ 24.322.0.2 若犯罪待对,故自伤残者,处十等罚;诈死者,徒三年^{伤残以求免拷讯,诈死以求免出官},所避事重^{于十等罚及徒三年}者,各从重论^{如侵盗钱粮,仍从侵盗重者论}。若无避^{罪之情,但以恐}吓、诈赖人,故自伤残者,处八等罚。其受雇倩为人伤残者,与犯人同罪;因而致死者,减斗杀罪一等。○ 24.322.0.3 若当该官司知而听行,^{谓知其诈病而准改差,知其自残避罪而准作残疾,知其诈死而准住提。}与同罪;不知者不坐。

条 例

24.322.(1) 〔各省获罪之犯报称病故〕一、各省获罪之犯,报称病故者,着该管官员出具印结,并行文原籍地方官稽查。倘有诈称病故者,分别从重治罪。

24.322.(2) 〔未经到案之犯报称病故〕一、凡未经到案之犯,报称病故,该督抚严饬地方官悉心确查,取具甘结报部。倘有捏报等情,日后发觉,将该地方官与该督抚一并严加议处。

24.323 诈教诱人犯法

24.323.0 凡设计用言教诱人犯法,及和同^{其事}_{故诱}令人犯法,却^自行捕告或令人捕告,欲求赏给,或欲陷害人得罪者,皆与犯法之人同罪。^{罪止满流。和同令人犯法,看"令"字,还是}教诱人而又和同犯法也;若止和同犯法,则宜用自首律。

条 例

24.323.(1) 〔土官延幕私聘私就并土幕教诱犯法〕一、凡土官延幕,必将所延之姓名、年籍通知专辖州县严加查验,人果端谨,实非流棍,加结通报,方准延入。若知系犯罪之人,私聘入幕,并延请后,纵令犯法者,照职官窝匿罪人例革职。如有私聘、私就者,即令专辖州县严加驱逐。若土幕教诱犯法,即视其所犯之轻重,依律治罪。败露潜逃,即行指拿重惩。私聘之文武土官,及失察之该管州县,交部分别议处。

24.323.(2)〔幕友长随书役等倚官滋事怂令妄为累及本官〕一、凡地方官有被参、降革、治罪之案,严究幕友、长随、书役等,除犯诈赃、诬拿等项,罪有正条者,仍照例办理外,其但系倚官滋事,怂令妄为,累及本官者,各按本官降革处分上加一等。如本官应降一级者,将该犯处七等罚;降二级、三级者,以次递加;至革职者,徒一年;本官罪应拟徒者,亦各以次递加一等,加至徒三年而止;至总徒、准徒、流罪以上者,均与同罪。徒罪以下,将该犯递回各原籍,分别充徒管束,永远不准复充。如有犯罪之后,仍潜身该地,欺瞒后任,改易姓名复充者,察实,严加治罪。

24.323.(3)〔自称教师演弄拳棒游街射利惑民〕一、游手好闲、不务本业之流,自号教师,演弄拳棒教人,及投师学习,并轮叉舞棍,遍游街市,射利惑民者,严行禁止。如有不遵,一经拿获,本犯流三千里,随同学习者徒三年,限满交地方官严加管束。如坊店、寺院容留不报,地保人等不行查拿,均照不应重律治罪。地方文武各官失于觉察,照例议处。若曾学拳棒,并未辗转教人,亦不游街射利者,免议。

〔卷三十〕

25 犯 奸

25.324 犯奸

25.324.0.1 凡和奸,处八等罚;有夫者,处九等罚;刁奸者,_{无夫、有夫}处十等罚。

○ 25.324.0.2 强奸者,绞,_{监候}未成者,流三千里。_{凡问强奸,须有强暴之状,妇人不能挣脱之情,亦须有人知闻,及损伤肤体、毁裂衣服之属,方坐绞罪。若以强合,以和成,犹非强也,酌减为徒二年;妇女不坐。如一人强捉,一人奸之,行奸人问绞;强捉,问未成,流罪。又如见妇人与人通奸,见者因而用强奸之,已系犯奸之妇,难以强论,依刁奸律。}○ 25.324.0.3 奸幼女十二岁以下者,虽和,同强论。○ 25.324.0.4 其和奸、刁奸者,男、女同罪。奸生男女,责付奸夫收养。奸妇给付本夫,听其离异。若嫁与奸夫者,奸夫、主婚之人各处八等罚;妇人仍离异;财物入官。

○ 25.324.0.5 强奸者,妇女不坐。○ 25.324.0.6 若媒合、容止_{人在家}通奸者,各减犯人_{和、刁}罪一等。○ 25.324.0.7 如人犯奸已_{露,而代}私和奸事者,各减_{和、刁、强}二等。

○ 25.324.0.8 其非奸所捕获及指奸者,勿论。若奸妇有孕,_{奸妇虽有据,而奸夫则无凭。}罪坐本妇。

条 例

25.324.(1)〔奸职官妻职官奸军民妻军民相奸雇工人相奸及军民与官员军民妾相奸〕一、凡职官及军民奸职官妻者,奸夫、奸妇并流三千里。若职官奸军民妻,及军民相奸者,奸夫、奸妇各处十等罚。其雇工人相奸,不分一主、各主,及军民与官员军民之妾相奸者,罪同。如男子和同鸡奸者,亦照此例办理。

25.324.(2)〔妇女先经和奸后因别故拒绝致被杀死〕一、凡妇女有先经和奸,后因别故拒绝,致将妇女杀死者,仍照谋故斗殴本律定拟。

25.324.(3)〔因强奸及图奸调奸未成拒伤本妇本夫并父母有服亲属〕一、强奸妇女，除并未伤人者，已成、未成，仍照本律定拟外，其因强奸，执持金刃戳伤本妇，及拒捕致伤其夫与父母并有服亲属；或手足、他物，殴至折伤以上，无论已、未成奸，均拟绞监候。如伤非金刃，又非折伤，已成奸者，仍拟绞监候；未成奸者，发极边足四千里安置。其图奸、调奸妇女未成，拒伤本妇，并其夫与父母及有服亲属，如至残废、笃疾，罪在满徒以上，无论金刃、手足、他物，俱拟绞监候。但系刃伤者，发极边足四千里安置；若手足、他物，未至残废、笃疾者，仍依罪人拒捕律，于本罪上加二等问拟。

25.324.(4)〔强奸十二岁以下幼女〕一、强奸十二岁以下幼女，因而致死者，绞立决。若强奸未成，审有确据者，发烟瘴地方安置。

25.324.(5)〔妇女与人父子通奸致子因奸杀父〕一、凡妇女与人父子通奸，致其子因奸杀死其父，酿成逆伦重案者，将犯奸之妇女监禁十年。

25.324.(6)〔奸夫拒伤应捉奸之人〕一、凡奸夫拒捕，刃伤应捉奸之人，或殴至折伤以上者，照窃盗拒捕，殴所捕人至折伤以上者，拟绞监候。纵容抑勒，不用此例。

25.324.(7)〔轮奸良人妇女已成未成及杀死并致本妇自尽〕一、轮奸良人妇女已成，为首，拟绞立决；为从同奸者，拟绞监候；同谋未经同奸余犯，发烟瘴地方安置。因而杀死本妇者，首犯，拟斩立决；为从同奸，又帮同下手者，拟绞立决；同奸而未下手，及下手而未同奸者，均拟绞监候，入于秋审情实；其同谋而并未下手，又未同奸者，发烟瘴地方安置。如致本妇自尽者，首犯，拟绞立决；为从同奸之犯，均拟绞监候，入于秋审情实；同谋未经同奸余犯，发烟瘴地方安置。若伙谋轮奸未成，审有实据者，为首，发烟瘴地方安置；为从，流三千里。因而杀死本妇者，首犯，拟绞立决；为从帮同下手者，拟绞监候，入于秋审情实；未经下手者，发烟瘴地方安置。如致本妇自尽者，首犯，拟绞监候；为从，发烟瘴地方安置。

25.324.(8)〔轮奸已经犯奸妇女已成未成及杀死并致本妇自尽〕一、轮奸已经犯奸妇女已成者，为首，发烟瘴地方安置；为从同奸者，流三千里；同谋未经同奸余犯，徒三年。因而杀死本妇者，首犯，拟绞立决；下手为从者，无论同奸、未同奸，均拟绞监候；同奸而未下手者，发烟瘴地方安置；并未同奸，又未下手者，流三千里。如致本妇自尽者，首犯，拟绞监候；为从同奸者，发烟瘴地方安置；同谋未经同奸余犯，流三千里。若轮奸未成，首犯，流三千里；为从，徒三年。因而杀死本妇者，首犯，拟绞监候；为从，除案系谋杀，仍照谋杀本律，分别曾否加功问拟外；如系殴杀，帮同下手者，发烟瘴地方安置;未经下手者,徒三年。如致本妇自尽者,首犯,发烟瘴地方安置;为从,徒三年。如妇女犯奸后,已经悔过自新,审有确证者,仍以良人妇女论。

25.324.(9)〔鸡奸十二岁以下幼童〕一、恶徒鸡奸十二岁以下幼童者,酌量情形,比依强奸幼女、轮奸妇女各本例,分别治罪。

25.325 纵容妻妾犯奸

25.325.0.1 凡纵容妻妾与人通奸,本夫、奸夫、奸妇,各处九等罚。抑勒妻妾及乞养女与人通奸者,本夫、义父,各处十等罚;奸夫,处八等罚;妇女不坐,并离异归宗。○ 25.325.0.2 若纵容抑勒亲女及子孙之妇妾与人通奸者,罪亦如之。○ 25.325.0.3 若用财买休、卖休、因而和同娶人妻者,本夫、本妇及买休人,各处十等罚;妇人离异归宗;财礼入官。若买休人与妇人用计逼勒本夫休弃,其夫别无卖休之情者,不坐;买休人及本妇,各徒一年;妇人给付本夫,听其离异。妾,减一等。媒合人,各减犯人^{买休及逼勒卖休}罪一等。^{其因奸不陈告者,本夫处十等罚;奸而嫁卖与奸夫,奸夫、奸妇各尽本法。}

25.326 亲属相奸

25.326.0.1 凡奸同宗无服之亲,及无服亲之妻者,各处十等罚。^{强者,奸夫绞监候。}

○ 25.326.0.2 奸^{内外}缌麻以上亲,及缌麻以上亲之妻,若妻前夫之女,同母异父姊妹者,各徒三年;强者,^{奸夫绞}监候。奸义子妇、义女、义妹、乞养子妇,并同;仍断还本宗。若奸从祖祖母、^{祖姑}、从祖伯叔母、^{从祖伯叔姑}、从父姊妹、母之姊妹及兄弟妻、兄弟子妻者,^{奸夫、奸妇}各绞;^{监候}强者,^{奸夫决绞}。惟强奸小功再从姊妹、堂侄女、侄孙女、出嫁降服者,监候绞。○ 25.326.0.3 若奸妻之亲生母者,以缌麻亲论之,太轻,还比依母之姊妹论。○ 25.326.0.4 若奸父祖妾、伯叔母、姑、姊妹、子孙之妇、兄弟之女者,^{奸夫、奸妇各决绞}。强者,奸夫决绞。○ 25.326.0.5 凡奸前项亲属妾,各减妻一等;强者,绞。^{监候。其妇女同坐、不同坐,及未成奸、媒合、纵容等件,各详载犯奸律。}惟同宗奸生男女,不得混入宗谱,听随便安插。

条 例

25.326.(1)〔亲属强奸未成〕一、凡亲属和奸,律应死罪者,若强奸未成,发极边足四千里安置。其和奸,罪不至死者,若强奸未成,仍照律流三千里。

25.327 诬执翁奸

25.327.0.1 凡男妇诬执亲翁,及弟妇诬执夫兄欺奸者,绞。监候。

○ 25.327.0.2 强奸子妇未成,而妇自尽,照亲属强奸未成例科断。○ 25.327.0.3 义子诬执义父欺奸,依雇工人诬家长。○ 25.327.0.4 嫂诬执夫弟,及缌麻以上亲诬执者,俱依诬告。

25.328 雇工人奸家长妻

25.328.0.1 凡雇工人奸家长妻女者,各绞。○ 25.328.0.2 若奸家长之期亲,若期亲之妻者,绞。监候。妇女减一等。若奸家长之缌麻以上亲,及缌麻以上亲之妻者,各流二千里;强者,绞。监候。○ 25.328.0.3 妾,各减一等;强者,亦绞。监候。在官役使之人,俱作雇工人。

条 例

25.328.(1)〔家长亲属强奸雇工人妻女未成致令自尽〕一、家长之有服亲属强奸雇工人妻女未成,致令羞忿自尽者,流二千五百里。

25.328.(2)〔雇工人强奸家长母与妻女及调奸未成〕一、凡雇工人强奸家长之母与妻女,审有损伤肤体、毁裂衣服,及邻证见闻确据者,无论已、未成奸,均拟绞立决。若调奸未成,发烟瘴地方安置。

25.329 奸部民妻女

25.329.0.1 凡军民本管官吏奸所部妻女者,加凡奸罪二等,各罢职役不叙;妇女,以凡奸论。○ 25.329.0.2 若奸囚妇者,徒三年;囚妇止坐原犯罪名。若保管在外,仍以奸所部坐之。强者,俱绞。

25.330 居丧及僧道犯奸

25.330.0 凡居父母及夫丧,若僧、尼、道士、女冠犯奸者,各加凡奸罪二

等;相奸之人,以凡奸论。^{强者,奸夫绞监候;妇女不坐。}

25.331 官吏宿娼

25.331.0.1 凡^{文武}官吏宿娼者,处六等罚。^{挟妓饮酒,亦坐此律。}媒合人,减一等。

○ 25.331.0.2 若官员子孙^{应袭荫}宿娼者,罪亦如之。

25.332 买良为娼

25.332.0 凡娼优,买良人子女为娼优,及娶为妻妾,或乞养为子女者,处十等罚。知情嫁卖者,同罪。媒合人,减一等。财礼入官,子女归宗。

条 例

25.332.(1)〔无藉之徒及生监兵役窝顿及架护流娼〕一、凡无藉之徒,及生监、衙役、兵丁,私自窝顿流娼土妓,引诱局骗;及得受窝顿娼妓之家财物,挺身架护者,照窝赌例治罪。如系偶然存留,为日无几,徒一年。其窝顿月日经久者,徒三年;再犯,流三千里。得受娼妓家财物者,仍准枉法,计赃,从重论。邻保知情容隐者,处八等罚;受财者,亦准枉法论,计赃,从重科断。其失察之该地方官,交部照例议处。

25.332.(2)〔诱买良家子女为优娼〕一、私买良家之女为娼,及设计诱买良家之子为优者,俱徒三年。知情卖者,与同罪。媒合人及串通说合之中保,减一等。奸宿者,照抑勒妻女与人通奸奸夫律治罪。子女不坐,并发归宗。

〔卷三十一〕

26 杂犯

26.333 拆毁申明亭

26.333.0 凡拆毁申明亭房屋,及毁^{亭中}板榜者,流三千里。^{仍各令修立。}

条　例

26.333.(1)〔缮刻晓谕教民敕谕条约〕一、凡钦奉教化民俗之敕谕,该督抚督率属员缮写刊刻,敬谨悬挂于申明亭,并将旧有一切教条规约,悉行刊刻木榜晓谕。

26.334 夫匠军士病给医药

26.334.0 凡军士在镇守之处,丁夫、杂匠在工役之所,而有疾病,当该^{镇守监督}官司不为^{行移所司}请给医药救疗者,处四等罚;因而致死者,处八等罚。若已行移所司,而不差拨良医及不给对症药饵医治者,罪同。

26.335 赌博

26.335.0.1 凡赌博财物者,皆处八等罚;^{所摊在场之}财物入官。其开张赌坊之人,^{虽不与赌列,亦}同罪。^{坊亦入官。}止据见发为坐。职官加一等。 ○ 26.335.0.2 若赌饮食者,勿论。

条　例

26.335.(1)〔寻常赌博并开场诱赌经旬累月容留赌博〕一、凡赌博之人,各处十等罚;偶然会聚,开场窝赌,及在家容留赌博,或将自己银钱放头抽头无多者,各徒一年;以自己银钱开场诱赌,经旬累月,聚集无赖放头抽头者,初犯徒三年,再犯流三千里。在家容留赌博之人,初犯徒一年,再犯徒三年。

若旁人出首,或赌博中人出首者,自首人免罪,仍将在场财物一半给首人充赏,一半入官;输钱者出首,除免罪外,仍追所输之钱给还。其打马、吊斗、混江赌财物,及压宝诱赌,或开鹌鹑圈、斗鸡坑、蟋蟀盆赌斗者,俱照此例治罪。该管各官失察,交部议处;总甲处五等罚。以上俱拿获赌具、见发有据者方坐,不许妄攀拖累。

26.335.(2)〔造卖赌具描画纸牌售卖并藏匿造赌器具〕一、凡造卖赌具,为首者,流三千里;为从者,流二千里;未成,各减一等。贩卖者,为首,流二千里;为从,徒三年。其描画纸牌售卖者,照造卖赌具之犯减一等。如藏匿制造赌具之器,不行销毁者,照贩卖为从例治罪。若于未获之先,本犯自首,准其免罪。倘免罪之后,又复造卖,流三千里。如同居之父兄、伯叔等据实出首,本犯亦准免罪。地方、保甲知造卖之人不首报者,处十等罚;受财者,计赃,准枉法从重论,罪止流三千里。

26.335.(3)〔现任职官有犯赌博并屡次聚赌及经旬累月开场〕一、现任职官有犯赌博者,革职;上司与属员斗牌、掷骰者,亦均革职,俱永不叙用。有犯屡次聚赌,及经旬累月开场者,发往新疆效力赎罪。该管上司并督抚容隐不举,交部严加议处。

26.335.(4)〔教诱宗室为非〕一、凡军民人等擅入宗室府内,教诱为非,及赌博诓哄财物者,俱流二千五百里。

26.335.(5)〔匪徒串党驾船设局诱赌〕一、无赖匪徒串党,驾船设局,揽载客商,勾诱赌博,折没货物,揹留行李者,初犯到案,审系仅止一、二次者,照开场诱赌例徒三年;赃重者,仍从重论;三次以上及再犯者,发烟瘴地方安置。其船户知情分赃者,初犯仍照为从论;再犯亦与犯人同罪;船价入官。

26.335.(6)〔闽省花会首从各犯及贿庇知情容隐并失察〕一、闽省花会案犯,起意为首者,照造卖赌具例流三千里;其伙同开设,辗转纠人之犯,照贩卖赌具为首例流二千里;在场帮收钱文等犯,均照为从例徒三年;被诱入会之人,俱处十等罚。地保、汛兵有贿庇情事,照为首一体问拟;如赃重于本罪者,仍计赃,从重论。其知情容隐者,虽无受贿情事,亦科以为从之罪,徒三年。若甫经开设,实系失于查察者,比照造卖赌具保甲知而不首例,处十等罚。失察之文武各官,俱照失察赌具例,交部议处。如匪徒另立名色,诱赌聚众,数在三十人以上,与花会名异而实同者,均照此例办理。

26.335.(7)〔拿获赌博人犯严追赌具来历〕一、拿获赌博人犯,务严追赌具来历。如不将造卖之人据实供出,即将出有赌具之人照贩卖为从例,徒三年。若已供出,该承审官规避失察,朦胧结案,或该犯狡词支饰,承审官不根究实情,后经查出,俱交部分别议处。倘将无辜之人混行入罪,以失入论。其究出造卖之承审官,交部议叙。或地方有造卖之家,未经发觉,能缉拿惩治,亦交部议叙。

26.335.(8)〔房主容留赌博及造卖赌具者〕一、凡房主知情容留赌博,除照容留赌博例治罪外,讯系经旬累月者,房屋入官;偶然聚集者,免其入官。由人经手出租者,房主实不知情,罪坐经手之人。如系官房,即将知情租给之人照例治罪。其容留造卖赌具者,照贩卖为从例徒三年;不知情者,照不应重律治罪。其左右紧邻,能将开场窝赌及私造赌具据实出首者,照例给赏;通同徇隐者,处十等罚;若得财,准枉法赃,从重论,罪止徒三年;所得之赃,照追入官。

26.336 阉割火者

26.336.0 凡官民之家,不得乞养他人之子阉割火者,^{惟王家用之。}违者,流三千里;其子给亲。^{罪其僭分私割也。}

条 例

26.336.(1)〔放出为民之太监〕一、内务府并诸王、贝勒等门上放出为民之太监,除效力年久,本管、本主保留外,不许仍留京师居住,违者,将容留之人从重治罪;内务府总管、步军统领、内外城巡警总厅丞,一并交部议处。如保留为民之太监,有生事犯法者,将保留之人交部议处。

26.336.(2)〔私自净身及代倩下手人犯〕一、凡私自净身人犯,审明委系贫难度日,别无他故者,照故自伤残律处八等罚;若系畏罪情急,起意阉割,希图漏免者,除实犯死罪及例应外遣无可再加外,余俱按其原犯科条,各加一等定拟。其受雇代倩下手阉割之人,皆与犯人同罪;因而致死者,减斗杀罪一等。

26.337 嘱托公事

26.337.0.1 凡官吏、诸色人等^{或为人或为己}曲法嘱托公事者,处五等罚;但嘱即坐。^{不分从不从。}当该官吏听从^{而曲法}者,与同罪;不从者不坐。若^{曲法}事已施行^者,处十等罚；其出入所枉之罪重于十等罚者，官吏以故出入人罪论。若为他人及亲属嘱托以致所枉之罪重于五等罚者，减官吏罪三等；自嘱托己事者，加所应坐本罪一等。

○ 26.337.0.2 若监临势要曲法为人嘱托者，处十等罚；所枉重于十等罚者，与官吏同故出入人罪；至死者，减一等。 ○ 26.337.0.3 若曲法受赃者，并计赃，通算全科以枉法论。通上官吏人等嘱托者，及当该官吏，并监临势要言之。若不曲法而受赃者，止以不枉法赃论。不曲法又不受赃，则俱不坐。 ○ 26.337.0.4 若官吏不避监临势要，将嘱托公事实迹赴上司首告者，升一等。吏候受官之日，亦升一等。

26.338 私和公事 发觉在官。

26.338.0 凡私和公事，各随所犯事情轻重，减犯人罪二等，罪止五等罚。若私和人命、奸情，各依本律，不在此止五等罚例。

26.339 失火

26.339.0.1 凡失火烧自己房屋者，处四等罚；延烧官民房屋者，处五等罚；因而致伤人命者，不分亲属、凡人，处十等罚。但伤人者，不坐致伤罪。其罪止坐所由失火之人；若延烧宗庙及宫阙者，绞。监候。 ○ 26.339.0.2 社，减一等。皆以在外延烧言。 ○ 26.339.0.3 若于山陵兆域内失火者，虽不延烧，徒二年；仍延烧山陵兆域内林木者，流二千里。若于官府公廨及仓库内失火者，亦徒二年；主守仓库之人，因而侵欺财物者，计赃，以监守自盗论。不分首从。其在外失火而延烧者，各减三等。若主守人因而侵欺财物，不在减等之限。其常人因火而盗取，以常人盗论。如仓库内失火者，徒二年；比仓库被窃盗，库子尽其财产均追赔偿之例。虽不失火，处八等罚。 ○ 26.339.0.4 若于库藏及仓廒内燃火者，处八等罚。 ○ 26.339.0.5 其守卫宫殿及仓库，若掌囚者，但见内外火起，皆不得离所守，违者，处十等罚。若点放火花爆仗，问违制。

26.340 放火故烧人房屋

26.340.0.1 凡放火故烧自己房屋者,处十等罚。若延烧官民房屋及积聚之物者,徒三年。因而盗取财物者,绞;^{监候。}杀伤人者,以故杀伤论。

○ 26.340.0.2 若放火故烧官民房屋及公廨、仓库、系官积聚之物者,^{不分首从。}皆绞。^{监候。须于放火处捕获,有显迹证验明白者,乃坐。}其故烧人空闲房屋,及田场积聚之物者,各减一等。

○ 26.340.0.3 并计所烧之物减价,尽犯人财产折锉赔偿,还官、给主。^{除烧残见在外,}其已烧物,令犯人家产折为银数,系一主者,全偿;系众主者,计所故烧几处,将家产锉为几分,而赔偿之;即官、民,亦品搭均偿。若家产罄尽者,免迫。赤贫者,止科其罪。○若雇工人犯者,以凡人论。

条 例

26.340.(1)〔棍徒纠谋图财或挟仇放火故烧房屋仓廨积聚之物及致死伤人〕一、凶恶棍徒,纠众商谋,计图得财,放火故烧官民房屋及公廨、仓库或官积聚之物,并街市镇店、人居稠密之地,已经烧毁抢夺财物者,均照强盗律,不分首从,拟绞立决;杀伤人者,拟斩立决;有因焚压致死者,将为首之人拟斩立决。其情有可原者,仍照强盗例,发遣新疆当差。若本非同伙,借名救火,乘机抢掠财物者,照抢夺律,加一等,分别首从治罪。其恶徒谋财放火,有已经烧毁房屋,尚未抢掠财物,又未伤人者,为首,拟绞监候;为从商谋、下手燃火者,发极边足四千里安置;诱胁同行者,徒三年。如谋财放火,随即救熄,尚未烧毁,为首,发烟瘴地方安置;为从商谋、下手燃火者,流三千里;诱胁同行者,处十等罚。若并非图财,而怀挟私仇,放火烧毁房屋,因而杀人及焚压人死者,为首,拟绞立决;为从商谋、下手燃火者,拟绞监候。其未伤人,及伤而不死者,为首,拟绞监候;为从者,发极边足四千里安置;诱胁同行者,并徒三年。如挟仇放火,当被救熄,尚未烧毁,为首,流三千里;为从者,徒三年。若图财挟仇,故烧空地闲房,及场园堆积柴草等物者,首犯,流三千里;如系孤村旷野内,并不毗连民居闲房,及田场积聚之物者,徒三年;为从,各减一等;当被救熄,尚未烧毁者,又各减一等。地方文武官弁,遇有此等恶徒放火,不即赴援扑灭,协力擒拿,照例议处。地方保甲人等,照不应重律治罪。

26.340.(2)〔挟仇放火泄忿并非有心杀人致死一家三命以上〕一、挟仇放火,止欲烧毁房屋柴草泄忿,并非有心杀人,因而致死一家三命以上者,首犯,拟斩立决;从犯,拟绞监候,入于秋审情实。

26.341 违令

26.341.0 凡违令者,处五等罚。_{谓令有禁制而律无罪名者。如故违诏旨,坐违制;故违奏准事例,坐违令。}

26.342 不应为

26.342.0 凡不应得为而为之者,处四等罚。事理重者,处八等罚。_{律无罪名,所犯事有轻重,各量情而坐之。}

〔卷三十二〕

27 捕 亡

27.343 应捕人追捕罪人

27.343.0 凡^{在官}应捕人,承^官差追捕罪人而推故不行,若知罪人所在而不^即捕者,减罪人^{所犯}罪一等。^{以最重之罪人为主}^{减科之,仍戴罪,}限三十日内能自捕得一半以上,虽不及一半,但所获者最重,^{功足赎}^{罪。}皆免其罪;虽一人捕得余人,亦同。若^{于限内虽未}^{及捕获,而}罪人已死及自首各尽者,亦免罪;^{其罪人或死}^{或首,犹有}不尽者,止以不尽之人^{犯罪}^{减等}为坐。其非^专^充应捕人,临时差遣者,^{或推故不行,}^{或知而不捕,}各减应捕人罪一等。^{仍责限获免。其应}^{捕人及非应捕人有}受财故纵者,不给捕限,各与囚^{之罪}^{重者}同罪;^{亦须犯有定案,可}^{与同科。所受之}赃重^{于囚}^罪者,计赃,^全^科以^{无禄}^人枉法从重论。

条 例

27.343.(1)〔正身番役私用白役及缉提人犯预给印票并稽留纵放无票私拿〕一、步军统领衙门正身番役私用白役,别经发觉,照私带白役例治罪。该统领不行详查,交部议处。至番役,止许于京城内外地方缉拿人犯,如系窃盗、斗殴之类,每名预给印票一张,开明款项,发交收执;如系提拿审案人犯,务必给与印票,将应拿人犯姓名逐一开明;有应密者,给与密票,亦于票内开明人犯姓名。既经拿获,限即日送该管营弁转送提督衙门。如稽留数日,始行送官,将番役究明有无私拷、勒索情弊,分别照例定拟。如有得财纵放,照律治罪。倘无票私拿,即将该番役解送问刑衙门,究讯治罪。失察该管官,交部严加议处。

27.343.(2)〔协缉逃逸命盗要犯〕一、京城缉捕强盗、人命或关系紧要案内人犯,如有逃逸,该衙门一面行文八旗并提督衙门、民政部协力缉拿,一面牌行直隶附近京城之涿州、良乡、通州、昌平、河间等处州县即行捕缉,再行补报直隶总督。

27.343.(3)〔京城缉捕官途次遇有凶徒不法拘执解讯〕一、京城缉捕官若于途次遇有凶徒不法等事,不论内、外城,并准当时拘执,录送口供,详解该管衙门审讯。其有暧昧隐避等事,亦许密报该管衙门查拿。倘该巡役借端讹诈,驾词妄禀,及缉捕官擅作威福,拘拿自审,或纵令滋扰,该衙门详参,分别议处、治罪。若该巡役因非本管地方,明知故纵,及有受贿情弊,分别照律例治罪。大、宛二县,亦不论京城及该县所属,遇有凶徒不法等事,亦一体缉拿。

27.343.(4)〔在京番捕等役惟于京城内外察访不轨妖言命盗重事〕一、在京番捕等役,惟于京城内外察访不轨、妖言、人命、强盗重事,其余军民词讼及在外事情,俱不许干预。

27.343.(5)〔协缉有犯命盗重案脱逃之王公等家人〕一、凡王公等家人有犯命盗重案脱逃者,该衙门查拿之时,即行文知会伊主协同捕缉。一年限满不获,将办理包衣事务官交部议处;其该管王、贝勒、贝子、公等,各罚俸一个月;未获逃犯,仍照案协同缉拿。

27.343.(6)〔通缉脱逃命盗要犯〕一、凡命盗等案要犯脱逃,承缉官于事发之日,将该犯年貌、籍贯、事由详细开明,一面差役密拿,一面具详督抚通饬本省州县并径檄邻省接壤州县,一体实力协缉,仍移咨邻省督抚,彼此督缉。各该州县于文到之日,差捕认缉,并填写印票,分给各乡总甲遍行访察。如果遍缉无踪,年底取具甘结,转详咨部,仍令接缉务获,知照销案。倘接壤州县,以非本管地方,心存畛域,视为通缉具文,致犯藏境内,别经发觉,即听原行之督抚查参,交部照例议处。

27.343.(7)〔州县广缉重犯滥给印票及差人雇倩代缉并借端勒索〕一、州县广缉重犯,不得滥给缉票,先将该犯年貌、案由并差役年貌、籍贯及所差名数,一面详明督抚知照各该省,一面改用通关,给与差役携带在身,密行侦缉。如有踪迹,即将通关呈报该地方官添差拿解;如缉无踪迹,仍投换回文,以为凭验。倘有滥给印票,及差人雇倩白役代缉,以及借端勒索,除差人照例治罪外,仍将滥给印票及佥差不慎之承缉官,照例严加议处。

27.343.(8)〔纵令劫夺及徇庇不解并捕役贿纵隔属隔省命盗重犯〕一、隔属、隔省密拿强盗及人命案内应拟斩绞重犯,有纵令劫夺,及徇庇不解,其该管官奏参、解任;如在隔省,移咨会参、解任。俟获犯审明,具奏开复。该管之乡地、甲邻,照知有为盗瞻徇隐匿例治罪。若本无抢犯、徇庇等弊,而捕役贿纵捏称被劫者,将捕役照受财故纵律治罪;原参之员即行开复。误听捕役之员,交部议处。

27.344 罪人拒捕

27.344.0.1 凡犯罪^{事发而}逃走^{及犯罪虽不逃走,官司差人追捕,有抗}拒^{不服}追捕者,各于本罪上加二等,罪止流三千里;^{本应死者,}^{无所加。}殴^所^捕人至折伤以上者,绞;^监^候杀^所^捕人者,亦绞。^监^{候。}为从者,各减一等。○ 27.344.0.2 若罪人持仗拒捕,其捕者格杀之,及^{在禁或押解}^{已问结}囚逃走,捕者逐而杀之,若囚^{因追}^逐窘迫而自杀者,^{不分因罪应}^{死、不应死,}皆勿论。

○ 27.344.0.3 若^{囚虽逃}^{走,}已就拘执,及^{罪人虽}^{逃走,}不拒捕,而^{追捕之人恶}^{其逃走,擅}杀之或折伤者,^{此皆因之不}^{应死者,}各以斗杀伤论。若罪人本犯应死^之^罪而擅杀者,处十等罚。

以捕亡一时忿激言。
若有私谋,另议。

条 例

27.344.(1)〔事发到官脱逃之犯被获及被获时有拒伤者〕一、罪人在逃,除逃在未经到官以前者,仍照律不加逃罪外,如事发已经到官脱逃之犯,被获时,无论遣、流,均照本律加逃罪二等。有拒捕者,如本罪已至满流,而拒殴在折伤以上或系刃伤者,均拟绞监候;折伤以下者,仍于流罪上加二等问拟。其事发到官后在逃,原犯未至满流者,亦依拒捕律加罪二等;如拒殴在折伤以上,即照别项罪人拒捕例分别治罪。

27.344.(2)〔捕役误毙已获罪犯〕一、罪犯业经拿获,因其凶悍狡猾,设法制缚,误伤其命者,如实系罪犯应死之人,将误伤之捕役,照罪人应死而擅杀律治罪;如罪不应死之人,将误伤之捕役,照夜无故入人家已就拘执而擅杀拟徒律递减一等治罪。若非误伤,仍照本律科断。倘捕役受人贿嘱,将罪人致死者,无论罪人所犯轻重,悉照谋杀人首从律治罪。

27.344.(3)〔奸盗罪人拒伤应捉奸人及事主并别项罪人拒伤所捕人〕一、窃盗拒捕刃伤事主、奸夫拒捕刃伤应捉奸之人,及折伤以上,依例分别拟绞外,若伤非事主,并非例得捉奸之人,以及别项罪人拒捕,如殴所捕人至废疾、笃疾,罪在满徒以上者,方依律拟以绞候;其但系刃伤及刃伤以下,仍各加本罪二等问拟。若本罪已至拟流,有拒捕者,即按内外遣以次递加二等,罪止发往新疆当差。

27.344.(4) 〔贼犯自割发辫襟带图脱误伤事主捕人〕一、窃盗被追拒捕,刃伤事主者;窃盗拒捕杀人案内,为从帮殴刃伤者;窃盗临时拒捕杀人案内,为从帮殴刃伤者;窃盗临时拒捕,伤人未死,为首刃伤者;奸夫拒捕,刃伤应捉奸之人者;罪人事发在逃,被获时拒捕,本罪已至满流,而拒殴至折伤以上者;抢夺杀人案内,为从帮殴刃伤者;抢夺伤人未死,刃伤为首者,以上各项,除审系有心逞凶,拒捕刃伤,仍各照本例问拟绞候外,如实系被事主及应捕之人扭获,情急图脱,用刀自割发辫、襟带,以致误伤事主、捕人者,各于死罪上减一等,发烟瘴地方安置。

27.344.(5) 〔奸匪抢窃等犯拒捕火器伤人〕一、奸匪抢窃,并罪人事发在逃,犯该满流等犯,如拒捕时,有施放鸟枪、竹铳、洋枪、洋炮及一应火器,拒伤捕人,按刃伤及折伤本例应拟死罪者,悉照刃伤及折伤以上例,分别问拟绞候。若犯非奸匪抢窃,并本罪未至满流,或执持别项凶器者,仍照本例办理。

27.344.(6) 〔贼犯拒杀差役〕一、凡贼犯事发,官司差人持票拘捕,及拘获后,佥派看守押解之犯,如有逞凶拒捕,杀死差役者,为首,无论谋、故、殴杀,俱拟绞立决;为从谋杀加功,及殴杀下手伤重致死者,俱拟绞监候,入于秋审情实;其但系殴杀帮同下手者,不论手足、他物、金刃,拟绞监候;在场助势,未经帮殴成伤者,发极边足四千里安置。若案内因事牵连,奉票传唤之人被追情急,拒毙差役,以及别项罪人拒捕,并聚众中途打夺,均仍照拒捕、追摄、打夺各本律本例科断。如差役非奉官票,或虽经奉官票,而有借差吓诈、凌虐罪囚情事,致被殴死者,各照平人谋、故、斗杀本律定拟,均不得以拒捕杀人论。

27.344.(7) 〔捕役奉票承缉遇贼抢窃报复凶殴捕殴致贼犯死伤及贼匪拒伤捕役〕一、抢窃案犯拒杀差役之案,除奉票指拿有名者,仍照定例分别绞决、绞候外,其捕役奉票指案承缉抢窃各犯者,票内虽未指明姓名,而该犯确系本案正贼,及捕役奉票躧缉盗贼票内,并未指明何案及各犯姓名者;或遇贼犯正在抢窃,或经事主喊指捕拿,赃证确凿,虽未到官,实属事发;并贼犯先经捕役奉票拿获,送官惩治有案,并无吓诈、凌虐,而该犯挟嫌报复,或纠伙凶殴者,亦属觊法有据。以上三项,凡有杀伤者,各照罪人拒捕本律定拟。若捕殴致死者,亦依本律分别擅杀、格杀科断;如伤未至死者,捕役殴伤贼匪,非折伤勿论,折伤以上,减二等。贼匪拒伤捕役者,于本罪上加二等治罪。其非奉官票,及虽奉官票而有吓诈、凌虐情事者,各照平人谋、故、斗殴杀伤本律治罪。

27.344.(8)〔图奸调奸未成杀死本妇及拒捕杀死其夫与父母并有服亲属〕一、图奸、调奸未成,罪人杀死本妇,及拒捕杀死其夫与父母并有服亲属,无论立时及越数日,俱照犯罪拒捕杀所捕人律拟绞监候。

27.344.(9)〔擅杀律应拟绞之犯情轻情重〕一、擅杀律应拟绞之犯,情轻者,改为流三千里;如系谋、故、火器杀人,或连毙二命,及各毙各命人数在四名以上等项情重者,仍依律拟绞。

27.344.(10)〔擅杀奸盗及别项罪人案内余人〕一、凡擅杀奸盗及别项罪人案内,余人无论谋杀加功,及刃伤、折伤以上,并凶器伤人,悉照共殴余人律处十等罚;正犯罪止拟徒者,余人处八等罚;若正犯罪止罚金,余人于本罪上递减一等。如有挟嫌妒奸、谋故别情,乘机杀伤,图泄私忿者,仍照谋、故杀及刃伤、折伤、凶器伤人各本律本例科断。

27.344.(11)〔本夫本妇及有服亲属并事主殴伤奸盗放火等项罪人〕一、本夫及本夫本妇有服亲属捉奸,殴伤奸夫,或本妇及本夫本妇有服亲属殴伤图奸、强奸未成罪人,或事主殴伤贼犯,或被害之人殴伤挟仇放火凶徒及实在凶恶棍徒,至折伤以上者,无论登时、事后,概予勿论。期服以下尊长,因捉奸、拒奸,或因卑幼强奸、图奸,殴伤卑幼者,悉照此例勿论。若卑幼殴尊长,非折伤勿论;至折伤以上,减本伤罪二等。此外不得滥引,仍按殴伤尊长、卑幼各本律例问拟。其旷野白日盗田野谷麦者,以别项罪人论。其余擅伤别项罪人,除殴非折伤勿论外,如殴至折伤以上,按其擅杀之罪应拟绞、拟流者,于斗伤本罪上减一等定拟;若擅杀之罪止应拟徒者,减二等科断。

27.344.(12)〔本夫及本妇之子杀死强奸图奸未成罪人〕一、本夫及本妇之子杀死强奸未成罪人,如系登时忿激致毙者,勿论;非登时杀死者,依夜无故入人家已就拘执而擅杀拟徒律减一等,徒二年半;系事后寻殴致毙者,流三千里。其杀死图奸未成罪人,系登时杀死者,徒三年;非登时杀死者,流三千里。

27.344.(13)〔本夫本妇之有服亲属杀死强奸图奸未成罪人〕一、本夫本妇之有服亲属杀死强奸未成罪人,系登时忿激致毙者,依夜无故入人家已就拘执而擅杀拟徒律减一等,徒二年半;其杀死图奸未成罪人,系登时忿激致毙者,徒三年。如杀非登时,无论所杀系强奸、图奸未成,各罪人俱流三千里。

27.344.(14)〔尊长忿激致死图奸强奸有服亲属未成卑幼〕一、凡卑幼图奸、强奸有服亲属未成,被尊长忿激致死之案,悉照本夫及亲属杀死图奸强奸未成罪人例减一等定拟;如减科仍与服制殴杀本罪相等者,应再减一等。至为从帮殴有伤之犯,除系死者有服卑幼,仍照殴、故杀尊长本律例定拟,大理院复判时,将应行减拟罪名于折内双请,候旨定夺外,其余无论凡人、尊长,概照斗杀余人律定拟。

27.344.(15)〔被害之人致毙挟仇放火并行凶扰害凶徒〕一、凡凶徒挟仇放火,及实在凶恶棍徒无故生事,行凶扰害,被害之人登时忿激致毙者,均拟徒二年半;如杀非登时,流三千里。

27.345 狱囚脱监及反狱在逃

27.345.0.1 凡已论决之囚(即定拟遣、流、徒、习艺之犯)脱监及越狱在逃者,徒犯加徒役一年,流犯加徒役三年,遣犯加徒役五年;仍照应役年限,从新拘役。未论决之囚,各于本罪上加二等。如因(自行脱越)而窃放(同禁)他囚罪重者,与他囚(罪重者)同罪,并罪止流三千里。本犯应死者,依常律。○ 27.345.0.2 若罪因反狱在逃者,(不问已论决、未论决,但谋助力者,)皆绞(监候)。同监囚人不知(反)情者,不坐。

条　例

27.345.(1)〔在监斩绞及遣流人犯赌博〕一、在监斩绞及遣流人犯,如有赌博等事,责成禁卒及有狱、管狱各官严加锁铐。若禁卒知情故纵,照开局窝赌例治罪。有狱官失于觉察,管狱官故为徇隐,交部分别议处。

27.345.(2)〔斩绞重犯越狱脱逃管狱官有狱官奏参〕一、斩绞重犯如有越狱脱逃,将管狱官及有狱官即时奏参,按例分别议处;不得同遣流等犯越狱,按照疏防例限扣参。

27.345.(3)〔自号牢头凌虐同囚〕一、斩绞人犯,如有在监年久,自号牢头,串通禁卒、捕役,挟制同囚,吓诈财物,教供诬陷,少不遂欲,恣意凌虐,以及强横不法,凶恶显著者,审实,即照死罪人犯在监行凶致死人命例,依原犯罪名,拟以立决。其寻常过犯,酌量严惩示儆。

27.345.(4)〔罪囚结伙反狱持械杀伤及未伤人〕一、罪囚由监内结伙反狱,如有持械杀伤官弁役卒及并未伤人,首、从各犯,不论原犯罪名轻重,悉照劫囚,分别杀伤,一例科罪。

27.345.(5)〔死罪监候人犯在监复行凶致死人命〕一、凡犯死罪监候人犯,在监复行凶致死人命者,照前后所犯斩、绞罪名,从重拟以立决。

27.345.(6)〔拿获越狱人犯务究通线剃头情弊〕一、拿获越狱人犯,务究通线与剃头情弊,通线之人分别有无受贿,照故纵律治罪;其代为剃头之人,处十等罚。

27.345.(7)〔问拟工作及改折工作之犯脱逃被获〕一、凡问拟工作,及罚金未能完纳改折工作之犯,如在所脱逃被获,照律加罪二等。倘逃后另犯不法别案,仍按后犯罪名与逃罪相比,从其重者论。

27.345.(8)〔解审罪囚中途脱逃被获〕一、解审罪囚,中途脱逃被获,各加本罪二等,罪止发遣新疆,酌拨种地当差。其罪无可加,及本犯系斩、绞者,仍各依本律本例办理。

27.345.(9)〔遣流徒并当差人犯脱逃〕一、遣、流、徒人犯中途脱逃,以在监论。其当差人犯于工作期满后脱逃被获者,仍发原配,加监禁一年,限满仍旧当差。

27.345.(10)〔年老遣犯脱逃以年逾七十为准勒限未获停缉〕一、各省遣犯脱逃,内有年老者,以年逾七十为准,如在逃时年已六十,勒限十年;年已五十,勒限二十年;逾限未获,即于汇咨通缉案内开除停缉。倘后经缉获,仍照例质明办理。

27.346 稽留囚徒

27.346.0.1 凡应遣、流等项囚徒断决后,当该^{原问}官司,限一十日内,如^{原定}法式锁杻,差人管押,牢固关防,发往所拟地方交割。若限外无故稽留不送者,三日处二等罚,每三日加一等,^{以吏为首科断。}罪止六等罚。因^{稽留}而在逃者,就将^{当该}提调官^{住俸,勒限严捕}吏抵^{在逃}犯人本罪发往,候捕获犯人到官替役,^{以至配所、囚工所之}日疏放。

○ 27.346.0.2 若邻境官司,^{遇有囚递}到稽留不即递送者,罪亦如之。^{稽留者,验日坐罪;致逃者,抵罪发往。}

○ 27.346.0.3 若发往之时,提调官吏不行如法锁杻,以致囚徒中途解脱,自带锁杻在逃者,与押解^{失囚之人}同罪。^{分别官、吏,罪止十等罚;责限擒捕。}

○ 27.346.0.4 并罪坐所由。^{疏失之人。}受财者,计赃,以枉法从重论。^{统承上言。}

条　例

27.346.(1)〔递解人犯患病留养及捏结失察〕一、直省递解人犯,务令依限解赴。如有患病应留养者,其经过所在之州县,即责成各该省督抚查察,必验明患病确实,具结申请,方准照例留养。如有本系无病,及病已痊愈,率行捏结,及漫无觉察,任其迁延者,即将各该州县严查参处。并饬各属将每年有无患病留养人犯,及已未起解之处,按季报明该督抚造册,报部查核。

27.346.(2)〔隔省递籍人犯州县转递册报〕一、凡隔省递籍人犯,该州县一面发递,一面关会原籍,并知照经过地方官。无论长解、短解,务遵定例,加差转递。各该州县仍于季底将有无递解过某省人犯若干名造册,由府汇详督抚,分咨各省转行查核,照案咨复。其本省递解人犯,亦责成各州县彼此关复查结。

27.346.(3)〔军流徒等犯假捏患病及逾限不行起解〕一、外省发遣官常各犯,及发往军台效力赎罪废员,与安置流罪人犯,于文到之日,均限一个月,即行起解,勿得任其逗留。各该督抚将各犯起解月日专咨报部,仍于年终汇造清册,报部备查。如有迟逾,即行指参。倘实因患病,逾限不能起解者,地方官验看属实,加具并无捏饰印甘各结,详明督抚,起限亦不得过两个月,该督抚亦即咨部查核。如有假捏及逾限不行起解者,别经发觉,将该州县及失察之各上司,分别交部议处。

27.346.(4)〔递解人犯中途因事截留〕一、各省递解人犯,如遇前途水阻及另有事故,不能前进,即由附近州县详报该省督抚,查看情形属实,迅即飞咨邻省截留,不准州县擅自知会。仍饬令最近之州县,将接到人犯,分别监狱大小,酌留一二十名,再令各上站挨次留禁;由该州县开具犯名、事由,申报该省上司咨报查考。一俟前路疏通,即行起解。如有州县擅用公文私信知会上站截留,即由该督抚据实严参。

27.346.(5)〔距省窎远厅州县起解遣流人犯〕一、凡各省距省窎远之各厅、州、县问拟遣、流人犯,各督抚于出咨后,即令造册,先行定地,并发给咨牌,存俟奉到复文,即行佥差起解,不准稍有稽滞。仍将发给咨牌并起解日期,报部查核。

27.347 主守不觉失因

27.347.0.1 凡狱卒不觉失囚者,减囚^{原犯之}罪二等。^{以囚罪之最重者为坐。}若囚自内反狱在逃，又减^{不觉罪}二等。听给限一百日^{戴罪}追捕。限内能自捕得及他人捕得，若囚已死及自首，^{狱卒}皆免罪；管狱官典减狱卒罪三等。其有狱官曾经躬亲逐一点视罪囚，锁杻俱已如法，取责狱官、狱卒牢固收禁文状者，不坐；若^{有狱官于该日}不曾点视，以致失囚^{反逃}者，与狱官同罪。^{若有狱官、狱卒、官典}故纵者，不给捕限，^{官役}各与囚同罪。^{至死减等。罪虽坐定，若}罪未断之间，能自捕得及他人捕得，若囚已死及自首，各减^{囚罪}一等。受财^{故纵}者，计赃，以枉法从重论。〇 27.347.0.2 若贼自外入^狱劫囚，力不能敌者，^{官、役各}免罪。〇 27.347.0.3 若解审、^{递籍、关提之类，亦同。}解配中途不觉失囚者，主守并押解兵役，各减囚^本罪三等；提调、押解官，又各减三等。^{仍责捕限。限内捕获，}及他人捕获，若囚已死及自首，俱得免罪；如有故纵及受财者，并与囚同罪；系劫者，免科。

条 例

27.347.(1) 〔狱卒疏脱及贿纵监犯越狱〕一、凡监犯脱监及越狱在逃，如狱卒松放狱具，审明有无受贿故纵，照律分别治罪外，其有托故擅离或倩人代守，以致罪囚脱逃者，俱照囚犯本罪减一等定拟。

27.347.(2) 〔解审斩绞重犯解役疏脱故纵及违例雇替〕一、解审斩绞重犯，无论案情是否已定，如押解兵役受贿故纵，以致脱逃，或本犯就获，质审明确，或犯虽未获，讯有确据，及自行供认不讳者，仍照受财故纵律治罪外，其在途开放锁镣，以致脱逃，严讯并无受贿实据，即照故纵与囚同罪律至死减一等，拟以流三千里。若但系违例雇替，托故潜回，以致脱逃，即将起意雇替之兵役减囚罪二等，拟以徒三年；代替之人再减一等；同行不举首者，处十等罚。果系依法管解，偶致疏脱者，仍照本律科断。佥差不慎之官，视该兵役所得之罪，分别议处。

27.347.(3) 〔解审重犯流罪以上并递籍人犯漏批年貌及雇倩顶替〕一、解审命盗重犯及流罪以上，并发回原籍收管、审讯等犯，务于批文内载叙事由，开明该犯年貌、疤痣、箕斗，令沿途地方官查明转递。如有中途雇倩顶替情事，除本犯解役人等照例究拟治罪外，将佥差不慎之员及未行查出之添解官，交部分别议处。如原文内未经开载，将遗漏开造之员照例议处。

27.347.(4) 〔发遣人犯起解章程〕一、凡发遣人犯起解时，务必如法锁铐，并将年貌、锁铐填注批内,接递官必按批验明,于批内注入"锁铐完全"字样,钤盖印信,转递前途。倘解役人等有受贿开放者,计赃,照枉法律治罪。若转解之地方官,因前途未曾锁铐,不复查明补加,听其散行,将该地方官与前途未曾锁铐官,均按罪犯轻重,交部分别议处。

27.347.(5)〔严缉在途在配脱逃流遣罪犯〕一、流遣罪犯在途、在配脱逃,沿途地方官及配所该管官详请该省督抚,一面行文报部,一面知会原籍及犯事省份;情重者,并抄录犯事原案,同年貌册一并分咨各直省督抚,一体缉拿。原籍地方官于咨缉文到后,即传该犯亲属、邻佑人等,逐一讯问根由下落,如果未逃回,即取确实供结,咨明法部及逃所存案,仍令保邻不时侦缉,一经回籍,立即首报。倘知情容留,别经发觉,即将房主、邻佑照知情藏匿罪人律治罪;其虽不容留,但明知不首者,处十等罚。至缉获逃犯,如系在别省问发者,由拿获省份调取原案,查核相符,仍讯明有无另犯不法,照例办理。

27.347.(6)〔兵役违例雇替潜回致流遣人犯中途脱逃〕一、押解流遣人犯,中途脱逃,无论赴审、赴配,押解兵役审无故纵情弊,但系违例雇替或托故潜回,以致疏失者,限满无获,将起意雇替及潜回之兵役,减囚罪二等治罪;代替之人,再减一等;同行不举首者,处八等罚。若依法管解,偶致疏脱,仍照本律定拟。

27.347.(7)〔违例滥派押解要犯员弁〕一、直隶等省如遇紧要官犯等类,务择现任文武员弁派委押解。其试用效力未经历练者,概不得滥行派委。如有违例滥派,以致疏失者,除押解之员按照律例分别议罪外,仍将原委之文武各上司,分别有无误失,交部议处。

27.347.(8)〔宗室觉罗发往盛京等处沿途官员不亲押解〕一、凡宗室、觉罗发往盛京、吉林、黑龙江等处,沿途官员并不亲身押解,交与兵丁解送,或不谨慎看守,以致脱逃者,限满无获,官交部严加议处,兵丁照本律治罪。

27.348 知情藏匿罪人 以非亲属及罪人未到官者言。

27.348.0.1 凡知^他人犯罪事发,官司差人追唤,而将犯罪之人藏匿在家,不行捕告,及指引^{所逃}道路、资给^{所逃}衣粮,送令隐匿^{他所}者,各减罪人^{所犯}罪一等。"各"字指藏匿、指引、资给说。○如犯数罪,藏匿人止知一罪,以所知罪减等罪之。若亲属纠合外人藏匿,亲属虽免减等,外人仍科藏匿之罪。其事未发,非官司捕唤而藏匿,止问不应。其^{已逃他所有}辗转相送而隐藏罪人，知情 转送、隐藏 者皆坐；减罪人一等。不知者勿论。○ 27.348.0.2 若知官司追捕罪人，而漏泄其事，致令罪人得以逃避者，减罪人所犯罪一等。亦不给捕限。未断之间，能自捕得者，免漏泄之罪；若他人捕得，及罪人已死，若自首，又各减一等。"各"字指他人捕得及囚死、自首说。

27.349 盗贼捕限

27.349.0.1 凡捕强窃盗贼，以事发于官之日为始，限一月内捕获。当该捕役、汛兵一月不获，强盗者，处二等罚；两月，处三等罚；三月，处四等罚；捕盗官罚俸两个月。捕役、汛兵一月不获窃盗者，处一等罚；两月，处二等罚；三月，处三等罚；捕盗官罚俸一个月。限内获贼及半者，免罪。○ 27.349.0.2 若被盗之人经隔二十日以上告官者，去事发日已远。不拘捕限。缉获。捕杀人贼，与捕强盗限同。

凡官罚俸，必三月不获，然后行罚。

条 例

27.349.(1)〔京城凶犯勒限严缉〕一、京师内外城地方，遇有承缉凶犯，选差干捕，勒限严缉。如一月不获，照例提比；三月至五月不获者，即将该捕役斥革、处罚，另选干捕躧缉。如捕役果能实力拿获者，照拿获盗案之例，于赃罚银两内，令该管衙门酌量赏给。至巡捕五营所属地方，遇有不知姓名之人被伤身死，据检察官相验的实，该汛武职即行呈报步军统领衙门，照例勒限严缉正凶，仍于限内报明陆军部。俟文职审明是仇是盗，将武职各官照例查议。其五营捕役，应令该汛武弁，选差干捕，报明注册，勒限严缉，按期提比。如逾限不获，即行斥革、处罚，仍令另差干捕，实力缉拿。如该汛捕役有能于限内缉获正凶者，量加奖赏，于步军统领衙门房租项下动支发给，汇入年终奏销。

27.349.(2)〔京城遇有杀伤人命仇盗未明之案〕一、京师内外城地方，遇有杀伤、人命、仇盗未明之案，巡捕五营武职等官，照文职缉凶之例，一体扣限查参。俟获犯之日，如审系盗案，仍照例将专辖、兼辖各官补参疏防。

27.349.(3)〔严缉讯出伙盗〕一、营弁及捕役拿获盗劫重犯，立即解赴该处承审衙门严行究诘。如讯出首、伙姓名,该承审官一面通报各上司,一面迅速移会该处营弁,设法缉拿,毋许稍有迟延。其承缉招解,该承审官仍依例限办理,毋庸营弁先行会同讯供。

27.349.(4)〔命盗窝娼窝赌等项案犯窜入邻境关会协缉〕一、凡命盗及窝娼、窝赌等项案犯窜入邻境,一面差役执持印票密拿,一面移文关会。拿获之后,仍报明地方官添差协解。其余寻常案犯,须俟关会后协缉,不得擅自拘提。倘有犯匿邻境,以非其管辖,不急往拿,及不应竟行拘提,擅给批牌,并邻境该管官不为协缉者,分别议处。捕役借端骚扰,越境诬拿平民,照诬告及诬良为盗各本律例治罪。

27.349.(5)〔承缉盗案地方官假借捏报及贿盗狡供并兵役获犯给赏〕一、凡承缉盗案,各官有假借别州县所获之盗指为本案盗首,别州县亦扶同搪塞,或先报盗首脱逃后,仍在该地方隐匿,或捏报盗首病故后,于别案发觉者,将从前假借、扶同、隐匿、捏报之该地方文武各官,交部议处。其邻境他省之文武官,有能拿获别案内首盗、伙盗,质审明确者,该地方文武各官交部分别议叙;兵役分别酌量给赏。若不在伙内之人,首出盗首,即行拿获者,地方官从优给赏。捕役拿获盗首者,亦从优给赏。若盗首不获,将承缉捕役家口监禁勒缉。如获盗过半之外又获盗者,地方官亦酌量给赏。若州县贿盗狡供,辗转行查,希图销案者,照易结不结例治罪。

27.349.(6)〔关提人犯〕一、凡关提人犯,承审官务将紧要缘由、关提月日通报各上司。准关之州县,邻省限文到四个月拿解,邻县限文到二十日拿解。如逾限不发,及听信地保、差役人等捏词,用空文回复,该督抚立即严参,照例分别议处外,地保、差役人等讯明有无贿纵情形,各按本律本例问拟。审结之时,仍将关到日期扣明程限,声叙明晰,听候部议。如承审官将并非紧要人犯,借称关提不到,该督抚亦即查明严参议处。关传口供,即照关提人犯办理。

27.349.(7)〔司道府厅提比捕役〕一、凡司、道提比捕役,除积案久逃之犯,仍照旧例遵行,其新报之案,司、道不得即行提比,专令该管之府、厅比缉。仍将比过各案并捕役姓名,报明该道查核,按季汇报臬司,转申督抚查核。倘经年累月总未获报,该府厅有徇隐之处,一并奏参,交部议处。

27.349.(8)〔审办土苗案件定限拿解承缉人犯〕一、凡审办土苗案件,如该犯居土官所辖地方,该土官准州县移会,徇庇不行拿解,经督抚核实奏参,将土官革职,择伊子弟之贤者承袭。若该犯居隔属、隔省者,以文到日为始,限四个月拿解;如庇匿不解,交部议处。如果凶犯实系在逃,俱限六个月承缉;限满无获,交部分别议处。

27.349.(9)〔洋面失事听事主赴进口所在文武衙门呈报行查缉拿〕一、内洋失事,仍照例文武官带同事主会勘外,如外洋失事,听事主于随风漂泊进口处,带同舵水赴所在文武衙门呈报,该衙门接据报呈,以事主所指被劫地方为准;倘事主不能指实地名,即将洋图令其指认。如在本县该管洋面被劫者,即行差缉,一面移会交界县分一体缉拿;如所报系在邻县或邻省洋面被劫者,该县一面缉拿,一面将报呈飞移失事地方,并详报该督抚分别咨行,毋庸传同事主会勘。仍令该督抚严饬所属,不分畛域,实力奉行。至详报督抚衙门,无论内、外洋失事,以事主报到三日内出详驰递,以便据报行查海关各口,将税簿、赃单互相较核,有货物相符者,即将盗船伙党姓名呈报关拿。其稽查关口员役,如于未接文檄之先,能查出匪船,拿获禀报者,分别议叙;吏役酌量给赏。如奉到文檄,能按照单簿据实查出,飞移所在地方,将盗犯拿获者,免其处分。

27.349.(10)〔捕役串通盗犯教供妄认〕一、凡捕役串通盗犯,教供妄认别案盗犯,以图销案,承审官失于觉察,审出,交部议处;捕役照诬良为盗满流例减一等,徒三年。如有贿买情弊,以枉法从重论。

27.349.(11)〔卑幼擅杀期功尊长等案审限〕一、卑幼擅杀期、功尊长,子孙违犯教令致祖父母、父母自尽,属下人殴伤本管官,并妻妾谋死本夫,雇工人殴、故杀家长等案,承审官限一月内审解,府、司、督抚各限十日审转具奏。如州县官于正限届满尚未审结,即于限满之日接扣二参限期,州县限二十日,府、司、督抚仍各限十日完结。如有迟延,分别初参、二参,照例议处。至杀死三命、四命之案,该督抚即提至省城,督同速审,其审解限期,悉照卑幼擅杀期功尊长之例办理。

28 断　狱

〔卷三十三　断狱上〕

28.350 囚应禁而不禁

28.350.0.1　凡^{鞫狱官于}狱囚应禁而不^收禁，^{徒犯以上、妇人犯奸收禁；官犯公私罪、军民轻罪、老幼废疾散禁。}应锁杻而不用锁杻及^{囚本有锁杻而为}脱去者，^{各随囚重轻论之。}若囚该罚金，^{当该官司}处三等罚；徒罪，处四等罚；流、遣罪，处五等罚；死罪，处六等罚。若应杻而锁、应锁而杻者，各减^{不锁杻罪}一等。○28.350.0.2　若囚自脱去^{锁杻}及管狱官典、狱卒私与囚脱去锁杻者，罪亦如^{鞫狱官脱去}之。^{罪。}有狱官知^{自脱与之情}而不举者，与^{管狱官典、狱卒}同罪；不知者不坐。

○28.350.0.3　其^{鞫狱官于囚之}不应禁而禁，及不应锁杻而锁杻者，^{倚法虐民。}各处六等罚。

○28.350.0.4　若^{鞫狱、管狱、有狱官典、狱卒}受财而故为操纵轻重者，并计赃，以枉法从重论。^{有禄人八十两，律绞。}

条例

28.350.(1)　〔监狱分建内外监并置女犯室〕一、各处监狱，俱分建内、外两处，强盗并斩、绞重犯，俱禁内监；遣流以下人犯，俱禁外监。再另置一室，以禁女犯。

28.350.(2)　〔侵挪钱粮分别散禁收禁勒限监追〕一、侵欺钱粮数至一千两以上、挪移钱粮数至五千两以上者，令该管官严行收禁监追。其侵欺在一千两以下、挪移不及五千两者，散禁官房，严加看守，勒限一年催缴；如逾限不完，即收禁监追。

28.350.(3)　〔招解流罪以上人犯相距五十里外不及收监者〕一、各省招解流罪以上人犯，令各州县酌量地方情形，如有相距在五十里以外，不及收监者，先期拨役前往于寄宿处所，传齐地保人等，知会营汛，会同原解兵役支更巡逻防范,往回一体办理。倘有疏虞,地保、营汛俱照原解兵役治罪;地方官从重议处。

28.350.(4)〔递籍人犯经过州县分别应否收监〕一、递回原籍人犯,如系奉特旨,及犯徒罪以上,援免解交地方官管束之犯,经过州县,仍照例收监,其犯罚金等轻罪,递回安插者,承审衙门于递解票内注明"不应收监"字样,前途接递州县即差役押交坊店歇宿,仍取具收管,毋得滥行监禁。

28.350.(5)〔直省无监狱地方遇有解犯到境〕一、直省并无监狱地方,该管官遇有解犯到境,即行接收,多拨兵役于店房内严加看守,毋致疏虞。如有借词推诿,不收人犯,仅令原解兵役看守,致犯脱逃者,该督抚即行严参,交部从重议处。

28.350.(6)〔关外解犯住居歇店领催乡约派夫帮同看守〕一、山海关外往来解送人犯住居歇店,该店主即通知该屯领催、乡约,按户派夫帮同押解兵丁看守支更。如有疏脱,即将押解官兵、更夫、领催、乡约等,一并送交该管地方官审讯,分别治罪。

28.350.(7)〔扎萨克蒙古徒罪以上人犯解送监禁〕一、各扎萨克蒙古徒罪以上应发遣人犯,一面分报理藩部、大理院,一面委员解送应监禁之地方官监禁。

28.351 故禁故勘平人

28.351.0.1 凡官吏怀挟私仇,故禁平人者,处八等罚;^{平人系平空无事,与公事毫不相干,亦无名字在官者,与下文公事干连之平人不同。}因而致死者,绞。^{监候。}有狱官、管狱官典、狱卒知而不举首者,与同罪;至死者,减一等;不知者不坐。若因^{该问}公事,干连平人在官,^{本无招罪,而不行保管,}误禁,致死者,处八等罚;^{如所干连事,方讯鞫}有文案应禁者,^{虽致死,}勿论。

○ 28.351.0.2 若^{官吏怀挟私仇,}故勘平人者,^{虽无伤,}处八等罚;折伤以上,依凡斗伤论;因而致死者,绞。^{监候。}同僚官及狱卒知情^{而与之}共勘者,与同罪;至死者,减一等;不知情,不坐。

条 例

28.351.(1)〔干连并轻犯交保候审不准另设名目私禁轻犯及书差需索凌

虐〕一、凡内外问刑衙门设有监狱，除监禁重犯外，其余干连并一应轻罪人犯，交保看管。如有不肖官员，影射待质公所名目，私立班馆，及擅设仓铺所店等名，私禁轻罪人犯，及致淹毙者，即行指参，照律拟断。若该书差串通需索凌虐，于凌虐罪囚本律上加一等治罪；赃重者，以枉法从重论。

28.351.(2)〔拷讯人犯致死及勒诈并受嘱故拷讯平人致死〕一、承审官吏，凡遇一切命案、盗案，将平空无事并无名字在官之人，怀挟私仇，故行勘讯致死者，照律拟罪外，倘事实无干，或因其人家道殷实，勒诈不遂，暗行贿嘱罪人诬攀，刑讯致死者，亦照怀挟私仇故勘平人致死律拟绞监候。如有将不应刑讯之人，误执己见，刑讯致毙者，依非法殴打致死律减一等定拟；致毙二命者，流二千里；三命以上，递加一等；罪止流三千里。若因公事违例刑讯，而其人受刑后，因他病身死者，止科违例用刑之罪。如有奸徒挟仇诬告平人，官吏知情，受其嘱托，因而拷讯致死者，本犯依诬告律拟抵，官吏照为从律满流。如有诬告平人，官吏不知情，依法拷讯致死者，将诬告之人拟抵，官吏交部议处。若被诬之人不肯招承，因而非法殴打致毙者，照非法殴打致死律定拟。均不得删改律文内"怀挟私仇"字样，混引故勘平人，概拟重辟。在外不按实具奏，在内含糊照复，照官司出入人罪律分别治罪。

28.352 淹禁

28.352.0 凡内外问刑衙门，于狱囚情犯已完，审录无冤，别无追勘^{未尽}事理，^{其所犯罚金、徒流、遣、死罪}应断决者，限三日内断决；^{系徒流、遣}应起发者，限一十日内起发。若限内不断决、不起发者，当该官吏，过三日，处二等罚；每三日加一等，罪止六等罚。因^{过限不断决、不起发}而淹禁致死者，若因该死罪，处六等罚；流、遣罪，处八等罚；徒罪，处十等罚；罚金以下，徒一年。^{惟重囚照例监候。}

条例

28.352.(1)〔恩诏赦款内到后仍将应免人犯滥行收禁及有情罪可疑罪囚奏请违限〕一、凡遇恩赦，法部将各省死罪已入秋审人犯，查核情节，分别减免，分单具奏；遣、流人犯，限赦到一月内，各省造册咨送法部，俟法部核定奏准，行文到日，即时释放；徒罪人犯，应准援免者，各省按照赦款，逐一详查，登时释放，另行册报法部查考。如有情罪可疑者，亦限一月内造册咨送法部,俟法部复核文到之日,即时释放,毋得耽延。如逾限未经册报,及将应免轻罪人犯并无辜之人仍滥行收禁者,交部议处。

28.352.(2)〔府厅州县册报在监人犯管道查核有无淹禁滥禁〕一、各直省府、厅、州、县,凡有监狱之责者,除照向例设立循环簿,填注每日出入监犯姓名,申送上司查阅外,并令与管狱官各将监禁人犯,无论新收旧管,逐名开载,填注犯案事由、监禁年月及现在作何审断之处,造具清册,按月申送该管道。该管道认真查核,如有滥禁、淹禁情弊,即将有狱官随时参处。仍令该道因公巡历至府、厅、州、县之便,亲提在监人犯,查照清册,逐名点验,其有填注隐漏者,将有狱官及管狱官一并参处。并令该道每季将府、厅、州、县所报监犯清册,汇送督抚、臬司查核。若府、厅、州、县有淹禁、滥禁情弊,该道未行揭报,经督抚查出,或别经发觉,即将该道一并交部议处。

28.353 凌虐罪囚

28.353.0 凡狱卒^{纵肆}非理在禁凌虐殴伤罪囚者,依凡斗伤论。^{验伤轻重定罪。}克减^{官给罪囚之}衣粮者,计^{克减之物为}赃,以监守自盗论。因^{殴伤克减}而致死者,^{不论罪囚应死、不应死,并}绞。^{监候。}管狱官及有狱官知而不举者,与同罪;至死者,减一等。^{有不知,坐以不应。}其官典致死监候人犯,亦绞。^{监候。}

条 例

28.353.(1)〔死罪监候及遣流人犯剃发〕一、凡内外问拟死罪监候之犯,每年责令狱官监看剃发一次;遣、流人犯,每月剃发一次;仍令留顶心一片。

28.353.(2)〔监犯患病沉危呈报救治及病故相验〕一、监犯不论已结、未结,如有患病沉危,先由医官呈报救治。倘病故及猝然暴病身死,不及呈报救治者,即日派检察官一员,会同有狱官相验殓埋,仍知照原审衙门存案备查。

28.353.(3)〔狱官禁卒任意轻重锁镣〕一、强盗、十恶、谋故杀重犯,用铁锁、杻镣各三道;其余斗殴、人命等案正凶,以及遣、流、徒罪等犯,用铁锁、杻镣各一道。如狱官、禁卒任意轻重,将狱官奏参,禁卒革役,照律治罪;受贿者,照枉法从重论。有狱官失于觉察,交部议处。

28.353.(4)〔徒罪以下人犯患病保外医治及捏病并保出故纵〕一、徒罪以下人犯患病者,狱官报明承审官,即行赴监验看是实,行令该佐领、骁骑校、地方官取具的保,保出调治,俟病痊即送监审结。其外解人犯,无人保出者,令其散处外监,加意调治。如狱官不即呈报,及承审官不即验看保释者,俱照淹禁律治罪。若本犯无病,而串通狱官、医生捏称有病,或病已痊愈,而该佐领、骁骑校、地方官不即送监审结者,将本犯及狱官、医生、该佐领、骁骑校、地方官,俱照诈病避事律治罪。若保出故纵者,将保人治以本犯应得之罪,疏脱减二等,仍将取保不的之该佐领、骁骑校、该地方官议处。若有受贿情弊,计赃,以枉法从重论。至督抚具报监毙人犯,将本犯所犯罪名、所患病证及有无凌虐、曾否保释,逐一声明,如有朦胧情弊,查出,交部分别议处。

28.353.(5)〔官员擅取病呈致死监犯〕一、凡官员擅取病呈,致死监犯者,依谋杀人造意律,绞监候;狱官、禁卒人等听从指使下手者,依从而加功律,亦绞监候;未曾下手者,依不加功律,流三千里。

28.353.(6)〔番役私拷取供〕一、番役将盗犯及死罪人犯私拷取供者,处十等罚;将遣、流人犯私拷取供者,加一等治罪;将徒罪以下人犯私拷取供者,递加一等。如有逼索银钱,计赃,以枉法从重论。该犯有诬指捏诳情弊,照诬告律治罪。该管官失察、故纵,交部分别议处。

28.353.(7)〔监犯越狱及在狱滋事禁卒有狱官分别治罪〕一、监犯越狱及在狱滋事之案,如审有禁卒挟嫌设法陷害本官情事,照恶棍设法诈官实在光棍拟绞例,分别首从严办。如有狱官知情徇隐故纵,照私罪严参、革职;若止疏于防范,失于觉察,照公罪交部议处。

28.353.(8)〔犯人出监查问有无禁卒人等凌虐需索〕一、凡犯人出监之日,有狱、管狱等官细加查问,如有禁卒人等凌虐、需索者,计赃治罪,仍追赃给还犯人。有狱、管狱等官不行查问,事发之日,亦照失察例议处。

28.353.(9)〔解役凌虐程递人犯及受财故纵并听凭买求杀害〕一、内外问刑衙门问发程递人犯,除原有杻镣照旧外,其押解人役若擅加杻镣,非法乱打,搜检财物,剥脱衣服,逼致死伤,及受财故纵,并听凭狡猾之徒买求杀害者,除实犯死罪外,徒罪以上,俱发烟瘴地方安置。

28.353.(10)〔人犯中途患病不行留养致有病故并解役捏病迟延〕一、凡内外问发程递人犯,佥差官员务选有家业正役解送。如犯人中途患病,原解即报明所在官司,亲身验明,出具印结,即着该地方官留养医治,候病痊起解,仍将患病日期报部。如不行留养,致有病故,及受财嘱托,捏病迟延者,将该地方官交部议处。其取结后,犯人身死者,官、役免议。若未取病结,在途身死者,佥差官员交该部照例按名议处;一名,解役徒一年,每一名加一等,罪止徒三年。

28.354 与囚金刃解脱

28.354.0.1 凡狱卒以金刃及他物,〈如鸦片、毒药之类,凡〉可以〈使人〉自杀及解脱锁杻之具,而与囚者,处十等罚;因而致囚在逃,及〈于狱中〉自伤,或伤人者,并徒一年;若致囚〈狱中〉自杀者,徒二年;致囚反狱〈而逃〉及〈在狱〉杀人者,绞。〈监候〉其囚〈脱越反狱〉在逃,〈狱卒于〉未断罪之间,能自捕得及他人捕得,若囚已死及自首者,各减一等。○ 28.354.0.2 若常人〈非狱卒〉以可解脱之物与囚人,及子孙与〈在狱之〉祖父母、父母,雇工人与〈在狱之〉家长者,各减〈狱卒〉一等。○ 28.354.0.3 若管狱官典及有狱官知而不举者,与同罪;至死者,减一等。○ 28.354.0.4 若〈狱卒、常人及有狱、管狱官典〉受财者,计赃,以枉法从重论。〈赃重论赃,赃轻论本罪〉若失于检点,〈防范〉致囚自尽〈原非纵与可杀之具〉者,狱卒处六等罚,管狱官典各处五等罚,有狱官处四等罚。

条 例

28.354.(1) 〔搜检进监人犯严禁禁卒取入砖石等类并买酒入监〕一、获犯到案,并解审发回之时,该管官当堂细加搜检,如无夹带金刃等物,方许进监。并严禁禁卒,不许将砖石、树木、铜铁器皿之类混行取入,并不准买酒入监。违者,将禁卒照与囚金刃律治罪。

28.355 主守教囚反异〈"反"训"翻"。〉

28.355.0.1 凡管狱官典、狱卒教令罪囚反异〈成案〉,变乱〈已经勘定〉事情,及与通传言语〈于外人,以致罪人扶同〉,有所增〈入他人〉减〈去自己之〉罪者,以故出入人罪论。外人犯〈教令、通传、有所增减〉者,减〈主守〉一等。○ 28.355.0.2 若〈狱官典卒〉容纵外人入狱,及〈与囚通传言语〉,走泄事情,于因罪无增减者,处五等罚。〈外人罪同〉○ 28.355.0.3 若〈狱官典卒、外人〉受财者,并计〈入己〉赃,以枉法从重论。

28.356 狱囚衣粮

28.356.0.1 凡狱囚^{无家属者}，应请给衣粮、^{有疾病者}应请给医药而不请给，患病^{重者}应脱去锁杻而不^请脱去，应保管出外而不^请保管，及疾至危笃者，应听家人入视而不^请听，以上虽非管狱官典、狱卒所主，但不申请上司，管狱官典、狱卒处五等罚。因而致死者，若因该死罪，处六等罚；遣、流罪，处八等罚；徒罪，处十等罚；罚金以下，徒一年。有狱官知而不举者，与^{狱官典卒}同罪。○ 28.356.0.2 若^{管狱官}已申禀上司，^{而上司官吏}不即施行者，一日处一等罚，每一日加一等，罪止四等罚。因而致死者，若因该死罪，处六等罚；遣、流罪，处八等罚；徒罪，处十等罚；罚金以下，徒一年。

条 例

28.356.(1) 〔递解各项人犯给与衣粮〕一、凡京、外递解各项人犯，有司官照支给囚粮之例，按程给与口粮；如遇隆冬停遣，照重囚例，每名给与衣帽。倘有官吏、兵役侵蚀，以监守自盗论。

28.356.(2) 〔牢狱禁系囚徒应须洗涤设备给养各事〕一、凡牢狱禁系囚徒，年七十以上、十五以下、废疾散收，轻重不许混杂。锁杻常须洗涤，席荐常须铺置；冬设暖床，夏备凉浆。凡在禁囚犯，日给仓米一升，冬给絮衣一件；病给医药。看犯支更禁卒，夜给灯油。并令于本处有司，在官钱粮内支放。狱官预期申明关给，毋致缺误。有官者犯私罪，除死罪外，徒以上锁收；公罪自流以下，皆散收。

28.356.(3) 〔流罪以上人犯俱着赭衣〕一、流罪以上人犯，在监及解审、发配，俱着赭衣。

28.356.(4) 〔犯属入监探视〕一、内外监狱人犯，除未结各案及监禁待质官常各犯，均不准亲属探视外，其已结各案，许令犯人祖父母、父母、伯叔、兄弟、妻妾、子孙，一月两次入视，其随从入视之使役人等，不越两名。有狱、管狱官定立号簿，将某日某案某犯某亲属入监探视，逐一详讯登记。如有捏称犯属，入监教供舞弊情事，一经察觉，严拿本犯究办。将未能查出之有狱、管狱各官，分别议处；自行查出，免议。至犯人亲属有赍送饮食者，管狱官验明，禁子转送。其盗犯妻子家口，均不许放入监门探视。违者，将妻子家口照不应重律治罪；有狱、管狱官参处，禁卒人等究办。

28.357 功臣应禁亲人入视

28.357.0 凡功臣及五品以上〔文武〕官犯罪应禁者,许令〔服属〕亲人入视;〔犯〕徒、流、遣〔应发配〕者,并听亲人随行。若在禁,及〔徒、流、遣已〕至配所,或在中途,病死者,在京原问官、在外随处官司开具〔在禁、在配、在途〕致死缘由奏闻,一面将〔其入视、随行之〕亲人发放。违者,处六等罚。

28.358 死囚令人自杀

28.358.0.1 凡死罪囚已招服罪,而囚〔畏惧刑戮〕使令亲戚故旧自杀,或令〔亲故雇倩〕他人杀之者,亲故及〔雇倩〕下手之人,各依〔亲属、凡人斗殴〕本杀罪减二等。若囚虽已招服罪,不曾令亲故自杀,及虽曾令〔亲故〕自杀而未招服罪,〔其亲故〕辄自杀讫或雇倩人杀之者,〔不令自杀,已有幸生之心;未招服罪,或无可杀之罪。〕亲故及下手之人,各以〔亲属、凡人〕斗杀伤论。〔不减等。〕

○ 28.358.0.2 若〔死囚〕虽已招服罪,而囚之子孙为祖父母、父母,及雇工人为家长〔听令自下手,或令雇倩他人杀之〕者,皆绞。〔监候。受雇之人仍依本杀罪减二等。〕

28.359 老幼不拷讯

28.359.0 凡应八议之人,〔礼所当优。〕及年七十以上、〔老所当恤。〕十五以下,〔幼所当慈。〕若废疾〔疾所当矜。〕者,虽犯死罪,官司并不合〔用刑〕拷讯,皆据众证定罪。违者,以故失入人罪论。〔故入抵全罪,失入减三等。〕其于律得相容隐之人,〔以其情亲有所讳。〕及年八十以上、十岁以下,若笃疾,〔以其免罪有所恃。〕皆不得令其为证。违者,处五等罚。〔皆以吏为首,递减科罪。〕

28.360 鞫狱停囚待对

28.360.0.1 凡鞫狱官推问〔当处罪囚〕,有〔同起内犯罪人〕伴,见在他处官司,〔当处〕停囚专待其人对问者,虽彼此职分不相统摄,皆听直行文书勾取。他处官司于文书到后,限三日内,即将所勾待问人犯发遣。违限不发者,一日处二等罚,每一日加一等,罪止六等罚;当处鞫狱者,无以其不发而中止,仍行移他处本管上司问违限之罪督令将所取犯人解发。○28.360.0.2 若起内应合对问同伴罪囚,已在他处州县事发见问者,是彼此俱属应鞫听轻囚移就重囚、若囚罪相等者,听少囚从多囚,若囚数相等者,以后发之囚送先发官司并问。若两县相去三百里之外者,往返移就,恐致疏虞,各从事发处归断。移文知会。如违轻不就重、少不从多、后不送先、远不各断者,处五等罚。若违法反不得互相推避。将重囚移就轻囚、多囚移就少囚者,当处官司随即收问,仍申达彼处所管上司,究问所属违法移囚五等罚之罪。若当处官司囚到不受者,一日处二等罚,每一日加一等,罪止六等罚。

条 例

28.360.(1)〔大理院及各级审判厅取保犯证〕一、大理院及各级审判厅取保犯证,由检察厅知照警厅饬区就近取保。其由外省提到人证,即令本人自举亲识寓居所在,由检察厅知照警厅饬区就近发保,仍将保人姓名报案查核。如无保可取者,均暂行看守。

28.360.(2)〔大理院及各级审判厅承审事件审限〕一、大理院及各级审判厅承审事件,罚金等罪,限十日完结;遣、流、徒等罪,限二十日完结;命、盗等案,限一个月完结。其斗殴杀伤之犯到案后,以伤经平复及因伤身死之日为始;内外移咨行察,及提质,并案犯患病,以查复及提到并病愈之日为始;接审者以接审之日为始。倘承问官任意因循,致书役得乘机作弊者,将书役严加治罪;承问官交部分别议处。若内外移咨行察催文至三次无回文者,奏参。

28.360.(3)〔大理院及各级审判厅行文捕传犯证该管各衙门限期传获〕一、大理院及各级审判厅,凡逮捕人犯及传集人证,行文该管各衙门,限文到三日内传获送案。如违,将该管官参处。倘人犯已至,而胥役勒索,不行放入,查明照例严加治罪。如徇隐不究,察出或被首告,将徇隐之员一并参处。

28.360.(4)〔校尉等有犯应提拿者〕一、凡校尉等有犯应提拿者,移咨銮舆卫提拿,不得差拘。

28.360.(5)〔府州县及审判厅审理徒流以下人犯定限完结〕一、各府、州、县及审判厅审理徒流以下人犯,除应行关提质讯者,务申详该上司批准,照例展限外,如无关提应质人犯,该承审官俱遵照定限完结。倘敢阳奉阴违,或经发觉,或经该上司指参,将承审官交部照例分别议处。

28.360.(6)〔听断词讼供证已确据现在人犯成招〕一、内外问刑衙门,于听断词讼时,如供证已确,案内纵有一二人不到,非系紧要犯证,即据现在人犯成招,不得借端稽延,违者议处。

28.360.(7)〔直隶各省审解案件程限分限起限〕一、直隶各省审理案件,寻常命案限六个月;盗劫及情重命案、钦部事件,并抢夺、发掘坟墓一切杂案,统定限四个月,俱以人犯到案之日起限。其限六个月者,州县三个月解府州,府州一个月解司,司一个月解督抚,督抚一个月奏咨;限四个月者,州县两个月解府州,府州二十日解司,司二十日解督抚,督抚二十日奏咨;仍准扣除封印日期及解府州、司、院程限。如案内正犯及要证未获,情事未得确实者,奏明展限。按察司^{提法司同}自理事件,限一个月完结;府、州、县自理事件,俱限二十日审结;上司批审事件,限一个月审报。若隔属提人及行查者,以人、文到日起限。如有迟延情弊,该督抚察参;若该督抚徇情不行奏参,察出,一并交部议处。

28.360.(8)〔承审命盗及钦部事件再限二参分限并接审委审扣限〕一、凡承审命盗及钦部事件,至限满不结,无论应限六个月、四个月事件,该督抚照例咨部,即于限满之日,接算再限二参四个月,仍令州县两个月解府州,府州、臬司、督抚各分限二十日。如逾限不结,该督抚将易结不结情由,详查注明奏参,照例议处。至承审官内有升任、革职、降调,及因公他往,委员接审者,如前官承审未及一月离任者,接审官准其另起审限;^{应分限两月者,仍另扣六十日;三月者,仍另扣九十日。}一月以上离任者,准其扣限一个月;^{无论分限两个月、三个月,俱另扣审限三十日,并前官所剩分限日期,俱准其扣展。}初参逾分限离任者,准其扣半加展;^{分限两个月者,准另扣三十日;三个月者,准另扣四十五日。}初参统限外离任者,无论应限六个月、四个月事件,俱另扣统限四个月审结。至原问官审断未当,及犯供翻易情节,督抚另委贤员,或会同原问官审理,委审之员扣限一个月,该管各上司亦统限一个月核转具奏,总以两个月完结。如官员承审案件,借端巧为掩饰,不行速结者,该督抚奏参,交部严加议处。上司徇庇不行奏参,及下属已经解审,混行驳查,以致承审官违限,并知属官例限将满,借端故为派委,希图展限者,一并交部议处。督抚参迟延时,将何月日解审、驳查次数声明,听部查核。

28.360.(9)〔盗劫命案钦部事件等审限及虚实未分展限〕一、审理盗劫及情重命案、钦部事件,并一切杂案,无论首犯、伙犯,缉获几名,如供证确凿,赃迹显明者,一经获犯,限四个月完结。如果虚实情形未分,盗赃未确,或获案止系余犯,因正犯及要证未获、情词未得,或盘获贼犯,究出多案事主,未经认赃,必须等候方可审拟,或因隔省行查,限内实难完结者,承审官立即据实申详督抚,分别奏咨,准其展限。若正犯、要证及案内首从人犯已经到案,间有余犯未获者,即将现获之犯,据情研审,按限完结,不得借词展限。若承审期内,遇有续获之犯,如到案在州县分限以内者,即行一并审拟,毋庸另展限期;如到案已在州县分限以外,不能并案审拟者,将续获之犯另行展案,扣限四个月完结;如间有获犯到案,时在州县分限将满,不能依限审拟者,准其扣满统限审解。倘承审官有将易结之案借端迟延,滥请扣展限期;该督抚不遵定例严加查核,漫为奏咨,俱交部分别议处。

28.360.(10)〔无关人命徒罪案件扣限批结与人命徒罪案件扣限解审〕一、各省审办无关人命徒罪案件,即照承审一切杂案扣限,依次上详,无须解审。俟督抚批结后,由该臬司按季汇齐,于每季后二十日内造册详报该督抚,该督抚于十日内出咨报部,总不得过一月之限。有关人命徒罪案件,仍照审理命案例扣限解审,由督抚专案咨院复判。如有审办逾限及造报迟延者,交部议处。

28.361 依告状鞫狱

28.361.0.1 凡鞫狱,须依^{原告人}所告本状推问。若于^本状外别求他事,摭拾^{被告}人罪者,以故入人罪论。^{或以全罪科,或以增轻作重科。}同僚不署文案者,不坐。

○ 28.361.0.2 若因其^{所告本}状^{事情}或^法应掩捕搜检,因^{掩捕}而检得^{被犯}别罪,事合推理者,^{非状外摭拾者比。}不在此^{故入同论之}限。

28.362 原告人事毕不放回

28.362.0 凡告词讼,对问得实,被告已招服罪,原告人别无待对事理,^{鞫狱官司当}随即放回。若无^{待对事}故稽留三日不放者,处二等罚;每三日加一等,罪止四等罚。

条 例

28.362.(1)〔各省应奏案件内有诬枉及轻罪牵连人犯分别释放交保〕一、各省应奏案件,有牵连人犯情罪稍轻者,准取的保,俟审结日发落。其重案内有挟仇攀害者,承问官招解详审,果系诬枉,即行释放,不得令候结案。若承问官审系无辜牵连者,不必解审,即行释放,止录原供申报。

28.362.(2)〔审奏案件拟以罚金人犯先行追取罚金释放〕一、凡内外审奏案件内,有拟以罚金人犯,审结日即先行追取罚金释放,仍于具奏之日声明。

28.363 狱囚诬指平人

28.363.0.1 凡因在禁诬指平人者,以诬告人^{加三等}论。其本犯罪重^{于加诬之罪}者,从^{原重者}论。○ 28.363.0.2 若^{本囚无诬指平人之意},官吏鞫问狱囚,非法拷讯,故行教令诬指平人者,以故入人^{全罪}论。○ 28.363.0.3 若^{官司}追征^{通欠}钱粮,逼令^{欠户}诬指平人代纳者,计所枉征财物,坐赃论,^{罪止徒三年,以赃不入己也。}其物给^{代纳本}主。○ 28.363.0.4 其被^{囚诬指}之^平人,无故稽留三日不放^回者,处二等罚;每三日加一等,罪止六等罚。○ 28.363.0.5 若^{官司}鞫囚,而证佐之人^{有所偏徇,}不言实情,故行诬证,及通事传译犯人言语,^{有所偏私,}不以实对,致^断罪有出入者,证佐人减罪人罪二等,^{证佐不说实情,出脱犯人全罪者,减犯人全罪二等,若增减其罪者,亦减犯人所得增减之罪二等之类。}通事与同罪。^{谓犯人本有罪,通事扶同传说出脱全罪者,通事与犯人同得全罪。若将犯人罪名增减传说者,以所增减之罪坐通事,谓如犯人本招承六等罚,通事传译增作十等罚,即坐通事四等罚;又如犯人本招承十等罚,通事传译减作五等罚,即坐通事五等罚之类。}

〔卷三十四　断狱下〕

28.364　官司出入人罪

28.364.0.1　凡官司故出入人罪，全出全入者，以全罪论。_{谓官吏因受人财，及法外用刑，而故加以罪、故出脱之者，并坐官吏以全罪。}○28.364.0.2　若_{于罪不至全入，但}增轻作重、_{于罪不至全出，但}减重作轻，以所增减论；至死者，坐以死罪_{刑名不同者，从徒入流、遣、流，遣同比徒一年；从近流入远流，每等比徒半年；遣罪以满流论；从内遣入外遣，同比徒半年；若从罚金入徒、流、遣，从徒、流、遣入死罪，仍以全罪论。减重作轻者，亦如之。}○28.364.0.3　若断罪失于入者，各减三等；失于出者，各减五等。并以吏典为首，首领官减吏典一等，佐贰官减首领官一等，长官减佐贰官一等科罪。_{坐以所减三等、五等。}○28.364.0.4　若因未决放，及放而还获，若囚自死，_{故出入、失出入，}各听减一等。

条　例

28.364.(1)　〔承审官改造口供故行出入及草率枉坐〕一、承审官改造口供，故行出入人罪者，革职；故入死罪，已决者，抵以死罪。其草率定案，证据无凭，枉坐人罪者，究明有无威逼妄供，及枉坐罪名轻重，分别办理。

28.364.(2)　〔承审官增减原供及按察使故为删改〕一、凡初次供招，不许擅自删改，俱应备录上详。若承问官增减原供，希图结案，按察使_{提法司同。}依样转详，该督抚严察奏参；不行察参，将该督抚交部一并议处。按察使亦不得借简招之名，故为删改。倘遇有意义不明、序次不顺，与情罪并无干碍，即就近核正申转，将改本备案，不得发换销毁，违者，依改造口供故行出入人罪例议处。

28.364.(3)　〔审办谋反谋叛之案不得诬指朋党妄议株连〕一、凡谋反、谋叛之案，承审官不得存心陷害，借言情罪重大，诬指朋党，妄议株连，若于本罪外捏造此等言语，株连父母、兄弟、妻子者，照故入人死罪律治罪。

28.364.(4)　〔驳饬改正之案大理院检查原详据实核办〕一、凡驳饬改正之案,大理院即检查该府、州、县原详,据实核办。如原详本无错误,经上司饬驳致错者,知照法部,将上司议处;如原详未奉饬驳,该上司代为承当,除原拟之员仍按例处分外,将该管上司照徇庇例严议。

28.364.(5) 〔知府直隶州究出关系生死大案实情改拟得当〕一、知府、直隶州有将各州县审拟错误、关系生死出入大案,虚公研鞫,究出实情,改拟得当,经上司核定,奏奉大理院核议准行者,交与吏部查明,奏请送部引见。

28.365 辩明冤枉

28.365.0.1 凡内外问刑衙门,辩明冤枉,须要开具^{本囚}所枉事迹,实封奏闻,委官追问^{其冤情}得实,被诬之人依律改正,^{所枉之}罪坐原告、^{诬告}原问官吏。^{以故失入罪论。}

○ 28.365.0.2 若^{罪囚}事本无冤枉,朦胧辩明者,徒三年。^{既曰朦胧,则原告原问官为其诬矣。}若所诬罪重^{于徒三年}者,以故出入人罪论。所辩之^罪人知情,与^{朦辩}同罪;^{原犯重,止从重论。}不知者不坐。

条 例

28.365.(1) 〔法司明知冤枉不与辩理〕一、法司凡遇一应称冤调问,及各衙门奏送人犯,如有冤枉,及情罪有可矜疑者,即与辩理具奏发落,毋拘成案。若明知冤枉,不与辩理者,以故入人罪论。

28.365.(2) 〔处决人犯临刑呼冤〕一、凡处决人犯,有临刑时呼冤者,奏闻复鞫。如审明实有冤抑,立为申雪,将原审官参奏,照例惩治。如系妄行翻异,冀延显戮,仍按原犯罪名,即行正法。

28.365.(3) 〔会审重案并事涉两邑之案及承审错误另行委审〕一、凡审理事件,除事涉两邑或案情重大,发审之初,即委员会审者,仍令会同审详外,其因承审错误,另委别官审理者,专责委员虚心质讯,毋庸原问官会审。至定案后,如原问官果有徇私枉断、故出故入情弊,仍照例参处;其或供情疏漏,或援引拘泥,误出无心,经委员改正者,照审处错误例议处。

28.365.(4) 〔犯人果有冤滥许管狱官据实申明〕一、凡管狱官专管囚禁,如犯人果有冤滥,许管狱官据实申明。如有狱官不准许,即直申上司提讯。

28.365.(5) 〔在督抚司道及知府上控之件分别亲提及委审并刁徒捏款诬控等〕一、各省督抚,除事关重大,案涉疑难,应行提审要件,或奉旨发交审办,以及民人控告官员营私枉法、滥刑毙命各案,俱令率同司、道等亲行研审;并司、道等官接受所属控词,遇有前项各情,或经上司批发之案,亦即亲提审办;间有户婚、田土案件,头绪纷繁,必须酌派妥员代为查审者,于结案时仍由该司、道等官复勘定拟具详,不得仅委属员承审外,其余上控之件,讯系原问各官业经定案,或案虽未定,而有抑勒画供、滥行羁押及延不讯结,并书役诈赃舞弊情事,如在督抚处具控,即发交司、道审办,或距省较远,即发交该管守巡道审办;如在司、道处具控,即分别发交本属知府或邻近府、州、县审办;如在府、州处具控,即由该府、州亲提审办;概不准复交原问官,并会同原问官办理。审明后,按其罪名,系例应招解者,仍照旧招解;系例不招解者,即由委审之员详结。其有委审之后复经上控者,即令各上司衙门亲提研鞫,不得复行委审。若命盗等案尚未成招,寻常案件尚无堂断,而上控呈词内又无抑勒画供、滥行羁押及延不讯结,并书吏诈赃舞弊各等情,应即照本宗公事未结绝者发当该官司追问律,仍令原问官审理,该管上司仍照律取具归结缘由勾销。倘有应亲提而委审,或应亲提、委审而发交原问衙门者,即令该督抚指名严参,交部照例议处;其所委之员若有瞻徇、听嘱等弊,亦即严参治罪;该督抚有违例委审者,亦照例议处。至于刁健之徒本无冤抑,或因负罪受惩,掩饰己非,捏款诬控,或因斗殴、婚姻、田宅等事,不赴本管官控理,辄赴上司衙门架词妄控者,仍按律治罪。

28.366 有司决囚等第

28.366.0.1 凡^{有司}狱囚^{始而}鞫问明白,^{继而}追勘完备,遣、流、徒罪,各从府、州、县决配。至死罪者,在内法司定议;在外听督抚审录无冤,依律议拟,^{斩、绞}法司复勘定议,奏闻^候回报,^{应立决}委官处决。故延不决者,处六等罚。

○ 28.366.0.2 ^{其公同审}若犯人^{自行}反异,^{原招}家属^代称冤,^{审录}即便^再推鞫,事果违枉,^{即公}同将原问、原审官吏通问改正。^{同将原问、原审之官吏}○ 28.366.0.3 若囚犯明称冤抑,^{审录}不为申理^改者,以入人罪故^{或受赃}失^{或一时不}论。

条例

28.366.(1) 〔步军派员护送秋审人犯勾到给事中及法部侍郎监视行刑〕

一、法部秋审人犯勾到时,先期知照步军统领衙门,临时派步军翼尉一员护送;行刑时,着给事中及法部侍郎一人监视。

28.366.(2)〔秋审勾决榜揭示众〕一、每年秋审勾到后,大学士会同法部,将已勾、未勾情节摘叙简明事由奏闻,札行各省按察司或提法使,于处决时揭示通衢晓谕;京师秋审人犯,由法部榜示。

28.366.(3)〔秋审情实人犯十次未勾服制人犯两次免勾改入缓决〕一、秋审情实之犯,有经十次未勾者,法部查明奏闻,改入缓决,不得擅改可矜。其服制人犯,俟两次免勾之后,大学士会同法部堂官,将人犯招册复加详勘,其有实在情节可宽者,摘叙实情,确加看语,请旨改入缓决。

28.366.(4)〔秋审官犯法部年终汇单具奏〕一、秋审官犯,法部于每年年终汇开清单,具奏一次。单内将所犯事由、罪名及监禁年份,并该犯年岁,详细注明。

28.366.(5)〔秋审官常犯罪干服制另册进呈〕一、凡官犯及常犯罪干服制,法部于秋审时,俱各另缮一册,列于各省常犯之前进呈。

28.366.(6)〔秋审新事人犯应归入秋审册内核办者〕一、每年秋审新事人犯,凡例应情实,及实、缓、矜、留未定,应归入秋审册内核办者,备叙案由,确加看语,以凭核办;并刊刷招册,暨旧事情实未勾人犯招册,分送给事中各道存查。至缓决人犯,除新事随本拟缓者,由法部缮单具奏外,其旧事人犯,亦由法部汇齐,摘叙简明节略,缮单具奏,毋须备册,以省繁冗。

28.366.(7)〔秋审并行文及正法各限期〕一、各省秋审人犯,按察司或提法使定拟情实、缓决、可矜,造具秋审后尾,限五月内申送法部。法部就原案加具看语,刊刷招册,咨送给事中各道各一册,按勾到日期前五日,请旨定夺。俟命下日,先后咨行直省,将情实人犯于霜降后、冬至前正法。其咨文到地方限期,云南、贵州、四川、广西、广东、福建,限四十日;江西、浙江、湖南、甘肃,限二十五日;江苏、安徽、陕西、湖北,限十八日;河南,限十二日;山东、山西,限九日;直隶,限四日;奉天,限十五日;吉林、黑龙江,限一个月。限内迟延不到者,该督抚将迟延地方官察明指参。其截止日期,云南、贵州、四川、广西、广东,以年前封印日;福建,以正月三十日;奉天、吉林、黑龙江、陕西、甘肃、湖北、湖南、浙江、江西、安徽、江苏,以二月初十日;河南、山东、山西,以三月初十日;直隶,以三月三十日。如有新结重案,俱入次年秋审。

28.366.(8)〔阵亡者之父祖子孙有犯寻常斗殴杀及死罪〕一、凡内外问拟斩、绞各犯,察有父祖子孙阵亡者,除十恶、侵盗钱粮、枉法不枉法赃、强盗、放火、发冢、诈伪、故出入人罪、谋故杀各项重罪外,如所犯系寻常斗杀及非常赦所不原各项死罪,核其情节,应入情实者,在内由各审判衙门,在外由各省,于取供定罪后,即移咨八旗、陆军部查取确实简明事迹,声叙入本,俟秋审办理勾到时,法部于进呈黄册内,将本犯父祖子孙阵亡事迹黏签声叙,恭候钦定。其前项人犯,应入缓决者,亦照前声叙,准其缓决一次后即予减等,一人优免一次后,不准再行声请。

28.366.(9)〔各省秋审随本奏准拟缓各案另册汇齐复奏〕一、各省应入秋审人犯,除例应情实,及实缓介在疑似,并矜留暂难确定各案,仍照旧一体归入秋审册内核办外,其应入缓决毫无疑义者,于定案具奏时,妥拟确实出语,随本声明酌入缓决。按察司或提法使每年册送后尾时,将随本奏准拟缓各案另分一册,法部汇齐此项人犯案由、罪名,再行缮单复奏一次。

28.366.(10)〔应拟斩绞人犯染患重病及监故督抚限期验报〕一、凡应拟斩、绞人犯,染患重病,该督抚接到州县通详,即先具文报部,仍责成该督抚详加查核。如有假捏情事,立将承审及核转各员严行参处。倘督抚不行详察,经院核对原咨,查出弊窦,知照法部将该督抚一并严参。其前项人犯,遇有在监病故,无论曾否结案,及已未入秋审情实、缓决,该州县立时详报,该督抚据详派员前往相验。若时逢盛暑,或离省窎远之各厅、州、县,该管道、府据报,即派邻近之员往验。如病故系新旧事情实人犯,该督抚于接到详文之日,先行咨部,于秋审册内扣除,总不得过十日之限;其派员相验,及研讯刑禁人等有无凌虐情弊,除去程限日期,以一月为限。若系缓决及应入次年秋审情实人犯,仍照向例办理。如验报迟逾,分别交部议处。

28.366.(11)〔各省官犯定案收禁及勾到行刑〕一、各省官犯,于定案时,即在按察使^{提法司同}衙门收禁。秋审勾本到省,照法部决囚之例,将情实官犯全行押赴行刑场,即令该司监视行刑,奉到谕旨,当场开读,按照予勾之犯,验明处决。

28.366.(12)〔各省每年奏结斩绞重案〕一、各省每年奏结斩、绞重案,法部于次年开印后,分类摘叙简明事由,缮折奏闻。

28.366.(13)〔大理院奉特交事件分别具结专奏汇奏〕一、大理院奉特交事件,即审明,无罪可科,应具折复奏;如罪至斩、绞,即由大理院核拟具奏;其他案件,犯该遣、流、徒等罪,倘非寻常经见之事,及酌重酌轻之案,并犯罪文自生监以上、武自骁骑校以上,或本身虽白丁,系现任大员子弟,犯该断决者,俱详叙供招,不拘件数、时日,随结随奏。内有酌重酌轻案件,仍于改拟之处粘贴黄签,恭呈御览,俟奉旨之日发落;寻常遣、流、徒等罪,于审结之日先行发落,按季汇奏。

28.366.(14)〔大理院复判各省审奏事件〕一、大理院复判各省审奏事件,内有余犯拟罪未当,应驳令复审,而正犯应立正典刑,无庸质讯,其罪又无可加者,即先决正犯,不必一概驳令复审。

28.366.(15)〔逆伦重案审明即行正法〕一、凡审办逆伦重案,除子孙殴伤、误伤、误杀祖父母、父母,仍各照本例办理外,其子孙殴杀祖父母、父母之案,无论是否因疯,悉照本律问拟,于审明后,恭请王命,即行正法。

28.366.(16)〔边省处决重囚印官公出又无同城佐贰准令吏目等官监决〕一、边省处决重囚,部文到日,如州县无同城佐贰,印官公出,除公出报府有案,并县在附郭者,仍照定例由府委员监决外,其非附郭首县,如有猝奉调遣,不及报府者,部文到日,即准令该吏目、典史,会同营员,代为监决。仍将印官因何公出及代为监决缘由,具报上司查核,毋庸申请本府另行委员。

28.366.(17)〔凶盗逆犯干涉军机应立决及刑鞫者〕一、凡凶盗逆犯,干涉军机,应行立决,及须刑鞫者,均即随时办理,声明咨部,毋庸拘泥停刑旧例。其寻常案件,仍照定例月日停刑。

28.366.(18)〔印官公出处决重囚〕一、凡立决之犯,部文到日,如正印官公出,令同城之州同、州判、县丞、主簿等官,会同本城武职,遵查不停刑日,代行监决。若该地方无佐贰官,令该知府于部文到时,即委府属之同知、通判、经历等官速至该州县,会同武职,代行监决。该佐贰等官监斩后,将正印官因何事公出,并见委某官、于何年月日、会同武职某官、监决何犯,逐一详报各上司查核。

28.366.(19)〔招解逆匪凶盗罪应斩绞立决人犯解省留禁待决〕一、凡各省州县招解逆匪凶盗,罪应斩、绞立决人犯,该督抚于各州县解省审明具奏后,即留禁省监,俟奉到部文,臬司会同督抚标中军,督率府县,亲提各犯,验明处决。

28.366.(20)〔扈驾官员之跟随仆役在途殴毙人命等案〕一、凡扈从车驾官员之跟随、仆役,如有在途次殴毙人命等案,该督抚即行具奏,恭候钦派大臣,会同行在法司审明,迅速办理,不得拘泥寻常例限。其余日行事件,亦不得辗转稽迟。违者,将该督抚交部严加议处。

28.366.(21)〔斥革兵丁有犯加等治罪〕一、凡兵丁因事斥革后,即移明地方官,另记年貌册档,严加管束,按季点验稽查。若有作奸犯科,除实犯死罪,及罪至外遣,仍各照本律例定拟外,犯该安置、流、徒以下,俱照凡人加一等治罪。约束不严之地方官,交部议处。

28.366.(22)〔祖父母父母因子孙触犯呈送发遣〕一、凡祖父母、父母因子孙触犯,呈送发遣之案,该州县于讯明后,不必解勘,止详府司核明,转详督抚核咨,俟院复准,即定地起解。若系嫡母、继母及嗣父母呈送发遣,仍照旧解勘。

28.366.(23)〔广西东兰州属等距州县城过远地方分驻州同等官代勘盗案〕一、广西东兰州属之那地、土州凌云县属之天峨哨,去州县城在三百里以外,及全州属之西延州同、西隆州属之八达州同,去州城在一百里以外之盗案,准令该处分驻州同、州判、县丞会同营汛,前往代勘录供,送交该州县承审。如有查勘不实,照例议处。其东兰、凌云去州县不及三百里,全州、西隆州去州不及一百里之盗案,仍由该州县自行往勘。

28.366.(24)〔直省州县直隶州案犯府道审转解司距道较远之直隶州厅径解臬司〕一、直省州县案犯,由府审转解司;直隶州案犯,由道审转解司。其湖南直隶靖州,凤凰、乾州、永绥、晃州四厅,四川直隶邛州,一应命盗重案,径行招解臬司,毋庸解道审转。至各省距道较远之直隶州、直隶厅,遇有命盗案犯,亦照此例办理。

28.366.(25)〔距省窎远各厅州县寻常遣流徒及命案拟徒人犯毋庸解省〕一、距省窎远府、厅、州所属之各厅、州、县,除命案内之遣、流人犯,仍各解省复审外,其寻常之遣、流、徒及命案拟徒人犯,均毋庸解省。如直隶省承德、朝阳、宣化、永平、顺德、广平、大名七府所属,张家口、独石口、多伦诺尔三厅及遵化、赤峰州并所属;江苏省徐州、淮安二府所属,及海州并所属;安徽省凤阳、颍州二府所属,及泗州并所属;江西省南安、赣州二府所属,及宁都州并所属;浙江省温州、处州二府,及玉环厅并所属;湖北省郧阳、襄阳、宜昌、施南四府所属;湖南省永顺、沅州二府所属,靖州及凤凰、永绥、乾州、晃州四厅并所属;河南省汝宁府所属,及光州并所属;山西省大同、朔平、平阳、蒲州四府所属,及解、绛二州,口外归化等十二厅,并所属;陕西省榆林、汉中、兴安三府所属;甘肃省庆阳、宁夏二府,及泾、阶、肃、安西四州所属,并西宁府所属之循化、贵德、丹噶尔三厅、大通一县;四川省宁远、重庆、夔州、绥定四府所属,及酉阳、忠二州,叙永、石砫二厅并所属;广东省雷州、琼州、高州、廉州、潮州五府所属;广西省泗城、镇安、太平三府所属,及思恩府所属之武缘一县并百色厅；云南省昭通、大理、丽江、永昌、顺宁、普洱六府所属，元江州及永北、景东、蒙化、镇沅、镇边五厅并所属；贵州省黎平府本属及所管之古州、下江、开泰、永从、锦屏各处，大定府所属之威宁州、水城厅，解赴各该管道员。其贵州之贵阳、石阡、大定、兴义、遵义、安顺、都匀、镇远、思南、思州、铜仁十一府及平越州所属，解赴各该管府、州就近审转，详报院司核办。倘有鸣冤翻异，分别提审解省。其余距省窎远府、厅、州所属之各厅、州、县，例内未经赅载者，亦照此办理。

28.366.(26)〔滇省审办结盟扰害匪徒罪应遣流人犯毋庸解省〕一、滇省审办结盟扰害匪徒，除犯该死罪者，仍行解省审办外，其罪应遣、流人犯，无论离省道途远近，均令该管府、州审转，臬司复核详咨，毋庸解省审勘。倘承办之员有故勘及捏饰情弊，以致案犯申诉冤抑者，令各督抚严行究参，提省审办。

28.366.(27)〔抢窃勒赎罪应遣流等各犯毋庸转解司道勘转〕一、抢窃及捉人勒赎案内，罪应遣、流，并抢窃逾贯，首犯已故，从犯罪止拟流之案，除直隶州所属，向例由道审转者，仍由该管道审转，毋庸解司，及各道所辖直隶州，离道较远，仍照旧章径行解司外，其余各厅、州、县，概将人犯解该管府、厅、州审转具详，由司复核，专案请咨，毋庸转解司、道勘转。倘犯供翻异，由该管府、厅、州就近查提质讯，或发回另审。若有关系拒捕及凌虐重情，并干碍参处之案，仍分别解司、解道，以昭详慎。倘承办之员有故勘及捏饰情弊，致犯申诉冤抑，仍令各督抚严参、提审。

28.367 检验尸伤不以实

28.367.0.1 凡(官司初)检验尸伤，若(承委)牒到，托故(迁延)不即检验，致令尸变，及虽即检验，不亲临(尸所)监视，转委吏卒(凭臆增减伤痕)，若(检与复)检官吏相见扶同尸状，及虽亲临监视，不为用心检验，移易(如移脑作头之类)、轻重(如本轻报重、本重报轻之类)、增减(如少增作多、如有减作无之类)，尸伤不实，定执(要害)致死根因不明者，正官处六等罚，(同检)首领官处七等罚，吏典处八等罚。仵作、行人检验不实，扶同尸状者，罪亦如(吏典以八等罚坐)之。其官吏、仵作因检验不实而罪有增减者，以失出入人罪论。(失出减五等，失入减三等。)○ 28.367.0.2 若官吏、仵作受财，故检验不以实致罪有增减者,以故出入人罪论;赃重于故出、故入之罪者,计赃,以枉法各从重论。止坐受财检验不实之人。其余不知情者,仍以失出入人罪论。

条 例

28.367.(1) 〔检验官验尸扰累书役需索〕一、遇呈报人命,检验官立即亲往检验,止许随带仵作或检验吏一名、书手一名、皂隶二名,一切夫马、饭食,俱行自备,并严禁书役人等需索。其果系自尽、殴非重伤者,即于尸场审明定案,将邻证人等释放。如检验官不行自备夫马,取之地方者,照因公科敛律议处;书役需索者,照例计赃,分别治罪。至该管上司于州县所报自尽命案,果系明确,不得苛驳,准予立案;若情事未明,仍秉公指驳,俟其详复核夺。

28.367.(2) 〔人命重案检验尸伤勿得违例三检〕一、凡人命重案,必检验尸伤,注明致命伤痕。一经检明,即应定拟。若尸亲控告伤痕互异者,许再行复检。勿得违例三检,致滋拖累。如有疑似之处,委别官审理者,所委之官带同仵作,亲诣尸所,不得吊尸检验。

28.367.(3) 〔检验量伤照部颁工程制尺〕一、凡检验量伤尺寸,照部颁工程制尺,一例制造备用,不得任意长短,致有出入。

28.367.(4) 〔人命案件印官公出邻邑印官及同城佐贰并杂职往验〕一、地方呈报人命到官,正印官公出,移请不过五六十里之邻邑印官代往相验,或地处窎远,不能朝发夕至,又经他往,方许派同城佐贰官往验,填具格结通报,仍听正印官承审。其原无佐贰,或虽有佐贰而不同城者,准令同城杂职官带领谙练吏仵往验。若距城窎远,往返必须数日处所,该杂职官据报,一面移会该管巡检就近往验,俱写立伤单,报明印官回日查验,填图通报;如印官不能即回,请邻邑印官查验填报。其讯无别故之自尽、病毙等案,准取结殡埋,俱报明印官通详立案。其各省已设检察官专司相验者,不用此例。

28.367.(5) 〔自尽命案尸亲远居别属一时不能到案〕一、检验自尽人命,如尸亲远居别属,一时不能到案,检验官即验明,立案殡埋。

28.367.(6) 〔州县额设仵作检验吏及考试工食并奖惩之法〕一、凡州县额设仵作或检验吏,大县三名,中县二名,小县一名;并于额外募一二人跟随学习,每名给发《洗冤录》一部,选派谙练吏仵逐细讲解;每年造具清册,申送该管府、厅、州汇送院、司存案。该管府、厅、州每年随时就近提考一次,如果明白,从优给赏;倘有讲解悖谬,饬令分别革罚,并将州县查参。至吏仵工食,每名拨给皂隶工食一分;学习者,两人共给一分。若有暧昧难明之事检验得法,果能洗雪沉冤,从优给赏。若吏仵额缺,不行募补,州县官及各上司均交部分别议处。在京检察厅应设吏仵,即责成该厅每年照此办理。

28.367.(7)〔盛暑印官公出邻封窎远准杂职代验命案取立伤单〕一、直省州县命案,如逢盛暑,印官公出不能即回,邻封窎远往返数日者,准杂职官代验,取立伤单,将尸棺殓。其州县未能复验缘由及原验杂职衔名,俱于原文声叙。若印官计日即回,邻封相距不远者,毋庸杂职代验。

28.367.(8)〔遇告讼人命之检验〕一、遇告讼人命,有自缢、自残及病死而妄称身死不明,意图诈赖者,究问明确,不得一概发检。其果系谋、故、斗杀等项当检验者,检验官先详鞫尸亲、证佐、凶犯人等,令其实招以何物伤何致命之处,立为一案,随即亲诣尸所,督令仵作或检验吏如法检报,定执要害致命之处,细验其圆长、斜正、青赤、分寸,果否系某物所伤,当众质对明白,各情输服,然后成招。或尸久发变,亦须详辨颜色,不许听凭吏仵混报拟抵。其吏仵受财增减伤痕,扶同尸状,以成冤狱,审实,赃至满数者,依律从重科断。不先究致死根因明确,概行检验者,官吏以违制论。

28.367.(9)〔自缢溺水身死别无他故准告免检〕一、诸人自缢、溺水身死,别无他故,亲属情愿安葬,官司详审明白,准告免检。若事主被强盗杀死,苦主自告免检者,官与相视伤损,将尸给亲埋葬。其狱囚患病,责保看治而死者,情无可疑,亦许亲属告免复检。若据杀伤而死者,亲属虽告,不听免检。

28.367.(10)〔吏役有犯命案别属吏仵验办〕一、内外各级审判、检察厅吏役有犯命案,本厅官员概令回避,速调别级厅员带领本管吏仵前往相验办理。其各省州县,如本州县吏役有犯命案,即就近禀请上司,立委别州县带领本管吏仵前往验办。

28.367.(11)〔差役看押人犯身死及差役私押毙命私埋并凶徒毙人私埋之开检〕一、差役奉官暂行看押人犯,有在押身死者,无论有无凌虐,均令禀明本管官,传到尸亲,眼同验明,不得任听私埋。如有私埋情事,经尸亲控告破案者,官为究明致死根由,详请开检,毋庸取具尸亲甘结。检明后,除讯系差役索诈、凌虐致毙者,仍照各本律例从重治罪外,若止系因病身死,亦将私埋之差役徒一年半;控告之尸亲,如有挟仇添砌情节,仍按诬告各本律分别科断。地方官有任听私埋,及庇护差役,不即开检者,交部分别严加议处。至差役私押毙命之案,应令禀请邻封州县,传到尸亲,眼同验明究办。若有私埋、匿报,以及一切凶徒挟仇谋财,致毙人命,私埋灭迹者,经尸亲告发之后,如业将致死根由究问明白,毫无疑义,而尸伤非检不明者,亦即详请开检,按例惩办,均无庸取具尸亲甘结。

28.367.(12)〔广西东兰州属等距州县城过远地方分驻州同等官代验命案〕一、广西东兰州属之那地、土州凌云县属之天峨哨地方,去州县城在三百里,及全州属之西延州同、西隆州属之八达州同,去州城在一百里以外之命案,准令该处分驻州同、州判、县丞带领谙练吏仵前往代验,填格取结,送交该州县承审。其东兰、凌云去州县不及三百里,全州、西隆州去州不及一百里之命案,仍各照例办理。

28.367.(13)〔奉天吉林黑龙江距州县治所三百里外并印官公出准杂职代验命案〕一、奉天、吉林、黑龙江各府、厅、州、县命案,如距治所在三百里外者,准杂职官带领谙练吏仵前往代验;如印官公出,无论三百里内外,亦准杂职官前往代验,均填格取结,送交各该府、厅、州、县承审。其讯无别故,自尽、病毙等案,准取结验埋,报明各该府、厅、州、县通详立案。其已设审判厅之地,各应报明该管审判厅办理。

28.367.(14)〔归化城各厅相验命案〕一、归化城各厅所属,遇有蒙古、民人交涉命案呈报到官,即令该厅员星往验明,填格录供通详,仍照例详请该管上司派委蒙古官员会同审拟,毋庸详派会验,致滋稽延。倘该厅员等迟延贻误,该管上司查明参处。其内地商民在厅犯有命案,即由该厅员自行审办。

28.368 决罚不如法

28.368.0.1 凡官司于应刑讯之罪因,有非法殴打者,处四等罚;因而致死者,处十等罚。○ 28.368.0.2 若监临^{有司管军}之官因公事^{主令下手者}于人虚怯去处非法殴打,及亲自以大杖或金刃、手足殴人至折伤以上者,减凡斗伤罪二等;致死者,徒三年,追埋葬银一十两。其听使下手之人,各减一等,并罪坐所由。^{如由监临,坐监临;下手,坐下手。若非公事,以故勘平人论。}若于^{应刑讯之}人臀腿受刑去处依法决打,邂逅致死,及^{决打之后}自尽者,各勿论。

28.369 长官使人有犯

28.369.0 凡在外各衙门长官及^{在内奉制}出使人员,于所在去处有犯^{一应公等罪}者,所部属官等^{流罪以下}不得越分辄便推问,皆须开具所犯事由申复本管上司区处。若犯^{死罪},先行收管听候^{上司}回报。所掌^{本衙门}印信、^{及仓库牢狱}锁钥,发付次官收掌;若无长官,次官掌印^{有犯}者,亦同长官。违者,^{部属官吏}处四等罚。

28.370 断罪引律令

28.370.0.1 凡^{官司}断罪,皆须具引律例,违者,^{如不具引。}处三等罚。若^{律有}数事共一条,^{官司}止引所犯^本罪者,听。^{所犯之罪止合一事,听其摘引一事以断之。}○ 28.370.0.2 其特旨断罪,临时处治,不为定律者,不得引比为律。若辄引^{比致}断罪有出入者,以故失论。^{故行引比者,以故出入人全罪及所增减坐之;失于引比者,以失出入人罪减等坐之。}

条 例

28.370.(1) 〔问官更引重例及以情罪可恶字样坐人罪者〕一、承问各官审明定案,务须援引一定律例。若先引一例,复云不便照此例治罪,更引重例,及加"情罪可恶"字样坐人罪者,以故入人罪论。

28.370.(2) 〔未经通行著为定例成案严禁混行牵引〕一、除正律、正例而外,凡属成案,未经通行、著为定例,一概严禁,毋得混行牵引,致罪有出入。如督抚办理案件,果有与旧案相合,可援为例者,许于本内声明,仍听大理院复判。

28.371 狱囚取服辩 ^{服者,心服;辩者,辩理。不当则辩,当则服。或服或辩,故曰"服辩"。}

28.371.0.1 凡狱囚有犯死罪,^{鞫狱官司}唤^本囚及其家属到^官具告所断罪名,仍^责取囚服辩文状。^{以服其心。}若不服者,听其^{文状中}自行^{行辩}理,更为详审。违者,处六等罚。○ 28.371.0.2 其囚家属^远在三百里之外,^{不及唤告者,}止取^本囚服辩文状,不在具告家属罪名之限。

28.372 赦前断罪不当

28.372.0 凡^{官司遇赦,但经}赦前处断刑名,罪有不当,若处轻为重^{其情本系赦所必原}者,当依律改正从轻;^{以就恩宥。若}处重为轻,其^{情本}常赦所不免者,当依律贴断。^{以杜幸免。}若处轻为重、处重为轻^系官吏^{于赦前}故出入^{而非失出入}者,虽会赦,并不原宥。^{其故出入之罪。若系失出入者,仍从赦宥之。}

条 例

28.372.(1)〔特差恤刑有审豁者原问官俱不追究〕一、遇直省特差恤刑之时,有审豁者,原问官俱不追究。^{恐官虑罪及己,不肯辩明冤枉也。则会赦可以类推。}

28.372.(2)〔承审官错拟罪名遇赦免议〕一、承问官审理事件,错拟罪名者,不拘犯罪轻重,错拟官员遇赦免议。

28.372.(3)〔奉恩诏以前直省亏空已结各案分别释回着追〕一、奉恩诏以前,直省亏空已结各案,令各督抚分晰造册送部。其案内人犯有罪名而会赦邀免者,俱准释回原旗籍;如案内有不应豁免之项,即行文原旗籍着追。其甫经审奏各案,俟已结之日,将并无罪名已结各犯,查明任所有无资财,取结报部,亦令释回原旗籍。倘本案已清,别案有查追事件,清结之日,亦即报部释回原旗籍。其奉恩诏以后之案,不在此列。

28.372.(4)〔原非侵盗入己照侵盗拟罪等犯遇恩赦豁免查明奏请定夺〕一、原非侵盗入己,照侵盗拟罪之犯,较之实犯侵欺情罪稍轻,及亏空军需钱粮,系由挪移获罪,或经核减着赔,尚与入己军需有间,遇恩赦豁免,行令各该旗、省,咨报度支部查明,会同法部奏请定夺。

28.373 闻有恩赦而故犯

28.373.0.1 凡闻知^将有恩赦而故犯罪^{以觊幸免}者,加常犯一等;^{其故犯至死者,仍依常律。}虽会赦,并不原宥。 ○ 28.373.0.2 若官司闻知^将有恩赦而故论决囚罪者,以故入人罪论。^{若常赦所不原而论决者,不坐。}

28.374 妇人犯罪

28.374.0.1 凡妇人犯罪，除犯奸及实犯死罪收禁外，其余俱责付本夫收管；如无夫者，责付有服亲属、邻里保管，随衙听候；不许一概监禁。违者，处四等罚。○ 28.374.0.2 若妇人怀孕犯死罪，听令稳婆入禁看视。应拷讯者，待产后一百日拷讯。若未产而拷决，因而堕胎及致死，或产限未满而拷决致死者，徒一年。○ 28.374.0.3 若孕妇死罪已定，应行刑者，亦待产后百日行刑。未产而决者，处八等罚；产讫限未满而决者，处七等罚；其过限不决者，处六等罚。○ 28.374.0.4 失于详审而犯者，各减三等。兼上文诸款而言。如不应禁而禁，处一等罚。怀孕不应拷决而拷决，因而堕胎或致死，及产限未满而拷决致死者，处八等罚。及犯死罪不应刑而刑，未产而决者，处五等罚；未满限而决者，处四等罚；过限不决者，处三等罚。

条 例

28.374.(1) 〔妇女除犯奸盗人命禁止提审〕一、妇女有犯奸盗、人命等重情，及别案牵连，身系正犯，仍行提审，其余小事牵连提，子侄兄弟代审。如遇亏空累赔、追赃搜查家产、杂犯等案，将妇女提审永行禁止，违者，以违制论。

28.374.(2) 〔妇女有犯殴差哄堂积匪窝盗并京城奸媒诱奸诱拐罪坐本妇者〕一、凡妇女有犯殴差哄堂，及犯系积匪，或窝留盗犯多名，或屡次行凶讹诈，并京城奸媒诱奸、诱拐多次，罪坐本妇者，核其罪名，如在流置以上，收入本地习艺所工作十年，遇赦不赦。

28.374.(3) 〔妇女翻控审虚罪在流置以上者〕一、各直省审理妇女翻控之案，实系挟嫌挟忿、图诈图赖，或恃系妇女，自行翻控，审明实系虚诬，罪在流置以上者，将该犯妇收入习艺所工作三年，限满由该管官察看情形，实知改悔，据实结报，即行释放。若讯明实因伊夫及尊长被害，并痛子情切，怀疑具控，及听从主使出名诬控，到官后供出主使之人，俱准罚赎一次；如不将主使之人供明，仍照例收所工作。

28.374.(4) 〔拟徒收赎妇女毋庸解审〕一、凡拟徒收赎妇女，除系案内紧要证犯，仍行转解质审外，其经该州县审讯明确，毋庸解审者，即交亲属收管，听候发落。

28.374.(5) 〔未产拷决不堕胎及产限未满拷决不致死者〕一、未产拷决不堕胎，及产限未满拷决不致死者，依不应轻律。

28.374.(6)〔律应死罪犯妇怀孕俟产后限满分别审鞫解审〕一、犯妇怀孕,律应死罪者,除初审证据未确,案涉疑似,必须拷讯者,仍俟产后百日限满审鞫;若初审证据已明,供认确凿者,于产后一月起限解审。

28.375 死囚复奏待报

28.375.0.1 凡死罪囚,不待复奏回报而辄处决者,处八等罚。若已复奏回报应决者,听三日乃行刑;若限未满而刑及过三日之限不行刑者,各处六等罚。

○ 28.375.0.2 其犯十恶之罪应死,及强盗者,虽决不待时,若于禁刑日而决者,处四等罚。

条 例

28.375.(1)〔庆贺穿朝服祭享斋戒封印并上元等节不理刑名〕一、凡遇庆贺穿朝服,及祭享斋戒,封印,上元、端午、中秋、重阳等节,每月初一、初二,并穿素服日期,俱不理刑名;四月初八日不宰牲,亦不理刑名,内外一体遵行。

28.375.(2)〔正月六月停刑〕一、每年正月、六月俱停刑。内、外立决重犯,俱监固,俟二月初及七月立秋之后正法。其五月内交六月节,及立秋在六月内者,亦停正法。

28.375.(3)〔南郊北郊大祀之期在京立决重犯停止具奏〕一、凡遇南郊、北郊大祀之期,前五日、后五日,法部及大理院,凡在京立决重犯,俱停止具奏。其核复外省速议及立决本章,仍止回避斋戒日期。

28.375.(4)〔秋审处决重囚及一应立决人犯冬至夏至停刑〕一、秋审处决重囚及一应立决人犯,如遇冬至、夏至,以前五日为限,俱停止行刑。若文到正值冬至、夏至斋戒日期,及已过冬至、夏至者,于冬至七日、夏至三日后照例处决。

28.375.(5)〔在京应行立决人犯祈雨祈雪期内暂停具奏〕一、应行立决人犯,应在京处决者,如适当雨泽愆期、清理刑狱之时,并祈雨、祈雪期内,法部、大理院将此等应结案牍暂行停止具奏,俟雨泽沾足再行请旨。如系应在外省处决者,俱照常具奏。

28.375.(6)〔勾决重囚简去二复〕一、凡勾决重囚,向例三次复奏,今简去二复,于勾到之后,再将原本进呈御览,遵奉施行。

28.375.(7)〔各省奉到立决人犯部文遇停刑期案存臬署〕一、各省奉到立决人犯部文,该督抚按程、按日计算,如由府、厅、州转行州、县在正月、六月停刑期内者,即将部文密存按察使内署;_{提法司同。}仍按程日计算,行至州、县已非停刑日期,钉封专差驰递。该州县奉到部文,即日处决。

28.376 断罪不当

28.376.0.1 凡断罪应决配而收赎,应收赎而决配,各依出入人罪,减故、失一等。○ 28.376.0.2 若应绞而斩、应斩而绞者,处六等罚;_{此指故者言也。}若系失者,减三等。其已处决讫,别加残毁死尸者,处五等罚。_{仇人砍毁其尸,依别加残毁。}

条 例

28.376.(1)〔斩绞案件大理院所见既确改拟奏复不必辗转驳审〕一、凡斩、绞案件,如各省拟罪过轻,而大理院复判从重者,驳令再审;如拟罪过重,而大理院复判从轻,其中尚有疑窦者,亦当驳令妥拟;倘大理院所见既确,即改拟奏复,不必辗转驳审,致滋拖累。

28.376.(2)〔大理院驳审之案各省问刑衙门毋得固执原奏含糊了结〕一、凡各省问刑衙门,于一切刑名事件,务各研究确情,毋稍迁就。其由大理院驳审之案,无论失出、失入,一经讯得实情,即当据实平反,毋得固执原奏,含糊了结。如驳至三次,仍执原议,大理院复判应改正者,即行改正;仍知照法部,将承审官交部议处。

28.376.(3)〔各省审奏案件遇有不引本律本例定拟妄行减等者〕一、各省审奏案件,遇有不引本律本例定拟,妄行援照别条减等者,大理院即将本案改正,知照法部将该承审官参奏,毋庸再行驳令另拟。

28.376.(4)〔卑幼殴死期功尊长之案专用实属有心干犯勘语〕一、卑幼殴死本宗期功尊长尊属之案,于叙案后,毋庸添入"诘非有心致死"句,专用"实属有心干犯"勘语,以免牵混。其例内载明情轻,如被殴抵格无心适伤之类,仍于勘语内声明"并非有心干犯",援例双请。倘有声叙未确,经大理院核复时改正具奏,将承审之员随本附参,交吏部分别从重议处。

28.376.(5)〔州县审解案件如招供已符罪名未协上司檄驳申复〕一、凡州县审解案件,如供招已符,罪名或有未协,该上司不必将人犯发回,止用檄驳。俟该州县改正申复,即行招解,督抚核复,分别奏咨完结。

28.377 吏典代写招草

28.377.0 凡诸衙门鞫问刑名等项,(必据犯者招草,以定其罪。)若吏典人等,为人改写及代写招草,增减(其正实)情节,致(官司断)罪有出入者,以故出入人罪论。若犯人果不识字,许令(在官)不干碍之人(依其亲具招情)代写。(若吏典代写,即罪无出入,亦以违制论。)

条 例

28.377.(1) 〔承审官将供词辄交录事书记致有改易〕一、内外问刑衙门,令录事或书记照供录写,当堂读与两造共听,果与所供无异,方令该犯画供,该承审官亲自定稿,不得假手胥吏,致滋出入情弊。如承审官将供词辄交录事或书记,致有增删改易者,许被害人首告,督抚察实奏参,将承审官照失出入律议处,录事、书记照故出入律治罪;受财者,计赃,以枉法从重论。

〔卷三十五〕

29 营造

29.378 擅造作

29.378.0.1 凡军民官司有所营造,应申上而不申上、应待报而不待报,而擅起差人工者,〔即不科敛财物〕各计所役人雇工钱,〔每日一钱二分五厘〕以坐赃论致罪。○ 29.378.0.2 若非法〔所当为而辄行〕营造,及非时〔所可为而辄行〕起差人工营造者,虽已申请得报,其计役坐赃之罪亦如〔不申上待报者坐〕之。○ 29.378.0.3 其〔军民官司如遇〕城垣坍倒、仓库、公廨损坏,〔事势所不容缓〕一时起差丁夫、军人修理者,〔虽不申上待报,不为擅专〕不在此坐赃论罪之限。○ 29.378.0.4 若营造计料申请〔合用〕财物及人工,多少〔之数于上而〕不实者,处五等罚。若因申请不实,以少计多,而于合用本数之外,或已损财物,或已费人工,各并计所损物价及所费雇工钱,〔罪有重于罚五等者〕以坐赃致罪论。罪止徒三年。赃不入己,故不还官。

条　例

29.378.(1)〔工程完竣应缴盈余银两交库完结〕一、各项工程完竣,有应缴盈余银两,承办官不即交库完结者,将该员参革,照例勒限催追。限内全完,准其开复;逾限不完,照侵蚀正项钱粮例治罪,仍着落家产追银还库。

29.379 虚费工力采取不堪用

29.379.0 凡〔官司〕役使人工,采取木石材料及烧造砖瓦之类,虚费工力而不堪用者,〔其役使之官司工匠、人役并〕计所费雇工钱,坐赃论。罪止徒三年。若有所造作及有所毁坏,〔如拆屋、坏墙之类〕备虑不谨,而误杀人者,〔官司、人役并〕以过失杀人论;〔采取不堪、造毁不备〕工匠、提调官各以所由〔经手管掌之人〕为罪〔不得滥及也。若误伤不坐〕。

29.380 造作不如法

29.380.0 凡〔官司〕造作〔官房、器用之类〕不如法者,处四等罚;若成造军器不如法,及织造缎匹粗糙纰薄者,〔物尚堪用〕各处五等罚。若造作、织造各不如法,甚至全〔不堪用及稍不堪用应再改造〕而后堪用者,各并计所损财物及所费雇工钱,〔罪重于罚四等、五等〕者,坐赃论〔罪止徒三年〕。其应供奉御用之物,加〔坐赃罪〕二等〔罪止流二千五百里〕。工匠各以所由〔造作、织造之人〕为罪。局官减工匠一等,提调官吏又减局官一等。〔以上造作、织造不如法、不堪用等项〕,并〔着工匠、局官、提调官吏〕均偿物价、工钱还官。

29.381 冒破物料

29.381.0.1 凡造作局院头目、工匠,〔有于合用数外,虚冒〕多破物料〔而侵欺〕入己者,计〔入己〕赃,以监守自盗论,〔不分首从,并赃论罪,至四十两绞〕。追物还官。〔若未入己,止坐以计料不实之罪。〕 ○ 29.381.0.2 局官并〔承委〕复实官吏知情扶同〔捏报不举〕者,与冒破同罪;〔至死减一等〕失觉察者,减三等,罪止十等罚。

条 例

29.381.(1) 〔承修水利各员侵蚀钱粮致工程不固〕一、各省应修水利地方,有动用帑项者,承修各员若侵蚀钱粮,致工程不能坚固,照侵欺河工钱粮例参革、治罪。

29.381.(2) 〔各省修建工程所需物料承办各员浮开捏报〕一、各省修建工程所需物料,须核实估计,倘承办各员浮开捏报,查实,照冒销钱粮例治罪。

29.381.(3) 〔修造工程夫头人等领帑侵蚀及私逃〕一、凡修造工程,如夫头人等领帑侵蚀及私逃者,俱照常人盗仓库钱粮律,计赃治罪。

29.382 带造缎匹

29.382.0 凡监临主守官吏,将自己物料辄于官局带造缎匹者,处六等罚,缎匹入官。工匠处五等罚。局官知而不举者，与^{监守官吏}同罪；^{亦处六等罚}，失觉察者，减三等，^{则处三等罚}。若局官违禁带造，监守官吏亦坐不举、失察之罪。

29.383 织造违禁龙凤纹缎匹

29.383.0 凡民间织造违禁龙凤文纻丝、纱罗货卖者，处十等罚，缎匹入官。机户及挑花、挽花工匠同罪。

29.384 造作过限

29.384.0.1 凡各处^{每年}额造常课缎匹、军器，^{工匠}过限不纳齐足者，以^{所造之数}十分为率，一分，工匠处二等罚；每一分加一等，罪止五等罚。局官减工匠一等，提调官吏又减局官一等。〇 29.384.0.2 若^{官司}不依期计拨^{额造之}物料^{于工匠}者，局官处四等罚，提调官吏减一等。^{工匠不坐。}

29.385 修理仓库

29.385.0 凡^{内外}各处公廨、仓库、局院，^{一应系官房舍}，^{非文卷所关，则钱粮所及}，但有损坏，当该官吏随即移文^{所在}有司^{计料}修理，违者，处四等罚。若因^{不请修}而损坏官物者，依律科^{以四等罚之}罪，赔偿所损之物。^{还官。}若^{该官吏}已移文有司而失误^{施行，不即修理}者，罪坐有司。^{亦处四等罚，损坏官物亦追赔偿。当该官吏不坐。}

条 例

29.385.(1) 〔修衙铺设派累兵民及离任官员家人毁盗在官物件〕一、凡各省督抚、提镇及有属员等官到任，其属员派累兵民，修理衙署，备办铺设，及州县守御等官到任，其属下人役预为铺设、修理衙署，派及兵民，并官员每年指称添换器物，修饰衙署，派累兵民者，该管上司即行指参，文员照科敛律治罪，武弁照克扣律治罪。再官员升任或去任，署内官物件俱着清载簿籍，移交接任官员；如被家人毁盗，将家人照毁盗官物律治罪，仍着落旧任官照数赔补。

〔卷三十六〕
30 河防

30.386 盗决河防

30.386.0 凡盗决河防者,处十等罚;盗决圩岸、陂塘者,处八等罚。若因盗决而致^{水势涨漫,}毁害人家及漂失财物、淹没田禾,计物价重^{于罚}者,坐赃论。^{罪止徒三年。}因而杀伤人者,各减斗杀伤罪一等。^{"各"字承河防、圩岸、陂塘说。}若^{或取利、或挟仇,}故决河防者,徒三年;故决圩岸、陂塘,减二等。漂失^{计所失物价为}赃重^{于徒}者,准窃盗论。^{罪止流三千里。}因而杀伤人者,以故杀伤论。

条 例

30.386.(1)〔故决盗决南旺等湖并阻绝泉源及闸官人等盗水取利〕一、故决、盗决山东南旺湖,沛县昭阳湖,蜀山湖,安山积水湖,扬州高宝湖,淮安高家堰、柳浦湾各堤岸,并河南、山东临河大堤,及盗决格月等堤,如但经故、盗决,尚未过水者,首犯流三千里;其已经过水,尚未侵损、漂没他人田庐、财物者,首犯发极边安置;既经过水,又复侵损、漂没他人田庐、财物者,首犯发烟瘴地方安置;因而杀伤人者,照故杀伤问拟;从犯各减首犯罪一等。其阻绝山东泰山等处泉源,有干漕河禁例,军民俱流二千五百里。闸官人等,用草卷阁闸板,盗泄水利,串同取财,犯该徒罪以上,于本罪上加一等定拟。

30.386.(2)〔河员毁坏完固堤工希图借端侵蚀钱粮〕一、河员有将完固堤工故行毁坏,希图兴修,借端侵蚀钱粮者,该兼管河道督抚察访奏闻,于工程处正法。

30.387 失时不修堤防

30.387.0.1 凡不^{先事}修筑河防,及^虽修而失时者,提调官吏,各处五等罚;若毁害人家、漂失财物者,处六等罚;因而致伤人命者,处八等罚。 ○ 30.387.0.2 若不先事修筑圩岸,及虽修而失时者,处三等罚;因而淹没田禾者,处五等罚。○ 30.387.0.3 其暴水连雨损坏堤防,非人力所致者,勿论。

条　例

30.387.(1) 〔河工强揽闸夫溜夫等及揽雇勒掯并岁修堤塍勒掯业户〕一、凡运河一带,用强包揽闸夫、溜夫二名以上,捞浅铺夫三名以上;及河工指称夫头,包揽代雇,勒掯良民二名以上者,俱照豪强求索财物律,计赃,准枉法论。揽当一名,不曾用强生事;并勒掯良民一名者,俱照不应为律科罪。各省岁修堤塍,如有勒掯业户,将夫工包折银钱者,亦照此例,分别名数定拟。

30.387.(2) 〔遇河工紧要工程倡造浮议致众力懈弛〕一、遇河工紧要工程,如有浮议动众,以致众力懈弛者,将倡造之人,拟绞监候;附和传播者,照违制律治罪。

30.387.(3) 〔河工采办料物奸民串保领银亏帑误工〕一、河工承修各员采办料物,如有奸民串保领银,侵分入己,以致亏帑误工,该兼管河道督抚将承办官参究;仍将亏帑奸民,发该州县严查追征,审实,照常人盗仓库钱粮律,计赃治罪;应追银两逾限不完,着落原领官名下追赔。

30.387.(4) 〔违禁增盖房屋有碍堤工〕一、凡堤工,宜加意慎重,以固河防。除已成房屋,无碍堤工者,免其迁移外,如再违禁增盖者,即行驱逐,照违制律治罪。

30.388 侵占街道

30.388.0 凡侵占街巷道路,而起盖房屋,及为园圃者,处六等罚,各令拆毁修筑复旧。

30.389 修理桥梁道路

30.389.0.1 凡桥梁、道路,府州县佐贰官职专提调,于农隙之时,常加点视修理,桥梁务要坚完、道路务要平坦。若损坏失于修理,阻碍经行者,提调官吏处三等罚。此原有桥梁而未修理者。○ 30.389.0.2 若津渡之处,应造桥梁而不造,应置渡船而不置者,处四等罚。此原未有桥梁而应造置者。

附：禁烟条例

〔颁行《禁烟条例》上谕〕

宣统元年十二月二十日（1910年1月30日）内阁奉上谕：

宪政编查馆奏《核订民政部、修订法律大臣会奏〈禁烟条例〉开单呈览》一折，禁除鸦片，最为中国自强要政，历奉先朝谕旨，饬令严行查禁，并节经颁定章程，俾资遵守。本年复重申诫谕，责成京、外各衙门认真办理。所为加以训勉，示以防制者，不为不至。现在各省奏报种植罂粟净尽者，已有多处；人民戒除者，亦逐渐加增，亟应明定惩戒之法，方足以清蠹害而维久远。

查阅所拟《核订禁烟条例》，于应行惩罚诸端，尚为周备，应即宣布京、外一体实行。所有未报种植禁绝各省份，该督抚务须督饬地方官，将禁种罂粟设法酌缩年限，以图及早廓清。已报禁绝者，尤当随时查察。如果毒卉复萌，即属违背定章，自必按照条例施以惩戒。其京师各衙门历次奏定禁烟章程，并各省奏请变通年限，曾经允行者，均应作为定章。如有违背，概照条例治罪。京、外大臣有统辖地方官吏之责者，倘敢始勤终怠、阳奉阴违，亦必予以惩处。总期痼习渐次湔除，民生日臻强盛，实有厚望焉！

钦此。

〔善耆等：酌拟《禁烟条例》缮单呈览折〕

御前大臣、民政部尚书、和硕肃亲王臣善耆等跪奏：为酌拟《禁烟条例》谨缮清单恭折会陈仰祈圣鉴事。

窃维鸦片流入中国百有余年，浸染之风至今尤剧，一经吸食，非惟有害卫生，因之失业倾家者，比比皆是。萃有用之精神，竭无穷之财力，日坐耗于嗜好之一端，晏安鸩毒，虽仅系于个人，支蔓难图，实贻忧于社会。方今禁烟明诏，迭申诰诫，并设公所，特派重臣管理其事，洵为振兴群志、策励自强之要图，钦佩莫名！惟是禁烟章程，乃分年戒断之办法，而于惩罚之方，盖缺如也。欲塞横流之决，宜严黴挞之诛。溯查鸦片之禁，始自雍正，历嘉庆、道光，法网益密。迨海禁大弛，旧例删除殆尽，现行例中仅存开设烟馆及太监吸烟两条，今昔情势既殊，轻重自难吻合。臣家本等此次进呈《现行刑律》，声明删除旧例，另辑专条在案，自应纂定完善条例，以资引用。当即督饬馆员，并会同臣部详参新旧，汇择各项章程。凡关涉禁烟事例者，如种植、制造烟具、烟馆、吸食，以及巡警、税关之贿纵，地方官吏之匿饰，依次编辑。复因此项条例乃适用于新陈递嬗之交，一切刑制，尤应变通，并酌仿《报律》《集会条例》《违警律》，采用新定刑名，以求一贯而利推行。属稿初定，臣等往复签商，期归至当，公同审定为《禁烟条例》十四条，并每条酌增按语，诠释大要，敬谨缮具清单，恭呈御览，伏祈饬下宪政编查馆照章考核，请旨施行。

再，此折系臣馆主稿，会同民政部办理，合并声明。

所有会奏进呈《禁烟条例》缘由，是否有当，伏乞皇上圣鉴。

谨奏。

御前大臣、民政部尚书、和硕肃亲王　臣　善　耆
民政部左侍郎　　　　　　　　　　　臣　乌　珍
民政部右侍郎　　　　　　　　　　　臣　林绍年
修订法律大臣、法部右侍郎　　　　　臣　沈家本
修订法律大臣、头品顶戴、仓场侍郎　臣　俞廉三

宣统元年九月二十二日（1909年11月4日）具奏

钦奉谕旨：民政部、修订法律大臣会奏《酌拟〈禁烟条例〉缮单呈览》一折，着宪政编查馆核复具奏。钦此。

〔奕劻等：核订《禁烟条例》开单呈览折〕

宪政编查馆大臣、和硕庆亲王臣奕劻等跪奏：为核订《禁烟条例》另缮清单恭折具陈仰祈圣鉴事。

准军机处抄交本年九月二十二日（1909年11月4日）钦奉谕旨："民政部、修订法律大臣会奏《酌拟〈禁烟条例〉缮单呈览》一折，着宪政编查馆核复具奏。钦此。"

原奏内称"鸦片之禁，始自雍正，历嘉庆、道光，法网益密。迨海禁大弛，旧例删除殆尽。今昔情势既殊，轻重自难吻合，当即督饬馆员，并会同臣部详参新旧，汇择各项章程。凡关涉禁烟事例者，如种植、制造烟具、烟馆、吸

食,以及巡警、税关之贿纵,地方官吏之匿饰,依次编辑。复因此项条例乃适用于新陈递嬗之交,一切刑制,尤应变通,并酌仿《报律》《集会条例》《违警律》,采用新定刑名,以求一贯而利推行。属稿初定,臣等往复签商,期归至当,公同审定为《禁烟条例》十四条,并每条酌增按语,诠释大要,谨缮具清单,请饬照章考核,请旨施行"等语,查禁烟要政,迭奉严旨,责成京、外实行,自非明定惩戒之方,不足以肃人心而挽痼习。臣等详核原拟各条,参稽中外法律,在道光以前,中国固于贩运、吸食鸦片各项罪名迭定严科,即近来各国于贩卖、吸食各项,亦皆著为厉禁。该大臣等权衡新旧,拟议重轻,于禁烟应行惩罚诸端,颇称周备。惟原单第三条税关官吏、第七条巡警官吏两条,意在禁绝贩运,严行警察,而于违章吸食、栽种各项之该管官吏皆未议及,似嫌疏略。现将第七条改为第六条,删第三条入之"凡有违以上各条禁例者,官吏知而故纵,皆与犯人同罪",以期完密。原单第八条编立烟籍,系政务处奏明定章,原属人民戒烟未净以前暂行之法,既无关于刑律,且吸食已著为厉禁,将来全国更无吸食之人,未便著于条例,使国民永远难涤旧染之污。其余各条,均属妥协,拟请照行。至原奏所陈罪名用新刑律一节,亦系因宪政重在法律,先仿违警等律试办。现当预备立宪之时,法律必通诸中外,乃可养人民之程度、一司法之政权,拟即照原奏办理。至条例之文,重在简要,应将原奏按语删除,以免枝叶。谨另缮清单,恭呈御览。

抑臣等更有请者,中国受鸦片之害,历年既久,传染尤多,实为环球所未有。现既拟严定条例,明罚敕法,冀涤从前旧染之污而收雷厉风行之效,必须内地栽种及吸食者早为禁绝,乃可期政令之划一、奉行之严整。现在各省奏报种植禁绝者,已有奉天、黑龙江、直隶、江苏、山东、山西、河南、广西、云南等省,足见疆吏果能认真办理,并不为难。就吸烟人数而论,平民实居多数,但使种植日少,则平民购买不易,吸食必可因之而稀。今以罚金者杜吸食之端,即应以禁种者图廓清之益,否则违章、遵章夹杂牵混,作奸者易于影射,行法者虑其参差,于禁烟要务妨碍实多。拟请饬下各省督抚,严饬地方官务将查禁种植罂粟,实力办理,总期一律缩短年限,以祛蠹害。即已报禁绝之奉天等省,尤当随时查察。如果毒卉复萌,即属违背定章,仍按条例施以惩戒。其京师各衙门历次奏定禁烟章程,并各省督抚奏请变通年限,暨关系禁吸、禁运各事宜,凡属奉旨允行者,均应作为定章。违背者,一体照现行条例治罪。尤不可始勤终怠,以致禁烟前途多有阻碍。如蒙俞允,即由臣馆咨行京、外各衙门钦遵,一体实行。

所有核订《禁烟条例》各缘由,谨恭折具陈,伏乞皇上圣鉴。谨奏。

宪政编查馆大臣、和硕庆亲王　　臣　奕劻
宪政编查馆大臣、大学士　　　　臣　世续
宪政编查馆大臣、大学士　　　　臣　鹿传霖
宪政编查馆大臣、署大学士　　　臣　那桐
宪政编查馆大臣、协办大学士　　臣　戴鸿慈

禁烟条例

第一条　凡违背定章,栽种罂粟、制造鸦片烟及兴贩图利者,处四等有期徒刑。

第二条　凡制造及贩卖吸食鸦片烟器具者,处五等有期徒刑。

第三条　凡开设鸦片烟馆供人吸食者,处四等有期徒刑或一千元以下之罚金。房主知情者,房屋入官;不知者不坐。其茶肆、酒馆、娼寮等处附设烟铺者,罪同。

第四条　凡违背定章,吸食鸦片烟者,处二十元以上五百元以下之罚金。

第五条　凡在禁门以内及陵寝等处吸食鸦片烟者,处一等或二等有期徒刑。

第六条　凡该管官吏,知有犯前数条之罪而故纵者,与犯人同罪;赃重者,仍从重论。其仅止失察者,交部严加议处。

第七条　凡犯第一条至第五条之罪者,停止选举权及一切荣誉之权;系官吏,并革职,永不叙用。

第八条　凡已处本条例之刑而再犯者,各依本条加一等。

第九条　凡谋犯本条例之罪而未遂者,各依本条减一等或二等。因本人之意而中止者,减二等或三等,或宽免其刑。

第十条　凡徒刑,依左列年限,收本地习艺所工作。

一等有期徒刑,十年以上十五年以下。

二等有期徒刑,十年未满五年以上。

三等有期徒刑,五年未满三年以上。

四等有期徒刑,三年未满一年以上。

五等有期徒刑,一年未满二月以上。

第十一条　凡处徒刑应加减者,依前条之次序加减之。

其处一等有期徒刑应加重者,长期可延至二十年。处五等有期徒刑应减轻者,可减入违警律之拘留。

其处罚金刑应加减者,以本条定数四分之一为一等。

第十二条　凡罚金,于判结后限一月完纳。逾限不纳,以一日折算一元,易以徒刑;但日数虽长,不得逾三年;如计日数在二月以下,易以违警律之拘留。

已易徒刑或拘留者,于刑期内完纳余剩罚金,准将已役之日数折算抵销。

附：秋审条款

〔颁行《秋审条款》上谕〕

宣统二年七月十六日(1910年8月20日)内阁奉上谕：

法部会奏《编辑〈秋审条款〉告成缮单呈览》一折。《秋审条款》一书本与刑律相辅而行，《现行刑律》业经详加修订，饬令刊印成书，颁行京、外，所有《秋审条款》自应按照《现行刑律》妥速厘正，免致纷歧。

兹据法部会同修订法律大臣奏称编辑告竣，共订定为一百六十五条，加具按语进呈。朕详细披览，尚属周妥，着即与《现行刑律》一律颁行。《新刑律》未经实行以前，凡有应归入秋审核办案件，均即遵照此次所定条款，悉心拟勘，毋得少有出入，以昭划一而利推行。

钦此。

〔廷杰等：编辑《秋审条款》告成缮单呈览折〕

法部尚书臣廷杰等跪奏：为编辑《秋审条款》告成缮具清单敬呈御览恭折会陈仰祈圣鉴事。

宣统元年八月二十九日(1909年10月12日)，臣家本等奏进《现行刑律》黄册，附片声明会同法部将《秋审条款》按照《现行刑律》厘正等因，军机大臣钦奉谕旨："沈家本等奏编辑《秋审条款》一片，着依议。钦此。"钦遵咨行。法部去后一面督饬馆员分类编辑，窃维一定者法，不定者情，权衡于情法之间，惟秋审旧制最足以剂其平。

查《秋审条款》初定于乾隆三十二年(1767年)，尔时因各司定拟实、缓，每不划一，酌定《比对条款》四十则刊刻，分交各司并颁行各省，以为勘拟之用。四十九年(1784年)，复加增辑。厥后，原任刑部侍郎阮葵生辑有《秋谳志稿》，仅有传抄，其刊行者，有江苏书局本、蜀臬本、京师活字本，俱附成案于后,以备互相印证。各本小有同异,俱分职官服制、人命、奸盗抢窃、杂项①、矜缓比较五门,都凡一百八十五条。② 其书本与律例相辅而行,律例既改,如条款仍旧,恐纷歧滋甚,亭比无从。

此次修正,大旨约分为三:一曰删约旧文。条款不过备拟勘之程,并非官撰,以故词旨繁冗,与律例不同,历久未修,有列为专条而案不经见者,有迭奉新章,原例罪名改定者,有《现行刑律》业经节并或删除者,亦间有前后歧出者,凡此均依据新制更正,以期一贯。一曰纂集新事。秋审之范围,专以监候为主,近年有因变通刑制改为监候者,如盗砍红桩以内树株是;有因定章减科改为监候者,如供获首伙各盗是;其例有明文而条款漏未辑订,历年凭成案核拟实缓者,如诈为制书、诈传诏旨、擅入御在所等类,更不遑缕述,凡此俱逐一酌定实缓,藉昭赅备而资援引。一曰折中平恕。刑为范世之具,惟颟一良规,斯能推诸久远。条款于职官犯罪,不问情节如何,概拟情实,他若回民、僧人等项,亦较③常人加严,以人之品类,强为轩轾,殊乖协中之意,而于立宪国保护权利之说尤属背驰,凡此咸加校正,一以平恕为主,亦可为将来沟通新旧之资。

此外,律例内著明实缓,既垂永制,可备遵循。又,常年例实案内有情节可原于黄册内出语声叙者,然应否勾决,出自圣裁,似不宜预为擅定,均请照定例定章办理,无庸列入。

惟服制人犯,虽列情实,向俱邀恩免勾,以其情轻之故而原之也。自光绪三十一年(1905年)奉旨删除重刑,绞决递减绞候入实,服制之案因是而获量减者,不乏其例。秋谳衡情,固不能滥厕情实常犯册内,置尊卑名分于不

---

① "杂项",原件作"杂犯",政学社本亦作"杂犯"。《政治官报》第1013号(宣统二年七月二十日(1910年8月24日))所载本折作"杂项"。另查蜀臬本等,均作"杂项"。各本门类见下条脚注。

② 江苏书局本即谢诚钧撰《秋审实缓比较条款》(江苏书局光绪四年(1878年)刻本)。蜀臬本即英祥、林恩绶辑《秋审实缓比较条款》(同治十二年(1873年)四川臬署刻本)。京师活字本所指不详,据沈家本《秋审条款附案》"序"所言"光绪十年京师刻本",疑为光绪十年(1884年)刻本《秋审比较汇案续编》(不著撰者)。其中,英祥、林恩绶辑《秋审实缓比较条款》(蜀臬本)分职官服图、人命、奸盗抢窃、杂项4门,共187条,另附秋审矜缓比较条款16条;谢诚钧撰《秋审实缓比较条款》(江苏书局本)分职官服图、人命、奸抢窃、杂项、秋审矜缓比较条款5门,据各卷前所列明条款统计,共197条(实际点数应为208条);光绪十年刻本《秋审比较汇案续编》共8卷,不分门,所录为光绪四年至九年成案。谢诚钧撰《秋审实缓比较条款》,英祥、林恩绶辑《秋审实缓比较条款》《秋审比较汇案续编》,沈家本《秋审条款附案》,分别被收入杨一凡编:《清代秋审文献》,中国民主法制出版社2015年版,第七册、第十四—十八册、第二十三—二十四册、第十一册。另据宋北平的研究,《秋审条款》各本似无185条之说。参见宋北平:《秋审条款源流考》,社会科学文献出版社2009年版,第44页。

③ "较",原件作"绞",政学社本亦作"绞",现据《政治官报》第1013号所载本折改。

顾,如列服制册内,一律同沐宽典,又与原情量减者有霄壤之别,自以特定从严声叙一条,以杜轻纵。

辑录既竣,仍仿刑律,加具案语,略释要旨,先由臣家本等逐条详核,复咨交臣部细加推勘,往复签商,剖析毫芒,期归至当。共订定为一百六十五条,谨缮具清单,恭呈御览,伏祈钦定颁行,以资遵守。

所有进呈编辑《秋审条款》缘由,谨恭折会陈,伏乞皇上圣鉴。

再此折系法律馆主稿,会同法部办理,合并声明。

谨奏。

法部尚书　　　　　　　　　　　臣　廷　杰
花翎头品顶戴、法部左侍郎　　　　臣　觉罗绍昌
署法部右侍郎、内阁学士　　　　　臣　王　垿
修订法律大臣、法部右侍郎　　　　臣　沈家本
修订法律大臣、头品顶戴、仓场侍郎　臣　俞廉三

宣统二年七月十三日(1910年8月17日)

秋审条款

Q.1 职官

Q.1.1〔职官犯一应死罪〕一、职官^{凡文武食俸禄皆是。若系顶带荣身，如四等职衔台吉、额外外委等项，有职无任者，不在此列。}犯一应死罪，如系贪黩败检，及失陷城寨，并事关军机、钱粮等项，俱入情实。其余仍按罪名、情节轻重，分别实、缓、可矜，与常犯一律办理。

Q.2 服制

Q.2.2〔有关服制各项〕一、有关服制各项，如殴死期功尊长尊属，及期亲卑幼听从尊长主使、共殴以次尊长尊属至死，并因疯致毙期功尊长尊属一命、另毙律应绞抵卑幼一命或平人一命，及子妇拒奸殴毙伊翁，或因疯及误伤殴毙本夫，并此外凡系援案由立决改监候者，均归服制册，拟入情实。其例应绞候之案，如误伤祖父母、父母并夫之祖父母、父母者，火器误伤期尊及外祖父母者，卑幼听从殴小功、大功尊长尊属，若尊长仅令殴打辄行叠殴多伤至死者，刃伤期尊并以手足、他物殴至折肢、瞎目，及殴大功、小功尊长尊属至笃疾、于余限外身死，或刃伤期尊并折肢、瞎目、伤而未死等案，讯非有心干犯，或系误伤，及情有可悯者；子孙妻妾违犯教令致祖父母父母、夫之祖父母父母、夫抱忿自尽者，逼迫期亲尊长致令自尽者，亦概入情实，归服制册办理。^{违犯义父母教令致令自尽者，不入服制册，应归常犯入缓。}至例内载明罪应绞候入实者，并同。

Q.2.3〔因奸盗致并未纵容之祖父母父母翁姑被杀及自尽〕一、因奸盗致并未纵容之祖父母父母、翁姑被人殴死，及谋、故杀害，或忧忿戕生，并畏累自尽者，统归服制册，拟入情实。其因奸致本夫羞忿自尽者，亦同。

Q.2.4〔残毁有服尊长死尸〕一、残毁有服尊长死尸者，系期功，应入情实；系缌麻，尚可酌量入缓。^{均不入服制册。}

Q.2.5〔误杀期功尊长〕一、误杀期功尊长，犯时不知，照凡斗者，应拟缓决。^{盗官物等项，犯时不知者，亦可照办。}

Q.2.6 〔致死本宗缌麻尊长尊属〕一、致死本宗缌麻尊长尊属之案，金刃四伤以上、他物已过十伤者，俱入情实。如金刃已至三伤，有致命损透重情，或另刃伤缌尊一人，或死系老幼、妇女，或因钱债细故而行殴，情凶伤重者，皆不可轻议缓决。其金刃一、二伤及他物十伤以下，仍酌量理之曲直，伤之轻重，分别实、缓。若衅起救亲情切，或殴死蔑伦行窃尊长尊属，皆可酌入缓决。^{火器误毙行窃缌尊，亦可入缓。}

_{不入服制册，其由立决改监候者，仍酌入服制册办理。}

Q.2.7 〔殴本宗缌麻尊长尊属至笃疾〕一、殴本宗缌麻尊长尊属至笃疾之案，俱入缓决。

Q.2.8 〔殴死外姻缌麻尊长〕一、殴死外姻缌麻尊长，视常人止差一间，不得与本宗并论。如刃伤及他物伤多，俱应核其情伤轻重，分别实、缓，较常斗略为加严。

Q.2.9 〔殴死同居继父小功母舅母姨〕一、殴死同居继父之案，如系抚养有年，业经分产授室，恩同顾复者，应入情实。若伤近于误，或抵格适毙，以及恩养虽已有年，并未分产授室，衅起不曲，情、伤俱轻者，均可缓决。至殴死小功母舅、母姨之案，核其情节轻重，悉照致毙本宗缌尊之案办理。

Q.2.10 〔殴死妻父母〕一、殴死妻父母之案，如系负恩昧良，逞忿行凶者，应入情实。其余理直情急，金刃一、二伤及他物伤无损折者，亦可入缓。

Q.2.11 〔奸夫谋故杀及拒捕致毙本夫等奸妇不知情及不首隐忍〕一、奸夫谋、故杀及拒捕致毙本夫、奸妇不知情之案，如事后仍与奸夫续奸，或跟随同逃，俱以恋奸忘仇论；^{被逼同逃，并非恋奸，近多缓案。}并此外又致其父兄被杀，及另酿多命，或系奸通夫功服亲属，俱入情实。其余畏罪支饰不首，或被奸夫恐吓隐忍，无前项恋奸忘仇情事，及仅酿旁人一命，无关服制，并系奸通夫缌服亲属服制较疏者，均可缓决。

Q.2.12 〔谋故杀期亲以下卑幼之妇并功缌尊长寻常谋故杀卑幼〕一、谋、故杀期亲以下卑幼之妇，并功缌尊长寻常谋、故杀卑幼各案，如图诈图赖、争继争产、畏累憎嫌，并因钱债、田土细故逞凶残杀，或非理欺凌者，俱入情实。若情因管教，一时触忿，并死者理曲逞凶，及殴死功缌卑幼者，俱可缓决。

Q.2.13 〔期亲以下尊长因争产袭职图奸谋故杀卑幼〕一、期亲以下尊长，因争夺财产、图袭官职及挟嫌图奸，谋、故杀卑幼之案，不论死者年岁若干，俱入情实。其听从外人，图财谋杀十岁以下卑幼，下手加功者，功服以下尊长,入于情实;期亲尊长,服制较近,应斟酌办理。

Q.2.14〔谋故杀义子并雇工〕一、谋、故杀义子并雇工,如有图诈图赖、憎嫌畏累,及因奸灭口并图奸不遂等情而残杀,及死太幼稚、恩养未久者,应入情实。其余俱可缓决。

Q.2.15〔妻谋故杀妾〕一、妻谋、故杀妾之案,如无图诈图赖及妒惨重情者,俱可缓决。

Q.2.16〔妇女殴死夫缌麻以上尊长〕一、妇女殴死夫缌麻以上尊长之案,理直情急或伤轻者,俱可缓决。不入服制册

Q.2.17〔妇女谋故杀夫卑属〕一、妇女谋、故杀夫卑属之案,如图诈图赖、憎嫌畏累,并细故非理残杀者,应入情实。若衅起管教,及死者理曲犯尊,亦可缓决。至殴死夫之弟妹,仍照寻常凡斗,分别情伤轻重,定拟实、缓。

Q.2.18〔夫谋故杀妻〕一、夫谋、故杀妻之案,如图诈图赖,及图奸他人,因妻碍眼而杀,逼妻卖奸不从而杀,憎嫌病妻而杀,并妻无大过逞忿残杀者,俱应情实。其余无前项残忍情事,或系事后图赖者,应入缓决。

Q.2.19〔儒师匠艺人等殴死弟子〕一、儒师及诸色匠艺人等优伶不在内殴死弟子之案,如衅起管教,无残暴重情者,可以缓决。若因奸盗别情,或挟嫌畏累,逞凶谋、故杀者,俱入情实。

Q.2.20〔服制以凡斗定罪之案〕一、服制以凡斗定罪之案,如殴死功缌以上尊长尊属,因本犯与死者并父祖出继降为无服,仍应核其服制之亲疏,斟酌办理。系由期功降者,较常斗略为加严;系由缌麻降者,照凡人一律定拟。

Q.2.21〔律应离异同凡论之案〕一、律应离异同凡论之案,如卖休买休等项妻妾殴死夫与翁姑,又殴死继母系父卖休买休之妻,定案既照凡斗,非实在理曲情凶,不得遽行议实。至殴死卖休买休之妻,一则曾有夫妻名分,一则现有夫妻之情,尤应较殴死寻常妇女稍宽。

Q.2.22〔律例内载明绞候入实之案应于服制册内声叙〕一、律例内载明绞候入实之案,与援例两请由立决改监候者不同,应于服制册内从严声叙,如情节实有可原,仍照常办理。

Q.2.23〔卑幼因捉奸拒奸或因尊长强奸图奸而杀〕一、卑幼因捉奸、拒奸,或因尊长强奸、图奸而杀,不论本夫本妇及本夫本妇有服亲属,系期亲及本宗大功、小功,均归入服制册办理;如系本宗缌麻及外姻功、缌,仍入于常犯册内,分别登时、非登时,定拟矜、缓。

Q.2.24〔僧尼道冠殴死受业师由立决改监候之案不入服制册〕一、僧、尼、道士、女冠殴死受业师由立决改监候之案,不入服制册,可以酌入缓决,其定案时,照凡斗问拟。而情伤较重者,不得率行议缓。业儒及匠艺弟子并同。

Q.3 人命

Q.3.25〔各项杀人得免所因者〕一、各项杀人得免所因者,俱入情实。

Q.3.26〔各项立决改监候人犯〕一、各项立决改监候人犯,除服制另有专条外,其奉旨特改或原情奏改者,俱应情实。间有情节实可矜宥,临时酌量入缓,但不宜过宽。

Q.3.27〔凡人谋故杀〕一、凡人谋、故杀之案,俱应情实。

Q.3.28〔谋故杀人而误杀旁人〕一、谋、故杀人而误杀旁人者,应入情实。如所欲杀之人本非应抵,亦可原情入缓。

Q.3.29〔谋杀人伤而未死〕一、谋杀人伤而未死之案,如系因奸、用毒延及多人,或殴砍多伤已成废、笃,及捆缚投诸水火遇救得生者,应入情实。其余伤轻平复者,可以缓决。

Q.3.30〔谋杀加功之案〕一、谋杀加功之案,如有贪财、图奸、挟嫌逞忿、肇衅酿事,及造意之人未曾下手而从犯肆行凶杀者,俱应情实。其或迫于势力,仅止帮同揪按拉走,或代为买药、买刀,未曾下手,或被父母家长吓逼帮按,及死系应死罪人,并死者自愿毕命,因而听从加功者,尚可酌量入缓。

Q.3.31〔图财害命案内罪应绞候者〕一、图财害命案内罪应绞候者,为首及未得财杀人从而加功之犯,俱应情实。其余尚可酌入缓决。

Q.3.32〔各项罪人拒捕杀所捕人〕一、各项罪人拒捕杀所捕人者,应入情实。

Q.3.33〔因奸听从奸妇同谋杀死本夫〕一、因奸听从奸妇同谋杀死本夫之案,无论仅止代为买药、买刀,及代为雇人帮杀,并未在场下手者,俱入情实。

Q.3.34〔非应许捉奸之人谋故杀死奸夫〕一、非应许捉奸之人谋、故杀死奸夫之案,果系本宗,或亲友情好素密,实出一时义忿,并无起衅别情者,入于缓决。若另有挟嫌情事,应照寻常谋、故定拟情实。

Q.3.35〔为父兄报仇谋故杀国法已伸人犯〕一、为父报仇,谋、故杀国法已伸人犯，无论正凶、余人，俱入缓决，收所工作十五年；如伊父罪犯重大，不当为仇者，仍入情实。若为兄报仇，谋、故杀正凶者，亦得酌入缓决，收所工作；如所杀系案内余人，仍入情实。

Q.3.36 〔致死一家二命及连毙二命非一家〕一、致死一家二命及连毙二命非一家之案，无论一故一斗或二命俱斗杀及共殴，俱应情实。如内有一命即系当场杀人之犯，或正、余限外身死，或擅杀情轻，或误杀旁人律不应抵、罪止徒流者，止应核其另毙一命之情节轻重，分别实、缓。倘死者俱系奸盗罪人，凶犯无应捕之责，以及追赶落河，或追逐致令跌毙等项，暨其余各案理直情轻、实可矜原者，若一家二命，仍拟情实；二命非一家之案，尚可酌核入缓，但不宜过宽。

Q.3.37 〔致毙二命一系殴溺一系捞救溺毙者〕一、致毙二命之案，如殴溺一人，又一人因捞救溺毙者，究与连毙二命有间，自可酌缓。若后溺之人系死者之父子、夫妇、兄弟、叔侄等项，虽非本犯意料所及，亦应就其一命之情节轻重，分别实、缓，比常斗略为加严。

Q.3.38 〔擅杀二三命及火烧活埋者〕一、擅杀二、三命，及火烧、活埋者，俱入缓决。若至四、五命以上，情节实在惨忍者，亦酌拟情实。

Q.3.39 〔聚众共殴为从下手伤重致死一家二命〕一、聚众共殴，为从下手，伤重致死一家二命之犯，俱入情实。如实在被殴危急，一伤适毙，或死近罪人，死由跌溺者，酌量入缓。

Q.3.40 〔互毙二三命及致毙彼造二三命之案〕一、互毙二、三命及致毙彼造二、三命之案，俱按其起衅之曲直、两造人数之多寡强弱，分别办理。如衅起理直，或当时并未在场，后至拦劝，或情切救亲，父子共殴者，不在此内。并身先受伤，死非徒手，及金刃抵戳一二伤，或 犯监毙已有一抵者，如俱有前项可原情节，则俱可缓决。若内有一、二凶犯可原，则分案入缓。至二、三命之案，如内有一家二命，苟非大有可原情节，则不可轻议缓决。

Q.3.41 〔共殴致毙四命以上之案〕一、共殴致毙四命以上之案，概入情实。其情节实可矜宥者，如死由跌溺，或伤近失误之类，随时酌核办理。惟救亲势在危急，在一命案内，例得随本减流；及先后斗不同场，又非一衅相因者，酌入缓决。至死者人数，不分此造、彼造，总以应抵名数合并计算。如内有一命系应抵正凶，或系误杀、擅杀及死因抽风，或在正、余限外，凶犯罪不应抵，或衅起各别，又非当场帮殴，或内有二命，系彼此戳毙、互相抵偿之类，皆扣除计算。

Q.3.42〔殴毙人命后复另酿一命〕一、殴毙人命后，复另酿一命，亦可按其当场之起衅曲直、殴情轻重，分别实、缓，比常斗稍为加严，不必尽入情实。若酿至二命以上，则应酌入情实。

Q.3.43〔一死一伤及二三伤并另伤一人成废〕一、一死一伤及二、三伤，并另伤一人成废之案，如系情急抵御，或被伤之人系夺刀致划，俱不必因此加重入实。如一死而又另伤四人以上，则不可轻议缓决。其有起衅理直，实有以寡敌众情节可原者，亦可酌量入缓。

Q.3.44〔殴毙人命后故杀子女图赖卸罪者〕一、殴毙人命后，故杀子女图赖卸罪者，讯因畏罪起见，到案即被发觉，并未逞刁诬执者，应按当场之斗情轻重，分别实、缓。如始终诬执，缠讼不休，或迭次上控，以致尸亲久受拖累者，即斗情虽轻，亦应酌入情实。

Q.3.45〔斗杀共殴并各项命案父母自尽〕一、斗杀、共殴并各项命案，或父母肇衅，或父母嘱令殴打致毙人命，父母因被殴气忿及畏罪、畏累、痛悔等情自尽，并非子孙犯罪致父母愁急轻生，仍照本律定拟者，既不在加拟立决之例，毋庸加重办理。

Q.3.46〔殴毙人命后乘便取物或移尸诈赖〕一、殴毙人命后，或乘便攫取财物，或临时起意移尸图诈图赖，仍按其当场斗情，分别实、缓。

Q.3.47〔因斗殴而酿成重案〕一、因斗殴而酿成重案，_{如启边衅之类。}情伤虽轻，俱应酌入情实。

Q.3.48〔殴毙人命后焚尸灭迹致尸身无获或捏报诬卸狡供致蒸检并贿买顶凶等项〕一、殴毙人命后，或焚尸、移尸灭迹，或致尸身漂没无获，或贿嘱忤作匿伤捏报，或诬卸他人，或狡供不认致遭蒸检，_{此与诬告致尸遭蒸检者不同。}并贿买顶凶等项，有一于此，讯系畏罪起见者，仍按其当场斗情轻重，分别实、缓。倘狡供致尸一再蒸检，又有贿嘱舞弊、诬赖图卸种种狡诈情节，并酿成巨案，即斗情尚轻，应酌入情实。

Q.3.49〔杀人免死赦回或在配在所复行杀人〕一、杀人免死赦回，或在配、在所复行杀人之案，倘两犯均系斗杀、共殴，除前后两案中有一情有可矜者，仍行酌入缓决外，其余无论情节轻重，概拟情实。如前犯斗杀、共殴，后犯系误杀、擅杀应抵，及杀死妻与卑幼；或前犯擅杀等项，后犯斗杀、共殴，实系理直情轻者，亦均酌入缓决。至前后两犯中，或有一案系窃盗等项，并非杀人,止按其后犯情节定拟实、缓。

Q.3.50〔内外遣流徒各犯在配在所杀人及赦回复行杀人〕一、内外遣、流、徒各犯,在配、在所杀人,及赦回复行杀人者,究与免死复犯不同,无论所杀系同配、同所罪犯,或系在配、在籍平人,均照常斗略为加严。其理直伤轻,无凶暴情形者,俱可缓决。

Q.3.51〔斗殴杀人之案刃伤奇重洞胸贯胁并金刃十伤以上他物三十伤以上〕一、斗殴杀人之案,如刃伤要害奇重,及洞胸贯胁,并金刃十伤以上、他物三十伤以上者,俱应情实,其余可以缓决。若情同拒捕及情凶近故等项,则须临时酌核情节,伤痕虽不甚多,亦不得轻议缓决。

Q.3.52〔原谋及听纠共殴下手伤重致死金刃九伤十伤以上〕一、原谋共殴,下手伤重致死,金刃九伤以上,及听纠共殴,下手伤重致死,金刃十伤以上,俱应入情实,其余可以缓决。若纠结多人,情凶势众,并原谋而兼主使者,虽伤痕不及此数,仍应酌核当场情节,分别实、缓,不得过宽。

Q.3.53〔寻常共殴人致死之案〕一、寻常共殴人致死之案,如死者先被余人殴伤,凶犯未曾目睹;或凶犯先殴数伤,即行歇手;或凶犯及余人身受多伤;或死者持有刀械,殴由抵御,势非得已;或余人亦有致命重伤,以该犯后下手,并比较分寸拟抵;或义忿激于众怒;或死类棍徒,如此等类,均应缓决。若同时刀械交加,鳞伤遍体;并数人揪按一人毒殴;或目睹余人已攒殴多伤,而又肆加殴砍,伤痕独重;以及倒地叠殴,死系徒手,死未还手,情节种种凶横者,俱应入情实。

Q.3.54〔套拉毙命之案〕一、套拉毙命之案,多近失误,如无凶横情节,可缓。

Q.3.55〔寻常共殴之案同殴伤轻之余人有病故者〕一、寻常共殴之案,定案时,同殴伤轻之余人有病故者,亦属命有一抵,虽正凶情节略重,亦可酌入缓决。

Q.3.56〔乱殴不知先后轻重罪坐初斗及原谋未动手罪坐原谋之案〕一、乱殴不知先后轻重,罪坐初斗,及原谋未动手,罪坐原谋之案,皆罪疑惟轻,俱应缓决。如原谋首先下手,情势凶暴,并原谋而又当场喝令者,应入情实。若首先下手伤轻,或仅止声称殴打,并无喝逼攒殴重情,亦可酌量入缓。

Q.3.57〔威力主使殴人致死〕一、威力主使殴人致死之案,较凡斗为重。如衅起理直,伤亦不多,无恃强凶暴情形者,可以缓决。

Q.3.58〔威力制缚人拷打致死〕一、威力制缚人拷打致死之案,较之威力主使尤重,如挟嫌借事拷打,或非刑凌虐,或妄拷平人,一切凶暴不法情节,俱入情实。其余衅起理直,并疑窃有因,及制缚而未拷打,或邂逅伤轻致毙者,亦可缓决。

Q.3.59〔凡火器杀人之案〕一、凡火器杀人之案,如捕贼误杀,或当场致毙应抵正凶,或未经报部之巡役致毙盐匪,及无心点放照斗杀定拟之类,可入缓决。其余概入情实。

Q.3.60〔屏去人服食致死之案〕一、屏去人服食致死之案,如情节不甚凶暴者,亦酌量拟缓。

Q.3.61〔以他物置人耳鼻孔窍致死〕一、以他物置人耳鼻孔窍致死,情同谋、故者,应入情实。如系比照定拟,情有可原者,酌拟入缓。

Q.3.62〔热水烫泼致毙者〕一、热水烫泼致毙者,应入缓决。如情伤惨忍,或时值盛暑,有心淋泼,连片伤多者,应入情实。

Q.3.63〔金刃伤致命穿透之案〕一、金刃伤致命穿透之案,不论所透系前后、左右、斜直,及咽喉要害、食气嗓俱断者,皆情凶近故,应入情实。倘理直情急,受伤回抵,仅止一二伤,或死者扑拢势猛,收手不及,并穿透一系不致命部位之类,亦可酌缓。其余腿、脚、胁、膊等处穿透者,亦照寻常斗杀伤痕,分别实、缓。

Q.3.64〔扳倒割筋剜眼致毙人命之案〕一、扳倒割筋、剜眼致毙人命之案,多入情实。如衅起理直,死非善类,并情节不甚凶残,意止欲令成废者,亦可缓决。

Q.3.65〔致毙老人幼孩之案〕一、致毙老人、幼孩之案,有欺凌情状者,应入情实。如事本理直,伤由抵御,及手足、他物伤轻,并金刃一二伤轻者,亦可入缓。

Q.3.66〔故杀殴死伊妻同居前夫子女〕一、凡故杀及殴死伊妻同居前夫子女,情节惨忍,死太幼稚者,应入情实。衅起管教者,入缓。不同居者,仍与凡人一律办理。

Q.3.67〔十五岁以下幼孩杀人之案〕一、十五岁以下幼孩杀人之案,应入缓决。至老人毙命,仍以彼此强弱及情伤轻重,分别实、缓。其谋、故等,亦与凡人同。

Q.3.68〔致毙妇女之案〕一、致毙妇女之案,如恃强欺凌,情凶伤重,及他物叠殴十伤以上、金刃六伤以上者,俱应入情实。其寻常互斗,理直伤轻者,可以缓决。

Q.3.69〔殴死祖妾父妾分别有无子女是否年老并情伤轻重〕一、殴死祖妾、父妾,仍分别有无子女,及是否年老,并情伤轻重,酌定实、缓。较兄妻尤应加严。

Q.3.70〔致毙兄妻弟妻之案〕一、致毙兄妻之案,律以凡论,亦与致毙寻常妇女一律分别实、缓,略为加严。至弟妻,究与兄妻有间,应同寻常妇女论。

Q.3.71〔殴死双瞽笃疾及病人并笃疾杀人〕一、殴死双瞽、笃疾及病人之案,情伤稍重者,多入情实。如理直伤轻,亦可缓决。至笃疾杀人,稍有可原情节,即入缓决。

Q.3.72〔奸匪窃匪致毙人命之案〕一、奸匪、窃匪致毙人命之案,如系争赃、争奸,殴戳伤多者,俱应入情实。其余衅非因奸、因盗,系寻常口角争殴,或系死者怀妒忿争等类,情急伤轻者,亦可缓决。至奸匪殴死纵奸本夫一项,死者亦属无耻,如非因奸起衅,亦可与常斗一律办理。

Q.3.73〔拒殴追摄致毙人命〕一、拒殴追摄致毙人命,与罪人拒捕不同,应分别情伤,以定实、缓。

Q.3.74〔兵丁差役殴毙人命之案〕一、兵丁、差役殴毙人命之案,如索诈、索贿,倚势滋事,情节凶暴者,应入情实。其余照常斗,分别实、缓。

Q.3.75〔殴毙兵丁差役之案〕一、殴毙兵丁、差役之案,如情同拒捕者,俱应入实。其余亦照常斗,分别实、缓。

Q.3.76〔部民殴本管官折伤刃伤者〕一、部民殴本管官,折伤、刃伤者,俱拟情实。其非本管官,以凡斗论之案,如死者理曲,自取凌辱,情伤俱轻者,可以缓决。余俱入实。

Q.4 奸盗抢窃

Q.4.77〔轮奸为从及强奸十二岁以下幼女幼童〕一、轮奸为从,及强奸十二岁以下幼女、幼童,无论曾否伤人,应入情实。其强奸已成,如无刃伤本妇,又无另酿人命情事,以及诱奸幼女、幼童,虽和同强之案,及冒奸已成者,均可酌入缓决。

Q.4.78〔因盗而强奸未成者〕一、因盗而强奸未成者,入于缓决。

Q.4.79〔因奸因盗威逼人致死〕一、因奸、因盗威逼人致死者,俱入情实。如死出不虞,案系比照定拟,与实在威逼有间者,尚可酌入缓决。

Q.4.80〔调戏强奸并伙谋轮奸未成致本妇自尽〕一、语言、手足调戏妇女,致令羞忿自尽者,可以缓决。其因强奸致妇女羞忿自尽,不论已成、未成,及伙谋轮奸未成,致本妇自尽者,俱应情实。

Q.4.81〔亲属相奸罪应绞候者并兄收弟妻弟收兄妻〕一、凡亲属相奸,罪应绞候者,均入情实。如妇女始终被逼无奈,酌议缓决。至兄收弟妻、弟收兄妻,依奸兄弟妻绞律定拟之案,如男女私自配合,及先奸后配者,应入情实;若由父母主令成婚,及告知亲族、地保成婚,并无先行通奸情事者,亦可酌入缓决。

Q.4.82〔诬执夫兄欺奸〕一、诬执夫兄欺奸者,应入情实。

Q.4.83〔奸夫图脱拒捕刃伤折伤者〕一、奸夫图脱拒捕,刃伤、折伤者,亦与窃盗图脱拒捕一律分别实、缓,特不以奸所加重。其强奸、轮奸未成,刃伤本妇,及拒捕致伤其夫与父母并有服亲属者,如果另无凶暴重情,均可酌入缓决。

Q.4.84〔因奸拒捕伤人案内致奸妇被杀自尽〕一、因奸拒捕伤人案内,或致奸妇被杀,或致奸妇自尽,其犯奸本罪律止拟徒者,仍核其拒捕情形,分别实、缓,不必加重。

Q.4.85〔调奸图奸未成杀死本妇及拒捕杀死其夫与父母及有服亲属〕一、调奸、图奸未成,杀死本妇,及拒捕杀死其夫与父母及有服亲属者,无论立时、越日,俱应情实。

Q.4.86〔强盗案内并未随同搜劫并投首应拟绞候之犯及伤人未得财首犯〕一、强盗案内,被胁同行,入室过船,并未随同搜劫者,应入缓决。其闻拿投首应拟绞候之犯,及伤人未得财首犯,亦可酌入缓决。

Q.4.87〔伙盗供获首盗并伙盗一半以上及首盗供获全案伙盗限内拿获〕一、伙盗供获首盗,并伙盗供获伙盗一半以上,及首盗供获全案伙盗,限内拿获,减为绞监候者,均入缓决;如曾经伤人者,仍入情实。

Q.4.88〔期亲以下卑幼抢卖尊属尊长之案〕一、期亲以下卑幼抢卖尊属尊长之案,如因图财、图产,致妇女不甘失节因而自尽者,应入情实;未酿命者,可入缓决。至强嫁案内,致妇女自尽之犯,其情事本与图财、图产不同,亦可酌入缓决。

Q.4.89〔诱拐略卖人口被诱之人不知情案件〕一、诱拐、略卖人口,被诱之人不知情案件,如被诱之人尚无下落,或诱拐二、三案同时并发,内有一人尚无下落,并拐回奸宿、转卖为娼,及拐逃不从而殴逼者,俱应入实。如无前项情节,虽诱拐多次,被拐之人均已给亲完聚者,可以缓决。按道光十九年(1839年)奏明,如仅有下落,尚未给亲完聚者,入缓,监禁十年方准减等。

Q.4.90〔略卖因而杀人或致被杀者〕一、略卖因而杀人或致被杀者,俱应情实。

Q.4.91〔诱拐致被诱之人羞忿自尽者〕一、诱拐致被诱之人羞忿自尽者,应入情实。

Q.4.92〔强夺良家妇女奸占为妻妾之案〕一、强夺良家妇女奸占为妻妾之案,应以已、未成奸为断。已成奸者,情实;未成奸者,缓决。若本妇本欲改嫁,媒说未允,或本妇先经愿嫁,被人阻挠,纠抢尚属有因者,可以酌入缓决。若纠抢时有拒捕、凶暴重情,并致本妇自尽者,无论已、未成奸,俱入情实。

Q.4.93〔聚众伙谋抢夺妇女为从之犯及并未伙众抢夺强卖之首犯〕一、聚众伙谋抢夺妇女为从之犯,如案系拒杀事主,或火器拒伤事主,并分抢财物,不论事后曾否奸污、领卖,均应情实。至并未杀伤人及分抢财物之案,如曾经随同奸污,或本妇自尽时帮同逼迫,或本犯自行拒捕伤人,或由本犯领卖,致被抢之人失身,及尚无下落者,概拟情实;如无前项情事,拟入缓决。其并未伙众抢夺强卖之首犯,如妇女羞忿自尽,及被卖失身者,均应情实;若尚未被污,给亲完聚者,可以缓决。

Q.4.94〔抢夺逾贯之案〕一、抢夺逾贯之案,赃至五百两者,入实;即未至五百两而持械殴伤事主,或未持械而结伙五人以上,恃众凶殴伤人者,亦俱入实。其无前项重情者,可以缓决。如系纸币、钱票未经行使者,虽逾五百两,亦可酌缓。

Q.4.95〔抢夺拒捕金刃三伤以上并折伤至废疾〕一、抢夺拒捕,金刃三伤以上,并折伤至废疾者,俱入情实。如实系被扭图脱情急者,金刃三、四伤,亦可酌缓。如金刃至五伤以上,虽图脱情急,亦不可轻议缓决。

Q.4.96〔窃赃逾贯之案〕一、窃赃逾贯之案,赃逾一千两者,情实;未至一千两者,缓决。如系纸币、银票未经行使者,亦可酌入缓决。

Q.4.97〔窃赃逾贯未至一千两之案〕一、窃赃逾贯、未至一千两之案,如系纠窃库银、饷鞘并衙署官物已逾五百两,或持刀吓禁事主,迹近于强,及致事主失财窘迫自尽者,俱入情实。若系官员公寓,并非衙署;或止空言拒吓,并无持刀逼强情状;或图脱拒捕,将事主推跌及他物一、二伤,情节不甚凶暴;或伙贼临时行强,已在该犯逃走之后;或二、三次逾贯,同时并发;或系积匪行窃逾贯者,俱可缓决。

Q.4.98〔窃盗三犯流拟绞之案〕一、窃盗三犯流拟绞之案,应入缓决。其得免并计三犯流拟绞,免死减释后,在配复窃罪应拟流,仍以三犯拟绞之案,与窃盗免死后至三犯者不同,亦可缓决。

Q.4.99〔怙恶不悛窃犯赃至五百两以上金刃至四五伤者〕一、前犯窃赃逾贯,及三犯拟绞免死减释,在配复行窃逾贯;及三犯拟绞之案,又前后两犯均系刃伤事主,或前犯刃伤事主,复犯逾贯;及三犯或前犯逾贯,及三犯后犯刃伤事主,此等类皆怙恶不悛,但赃至五百两以上,金刃至四、五伤者,俱入情实。

Q.4.100〔首犯赃逾一千两从犯因三犯拟绞者〕一、首犯赃逾一千两,从犯因三犯拟绞者,仍入缓决。

Q.4.101〔窝窃逾贯之案〕一、窝窃逾贯之案,应照窃盗逾贯一律分别实、缓。

Q.4.102〔跟踪行窃逾贯之案〕一、跟踪行窃逾贯之案,如纠众已至三人,或假扮客商,昼则同行,夜则同住,志在必得,但经满贯,虽未至一千两,应入情实。若系独自起意,及仅止一、二人暂时跟随,乘便攫取者,仍与寻常窃盗一体分别实、缓。

Q.4.103〔船户车夫店家行窃逾贯〕一、船户、车夫、店家,有主客相依之义,但经行窃逾贯,虽未至一千两,实属为害商旅,俱应入实。如系船上水手、店内雇工及一切挑脚人等,乘间鼠窃,赃未至一千两,若有勾引外人伙窃情事者,亦入情实,余俱缓决。

Q.4.104〔船户等项盗卖客货逾贯之案〕一、船户等项盗卖客货逾贯之案,如蓄计盗卖,故意将船碰破,及有心放火烧毁房屋、船只、车辆者,其心最为毒险,应入情实;若实系遭风、失火,乘间盗卖客货者,可以酌入缓决。

Q.4.105〔雇工行窃主财逾贯未至一千两并兵役等行窃本主本管官财逾贯〕一、雇工行窃主财逾贯、未至一千两,如系负恩勾引外贼肆窃者,应入情实;其一人乘间鼠窃,可以缓决。至兵役、水火夫人等行窃本主、本管官财物逾贯,亦照此分别实、缓。

Q.4.106〔窃盗临时盗所拒捕刃伤事主之案〕一、窃盗临时盗所拒捕刃伤事主之案,如连砍三伤,或连伤二人者,均入于情实。若实系被拉、被抱,确有图脱急情者,五伤以上,情实;未至五伤者,缓决。

Q.4.107〔窃贼已离盗所拒捕刃伤事主之案〕一、窃贼已离盗所拒捕刃伤事主之案,如系护赃、护伙,情同格斗,但至五伤,即应入实。其余无前项重情,实系图脱情急,金刃未至八伤者,俱入缓决;^{内划伤、他物伤不算。}若至八伤,仍入情实。如被追而未被获,无急情可原,辄纠伙转身迎拒,情势凶横者,虽止金刃五、六伤,亦不可轻议缓决。

Q.4.108〔窃贼图脱拒捕致毙事主〕一、窃贼图脱拒捕致毙事主,无论情伤轻重,俱入情实。

Q.4.109〔窃贼图脱拒捕刃伤事主二人均至三伤者〕一、窃贼图脱拒捕,除他物另伤一人不计外,如刃伤事主二人,均至三伤者,入于情实;若二人内有一人未至三伤,及二人均至三伤而内有划伤者,可酌入缓决;若一连刃伤事主三人,不论伤之多少及有无划伤,俱应入实。

Q.4.110〔窃贼图脱拒捕金刃未至五伤并事主自行跌毙者〕一、窃贼图脱拒捕,金刃未至五伤,亦无凶暴情形,此外或事主追逐自行跌毙者,亦可缓决。

Q.4.111〔窃贼图脱拒捕他物殴伤事主至废笃者〕一、窃贼图脱拒捕,他物殴伤事主至废疾、笃疾者,较刃伤平复为重,俱应入实。若扎伤平复,仅止骨节参差,或断一指、折一齿,事主不致贻累终身者,亦可缓决。^{若盗田野谷麦等类,与实犯窃盗}

不同,虽拒捕至废疾,亦可酌入缓决。道光二十年(1840年)四川张在远、二十一年(1841年)奉天李复兴两案,均奏明改缓。

Q.4.112〔两贼同时拒一事主及各自拒伤事主〕一、两贼同时拒一事主,及各自拒伤事主,各科各罪。如实系图脱情急,无彼此护伙凶横情节,金刃未至八伤者,亦可缓决。

Q.4.113〔窃贼两次刃伤事主同时并发之案〕一、窃贼两次刃伤事主同时并发之案,两次均至三伤者,入实;如内有一次未至三伤,或均至三伤而内有划伤,亦可酌入缓决。

Q.4.114〔窃盗杀人为从帮殴之犯〕一、窃盗杀人为从帮殴之犯,如系护赃、护伙,或同场助势逞凶,或伙犯杀人由该犯被获喊救所致,及另有凶暴别情者,金刃五伤以上,俱入情实。若实有被揪、被扭图脱急情,与首犯拒不同场者,无论伤之多少,可以缓决。其抢夺杀人案内帮殴之犯,但有以上重情者,三伤,即入情实;其余情轻之犯,虽三、四伤,亦可缓决。

Q.4.115〔无服亲属相盗拒毙捕人〕一、无服亲属相盗拒毙捕人,仍依斗杀绞候者,入于情实。如实系图脱情急,一伤适毙者,亦可缓决。至有服亲属相盗拒杀卑幼,定案依殴杀卑幼律拟绞者,不在此例。

Q.4.116〔蒙古抢夺伤人照蒙古例拟绞之案〕一、蒙古抢夺伤人,照蒙古例拟绞之案,如伤非金刃、伤轻平复,在刑例罪止拟遣者,概入缓决。若系金刃,即照民人抢夺伤人之案分别实、缓。其行窃拒捕,刃伤事主者,亦照民人行窃拒伤一体分别实、缓。

Q.4.117〔蒙古抢劫什物未伤人及抢夺十人以上并计赃逾贯为从者〕一、蒙古抢劫什物未伤人,及抢夺十人以上,并计赃逾贯为从者,俱入缓决。

Q.4.118〔发冢开棺见尸并锯缝凿孔为从及盗未殡未埋尸柩为首〕一、发冢开棺见尸为从,帮同下手一、二次,入于缓决;三次以上,入于情实。在外瞭望五次以下,入于缓决;六次,入于情实。其锯缝凿孔为从之犯,帮下手六次以上,入于情实;不及六次,俱入缓决。如仅止在外瞭望,不论次数多少,概入缓决。至盗未殡未埋尸柩为首,六次以上,入于情实;为从,不论次数,俱入缓决。

Q.4.119〔发冢致坏人尸棺骸罐者〕一、贪图吉壤发冢,致坏人尸棺骸罐者,亦以见尸科罪,应入情实。如系山地被人盗埋、盗葬,及心疑盗葬,出于有因而发冢,坏人尸棺骸罐者,亦可酌入缓决。

Q.4.120〔杀死抢窃族人例不照擅杀科断之案〕一、杀死抢窃族人,例不照擅杀科断,仍照谋、故、斗杀定拟之案,如系谋、故、火器杀人,入于缓决;若系斗杀,酌入可矜。

Q.4.121〔行窃遗落火煤不期烧毙事主照因盗威逼人致死问拟之案〕一、行窃遗落火煤,不期将事主烧毙,照因盗威逼人致死问拟之案,如烧毙一家二命,及三命非一家者,入于情实;若止烧毙一命,及二命非一家者,仍入缓决。窃剥事主衣服,致令冻毙,本犯投首免凶,照屏去人服食致死拟绞者,如系一命,亦可酌入缓决。

Q.4.122〔犯罪事发官司差人拘捕殴差成废笃之案〕一、犯罪事发,官司差人拘捕,殴差成废、成笃之案,均入缓决。若殴伤二人均成笃疾者,入于情实。

Q.4.123〔造妖书妖言及传用惑众〕一、造妖书、妖言,及传用惑众者,俱入情实。如情节实有可原,亦可酌缓。

Q.4.124〔盗砍红桩以内树株〕一、盗砍红桩以内树株者,应入情实。如系回干树株,酌入缓决。

Q.5 杂项

Q.5.125 〔伪造印信〕一、伪造印信,如关系军机、钱粮者,入实。其仅止诓骗得财者,酌入缓决。

Q.5.126 〔伪造凭札行使并买受故官凭札冒名赴任〕一、伪造凭札,自为假官,及为伪札,或将有故官员凭札卖与他人者,概入情实。其买受伪札、冒名赴任者,可以缓决。

Q.5.127 〔私铸钱十千以上或私铸不止一次为首及匠人〕一、私铸钱十千以上,或虽不及十千而私铸不止一次者,为首及匠人,俱应情实。

Q.5.128 〔左道惑众及邪教为首〕一、左道惑众及邪教为首者,俱应情实。

Q.5.129 〔邪术医病致毙人命〕一、邪术医病致毙人命者,如有借端陷害,及传徒惑众、诈财不法各重情,应入情实。其无前项情事,仍可酌拟缓决。

Q.5.130 〔光棍为从〕一、光棍为从,如系随从聚众罢市、辱官、毒害无辜等项种种凶恶不法者,应入情实。其余如听从随行,并无前项情事者,可入缓决。

Q.5.131 〔投递匿名揭帖之案〕一、投递匿名揭帖之案,其有私雕印信、假造官封重情者,应入情实。如无前项重情,或未破之案由该犯发觉,所告又皆得实,及揭帖内已列己名,足资根究,与真正匿名有间者,尚可酌入缓决。

Q.5.132 〔诬告叛逆被诬之人未决者〕一、诬告叛逆,被诬之人未决者,如另有拖毙人命重情,应入情实。其并无人命者,仍可酌拟缓决。

Q.5.133 〔诬告人致死并致死其有服亲属之案〕一、诬告人致死,并致死其有服亲属之案,如有挟嫌图诈,或假捏奸赃,或事犯到官诬攀平人,或唆贼硬证,或贿差妄拿,图泄私忿,累毙无辜,及拖毙案外一、二命者,俱应入情实。其余若因事本可疑,一时误认死,由追拿跌溺,并非被逼自尽,及死者本非善类,无前项刁恶惨毒情形者,尚可酌入缓决。其比照诬告定拟之案,亦照此办理。

Q.5.134 〔童稚无知诬告人致死之案〕一、童稚无知诬告人,因而致死之案,应入缓决。

Q.5.135 〔挟仇诬告谋命致尸遭蒸检之案〕一、挟仇诬告谋命,致尸遭蒸检之案,无论系平人、尊长之尸,俱应入实。如起衅本因妄疑,并未固执求检,或原验伤痕本有遗漏、错误,尚可酌入缓决。

Q.5.136〔刁徒平空讹诈酿命之案〕一、刁徒平空讹诈酿命之案,有拷打者,应入情实;无拷打者,如酿至二命,及串差倚势,并假捏奸赃,一切刁恶凶横者,亦应入实。其余情有可原者,俱入缓决。

Q.5.137〔诬良为窃逼毙人命者〕一、诬良为窃,逼毙人命者,应入情实。其事出有因,并非有心诬捏,及死本旧匪者,可以缓决。

Q.5.138〔捕役私拷吓诈致毙人命者〕一、捕役私拷吓诈,致毙人命者,应入情实。如事出因公,无图诈邀功情事,及死系旧匪者,酌入缓决。

Q.5.139〔蠹役诈赃致毙作奸犯科有干例议之人并吓逼致令自尽〕一、蠹役诈赃,致毙作奸犯科、有干例议之人,系拷打致死者,不论赃数多寡、已未入手,应入情实。系吓逼致令自尽者,核其吓逼情状不甚凶狠,尚可酌入缓决。

Q.5.140〔假差吓诈致被诈之人自尽拷打致死或殴杀者〕一、假差吓诈,致被诈之人自尽,或拷打致死,或忿争殴杀者,应入情实。如死系旧匪,或并非无辜、死由自尽者,可以酌缓。至假差诈赃逾贯之案,如并未捏有签票,仅止口称奉差,吓唬局骗,得赃逾贯,无逼凶酿命重情者,亦可缓决。

Q.5.141〔贿买案外及同案之人顶凶〕一、贿买案外之人顶凶已成,原犯应拟缓决者,照例入于情实。如贿买同案之人顶凶,及顶凶尚未成招,原犯系斗杀问拟绞候者,仍核其本案情节,分别实、缓。

Q.5.142〔死罪人犯越狱脱逃〕一、死罪人犯越狱脱逃,仍核其原犯情罪轻重,分别实、缓,惟较常犯略为加严。

Q.5.143〔斩绞等犯因变逸出被获〕一、斩、绞等犯,因变逸出被获者,仍核其本案情节,分别实、缓。

Q.5.144〔杀人在逃年久始获〕一、杀人在逃年久始行就获之案,仍照寻常斗杀分别实、缓,不必因此加重。

Q.5.145〔犯一应死罪事发在逃复犯死罪遣流者〕一、犯一应死罪,事发在逃,复犯死罪者,应入情实。若逃后犯遣、流等罪,或先犯遣、流,后犯死罪,本案及另案俱情轻者,可入缓决。

Q.5.146〔盐枭拒捕伤人〕一、盐枭拒捕伤人者,应入情实。

Q.5.147〔聚众夺犯伤差〕一、聚众夺犯伤差者,应入情实。如另有不法重情,及数至十人以上,虽未伤差,亦入情实。

Q.5.148〔贼犯拒杀差役案内为从帮殴有伤之犯〕一、贼犯拒杀差役案内,为从帮殴有伤之犯,系刃伤、折伤者,俱入情实;他物伤轻者,亦可缓决。

Q.5.149〔挟嫌放火之案〕一、挟嫌放火之案,俱入情实。如误烧他人者,亦可酌拟缓决。

Q.5.150〔捉人勒赎之案〕一、捉人勒赎之案,如任意凌虐,及虽未凌虐,致令情急自尽者,或被捉数在三人以上为首者,或掳捉已至三次为首者,或所捉系十五岁以下幼孩为首者,或将被捉之人谋故拒殴身死案内为从加功、帮殴成伤者,俱应情实。如无前项情事,尚可酌入缓决。其勒赎得赃,数在一百二十两以上,为首之犯,即照抢夺之案办理。

Q.5.151〔受财故纵罪囚〕一、受财故纵,罪囚无获者,应入情实;已经拿获者,可以缓决。

Q.5.152〔枉法赃实犯死罪〕一、枉法赃实犯死罪者,应入情实。须执法之人方是。或系在官人役,亦不可轻议缓决。如系听从分赃者,酌入缓决。

Q.5.153〔结拜弟兄未及四十人二十人以上及未至二十人〕一、结拜弟兄未及四十人,年少居首,并无歃血、焚表等情之案;如聚众已至二十人以上者,应入情实;未至二十人者,酌入缓决。

Q.5.154〔雇工刃伤家长及家长期亲〕一、雇工刃伤家长及家长期亲,总以名分为重,多入情实。如实在被殴、被揪,理直情急图脱,伤由失误者,可入缓决。

Q.5.155〔诈为制书者〕一、诈为制书者,应入情实。

Q.5.156〔诈传诏旨者〕一、诈传诏旨者,应入情实。

Q.5.157〔擅入御在所者〕一、擅入御在所者,应入情实。

Q.5.158〔持刃入宫殿门者〕一、持刃入宫殿门者,可以酌入缓决。

Q.5.159〔越紫禁城者〕一、越紫禁城者,核其偷越情由,分别轻重,以定实、缓。

Q.6 矜缓比较

Q.6.160〔擅杀案件〕一、擅杀案件,如系谋、故、火器杀人,或连毙二命,及各毙各命人数在四名以上者,并误杀其人之祖父母、父母、伯叔父母、妻、兄弟、子孙及在室女者,概拟缓决,俟三次后,再行查办。

Q.6.161〔非应许捉奸之人殴杀奸夫〕一、非应许捉奸之人殴杀奸夫,果系本宗或亲友,出于一时义忿,并无别情者,应酌入可矜。

Q.6.162〔救亲毙命之案〕一、救亲毙命之案,除实系事在危急,及死系犯亲本宗、外姻有服卑幼,例得声请减等,并案系谋、故、火器杀人,例应情实外,凡照本律拟绞者,如死非犯亲有服卑幼,因见父母受伤,救护起衅者,不论伤痕多寡、是否互斗,酌入可矜;若父母并未受伤,其势亦非危急,但系情切救护,伤止一、二处,无互斗情形者,亦可入矜。倘已有互斗情形,或所殴已至三伤,或父母仅被揪扭,并未向殴,或衅虽救护,死者业已歇手,向凶犯殴打,即属互斗,或案系共殴,或各毙一命,或彼造一死一伤,俱无可矜,止应缓决。至听从父母主令,将人殴死,或父母先与人寻衅,助势共殴,及理曲肇衅,累父母被殴,已复逞凶致毙人命,虽死系犯亲卑幼、父母业经受伤,例不准声请减等者,仍随案酌核情节轻重,分别实、缓,不得轻拟可矜。其孙于祖父母、妻于夫情切救护,致毙人命之案,亦照此办理。至义子之于义父母,如恩养年久,例得与亲子同论者,亦可入矜。

Q.6.163〔殴致命非致命而非重伤越日因风身死者〕一、殴致命而非重伤,越八九日,因风身死者,概入可矜。越七日者,亦有矜案。其非致命,又非重伤,越四日,因风身死者,亦同。

Q.6.164〔殴死卑幼及殴杀为匪卑幼〕一、殴死卑幼之案,如死者理曲干犯,金刃止一、二伤,及殴杀为匪卑幼,仍照本律定拟;尚无惨忍重情者,酌入可矜。

Q.6.165〔妇女斗杀男子之案〕一、妇女斗杀男子之案,如系被死者欺逼,及还殴适毙,情节较轻者,酌入可矜。

附录一 〔奕劻等：刊印《现行刑律》告竣装潢呈览折〕①

（宣统二年九月初二日（1910年10月4日））

宪政编查馆大臣、和硕庆亲王臣奕劻等跪奏，为刊印《现行刑律》告竣敬谨装潢上备一览恭折祈圣鉴事。

窃臣等于本年四月初七日（1910年5月15日）会奏呈进《现行刑律》黄册定本，并声明两馆公同刊印颁发等因，是日内阁奉上谕："上年（宣统元年八月，1909年10月）据修律大臣奏进编定《现行律》，当经谕令宪政编查馆复核，奏准。兹据该馆及该大臣等将《现行刑律》黄册并按照新章修改各条缮具进呈，朕详加披览，尚属妥协。着即刊刻成书颁行，京外一体遵守。国家律令，因时损益，此项刑律为改用新律之预备，内外问刑各衙门务当悉心讲求，依法听断，毋得任意出入，致滋枉纵，以副朝廷慎刑协中之至意。钦此。"钦遵。分饬两馆印刷工役仿武英殿聚珍版式排印。原书凡四十卷，删约旧文，一归简要，自名例以下，按照旧律，次第厘为三十六卷，律目、服制图并服制合为一卷，列于卷首，而以《禁烟条款》《秋审条款》附列于后，仍恭摹高宗纯皇帝序文弁冕卷端，以昭圣代之法守。

查向章，颁行法律，京师自奉旨之日起，外省自奉文之日起。自经明诏颁布之后，各省督抚、都统、将军承领新律函电交至，待用孔殷。臣家本等公同商酌，因科条推暨，信守攸关，未便以刊印需时致稽定限，当将已印行之《现行刑律案语》并两次清单，先行通咨各省，以备援引。惟《案语》全帙浩繁，本为研索因革而设，其中不无鲁鱼亥豕之讹；而修订、核订出于众手，间有未能颛一者，严饬馆员精密校雠，期归至善。凡四阅月始克成书，敬谨分装二函上备一览。仍由臣等一面通行各省，酌量多寡，备价承领。嗣后，凡内外问刑各衙门，悉照此次刊定之本为凭。其坊间射利之徒翻印小本，概不

---

① 原载《政治官报》第1057号（宣统二年九月初五日（1910年10月7日）），第5—6页。另见故宫博物院明清档案部编《清末筹备立宪档案史料》之下册（中华书局1979年版，第879—880页）所收本折（题为"宪政编查馆大臣奕劻等奏现行刑律刊印告竣装潢呈览折"）。

得引用,致令解释疑误、听断有出入之弊。

　　所有呈进刊印《现行刑律》缘由,谨恭折会陈,伏乞皇上圣鉴。

　　再,此折系法律馆主稿,会同宪政编查馆办理,合并声明。

　　谨奏。

宣统二年九月初二日

　奉旨:"已录。"

附录二　法部咨复吉林公署电询《现行刑律》是否以最后颁行定本为准文[①]

为咨复事。准吉林巡抚电称：据提法使呈称，《现行刑律》颁行到吉，当即通饬各属遵照。法律馆原奏"犯罪后老疾"[②]门有续纂一条，文曰"凡遣、流应行收所习艺之犯，如于工作限内已成老疾，得除役过月日，按限折银收赎"，编查馆核定本及本年会奏均未删除，而现颁之本复列此条，[③]是否均以最后颁行定本为准，祈电示以便遵行等因前来。查《现行律》一书，系法律馆修订，当经本部行据该馆，声复到部，相应抄录原文咨复该抚查照可也。

准片开：准吉林巡抚电开，据提法使呈称，《现行刑律》颁行到吉，当即通饬各属遵照。惟法律馆原奏"犯罪后老疾"门有续纂一条，文曰"凡遣、流应行收所习艺之犯，如于工作限内已成老疾，得除役过月日，按限折银收赎"，编查馆核定及本年（宣统二年）会奏均未删除，而现颁之本并无此条。又查本年四月（1910年5月）馆奏清单"教唆词讼"门已将"钦差驰审"一条删除而现颁之本复列此条，是否均以最后颁行定本为准，祈电示以便遵行，相应片请查明声复等因前来。

查刑律以最后颁行之本为定。其有原议续纂旋复删除，或有原拟删除仍行载列者，均经本馆再三详酌，分别去留，期归至善。是以本年九月（1910年10月）间全书告竣，会同宪政编查馆《奏进刊印〈现行刑律〉》折内声明，修订、核订出于众手，间有未能颟一者，严饬精密校雠，并称嗣后内外问刑衙门悉照此次刊定之本为凭等因，钦奉谕旨，允准通行在案。

兹据咨称，该提法使以"犯罪后老疾"门法律馆原奏有续纂"凡遣、流应行收所习艺之犯，如于工作限内已成老疾，得除役过月日，按限折银收赎"一

---

① 原载吉林提法司署司法官报局编辑：《吉林司法官报》宣统辛亥年（1911年）第1期。
② 本件内"犯罪后老疾"据《钦定大清现行刑律》律目及正文，均应作"犯罪时未老疾"。
③ 查《钦定大清现行刑律》颁行定本，"犯罪时未老疾"条仅有律文，并未附例；法律馆议复所引亦作"现颁之本并无此条"，故"复列此条"之说有误。核全文，"复列此条"应是法部节录吉林巡抚电文有误。据下文法律馆咨复所引吉林巡抚电文，此"复列此条"当指"教唆词讼"门"钦差驰审"条例。

条,现颁之本并无此条等语,查律载"犯罪时未老疾,事发时老疾,依老疾论。若在徒年限内老疾,亦如之",注云"以徒一年三百六十日为率,验该徒若干,应赎银若干,除去应役月日,余该银若干,照例收赎",是徒限内老疾应赎之法,律内业有明文,遣、流较重于徒,其应收所习艺之犯不能与徒犯办理两歧,当可隅反。本馆前次之议增者,原欲推广乎律义,后次之议删者,谓已包括于律中。法取谨严,因轻即可见重,非有异也。

至"教唆词讼"门钦差驰审例文,清单内原拟节去,实以现今既设三审之制,级级相维,驰审一层,尽可不用。嗣见各省审判厅尚未一律成立,遇有重大案件,仍不能不另简专员,故将此条暂为存留,以昭慎重。

此外,字句偶有出入,文法互有参差者,悉经精心厘订,冀免讹夺之虞。而又恐司谳者或以前后互异为嫌,特于奏进时详加叙明,俾引用有所依据。

所有该提法使电询各节,自应查照本馆会奏原折,以此次定本为凭,毋庸涉于误会。相应咨复该抚转札该提法使遵照可也。

附录三 钦定宗室觉罗律例①

《钦定宗室觉罗律例》卷首

御制序

御制大清律例序(乾隆五年(1704年)冬月)(略)

上谕

〔**颁行《钦定大清现行刑律》上谕**〕(宣统二年四月初七日(1910年5月15日))(略)

〔**宗室觉罗诉讼暂行仍照向章办理上谕**〕(宣统二年六月十四日(1910年7月20日))(略)

奏疏

〔**宗人府奏遵照新章修订《宗室觉罗现行律例》折**〕(宣统二年十月初八日(1910年11月9日))

宗人府谨奏:为遵照新章修订《宗室觉罗现行律例》并酌拟派员增纂以专责成恭折仰祈圣鉴事。

宣统二年五月二十日(1910年6月26日)准。修订法律大臣咨称"本馆进呈《现行刑律》黄册定本,本年四月初七日内阁奉上谕:'上年据修律大臣

---

① 《钦定宗室觉罗律例》二卷附二卷,宣统三年(1911年)宪政编查馆铅印本,每页8行,每行20字。为免烦琐,并与全书体例一致,本附录不收录《钦定宗室觉罗律例》原书例文后所附按语、事例、旧案、附载旧例等与《禁烟条例》《秋审条款》《违警律》《陆军审判试办章程》及相应上谕奏疏,原书其他略而不录的内容均在相关项后标明"(略)"字样。为便于检索,仍编制编号。编号规则如下:首部冠以字母z,以下连续编号(含附卷)。如编号z.5, z为《钦定宗室觉罗律例》,5为第5条"宗室犯死罪分别应缓"例文。卷首所载律文因与《钦定大清现行刑律》同,不另行编号,亦不重复收录。

《钦定宗室觉罗律例》由宗人府据光绪三十四年(1908年)《钦定宗人府则例》"律例"一门,依《钦定大清现行刑律》增删改易而成,主要修订过程如下:宣统二年十月初八日,宗人府奏请遵照新章修订《宗室觉罗律例》;宣统三年三月十四日(1911年4月12日),宗人府奏准改纂《宗室觉罗现行律例》10条;宣统三年三月二十四日(1911年4月22日),宗人府奏准增纂《宗室觉罗律例》12条;宣统三年四月二十日(1911年5月18日),修订《钦定宗室觉罗律例》告成,提调官宗室松溥等升叙加衔有差。

奏进编定《现行刑律》，当经谕令宪政编查馆复核奏准。兹据该馆及该大臣等将《现行刑律》黄册并按照新章修改各条缮具进呈，朕详加披览，尚属妥协，着即刊刻成书，颁行京外，一体遵守。国家律令，因时损益，此项刑律为改用新律之预备，内外问刑各衙门务当悉心讲求，依法听断，毋得任意出入，致滋枉纵，以副朝廷慎刑协中之至意。钦此。'钦遵。当经会同宪政编查馆开工，用聚珍版将新律刷印。惟全书浩繁，非句日所能蒇事。现在既奉明诏，所有刑事案件自应改依新定律例问拟，以昭划一。兹将本馆修订案语、编查馆核订案语及《禁烟条例》并此次按照新章改正清单，逐一校正，另撰勘误表附后，先行通咨各直省，以资援引。俟新刑律印成，再行会同颁发"等因，到臣衙门。查臣衙门"则例"卷二十九、卷三十、卷三十一内载"律例"一门，系就从前已办过成案编辑"则例"之中。臣等详核旧律，虽屡经修辑，但每次沿习旧章，略加删定，即足以为援引之资，以致旧有例案，参错互陈，繁冗疏漏，诸未能免。备载闲文者，既艰于检阅；挽合数款者，又苦于笼统。方今朝廷庶政咸新，群汇繁阜，有昔为厉禁，今已渐次解除者；有昔为附例，今已别辑专条者，均非旧时律例范围所能限制，自应将《现行刑律》暨各项法令、章程荟萃参考，折中改拟，以期因时制宜而免抵牾。臣等公同商酌，请仿照修订法律大臣修订《现行刑律》体制，辨清门类。凡例文未备者，拟请核定；新旧两歧者，拟请划一；轻重或未尽协，层次或未区别者，拟请适中推阐，务期条分缕析，逐次排列。将此次拟定律例开列于前，即以成案叙入其次，如此编辑，庶不失其原委，而眉目分明，了如指掌矣。如蒙俞允，即由臣等遴选熟谙府务三司章京五员，派充提调纂修章京；笔帖式六员，分充协修、收掌各官；供事六名，检查档案，并拟择要先行编订，借资援引。俟将来新刑律颁发，有应行参订更正者，容臣等悉心酌拟，随时声明，请旨办理。统俟告成，恭缮正本，敬谨进呈，伏候钦定。

抑臣等更有请者，新律颁行，旧律停止，乃乘除自然之理。此次增纂新律，不惟将臣衙门旧律一体引征，即《现行刑律》各项法令、章程，又须通盘绅绎，诸多较繁，大非易事，核与续修"则例"，难易犹属不同。其提调、纂修等官，如果始终勤奋，拟援照历届"则例"告成之案，给予奖叙。倘有差务懒惰，分别撤退，以示劝惩。至缮写正副本并一切应用纸张等项，由臣等督饬提调等核实预算，列表咨商度支部照数拨给。

所有臣等遵照新章修订《宗室觉罗现行律例》并派员增纂缘由，是否有当，理合恭折具奏，伏乞皇上圣鉴训示。

谨奏于宣统二年十月初八日具奏。

本日奉旨："依议。钦此。"

名例

1.1 五刑（略）

1.2 十恶（略）

1.3 八议（略）

1.4 应议者犯罪（略）

《钦定宗室觉罗律例》总目（略）

衔名（略）

《钦定宗室觉罗律例》卷上

《钦定宗室觉罗律例》卷上目录（略）

Z.1 一、有爵宗室诉讼章程

凡王公至奉恩将军遇有刑民案件，其管辖之权，统由本府判决执行。

诉讼章程

第一条 有爵宗室之刑民案件管辖之权，统由本府判决执行，永著为令。

第二条 有爵宗室王公等，如有应议之事，由本府领府事王请旨办理，以昭慎重。

第三条 有爵宗室近支缌麻以上、远支公以上之为证人者，承审官就其所在而讯问之。其世职章京为证人者，原告或被告得邀同到府讯问。其必须传问者，并得径行传案。

第四条 有爵宗室王以下至奉恩将军，呈送属下包衣人等有侵吞祭产、地租等项，由本府咨明各该督遵照办理。

第五条 有爵宗室王以下至奉恩将军，因民事呈控案件，原、被告而为旗民者，仍遵照会审旧制办理。

第六条 有爵宗室诉讼事件，如有应行增订事宜，再行奏明办理。

一、宗室^{觉罗同}犯十等罚等罪名分别折罚钱粮并犯徒流遣罪名分别圈禁从重改发①

第一条 闲散宗室及觉罗犯罚金刑者,依左表期限,按日折罚养赡钱粮。

附:罚金表

罚金刑十 \ 养赡钱粮数目	宗室三两	宗室二两	宗室妇二两	宗室女一两五钱	觉罗二两	觉罗妇一两五钱	觉罗女一两
一等罚银五钱	五日	八日	八日	十日	八日	十日	十五日
二等罚银一两	十日	十五日	十五日	二十日	十五日	二十日	三十日
三等罚银一两五钱	十五日	二十三日	二十三日	三十日	二十三日	三十日	四十五日
四等罚银二两	二十日	三十日	三十日	四十日	三十日	四十日	六十日
五等罚银二两五钱	二十五日	三十八日	三十八日	五十日	三十八日	五十日	七十五日
六等罚银五两	五十日	七十五日	七十五日	一百日	七十五日	一百日	一百五十日
七等罚银七两五钱	七十五日	一百一十三日	一百一十三日	一百五十日	一百一十三日	一百五十日	二百二十五日
八等罚银十两	一百日	一百五十日	一百五十日	二百日	一百五十日	二百日	三百日
九等罚银十二两五钱	一百二十五日	一百八十八日	一百八十八日	二百五十日	一百八十八日	二百五十日	三百七十五日
十等罚银十五两	一百五十日	二百二十五日	二百二十五日	三百日	二百二十五日	三百日	四百五十日

宗室、觉罗系职官以上,照例议处。宗室、觉罗妇女,减半折罚。

第二条 闲散宗室、觉罗犯徒、流、内遣等罪名,依左列期限,分别改折圈禁。

徒一年及二年	三月
徒二年半及三年	九月

---

① "《钦定宗室觉罗律例》总目"中,本条例目题为"宗室觉罗犯十等罚等罪名分别折拟办法"。

流二千里	一年二月
流二千五百里及三千里	一年八月
极边安置	二年
烟瘴安置	二年半

第三条　闲散宗室及觉罗犯外遣之罪者,改发盛京。加圈禁二年。

系职官以上,照例议处。

第四条　宗室、觉罗累犯罪,依下列分别处断。

二次犯徒,圈禁二年。

一次犯徒、一次犯流,圈禁三年。

二次犯流,或一次犯徒、一次犯遣,及三次犯徒,实发盛京。

二次犯徒、一次犯流,或一次犯流、一次犯遣,改发盛京。加圈禁一年。

二次犯遣,或三次犯流,改发盛京。加圈禁二年。

第五条　宗室、觉罗妇女犯徒、流、遣等罪者,依左列期限,按月折罚养赡钱粮。

附:收赎表

徒刑五 \ 养赡钱粮数目	宗室妇 二两	宗室女 一两五钱	觉罗妇 一两五钱	觉罗女 一两
一年 十两	五月	六月二十日	六月二十日	十月
一年半 十二两五钱	六月八日	八月十日	八月十日	一年零半月
二年 十五两	七月十五日	十月	十月	一年三个月
二年半 十五两五钱	八月二十三日	十一月二十日	十一月二十日	一年五个半月
三年 二十两	十月	一年一月十日	一年一月十日	一年八个月
二千里 二十五两	一年零半月	一年四月二十日	一年四月二十日	二年零一月
二千五百里 三十两	一年三个月	一年八个月	一年八个月	二年半
三千里 三十五两	一年五个半月	一年十一月十日	一年十一月十日	二年十一月

遣刑银数目俱与满流同。

第六条　宗室、觉罗妇女犯徒、流以上等罪名实行工作者,应按工作期限加倍折罚养赡钱粮。

Z.3　一、宗室（觉罗同）犯案审系不知自爱者应以凡论①

凡宗室（觉罗同）并未与人争较而他人寻衅擅殴者,仍照定例殴伤宗室（觉罗同）较殴伤平人加倍治罪。此外如宗室（觉罗同）轻入茶坊、酒肆滋事招侮,与人斗殴,先行动手殴人者,不论曾否系束黄带（觉罗系束红带同）,将相斗之人均照平人斗殴问拟,并将宗室（觉罗同）按刑律科断。若系遣、流、徒等罪,仍照本府折圈例办理;若犯十等罚等罪,查照定例办理。其情节可恶者,应以凡论。

Z.4　一、宗室（觉罗同）犯案分别咨结奏结②

凡宗室（觉罗同）案件,本府会同大理院审讯,大理院主稿,先照刑律科断罪名,后按宗室本例抵折。除奉旨交审之案,无论罪名轻重,办理完结均应奏明。此外由各衙门咨送之案,若犯十等罚者,由院咨行本府知照完案;有犯徒罪以上者,由该衙门汇题;犯遣罪以上者,由院会同本府具奏,均恭候命下,遵旨完案。（每月大理院会同本府,将现审宗室、觉罗案件具奏一次。）

Z.5　一、宗室犯死罪分别实缓

凡宗室犯服制并情节重大及谋杀者,应按刑律定拟,请旨钦定。犯寻常命案问拟死罪者,应于判决确定后,解交盛京监禁,秋审时,由盛京咨明宗人府,由法部核勘。俟该部出具勘语核拟实、缓,咨行盛京进呈黄册。应情实者,奉旨后,即由盛京饬交宗室营遵依奉行。觉罗犯死罪者,在法部监禁,秋审时,由法部咨明宗人府进呈黄册,分别照例办理。（盛京宗室、觉罗由盛京分别办理。）

---

① "《钦定宗室觉罗律例》总目"中,本条例目题为"宗室觉罗犯案审系不知自爱者应以凡论"。
② "《钦定宗室觉罗律例》总目"中,本条例目题为"宗室觉罗犯案分别咨结奏结"。

Z.6 一、宗室犯有死罪入实情有可原改缓

凡宗室犯有死罪情实者,衡情不无可原,应于复奏时遵旨照例办理。

Z.7 一、宗室(觉罗同)罪犯监候分别减发①

凡宗室犯死罪,未经秋审遇赦减等,或缓决一、二次者,均减发盛京,加圈禁二年;三次以上者,减发盛京。

Z.8 一、世职宗室官员斥革后尚有余罪应分别减等治罪

凡世职、宗室、觉罗、大小官员,有因犯案斥革后,尚有余罪,除奉旨有从重发遣者,分别发往盛京外,其有按刑律科以遣、流等罪者,应照例减一等办理。

Z.9 一、宗室(觉罗同)屡次生事行凶扰害良人照例仍据众证治罪

凡宗室(觉罗同)索要钱物,多方扰害,核其扰害实据,仅止恐吓,与实在情凶势恶尚属有间者,自应按例量减,照凶恶棍徒屡次生事行凶无故扰害良人人所共知确有实据者发极边足四千里安置例上减一等办理。

Z.10 一、宗室犯罪分别应否摘顶跪审

凡宗室(觉罗同)如犯案到府,应免其不问是否无干,俱先摘顶跪审。至审明属实,不在此列。

Z.11 一、宗室(觉罗同)以不干己事具控照例治罪

凡宗室(觉罗同)以不干己事具控诈骗者,如审明借端讹诈属实,应援《现行刑律》不应为律办理,毋庸援照违制律重科。

Z.12 一、宗室犯案抗传不到者先行看管捏报患病者查明重办

凡宗室犯事后,本府于接到大理院知照会讯日期,即责成承审司员严传

---

① "《钦定宗室觉罗律例》总目"中,本条例目题为"宗室觉罗罪犯监候分别减发"。下文凡例目作"宗室(觉罗同)"者,"总目"均作"宗室觉罗",不再另行注明。

该宗室到案,立限五日。如逾限不到者,由承审司员酌派听事兵随同该族学长到该宗室家,将其带赴本府严行看管,视其案情轻重,或即在署销候,或令族学长保去听传。倘系承审司员及族学长等未经实力催传,以致迟延逾限,即随案分别咨部照例议处。若宗室等于犯事后呈报患病,亦责令承审司员带同族学长赴该宗室家中验看,取具确结呈报,视其病之轻重,予限调治,并知照大理院。一俟该宗室限满,立即严传到案,不准多延日期。倘有捏病拖延情弊,一经查出,除将宗室重办外,并将原验之司员及加结之族学长一并参办。

Z.13 一、素不安分之宗室圈禁后复滋生事端

凡宗室,如系素不安分之人,或曾经圈禁有案后复滋生事端,应以再犯论,并查其所犯轻重,加一等治罪,毋庸援照移居之例办理。至情凶势恶者,不在此例。

Z.14 一、圈禁宗室在空室处滋事

凡宗室因案圈禁在空室处,复行滋事,除应随时责惩,以及例应加等治罪,照例办理外,其罪犯监禁待质,查其情节难以仍在空室圈禁者,请旨暂行饬交盛京将军衙门牢固监禁。

Z.15 一、宗室犯罪停止革去宗室

凡宗室有犯情罪重大,除奉特旨革去宗室,作为红带子始应黜宗室。若由本府会同大理院定拟各案件,均不准酌拟革去宗室。

Z.16 一、宗室^{觉罗同}有因违犯呈送者分别发遣

凡宗室^{觉罗同}有经父母或祖父母呈送违犯者,均令将其子若孙于何年何月因何事违犯之处,据实书写,呈请发遣,即奏请发往盛京,交该将军严加管束。^{原注:毋庸在京圈禁}其发遣后,遇有亲丧事故,亦准详核原案,分别情状,奏请释放。^{原注:如遇恩赦,不在此例}若仅止一时语言偶犯,情节较轻者,仍由府酌量惩责,交该族长领回管束。

Z.17 一、宗室控告地亩案件解京质讯

凡宗室告假出京,除宗室妇女无论指称何事,俱不准告假出京外,其宗

室内有采立坟茔,及因采立坟茔之便,就近查办地亩,具呈到府者,责令该族长等查明该宗室之地亩坐落何州县某村庄、共有若干段、现系何人承种,并取具该宗室不敢在外州县控告滋事甘结,一并出具切实图片呈报,始准给假。若庄头、佃户人等有揞租霸地、盗典侵蚀,并有串通州县书吏、人役舞弊各情事,宗室应在京控告。已告假外出者,应回京控告,不准在州县涉讼。案内有应讯人证,由本府勒限饬提解京审办。有须眼同勘丈者,呈明四至,令家人前往勘丈;无家人,由本府行文令该州县官亲往代勘。不准任听庄头、佃户迁延蒙混,以致案久不结。_{如宗室内有令妇女出控,径赴他衙门渎者,无论所控曲直,均将伊夫男钱粮酌罚示惩。}应行提审者,由府行文该管地方,予限一月,即将要证饬提解京讯办。倘限满不到,由本府予限咨行该督,严饬地方官于限内提集人证解京审办。倘再逾限,本府行文该督查取职名送府,咨部先行议处,仍勒限赶紧提解人证。若逾三限,仍复徇庇稽迟,即由本府奏交该督指名严参,以儆疲玩。_{光绪十六年(1890年)奏准章程由户部核办,现遵章改归大理院会办。其与旗民无涉者,由府核办。}

《钦定宗室觉罗律例》卷下

《钦定宗室觉罗律例》卷下目录(略)

Z.18 一、宗室滋事送府暂行收管

凡宗室在外滋生事端,应行送府收管者,无论何处送到,总以该族出具识认报本,实系该族宗室,由本府当月官员派令皂役及该族族学长在署中看管,不准自行出入及时常来人看视。如该宗室家属来看,经该族学长回明当月官员,实系伊家亲丁,方准往看,看视后即令来看之人出署,不准在署久停。倘有收管之宗室案情重大,或在署不遵约束,应由当月官员禀明本府各堂咨取锁拷,即将该宗室拘管,方为严密。如未经定案之前,无论案情轻重,罪非定至圈禁者,不得率行送入空室,以明法律。若各族中有宗室妇女犯案送府看管者,查本府空室房间无多,而又无女差看守,似属不成事体,应即仍交该族领回,设法安置。如有宗室妇女情罪重大,族中不能领回,必须在署看管,应先行禀明各堂,由法部咨取伴婆二、三名,俟伴婆送到,再将该妇女设法收管。其余犯寻常案件之宗室妇女,不得擅行收管,以靖府署而归定制。

Z.19 一、盛京宗室觉罗包庇棍徒者应分别由盛京酌加圈禁

凡盛京宗室、觉罗,如经外来棍徒投托,知情为之护庇,或任令横河拦缆扰累、肆行抢夺,或在河沟道口,借搭桥为名,把持地方,向过往车辆任意讹索,如宗室、觉罗知情护庇,主使棍徒不法,均应由盛京加圈禁二年。

Z.20 一、城外居住之宗室觉罗一体编查保甲

凡宗室、觉罗有在城外居住者,应由该管地方官编查,列入甲册,随时查核。其有复移入城居住者,应自行呈明该地方官,将甲册之名裁撤。倘于编查时不遵约束,或查有不安本分及任意容留闲杂人等,即由该地方官查其情节较轻者,咨呈宗人府派员究办;其情节较重者,即由该地方官奏闻,咨送本府请旨办理。

Z.21 一、按季出示晓谕宗室（觉罗同。）有捏控借端讹诈概置不问设立绰号汉姓酌量惩办

凡宗室（觉罗同。）有捏控借端讹诈,并无故扰害铺商等事,一经到府,不论是否曲直、有无情弊,概置不问,由府照违制律分别折罚办理,以儆效尤。又有素不安分,兼有绰号,或称黄姓、赵姓者,由领府事王等查照定例惩戒,并究明引诱怂恿之人,咨院惩办。倘该宗室挟嫌妄指,从重惩办。若实系被人引诱,将该宗室应行惩办之处,核其情节轻重,酌量办理。以上各情节,并凡有系属不干己事,稍涉讹诈不遂,借端起衅者,无论何处控告,但将该宗室送府,即由府自行惩办。若罪应发遣,亦即由府酌定配所,奏明请旨,将该宗室先行照发遣条例咨送法部起解。被告之人均毋庸传讯。每年除按季由府刊刷叠次钦奉谕旨,咨送八旗都统、步军统领衙门出示晓谕外,并传知远近各支族学长等转谕所属宗室一体知悉。原注:并应晓谕军民人等,倘有被宗室扰害讹诈者,准其据实呈诉。番役人等遇有宗室不法者,准其立即严拿送官究治。

Z.22 一、空房圈禁宗室（觉罗同。）事宜

凡空房之设,专为宗室有犯应徒、流、军等罪者,应按年限月份折圈以抵免。觉罗同。有犯斩、绞监候等罪者,应监禁空房以代监牢。觉罗有犯应死罪者,由法部核办。有犯圈禁三年,或六年,或永远圈禁及锁禁等罪者,应各按罪名拘禁,以示惩警。以

上应圈人犯收禁时,由两司按翼出具印付送赴空房圈禁;释放时,由两司按翼出具印付提交该族领回。至空房内一切事宜条款,悉遵节次奏定章程,仍应遵照旧例办理。

Z.23 一、移居宗室眷属不准回京

凡移居宗室,原注:又有因获咎之后改为移居者。应在营世居,不准回京复归京族,以符定制。原注:如因年幼无依,告随伊父配所,及发遣宗室奉旨令其眷属同往者,其本身故后,准其子嗣、眷属回京。

Z.24 一、发遣宗室眷属呈请就养

凡宗室、觉罗因案发遣盛京,伊眷属在京无依,呈请情愿一并移居就养,由府声明情节,请旨办理。

Z.25 一、宗室发遣释回分别居住未经释回不准奏请

凡宗室缘事发往,若遇恩旨,由盛京释回者,即令其回京居住;由吉林、黑龙江释回者,即令其在盛京移居宗室公所居住。若未经释回以前,不准该将军等将其到配三年期满之处具奏。

Z.26 一、圈禁宗室觉罗呈请暂行释回治丧

凡宗室、觉罗因案圈禁空室,伊父母病故无人治丧,由族呈请暂行释回穿孝,本府核其情节可以释回者,声明请旨。如蒙允准,由族出具图片,暂行领回。百日服满,即送交本府补行圈禁。

Z.27 一、移居宗室得有官职复归京族

凡移居宗室,应在营世居,不准回京复归京族。如移居后当差出力,得有官职,可否将本身及眷属等复归京族,由府请旨。

Z.28 一、宗室觉罗走失

凡宗室、觉罗走失报府,由府予限饬该族族学长暨其家属赶紧寻觅。每限二十日。三限无获,奏闻请旨查拿。如走失日久,族学长并未呈报,一经查出,抑或别经发觉,奏闻时,酌量情形,罚其奖赏。族学长系官,应将议叙扣除,以示惩儆。其由族学长查出,即时呈报者,照自行检举例宽免。缉获到日,讯明情节,照例办理。

Z.29 一、盛京监禁宗室给予炉火银两

凡宗室因案犯斩、绞罪名及牢固监禁者,发往盛京刑部监禁。除应食囚粮外,照依圈禁空室之例,给予炉火银两。

Z.30 一、红带子紫带子犯案照旗人治罪免其照旗人销档

凡革退宗室红带子、革退觉罗紫带子犯案,除系习教等重情应另行奏明、请旨办理外,其有犯寻常罚金、徒、流、军以及绞、斩等罪者,均由大理院照旗人之例科断。惟遇有应照旗人之例销除旗档案件,应免其销档,仍准系束红带、紫带,但此后不准给与养赡钱粮,并一切优恤旗人之典,均不准给与。

Z.31 一、宗室^{觉罗同。}妇女出名具呈分别准理不准理

凡宗室^{觉罗同。}妇女自行出名具呈者,除系呈送忤逆,准其照向例讯办外,其余事件,概不准理。接收其呈词者,照擅受例参处。若实有冤抑之处,应令其成丁兄弟子侄或母家至戚抱告;无亲丁者,遣家人抱告,始准官为伸理。所控虚诬,罪坐抱告。倘究出虚诬时,该妇女复行出名刁控或自行赴案上堂逞刁,以及拟结后哓哓渎控者,无论所控曲直,均照违制律。有夫者,罪坐其夫。无夫者,罪坐其子。夫与子俱无者,折罚其孀妇钱粮。^{原注:如宗室本有夫男,转令妇女出控,径赴部堂具呈哓渎者,查明该夫男旗分、官名,酌量罚伊钱粮。}

Z.32 一、宗室发遣给与车辆

凡宗室有犯罪至遣戍者,奉旨后,由府备文解往法部,由法部给予大车一辆,勒令即日起解,速赴配所,到配毋庸给予房间及房租银两钱文。

Z.33 一、发遣宗室觉罗子嗣随往配所分别给与钱粮

凡发遣宗室、觉罗,其子嗣无罪,情愿随往配所者,及岁时,按移居之人每月给与全分钱粮。其子嗣有罪,一同发往配所者,及岁时,按发遣之人每月给与半分钱粮,均由该督自行筹划办理,以资养赡。

一、宗室觉罗私生子女分别给带 {Z.34}

凡宗室、觉罗私生子女，由族查出，呈报到府，或因案发觉，除将该宗室、觉罗照例科罪外，其所生子女，本府另档存记，宗室之子给以红带，觉罗之子给以紫带，交旗编入佐领安置，以备查核。

一、宗室（觉罗同。）与汉人结亲 {Z.35}

凡宗室（觉罗同。）与汉人结亲者，已奉懿旨化除畛域，勿庸援违制律治罪。

一、宗室觉罗不准与下五旗包衣结亲 {Z.36}

凡宗室、觉罗，不准与下五旗包衣结亲，违者，照违制律治罪。

一、宗室觉罗犯罪时系带不系带分别治罪 {Z.37}

凡宗室、觉罗犯罪时，系黄、红带者，依宗室、觉罗例办理。如系蓝带及不系带者，一经犯案到官，即照常人例治。（如审明该宗室等未与人争较，偶然忘系，而常人借此有意寻衅，并盛夏之时，不在此限。）

一、宗室因分产各项案件由府分别判断 {Z.38}

凡宗室遇有因分产并争论蓝甲祭田地租各案，以及因族务琐细事故争执无罪可科者，应由本府持平判断，或传族分别自行清理，永著为令。

一、宗室觉罗诈生子女及生女捏报生男 {Z.39}

凡宗室、觉罗捏报生有子女，或生女捏报生男者，照违制律治罪。

一、宗室觉罗抱养异姓子女为亲生子女以乱宗支 {Z.40}

凡宗室、觉罗本身并未生有子女，将异姓子女捏报亲生，混乱宗支者，照违制律加等治罪。

一、宗室觉罗冒领恩赏 {Z.41}

凡宗室、觉罗并未病故，及娶妻嫁女各情事，捏报希图冒领恩赏者，依不枉法赃各主者通算折半科罪，（如该宗室等已经呈报，即将捏报之族学长加等治罪。）原领恩赏追缴。

Z.42 一、宗室残废不据实呈报

凡宗室残废,应食终身二两养赡钱粮。若年终考验并不声明,倩人代替,希图蒙混支领三两钱粮者,将该宗室处七等罚。_{如该宗室已经声明,该族学长并不据实呈报,即将该族学长加等处罚。}

Z.43 一、宗室觉罗等冒领钱粮

凡宗室、觉罗暨宗室、觉罗孀妇病故,以及宗室、觉罗孤女出聘后,均应裁撤养赡钱粮。若不呈报裁撤,希图冒领,仍旧支食者,宗室觉罗处七等罚,孀妇孤女处六等罚,_{如该宗室觉罗等已经声明,该族学长并不据实呈报,即将该族学长加等处罚。}原领钱粮追缴。

Z.44 一、宗室觉罗孀妇过继有子冒领养赡钱粮

凡宗室觉罗故后无子,伊妻原有孀妇钱粮以资养赡。俟过继有子,即将养赡钱粮裁撤。若该孀妇不随时声明裁撤,希图仍旧支领养赡钱粮者,处七等罚,_{如该孀妇已经声明,该族学长不随时呈报裁撤,即将该族学长加等处罚。}原领钱粮追缴。

Z.45 一、宗室犯案应照刑律判断遵本府定例分别折拟

凡宗室犯案到官,应遵刑律判断,由本府遵照定例折拟。如与定例不适宜者,通按《现行刑律》《新刑律》办理。

《钦定宗室觉罗律例》附卷上

《钦定宗室觉罗律例》附卷上目录(略)

Z.46 一、宗室觉罗犯《禁烟条例》分别折罚圈禁①

凡宗室、觉罗有犯《禁烟条例》者,宜遵照条例处罚。惟宗室、觉罗一经犯案,该管地方官即时咨明本府,会同按表分别折罚办理。

---

① "《钦定宗室觉罗律例》总目"中,本条例目题为"宗室觉罗犯《禁烟条例》分别折罚圈禁办法"。

附：折罚表

等　　级	罪　　名	年　　限	改折圈禁期限
一等有期徒刑	十年以上 十五年以下	十　年	五　　年
		十一年	五年六月
		十二年	六　　年
		十三年	六年六月
		十四年	七　　年
		十五年	七年六月
二等有期徒刑	十年未满 五年以上	九年六月	四年九月
		九　年	四年六月
		八　年	四　　年
		七　年	三年六月
		六　年	三　　年
		五　年	二年六月
三有期徒刑	五年未满 三年以上	四年六月	二年三月
		四　年	二　　年
		三年六月	一年九月
		三　年	一年六月
四等有期徒刑	三年未满 一年以上	二年六月	一年三月
		二　年	一　　年
		一年六月	九　　月
		一　年	六　　月
五等有期徒刑	一年未满 二月以上	十一月	五月十五日
		十　月	五　　月
		九　月	四月十五日
		八　月	四　　月
		七　月	三月十五日
		六　月	三　　月
		五　月	二月十五日
		四　月	二　　月
		三　月	一月十五日
		二　月	一　　月

Z.47　**一、宗室觉罗犯《违警律》折罚养赡钱粮**

凡宗室、觉罗有犯违警律者，由该管官遵律处罚，并将处罚判结理由申送本府，由府按表分别折罚办理。

---

① "《钦定宗室觉罗律例》总目"中，本条例目题为"宗室觉罗犯《违警律》折罚养赡钱粮办法"。

附：折罚表

等级	数目	折罚银两数目	折罚养赡钱粮日期	
			宗室三两	宗室二两觉罗同
十五元以下 十元以上	十元	六、七	二月七日	三月十日
	十一元	七、三七	二月十四日	三月二十日
	十二元	八、〇四	二月二十日	四　月
	十三元	八、七一	二月二十七日	四月十日
	十四元	九、三八	三月四日	四月二十日
	十五元	一〇、	三月十日	五　月
十元以下 五元以上	五元	三、三五	一月四日	一月二十日
	六元	四、〇二	一月十日	二　月
	七元	四、六九	一月十七日	二月十日
	八元	五、三六	一月二十四日	二月二十日
	九元	六、〇三	二　月	三　月
五元以下 一角以上	一角	、〇六七	一　日	一　日
	二角	、一三四	一　日	二　日
	三角	、二〇一	二　日	三　日
	四角	、二六八	三　日	四　日
	五角	、三三五	三　日	五　日
	六角	、四〇二	四　日	六　日
	七角	、四六九	五　日	七　日
	八角	、五三六	五　日	八　日
	九角	、六〇三	六　日	九　日
	一元	、六七	七　日	十　日
	二元	一、三四	十三日	二十日
	三元	二、〇一	二十日	一　月
	四元	二、六八	二十七日	一月十日

Z.48　一、宗室觉罗查照秋审办法

凡宗室^{觉罗同。}如有犯死罪案件，应查照奏定《秋审条款》，详细拟勘。

《钦定宗室觉罗律例》附卷下

《钦定宗室觉罗律例》附卷下目录（略）

Z.49 一、宗室觉罗充当陆军差使有犯照陆军定章治罪

凡宗室、觉罗充当陆军军人、军属有犯奏定陆军各项法规章程或《现行刑律》所揭各罪及非陆军军人、军属有犯应与陆军军人、军属同论者,均依本章程以陆军军法会审审判之。其陆军官署、军人、军属受有损害之附带私诉,亦以陆军军法会审审判之。惟宗室、觉罗一经犯罪,应由该部知照本府,以备查核。

附录四 《钦定大清现行刑律》律例全目
(附《秋审条款》《钦定宗室觉罗律例》全目)

1 名例

1.1 五刑

- 1.1.(1) 〔罚金刑无力完缴收所工作〕
- 1.1.(2) 〔妇女犯该徒流遣论赎及无力完缴折工〕
- 1.1.(3) 〔关系十恶犯奸等项应处罚金改拟工作〕
- 1.1.(4) 〔刑讯用竹板及竹板尺寸〕
- 1.1.(5) 〔刑具不得任意私设〕
- 1.1.(6) 〔职官军民犯徒流以上捐赎〕

1.2 十恶

1.3 八议

1.4 应议者犯罪

- 1.4.(1) 〔宗室觉罗犯案审理机构〕
- 1.4.(2) 〔宗室觉罗二次犯流〕
- 1.4.(3) 〔宗室觉罗人等串结捏控〕
- 1.4.(4) 〔已革宗室觉罗有犯〕
- 1.4.(5) 〔系黄红带之宗室觉罗犯罪〕
- 1.4.(6) 〔宗室缘事发遣遇赦〕
- 1.4.(7) 〔宗室犯事到官俱先摘去顶戴〕
- 1.4.(8) 〔宗室觉罗妇女呈控〕
- 1.4.(9) 〔宗室犯圈禁之罪〕

1.5 应议者之父祖有犯

1.6 职官有犯

- 1.6.(1) 〔犯官奏参提讯〕
- 1.6.(2) 〔犯官革后另犯之罪〕
- 1.6.(3) 〔被参审虚开复〕
- 1.6.(4) 〔进士举人并贡监生员及一切有顶戴官等有犯〕
- 1.6.(5) 〔文武生员贡监生有犯〕
- 1.6.(6) 〔僧道官及僧道有犯〕
- 1.6.(7) 〔大小土官有犯〕

1.7 文武官犯公罪

1.8 文武官犯私罪

1.9 犯罪得累减

1.10 以理去官

- 1.10.(1) 〔致仕及封赠官〕

1.11 无官犯罪

- 1.11.(1) 〔无官犯赃有官事发有官犯赃黜革事发〕

1.12 除名当差

- 1.12.(1) 〔革职各官封赠分别夺免〕

1.13 常赦所不原

- 1.13.(1) 〔关系军机兵饷〕
- 1.13.(2) 〔侵盗钱粮拟绞监候之犯〕
- 1.13.(3) 〔诬告叛逆及捕役诬陷无辜〕
- 1.13.(4) 〔以赦前事告言人罪〕
- 1.13.(5) 〔文武官员等犯奸盗诈伪等罪〕
- 1.13.(6) 〔拟徒官犯及人命徒犯遇赦〕
- 1.13.(7) 〔触犯祖父母父母发遣之犯〕
- 1.13.(8) 〔触犯祖父母父母发遣圈禁之犯遇亲病故〕

1.13.(9) 〔直省雨泽愆期清理刑狱〕

1.13.(10) 〔三流安置人犯遇有减等恩旨〕

1.13.(11) 〔在徒人犯遇赦减等〕

1.14 犯罪存留养亲

1.14.(1) 〔遣流以下人犯告称留养〕

1.14.(2) 〔捏报死遣流徒各犯留养〕

1.14.(3) 〔秋审矜缓旧事缓决声请留养〕

1.14.(4) 〔殴妻致死之犯声请留养承祀〕

1.14.(5) 〔卑幼殴死有服尊长而亲老丁单者〕

1.14.(6) 〔故杀卑幼之犯亲老丁单〕

1.14.(7) 〔被杀之人亲老丁单凶犯不准留养〕

1.14.(8) 〔兄弟共犯酌留养亲〕

1.14.(9) 〔忘亲不孝之人不准留养〕

1.14.(10) 〔赦款得原流遣人犯声请留养〕

1.15 徒流人又犯罪

1.15.(1) 〔流遣发配人犯滋生事端〕

1.16 老小废疾收赎

1.16.(1) 〔年逾七十人犯秋审可矜减流收赎〕

1.16.(2) 〔七十以上十五以下废疾犯流以下收赎后再犯〕

1.16.(3) 〔瞎一目之人犯徒流遣等罪〕

1.16.(4) 〔笃疾杀人减流收赎〕

1.16.(5) 〔十五岁以下致毙人命分别死者年龄情伤减流拟绞〕

1.16.(6) 〔教令七岁以下九十以上犯罪〕

1.17 犯罪时未老疾

1.18 给没赃物

1.18.(1) 〔隐瞒罚金赎银〕

1.18.(2) 〔追罚变赃赎银两承追例限〕

1.18.(3) 〔违例入官房屋〕

1.18.(4) 〔无主及不应给主之窃盗赃〕
1.18.(5) 〔入官什物之变卖〕
1.18.(6) 〔入官田房产业售买〕
1.18.(7) 〔比追抢夺窃盗之赃〕
1.18.(8) 〔应追官员因公核减借欠等项〕
1.18.(9) 〔亏空贪赃官吏应追赔银两〕
1.18.(10) 〔缘事查抄而兄弟未经分产者〕
1.18.(11) 〔侵贪本犯身故监追其子〕
1.18.(12) 〔现获强窃盗赃不足原失将盗犯家产变赔〕
1.18.(13) 〔命案内减等人犯应追埋葬银〕
1.18.(14) 〔断付死者之财产〕

1.19 犯罪自首

1.19.(1) 〔亲属首告〕
1.19.(2) 〔律得容隐亲属首告强盗〕
1.19.(3) 〔强盗同居父兄等人出首〕
1.19.(4) 〔被虏从贼乘间来归〕
1.19.(5) 〔因变逸出重囚自行投归〕
1.19.(6) 〔越狱限内投首〕
1.19.(7) 〔强盗自首追赔〕
1.19.(8) 〔诱拐之犯自首〕
1.19.(9) 〔脱逃遣流人犯投回〕
1.19.(10) 〔闻拿投首〕
1.19.(11) 〔强窃盗犯捕役带同投首〕

1.20 二罪俱发以重论

1.20.(1) 〔律不应拟抵之人命案件致死三命者〕

1.21 犯罪共逃

1.22 同僚犯公罪

1.23 公事失错

1.24 共犯罪分首从
    1.24.(1)〔父兄子弟共犯奸盗杀伤〕

1.25 犯罪事发在逃
    1.25.(1)〔人命强窃拒捕等案正犯在逃其现获者称逃者为首〕
    1.25.(2)〔死罪输服供词遣流众证无疑定案〕
    1.25.(3)〔现任文武职官负罪潜逃〕
    1.25.(4)〔旗下未经赎放家人逃走〕

1.26 亲属相为容隐

1.27 处决叛军

1.28 蒙古及入国籍人有犯
    1.28.(1)〔内外蒙古死罪案件〕
    1.28.(2)〔青海蒙古人有犯死罪〕
    1.28.(3)〔蒙古与民人交涉之案〕
    1.28.(4)〔蒙古地方抢劫案件〕
    1.28.(5)〔苗蛮獞猺犯罪例无专条者〕

1.29 本条别有罪名

1.30 加减罪例
    1.30.(1)〔流置以下人犯不得擅拟发往新疆〕

1.31 称乘舆车驾

1.32 称期亲祖父母

1.33 称与同罪

1.34 称监临主守

1.35 称日者以百刻

1.36 称道士女冠

1.37 断罪依新颁律

1.37.(1) 〔问刑衙门引拟失当移情就例〕

1.38 断罪无正条

1.38.(1) 〔律例本有正条而任意删减〕

1.39 五徒三流二遣地方

1.39.(1) 〔流寓京外各省民人犯徒流安置〕

1.39.(2) 〔流置人犯发配〕

1.39.(3) 〔各省应发烟瘴人犯〕

1.39.(4) 〔流遣人犯盛暑严寒停解〕

1.39.(5) 〔回民犯罪应发极边新疆者〕

1.39.(6) 〔徒流安置人犯收所工作〕

1.39.(7) 〔新疆民人犯遣改发〕

1.39.(8) 〔强盗抢匪等项人犯流置外遣〕

1.39.(9) 〔苗蛮猺獞夷猓人等有犯流置〕

1.39.(10) 〔发遣新疆人犯〕

1.39.(11) 〔发往新疆种地人犯不能耕种者〕

1.39.(12) 〔军台效力文武员弁呈缴台费〕

1.39.(13) 〔发遣新疆效力废员〕

1.39.(14) 〔遣流人犯发配到配专咨报部〕

2 职制

2.40 官员袭荫

2.40.(1) 〔世职犯十恶军机死罪免死安置枉法侵盗等案〕

2.40.(2) 〔以乞养子等冒袭及用财买嘱冒袭〕

2.40.(3) 〔诈称父亡冒袭官职〕

2.40.(4) 〔通事及色目人等拨置不该承袭之人争袭土官〕

2.40.(5) 〔銮仪卫校尉缺出替补〕

2.41 滥设官吏

2.42 **信牌**

 2.42.(1) 〔差票务须随时缴销〕

2.43 **贡举非其人**

2.44 **举用有过官吏**

 2.44.(1) 〔不准保升捐复并永不叙用文武各员等改名弊混以图选用〕

 2.44.(2) 〔被革官吏贡监易名复捐〕

 2.44.(3) 〔犯侵盗钱粮等罪衙役复入应役〕

2.45 **擅离职役**

2.46 **擅勾属官**

2.47 **交结近侍官员**

 2.47.(1) 〔罢闲官吏擅入禁门交结〕

 2.47.(2) 〔现居外任各旗王公所属不许私谒通问〕

2.48 **上言大臣德政**

 2.48.(1) 〔百姓保留督抚及督抚等官授意保留〕

3 公式

3.49 **讲读律令**

3.50 **制书有违**

3.51 **弃毁制书印信**

 3.51.(1) 〔府州县官交代遗漏隐匿案卷〕

 3.51.(2) 〔奉行条例汇齐造册〕

 3.51.(3) 〔臬司卷宗词讼造册钤印移交〕

3.52 **上书奏事犯讳**

3.53 **事应奏不奏**

 3.53.(1) 〔京控之案核审咨奏〕

3.53.(2)〔各省寻常命盗死罪案件汇案具奏〕
3.53.(3)〔例应从一科断命盗等案归一具奏〕
3.53.(4)〔职官自尽专折奏闻〕
3.53.(5)〔州县官不行详报小民疾苦〕

3.54 **出使不复命**

3.55 **官文书稽程**

3.55.(1)〔内外衙门公事程限〕
3.55.(2)〔部院应行事件批行〕
3.55.(3)〔大理院寻常移咨外省案件依限查复〕
3.55.(4)〔报部难结事件通缉已届三十年〕
3.55.(5)〔州县承审案件犯证患病扣限〕
3.55.(6)〔州县承审命案详情检验驳查扣限〕

3.56 **同僚代判署文案**

3.56.(1)〔部院司员诿不画押及堂官逼勒〕

3.57 **增减官文书**

3.58 **漏使印信**

3.58.(1)〔添改稿案俱钤印〕
3.58.(2)〔奏销册内漏印及洗补添注〕

3.59 **擅用调兵印信**

3.59.(1)〔以官印用于私书〕

4 **户役**

4.60 **脱漏户口**

4.60.(1)〔直隶各省编审〕

4.61 **人户以籍为定**

    4.61.(1) 〔宛大两县人员出仕同乡京官出结〕

    4.61.(2) 〔旗人犯窝窃等罪销除旗档〕

    4.61.(3) 〔旗下家奴概听赎身为民〕

    4.61.(4) 〔营业不正身家不清白不准入考捐监〕

4.62 **私创庵院及私度僧道**

    4.62.(1) 〔户内不及三丁或十六以上出家〕

    4.62.(2) 〔僧道招徒〕

    4.62.(3) 〔僧道犯罪还俗原籍安插〕

    4.62.(4) 〔僧纲道纪举报僧道为匪不法〕

4.63 **立嫡子违法**

    4.63.(1) 〔无子立嗣及立嗣后生子〕

    4.63.(2) 〔嗣子不得于亲听其告官别立〕

    4.63.(3) 〔应继之人有嫌及应为其子立后者〕

    4.63.(4) 〔无子守志合承夫分凭族长择继〕

    4.63.(5) 〔乞养异姓义子情愿归宗〕

    4.63.(6) 〔争继酿成命案争继房分不准继嗣〕

4.64 **收留迷失子女**

4.65 **赋役不均**

    4.65.(1) 〔绅衿齐民一体编次保甲〕

    4.65.(2) 〔七十以上许一丁侍养〕

4.66 **禁革主保里长**

4.67 **点差狱卒**

4.68 **私役部民夫匠**

4.69 **别籍异财**

    4.69.(1) 〔父母许令分析〕

4.70 **卑幼私擅用财**

    4.70.(1) 〔分析家财以子数均分〕

    4.70.(2) 〔户绝财产〕

4.71 **收养孤老**

    4.71.(1) 〔直省州县所属养济院收养孤贫〕

5 田宅

5.72 **欺隐田粮**

    5.72.(1) 〔宗室田产管庄人恃强不纳差粮〕

    5.72.(2) 〔自己应纳钱粮洒派别户〕

    5.72.(3) 〔里书飞洒诡寄税粮〕

    5.72.(4) 〔州县征收粮米完纳给票〕

5.73 **检踏灾伤田粮**

    5.73.(1) 〔前往被灾地方售卖米船免其纳税〕

    5.73.(2) 〔冲坍沙洲地亩以涨地拨补〕

    5.73.(3) 〔侵吞赈灾及蠲免钱粮〕

5.74 **功臣田土**

5.75 **盗卖田宅**

    5.75.(1) 〔丈量开垦永行停止〕

    5.75.(2) 〔告争坟山〕

    5.75.(3) 〔投献捏卖田产及祖坟山地〕

    5.75.(4) 〔子孙盗卖祖遗祀产义田宗祠〕

    5.75.(5) 〔雇工庄头盗卖伊主田产房屋〕

    5.75.(6) 〔强占典卖屯田〕

5.75.(7)〔将公共山场私召异籍之人搭棚开垦者〕

5.76 典买田宅

5.76.(1)〔争财赎产以五年为限〕

5.76.(2)〔卖产立有绝卖文契不准找赎〕

5.76.(3)〔典契卖契分别注明回赎及绝卖字样〕

5.76.(4)〔州县官征收田房税契〕

5.77 盗耕种官民田

5.78 荒芜田地

5.79 弃毁器物稼穑等

5.80 擅食田园瓜果

5.81 私借官车船

6 婚姻

6.82 男女婚姻

6.82.(1)〔禁指腹割襟为婚〕

6.82.(2)〔嫁娶皆由主婚及定婚未成亲而身故〕

6.82.(3)〔招婿明立婚书并仍立继〕

6.82.(4)〔女家悔婚男家强抢〕

6.83 典雇妻女

6.83.(1)〔将妻女姊妹嫁卖后领回抢回〕

6.84 妻妾失序

6.85 逐婿嫁女

6.86 居丧嫁娶

6.86.(1)〔孀妇守志卑幼尊长强卖强嫁〕

6.86.(2)〔孀妇改嫁主婚〕

6.87 父母囚禁嫁娶

6.88 尊卑为婚

6.88.(1) 〔男女尊卑相犯情犯稍有可疑〕

6.89 娶亲属妻妾

6.90 娶部民妇女为妻妾

6.91 娶逃走妇女

6.92 强占良家妻女

6.92.(1) 〔强夺良家妻女奸占为从〕

6.92.(2) 〔强夺良家妻女中途夺回及妇女并亲属羞忿自尽〕

6.92.(3) 〔强夺良人妻女转卖投献〕

6.92.(4) 〔聚众伙谋抢夺妇女〕

6.92.(5) 〔聚众伙谋抢夺兴贩妇女〕

6.92.(6) 〔聚众伙谋抢夺曾经犯奸妇女〕

6.93 娶娼妓为妻

6.94 僧道娶妻

6.95 出妻

6.95.(1) 〔妻犯七出有三不去之理〕

6.95.(2) 〔期约五年无过不娶及夫逃亡三年不还〕

6.96 嫁娶违律主婚媒人罪

6.96.(1) 〔使女年至二十五不行婚配〕

6.96.(2) 〔嫁娶违律应行离异者与其夫及夫之亲属有犯〕

6.96.(3) 〔未经挑选旗女私行许聘〕

7 仓库

7.97 钱法

7.97.(1) 〔行用铜圆任意折减及抗不收使〕

7.98 **收粮违限**

    7.98.(1) 〔文武乡绅进士举生贡监及有顶戴人员欠纳钱粮〕

    7.98.(2) 〔兵役上司书役抗粮不纳〕

7.99 **多收税粮斛面**

    7.99.(1) 〔匪徒盘踞打搅仓场〕

7.100 **隐匿费用税粮课物**

7.101 **揽纳税粮**

7.102 **虚出通关朱钞**

    7.102.(1) 〔州县交代钱粮亏空米谷霉变及抑勒交盘〕

7.103 **附余钱粮私下补数**

7.104 **私借钱粮**

    7.104.(1) 〔绅衿牙行人等捏领仓谷入己〕

    7.104.(2) 〔地方荒歉出借米谷籽种等项人亡产绝奏请豁免〕

    7.104.(3) 〔违例开销款额上司抑勒摊派〕

    7.104.(4) 〔州县亏空钱粮其民欠等项限内官员代完复职〕

    7.104.(5) 〔亏空人员欠项以有印领者开抵〕

7.105 **私借官物**

7.106 **挪移出纳**

    7.106.(1) 〔州县垫办军需公务完后申报〕

    7.106.(2) 〔各省仓谷减价平粜后买补及遇州县交代〕

    7.106.(3) 〔前任官私粜亏缺仓粮折银交代奏参〕

    7.106.(4) 〔上司逼勒所属挪移库银首告赴控〕

    7.106.(5) 〔挪移库银依银数治罪及限内全完免减〕

    7.106.(6) 〔州县亏空行查原籍任所家产以备变完〕

    7.106.(7) 〔府州县亏空仓谷治罪并勒追赔补〕

7.106.(8) 〔亏空之案审出民欠挪垫〕

7.106.(9) 〔追赔还官银两浮多给还〕

7.107 库秤雇役侵欺

7.107.(1) 〔书吏侵蚀漕粮米石〕

7.108 冒支官粮

7.109 钱粮互相觉察

7.109.(1) 〔侵盗钱粮案内隐匿故纵各犯正犯完赃减免〕

7.110 仓库不觉被盗

7.111 守支钱粮及擅开官封

7.112 出纳官物有违

7.112.(1) 〔采买仓粮及驿需草豆不得派发里递〕

7.113 收支留难

7.113.(1) 〔解部钱粮物料当该官吏不即掣批及书役索诈〕

7.113.(2) 〔各仓书役等勒索得财及已革书役影射把持〕

7.114 起解金银足色

7.115 损坏仓库财物

7.115.(1) 〔州县米谷霉烂勒限赔补及交代仓廒毁烂倾圮〕

7.116 转解官物

7.116.(1) 〔解饷兵役中途私回〕

7.116.(2) 〔解饷失鞘文员分赔〕

7.116.(3) 〔押鞘失事兵役分别治罪〕

7.116.(4) 〔解役潜行小路不请拨护〕

7.116.(5) 〔委解铜斤颜料违不按运更换及收铜舞弊〕

7.116.(6) 〔解运铜斤因循怠惰〕

7.117 拟断赃罚不当

  7.117.(1) 〔查估追变之员勘报不实瞻徇延缓〕

  7.117.(2) 〔侵盗赃着落犯妻及未分家之子名下追赔〕

7.118 守掌在官财物

7.119 隐瞒入官家产

  7.119.(1) 〔隐匿侵盗案内入官财产计值坐赃〕

  7.119.(2) 〔官员赃赔各项无产可追由原籍奏豁〕

  7.119.(3) 〔欠帑人员力不能完不得株连分居亲族人等〕

  7.119.(4) 〔坟地祭产免予亏空入官〕

8 课程

8.120 盐法

  8.120.(1) 〔越境兴贩官司引盐〕

  8.120.(2) 〔聚众十人以上持械兴贩私盐杀伤人〕

  8.120.(3) 〔贩私盐徒装点客商被格伤后挟制控告〕

  8.120.(4) 〔收买肩贩官盐越境货卖拒捕杀伤〕

  8.120.(5) 〔贫难小民等买盐挑卖〕

  8.120.(6) 〔巡盐兵捕夹带私贩〕

  8.120.(7) 〔贩私盐犯拒不实供买自何人何地〕

  8.120.(8) 〔拿获私盐车船头匹等项分别给赏充公〕

  8.120.(9) 〔运盐船户盗卖商盐及押运商厮通同盗卖〕

  8.120.(10) 〔埠头朦揽扣克致船户盗卖商盐〕

  8.120.(11) 〔缉私弁兵准携枪支抵御拒捕枭匪〕

  8.120.(12) 〔盐商雇募巡役报院有名缉私杀伤〕

  8.120.(13) 〔盐商雇募巡役不许私带枪支〕

  8.120.(14) 〔盐船大江失风失水〕

  8.120.(15) 〔引盐淹消报勘核补及捏报勒索〕

8.121 **私茶**

    8.121.(1) 〔做造假茶及店户窝顿〕

    8.121.(2) 〔甘肃茶商赴楚买茶搭行印票及多带私茶〕

8.122 **匿税**

    8.122.(1) 〔权豪把持搅扰商税〕

    8.122.(2) 〔奉天军民兴贩私酒进边〕

    8.122.(3) 〔奉天烧锅协查兴贩私酒〕

    8.122.(4) 〔奉天烧锅高价卖酒及偷运边酒〕

    8.122.(5) 〔奉天沿边店铺收买零酒〕

8.123 **人户亏兑课程**

    8.123.(1) 〔奸牙地棍假称京员名帖或京员子弟执持父兄名帖讨关〕

9 **钱债**

9.124 **违禁取利**

    9.124.(1) 〔监临官吏于部内举放钱债典当财物〕

    9.124.(2) 〔佐领等在管下及民人向八旗兵放印子钱而指扣钱粮〕

    9.124.(3) 〔听选官吏人等与债主保人同赴任所取偿〕

    9.124.(4) 〔短票扣折巧取重利〕

9.125 **费用受寄财产**

    9.125.(1) 〔典当及染铺自行失火及邻火延烧分别照成赔偿〕

    9.125.(2) 〔典铺染铺被窃被劫分别照成再赔及酌赔〕

9.126 **得遗失物**

10 **市廛**

10.127 **私充牙行埠头**

    10.127.(1) 〔棍徒顶冒朋充霸开总行久占累商〕

10.127.(2) 〔无帖铺户私分地界违禁把持〕
10.127.(3) 〔土棍人等开立写船保载等行恃强揽载〕
10.127.(4) 〔胥役更名捏姓兼充牙行〕

10.128 市司评物价

10.128.(1) 〔京城平粜时贩卖收买官米及铺户囤积居奇〕

10.129 把持行市

10.129.(1) 〔牙行及无藉之徒用强邀截客货〕
10.129.(2) 〔控追牙行侵欠依其有无中饱分别治罪勒追〕
10.129.(3) 〔把持京城官地井水〕
10.129.(4) 〔内府人员及大臣官员家人霸占要津倚势欺凌及干预词讼肆行非法〕
10.129.(5) 〔衙门公私所需货物不得充用牙行纵役私取〕

10.130 私造斛斗秤尺

10.131 器用布绢不如法

11 祭祀

11.132 祭享

11.133 毁大祀丘坛

11.133.(1) 〔天地等坛内纵畜作践及私种〕

11.134 致祭祀典神祇

11.135 历代帝王陵寝

11.136 亵渎神明

11.137 禁止师巫邪术

11.137.(1) 〔邪教事件讳匿完结从严惩处〕
11.137.(2) 〔求讨布施烧炼丹药夤缘作弊并窝留披剃冠簪〕

11.137.(3) 〔私相传习避刑邪术及代人架刑〕

12 礼制

12.138 合和御药

12.139 乘舆服御物

12.140 收藏禁书

12.141 御赐衣物

12.142 失误朝贺

12.143 失礼

12.143.(1) 〔坛庙祭祀圣驾出入升殿朝会厮役喊叫拥挤〕

12.144 奏对失序

12.145 上书陈言

12.145.(1) 〔台省督抚纠举内外官员〕

12.146 见任官辄自立碑

12.147 禁止迎送

12.147.(1) 〔上司入城过境属员交界迎送〕

12.147.(2) 〔提镇等官赴任属员越境远送〕

12.147.(3) 〔书役迎接新官〕

12.147.(4) 〔属员与上司亲戚子侄交通贿嘱〕

12.148 公差人员欺凌长官

12.148.(1) 〔越礼犯分擅入公堂正门〕

12.149 服舍违式

12.150 僧道拜父母

12.151 失占天象

12.152 术士妄言祸福

12.153 匿父母夫丧

 12.153.(1) 〔官吏丁忧勾问赃罪〕

 12.153.(2) 〔官员匿丧恋职预为出继归宗〕

 12.153.(3) 〔官员生员为生祖母及本生父母之丧〕

12.154 弃亲之任

12.155 丧葬

 12.155.(1) 〔丧葬不许火化〕

 12.155.(2) 〔丧葬严禁演戏〕

12.156 乡饮酒礼

 12.156.(1) 〔乡党叙齿〕

 12.156.(2) 〔乡饮坐叙〕

13 宫卫

13.157 太庙门擅入

13.158 宫殿门擅入

13.159 宿卫守卫人私自代替

13.160 从驾稽违

13.161 直行御道

 13.161.(1) 〔祭祀随扈大臣官员多带跟役及无执事人等妄乱行走〕

 13.161.(2) 〔至下马牌不下〕

 13.161.(3) 〔车马过陵及守陵官民入陵〕

13.162 宫殿造作罢不出

13.163 辄出入宫殿门

13.164 关防内使出入

13.165 向宫殿射箭

13.166 宿卫人兵仗

13.167 禁经断人充宿卫

13.168 冲突仗卫

    13.168.(1) 〔冲突仗卫妄行奏诉及临幸地方妄行呈诉〕

    13.168.(2) 〔细故牵涉人命叩阍案件〕

13.169 行宫营门

13.170 越城

    13.170.(1) 〔京城兵丁城上缒取什物〕

13.171 门禁锁钥

14 军政

14.172 擅调官军

14.173 申报军务

14.174 飞报军情

14.175 漏泄军情大事

    14.175.(1) 〔内外衙门紧要事件密封投递本官亲拆收储〕

14.176 失误军事

14.177 从征违期

14.178 军人替役

14.179 主将不固守

14.179.(1) 〔失误军机奏请处置及侦探军役等被贼杀掳〕
14.179.(2) 〔失守城池专城武职守土州县及同城知府捕盗等官分别治罪〕
14.179.(3) 〔统兵将帅玩视军务〕
14.179.(4) 〔文武员弁无备仓促及重兵畏葸失守要隘〕
14.179.(5) 〔失守城池案内文武员弁如有可原情节酌议减免〕

14.180 纵军掳掠

14.180.(1) 〔凯撤回营兵丁强行携带良民子女逆犯家属及典买民人〕

14.181 不操练军士

14.182 激变良民

14.182.(1) 〔刁恶之徒聚众抗官〕
14.182.(2) 〔直省刁民约会聚众抗粮罢市哄堂殴官敛钱构讼〕

14.183 私卖战马

14.184 私卖军器

14.184.(1) 〔私当收当军器〕

14.185 毁弃军器

14.185.(1) 〔兵丁遗失器械〕

14.186 私藏应禁军器

14.186.(1) 〔私造私买鸟枪洋枪〕
14.186.(2) 〔私贩外洋炮位洋枪洋药等〕
14.186.(3) 〔煎挖窝囤兴贩硝黄〕
14.186.(4) 〔违例售卖火药〕
14.186.(5) 〔苗猺蛮户带刀出入及私藏违禁等物〕

14.187 **纵放军人歇役**

    14.187.(1) 〔擅拨下班军士与人役使〕

14.188 **从征守御官军逃**

14.189 **优恤军属**

15 关津

15.190 **关津留难**

15.191 **盘诘奸细**

    15.191.(1) 〔保甲法〕

    15.191.(2) 〔诓骗苗蛮人等引惹边衅及教诱为乱〕

    15.191.(3) 〔贩卖军器与土司番蛮〕

    15.191.(4) 〔米谷豆麦杂粮偷运外洋〕

    15.191.(5) 〔盘获货物人数不符税单牌票之疑船〕

    15.191.(6) 〔出洋船只编甲保结〕

    15.191.(7) 〔商渔船只书刻字号舵工水手人等给与腰牌〕

    15.191.(8) 〔各色小船印烙编号〕

    15.191.(9) 〔往洋船只倒换照票〕

    15.191.(10) 〔盘获归复乡土人口〕

    15.191.(11) 〔出洋华商人等回籍〕

16 厩牧

16.192 **牧养畜产不如法**

    16.192.(1) 〔解送军营马匹倒毙及有盗卖别情〕

16.193 **孳生马匹**

    16.193.(1) 〔管领游牧马群每三年整顿视其孳生多少分别赏罚〕

16.194 **验畜产不以实**

16.195 养疗瘦病畜产不如法

16.196 乘官畜脊破领穿

  16.196.(1) 〔车驾行幸所需马匹不按时饮喂私自驰骤及倒毙走失损伤〕

16.197 官马不调习

16.198 宰杀马牛

  16.198.(1) 〔买宰堪用牲畜〕

  16.198.(2) 〔宰杀耕牛马匹私开圈店汤锅及贩卖与宰杀之人〕

16.199 畜产咬踢人

16.200 隐匿孳生官畜产

  16.200.(1) 〔盗卖抵换口外群内马匹〕

16.201 私借官畜产

17 邮驿

17.202 递送公文

  17.202.(1) 〔无印信文字不许入递〕

  17.202.(2) 〔马夫沉匿平常及军情机密文书〕

  17.202.(3) 〔遗失递送公文〕

  17.202.(4) 〔法部咨行各省立决人犯公文〕

  17.202.(5) 〔伪造洗用邮票信片及邮差沉匿拆动文报信件〕

  17.202.(6) 〔窃毁电报杆线及聚众拔毁拒捕致伤〕

  17.202.(7) 〔故毁窃毁安设铁轨枕木等致行车出险伤毙人命及聚众拆毁逞凶拒捕〕

17.203 邀取实封公文

17.204 铺舍损坏

17.205 私役铺兵

17.206 **驿使稽程**

17.207 **多乘驿马**

17.207.(1) 〔勘合之外多给夫马及差使硬派民间牲口〕

17.207.(2) 〔扣克差船官价及各衙门乡亲书吏滥捉民船〕

17.208 **多支廪给**

17.209 **文书应给驿而不给**

17.210 **公事应行稽程**

17.210.(1) 〔夫役工匠遇有紧要差使挟制官长扬散误差〕

17.211 **乘驿马赍私物**

17.211.(1) 〔奉差员役随带重包及驿员徇隐〕

17.211.(2) 〔奸商寄托年班进京回子等夹带私货〕

17.212 **私役民夫抬轿**

17.212.(1) 〔非钦差及奉委官员违例妄索民夫〕

17.213 **病故官家属还乡**

17.213.(1) 〔实系穷苦之县丞以下等官参革离任或告病身故回籍〕

17.214 **承差转雇寄人**

17.214.(1) 〔起解人犯兵役派不足数及雇人代解〕

17.215 **乘官畜产车船附私物**

17.216 **私借驿马**

18 **贼盗**

18.217 **谋反大逆**

18.218 **谋叛**

18.218.(1) 〔歃血焚表或聚众结拜弟兄及有抗官拒捕〕

18.218.(2) 〔会匪开堂放飘纠伙散放及勾通教匪煽惑扰害〕

18.218.(3) 〔不逞之徒歃血订盟结连土豪市棍衙役兵丁为害良民〕

18.218.(4) 〔被胁入伙叛犯闻拿投首〕

18.219 造妖书妖言

18.219.(1) 〔狂徒造言捏曲及刊刻传播鄙俚亵慢之词〕

18.219.(2) 〔造印市卖及买看淫亵书画〕

18.220 盗大祀神御物

18.221 盗制书

18.222 盗印信

18.223 盗内府财物

18.223.(1) 〔偷窃大内禁苑各省行宫乘舆服物〕

18.223.(2) 〔盗御宝乘舆服御物及其余内府财物〕

18.223.(3) 〔行窃紫禁城内该班官员人等财物〕

18.224 盗城门钥

18.225 盗军器

18.226 盗园陵树木

18.226.(1) 〔盗采官山土石树木开窑及烧山等〕

18.226.(2) 〔私入红桩火道偷打牲畜及失火延烧草木殿宇墙垣〕

18.226.(3) 〔偷挖人参分别红白青桩治罪〕

18.226.(4) 〔子孙盗卖祖坟树株房屋碑石等物及雇工看坟人等盗卖〕

18.226.(5) 〔盗砍他人坟树〕

18.227 监守自盗仓库钱粮

18.227.(1) 〔监守盗钱粮入己者依银数治罪限内完交减免及身故无产豁免〕

18.228 常人盗仓库钱粮

18.228.(1) 〔窃盗库储银钱仓储漕粮〕

18.229 强盗

18.229.(1) 〔拿获盗犯供出行劫别案〕

18.229.(2) 〔强盗重案交印官审鞫不许捕官私讯捕役私拷〕

18.229.(3) 〔强盗窃犯审明伙盗赃数或行窃次数并确认赃物即分别定拟〕

18.229.(4) 〔封记审实盗犯家产候奏结变赔〕

18.229.(5) 〔拿获别省盗犯即由拿获省份讯明定拟及须移解质审者〕

18.229.(6) 〔地保汛兵隐匿不报强窃盗及首报迟延〕

18.229.(7) 〔捕役兵丁为盗并分赃通贼交结巨盗及奉差承缉走漏消息〕

18.229.(8) 〔事主续报失单及捕役私起赃物诬栽混认瞒赃等弊〕

18.229.(9) 〔事主报盗止许到官听审一次认赃一次〕

18.229.(10) 〔虚诬捏饰盗情及借以陷害平人讹诈官役〕

18.229.(11) 〔地方官员抑勒讳盗或改强为窃〕

18.229.(12) 〔鞫审强盗必须赃证明确〕

18.229.(13) 〔强盗杀人放火行奸打劫狱库干系城衙并积至百人以上俱斩立决〕

18.229.(14) 〔响马强盗执械白日邀劫〕

18.229.(15) 〔强劫及窃盗临时行强执持施放鸟枪洋枪〕

18.229.(16) 〔强盗杀人在场目击之犯〕

18.229.(17) 〔寻常盗劫未随同搜劫伙盗〕

18.229.(18) 〔盗首无欲劫之家悉由引线指出〕

18.229.(19) 〔强盗未得财〕

18.229.(20) 〔用药迷人取财〕

18.229.(21) 〔用药及邪术迷拐幼小子女〕

18.229.(22) 〔窃盗临时拒捕杀伤事主邻佑〕

18.229.(23) 〔窃盗弃财与未经得财逃走拒捕杀伤〕

18.229.(24) 〔刃伤事主应绞窃犯闻拿畏惧送还原赃〕

18.229.(25) 〔因窃盗强奸妇女〕

18.229.(26) 〔御驾驻跸及巡幸之处匪徒偷窃附近仓廒官廨拒伤兵弁〕

18.229.(27) 〔强逼为盗临时逃避劫后分赃及知强盗后分赃〕

18.229.(28) 〔十五岁以下盗犯审系诱胁随行上盗〕

18.229.(29) 〔盗犯捕获他盗及同犯解官投首〕

18.229.(30) 〔被获盗犯供获首伙各盗〕

18.229.(31) 〔投首之贼攀害平人〕

18.229.(32) 〔曾犯盗案之盗犯眼线指获同伴〕

18.229.(33) 〔洋盗案内被胁为匪服役者等投首及治罪收赎〕

18.229.(34) 〔强盗同居父兄伯叔知情分赃及得财不知情〕

18.229.(35) 〔强盗行劫邻佑知而不协拿及邻佑官兵人等获盗被伤给赏〕

18.230 劫囚

18.230.(1) 〔纠众劫囚持械杀伤官弁役卒〕

18.230.(2) 〔聚众中途夺犯殴差致死〕

18.230.(3) 〔官司勾摄罪人纠谋聚众持械打夺殴差致死及一时拒殴杀伤〕

18.230.(4) 〔一二人中途夺犯〕

18.230.(5) 〔尊长率领卑幼及家长率领雇工夺犯杀伤差役〕

18.231 白昼抢夺

18.231.(1) 〔凡问白昼抢夺〕

18.231.(2) 〔白昼抢夺赃至一百二十两以上〕

18.231.(3) 〔初犯再犯及三犯抢夺并抢窃并发〕

18.231.(4) 〔聚众结伙抢夺以人数及有无持械定拟〕

18.231.(5) 〔结伙抢夺执持鸟枪洋枪〕

18.231.(6) 〔结伙不及三人白昼抢夺杀伤〕

18.231.(7) 〔抢窃拒伤事主两人同场拒伤一人以金刃他物及致命先后下手分首从〕

18.231.(8) 〔大江洋海出哨兵丁乘危捞抢追赃给主与自首宽减〕

18.231.(9) 〔大江洋海出哨兵弁乘危捞抢致商民淹毙及伤杀人〕

18.231.(10) 〔边海居民并船户乘危抢夺及致商民淹毙或伤人〕

18.231.(11) 〔因荒伙众抢夺挟制官长及纠众罢市辱官〕

18.231.(12) 〔饥民爬抢〕

18.232 窃盗

18.232.(1) 〔京城巡警捕役获贼呈报迟延及勒索事主〕

18.232.(2) 〔捕役私自搜赃中饱〕

18.232.(3) 〔各省营镇责成将备缉贼及营员会同质审〕

18.232.(4) 〔拿获窃犯供出邻省邻邑之案〕

18.232.(5) 〔兵役人等犯窃及豢养窝顿包庇窃贼劫匪窝家〕

18.232.(6) 〔匪徒明知窃情表里为奸勒赎事主〕

18.232.(7) 〔窃盗纠伙持械分别十人三人问拟〕

18.232.(8) 〔偷窃衙署服物〕

18.232.(9) 〔行在拿获窃盗〕

18.232.(10) 〔窃盗再犯再加工作及初犯交保管束后复行为窃〕

18.232.(11) 〔窃盗三犯按第三次犯窃赃数计算〕

18.232.(12) 〔窃盗三犯分别原犯定拟〕

18.232.(13) 〔行窃五次以下同时并发计赃以一主为重六次以上并计折半〕

18.232.(14) 〔窃盗同居父兄伯叔知情分赃及得财不知情〕

18.232.(15) 〔事主追捕窃盗失足身死及失财自尽〕

18.232.(16) 〔窃盗抢夺掏摸等犯两遇恩赦再犯〕

18.233 盗马牛畜产

18.233.(1) 〔盗御马〕

18.233.(2) 〔行围巡幸地方偷窃马匹〕

18.233.(3) 〔盗牛〕

18.233.(4) 〔民人蒙古番子偷窃四项牲畜〕

18.233.(5) 〔偷窃盗蒙古四项牲畜〕

18.233.(6) 〔偷盗蒙古马匹〕

18.233.(7) 〔蒙古偷窃牲畜数案并发〕

18.233.(8) 〔民人行窃蒙古地方民人牲畜〕

18.234 盗田野谷麦

18.234.(1) 〔窃放他人池塘蓄水及拒捕被杀伤〕

18.234.(2) 〔私掘金银等矿砂及持仗拒捕杀伤并聚众不曾拒捕〕

18.234.(3) 〔刨参官商私刻小票影射私参〕

18.235 亲属相盗

18.235.(1) 〔律图载明外姻尊属相盗减等〕

18.235.(2) 〔同居卑幼将引他人强劫己家财物〕

18.235.(3) 〔雇工人偷盗家长财物〕

18.235.(4) 〔雇工人强劫家长财物〕

18.235.(5) 〔亲属相盗杀伤各依服制杀伤等相较从重论〕

18.236 恐吓取财

18.236.(1) 〔监临恐吓所部取财〕

18.236.(2) 〔恶棍设法索诈官民〕

18.236.(3) 〔棍徒生事扰害〕

18.236.(4) 〔刁徒吓诈逼命之案〕

18.236.(5) 〔在逃太监金刃伤人并诈索有司〕

18.236.(6) 〔捉人勒赎已成〕

18.236.(7) 〔捉人勒赎形同强盗及拒捕杀伤并绞候情实重情〕

18.236.(8) 〔捉回妇女关禁勒赎〕

18.236.(9) 〔煤窑煤窿及各项矿产佣工人等〕

18.237 诈欺官私取财

18.237.(1) 〔指称买官买缺规避处分诓骗官吏财物〕

18.237.(2) 〔指称衙门打点名色诓骗财物〕

18.237.(3) 〔奸民卖空买空设局赌赛市价〕

18.237.(4) 〔公司钱铺等项侵蚀倒闭拘拿勒追并互保代发〕

18.237.(5) 〔京城假称金店等私自换银出票〕

18.237.(6) 〔京城私设钱铺〕

18.238 略人略卖人

18.238.(1) 〔兴贩妇人子女转卖〕

18.238.(2) 〔诱拐妇人子女〕

18.238.(3) 〔诱拐愚民出洋承工〕

18.238.(4) 〔将受寄他人十岁以下及十一岁以上子女卖为奴婢子孙〕

18.238.(5) 〔和诱略卖期亲卑幼尊长〕

18.238.(6) 〔诱拐内外大功以下缌麻以上亲及亲之妻〕

18.238.(7) 〔雇工略卖家长之妻女及子〕

18.238.(8) 〔因贫而卖子女〕

18.239 发冢

18.239.(1) 〔发冢开棺见尸并见棺锯凿抽取衣饰〕

18.239.(2) 〔发冢锯缝凿孔尚未得财〕

18.239.(3) 〔盗未殡未埋尸柩及发年久穿陷之冢开棺见尸〕

18.239.(4) 〔盗未殡未埋尸柩锯缝凿孔〕

18.239.(5) 〔盗未殡未埋尸柩开棺见尸及锯凿偷窃但经得财〕

18.239.(6) 〔发冢并盗未殡未埋尸柩各按所犯本条分别首从并计科断〕

18.239.(7) 〔子孙发掘祖父母父母坟冢〕

18.239.(8) 〔子孙盗祖父母父母未殡未埋尸柩〕

18.239.(9) 〔有服卑幼发掘尊长坟冢〕

18.239.(10) 〔有服卑幼盗尊长未殡未埋尸柩〕

18.239.(11) 〔有服尊长盗卑幼未殡未埋尸柩〕

18.239.(12) 〔发掘贝勒贝子公夫人坟冢及历代帝王陵寝及先贤名臣并前代亲王坟墓〕

18.239.(13) 〔雇工人发掘家长坟冢〕

18.239.(14) 〔雇工人盗家长未殡未埋尸柩〕

18.239.(15) 〔受雇看坟之人发冢及盗未殡未埋尸柩并锯缝凿孔〕

18.239.(16) 〔殴故杀人案内毁弃及埋尸灭迹其听从抬弃抬埋之人〕

18.239.(17) 〔夫毁弃妻尸〕

18.239.(18) 〔平治他人坟墓为田园及子孙平治祖坟并雇工人平治家长坟〕

18.239.(19) 〔于他人田园山场或有主坟地及切近坟旁盗葬〕

18.239.(20) 〔盗发他人远年祖坟及发掘抛弃盗葬之棺并毁弃尸骸〕

18.239.(21) 〔争坟阻葬开棺易罐埋藏占葬〕

18.240 夜无故入人家

18.240.(1) 〔事主邻佑人等追捕殴毙窃犯〕

18.241 盗贼窝主

18.241.(1) 〔窝主须有造意共谋实情〕

18.241.(2) 〔保甲知有为盗窝盗之人瞻隐徇匿〕

18.241.(3) 〔强盗窝主造意不行又不分赃及知情窝藏〕

18.241.(4) 〔窝线不上盗又未分赃〕

18.241.(5) 〔邻佑地保知情容留强盗巨窝〕

18.241.(6) 〔窝藏积匪之家视有无造意及同行分赃代卖分别治罪〕

18.241.(7) 〔奸徒窝匪捉人关禁勒赎坐地分赃〕

18.241.(8) 〔强窃盗窝家之父兄人等自首及知情分赃〕

18.241.(9) 〔牌头管内有为盗之人〕

18.241.(10) 〔强盗窝主之邻佑知而不首〕

18.241.(11) 〔洋盗强盗案内知情买赃及知而寄藏并代为销赃〕

18.241.(12) 〔知窃盗赃而接买受寄〕

18.242 共谋为盗

18.242.(1) 〔共谋为盗临时不行事后分赃不分赃〕

18.243 公取窃取皆为盗

19 人命

19.244 谋杀人

19.244.(1) 〔勘问谋杀人犯〕

19.244.(2) 〔杀人后取财及掠取家财〕

19.244.(3) 〔谋杀奔脱邂逅致死或迫于凶悍失跌致死〕

19.244.(4) 〔图财害命分别杀死杀伤及得财不得财依首从治罪〕

19.244.(5) 〔逞忿谋杀十岁以下幼孩〕

19.245 谋杀制使及本管长官

19.246 谋杀祖父母父母

19.246.(1) 〔尊长谋杀卑幼为从之犯〕

19.246.(2) 〔抑媳同陷邪淫不从谋杀灭口及因奸将子女媳致死灭口〕

19.246.(3) 〔谋杀妻他人起意本夫听从加功〕

19.246.(4) 〔蓄意谋杀子妇〕

19.247 杀死奸夫

19.247.(1) 〔本夫捉奸杀死奸夫分别治罪〕

19.247.(2) 〔本夫捉奸杀死奸妇分别治罪〕

19.247.(3) 〔本夫本妇有服亲属捉奸杀死犯奸有服卑幼〕

19.247.(4) 〔母犯奸子杀奸夫父母忿愧自尽〕

19.247.(5) 〔本夫本妇之祖父母父母伯叔兄弟及有服亲属捉奸杀死奸夫〕

19.247.(6) 〔非应许捉奸之人有杀伤者〕

19.247.(7) 〔本夫本妇有服亲属捉奸杀死奸妇〕

19.247.(8) 〔本夫及亲属捉奸误杀旁人〕

19.247.(9) 〔本夫及有服亲属擅杀调戏罪人奸夫后本妇奸妇自尽〕

19.247.(10) 〔本夫及有服亲属杀奸之案登时及非登时之分〕

19.247.(11) 〔奸夫起意杀死亲夫〕

19.247.(12) 〔奸夫起意商同奸妇谋杀本夫及期尊〕

19.247.(13) 〔奸夫奸妇同谋杀伤纵奸本夫及纵奸本夫杀死奸夫奸妇〕

19.247.(14) 〔奸夫自杀其夫奸妇喊救首告〕

19.247.(15) 〔未婚夫杀死奸夫〕

19.247.(16) 〔与人聘定未婚之妻通奸杀死本夫〕

19.247.(17) 〔童养未婚妻因奸杀夫及本夫及亲属捉奸杀死奸夫奸妇〕

19.247.(18) 〔奸妇自杀其夫〕

19.247.(19) 〔奸夫临时拒捕〕

19.247.(20) 〔妇女拒奸杀人〕

19.247.(21) 〔母犯奸拒绝子致毙复登门奸夫〕

19.248 谋杀故夫父母

19.249 杀一家三人

- 19.249.(1) 〔杀一家三命以上凶犯〕
- 19.249.(2) 〔为祖父母父母报仇杀死一家三命以上〕
- 19.249.(3) 〔谋杀人误杀旁人三命〕
- 19.249.(4) 〔聚众共殴并斗杀之案殴死三命及以上〕
- 19.249.(5) 〔本宗及外姻尊长杀有服卑幼一家三人〕
- 19.249.(6) 〔罪止绞监候命犯杀人后支解尸体〕
- 19.249.(7) 〔无心支解但图灭迹及本欲支解杀讫随行〕

19.250 采生折割人

19.251 造畜蛊毒杀人

- 19.251.(1) 〔铺户人等混卖砒霜信石及其余杀人药品〕
- 19.251.(2) 〔以毒药毒鼠毒兽误毙人命以置毒处所分别科断〕
- 19.251.(3) 〔制造施打吗啡针及铺户贩卖吗啡〕

19.252 斗殴及故杀人

- 19.252.(1) 〔同谋共殴人被纠之人殴死其所欲谋殴之人亲属及旁人〕
- 19.252.(2) 〔同谋共殴案内原谋及助殴重伤之人监毙病故自尽其下手应拟抵人犯减等〕
- 19.252.(3) 〔帮殴余人执持凶器火器金刃伤人〕
- 19.252.(4) 〔同谋共殴人伤皆致命分别以后下手重伤重或原谋拟抵〕
- 19.252.(5) 〔两人共殴人致死分别部位以致命论抵〕
- 19.252.(6) 〔两家互殴各毙一命各系凶手本宗服亲其应抵人犯免死减等〕
- 19.252.(7) 〔两家互殴之案律应拟抵之正凶当时被死者亲属殴死〕
- 19.252.(8) 〔凶犯立毙救护父母之幼孩〕
- 19.252.(9) 〔械斗仇杀纠众至二十人以上致毙彼造多命〕
- 19.252.(10) 〔械斗案内将宗祠田谷贿买顶凶构衅械斗〕
- 19.252.(11) 〔斗殴之案被殴之人追赶或互扭后凶犯闪避失跌身死〕
- 19.252.(12) 〔因争斗施放火器杀伤人〕

19.253 屏去人服食

19.254 戏杀误杀过失杀伤人

19.254.(1) 〔因戏而误杀伤旁人〕

19.254.(2) 〔斗殴而误杀伤旁人或其人近亲〕

19.254.(3) 〔谋杀人而误杀旁人〕

19.254.(4) 〔因殴及谋杀子而误杀伤旁人及有服卑幼尊长〕

19.254.(5) 〔捕役拿贼误杀无干之人〕

19.254.(6) 〔子孙因疯殴杀祖父母父母〕

19.254.(7) 〔因疯致毙期功尊长尊属一二命〕

19.254.(8) 〔妇人殴夫致死系因疯发或误伤及情有可悯〕

19.254.(9) 〔因疯致毙平人三命以上〕

19.254.(10) 〔疯病杀人分别留养承祀〕

19.254.(11) 〔疯病杀人之犯复审供吐明晰准拟斗杀〕

19.254.(12) 〔疯病杀人问拟死罪免勾永远监禁之犯病愈遇有恩旨例得查办释放〕

19.255 夫殴死有罪妻妾

19.255.(1) 〔殴故杀詈骂顶撞翁姑并犯奸殴夫之妻〕

19.255.(2) 〔无罪妻妾与夫角口自尽并被夫殴伤自尽〕

19.256 杀子孙图赖人

19.256.(1) 〔有服亲属互相以尸图赖〕

19.256.(2) 〔将祖父母父母尸身装伤图赖〕

19.256.(3) 〔妻将夫尸图赖人并夫将妻尸图赖人〕

19.256.(4) 〔故杀妾及侄侄孙子孙之妇图赖人〕

19.256.(5) 〔无赖之徒冒认尸亲混闹殴打勒掯行诈并尸亲借命打抢勒索私和〕

19.257 弓箭伤人

19.257.(1) 〔山野城市施放枪箭竹铳打射禽兽误伤人及致死〕

19.258 车马杀伤人

19.259　庸医杀伤人

  19.259.(1)　〔左道异端作为法术医人致死〕

19.260　窝弓杀伤人

19.261　威逼人致死

  19.261.(1)　〔因奸威逼人致死〕

  19.261.(2)　〔因奸威逼致死一家三命〕

  19.261.(3)　〔因事威逼人致死三命以上〕

  19.261.(4)　〔逼迫本管官致死〕

  19.261.(5)　〔奉差员役逼死印官〕

  19.261.(6)　〔因事用强殴打威逼人致死并殴伤逼迫尊长致令自尽〕

  19.261.(7)　〔子孙不孝致祖父母父母自尽并妻妾悍泼逼死其夫〕

  19.261.(8)　〔因奸致夫与父母并夫之祖父母父母羞忿自尽〕

  19.261.(9)　〔妇人逼媳卖奸抑媳同陷邪淫致媳自尽〕

  19.261.(10)　〔妇人因奸有孕堕胎致死〕

  19.261.(11)　〔奸夫奸妇商谋同死奸妇殒命奸夫审明有无谋故斗杀分别治罪〕

  19.261.(12)　〔和奸奸妇羞愧自尽〕

  19.261.(13)　〔强奸调戏服亲致本夫本妇及父母亲属羞忿自尽〕

  19.261.(14)　〔强奸已成未成本妇被杀伤及羞忿自尽并奸夫拒捕杀人〕

  19.261.(15)　〔强奸犯奸妇女已成未成时杀死本妇及本妇自尽〕

  19.261.(16)　〔妇女因人亵语戏谑羞忿自尽〕

  19.261.(17)　〔调奸和息后夫本妇与父母亲属追悔自尽〕

  19.261.(18)　〔秽语村辱致本妇本夫自尽〕

  19.261.(19)　〔因盗延烧致毙事主或三命以上〕

19.262　尊长为人杀私和

19.263　同行知有谋害

20 斗殴

20.264 斗殴

- 20.264.(1)〔执持凶器伤人及聚众执持凶器伤人滋事〕
- 20.264.(2)〔夺获凶器伤人之犯〕
- 20.264.(3)〔枪手受雇帮殴及学习枪手已成〕

20.265 保辜限期

- 20.265.(1)〔违例抬验斗殴伤重不能动履之人〕
- 20.265.(2)〔斗殴伤人辜限外余限内因本伤身死者〕
- 20.265.(3)〔殴伤因风身死视伤轻重及致命限内限外分别绞抵流徒〕

20.266 宫内忿争

- 20.266.(1)〔太监皇城及禁城内金刃自伤〕
- 20.266.(2)〔行营地方管辖声音帐房及卡门以内谋故斗殴杀伤人〕
- 20.266.(3)〔各项人役工匠等在紫禁城及圆明园颐和园各门内外谋故斗殴杀伤人〕

20.267 宗室觉罗以上亲被殴

- 20.267.(1)〔宗室觉罗街市茶坊酒肆滋事争殴〕

20.268 殴制使及本管长官

- 20.268.(1)〔军民殴死及谋死在京见任官员〕
- 20.268.(2)〔军民吏卒闹堂逞凶杀害本官〕
- 20.268.(3)〔兵丁谋故殴杀本管官〕

20.269 佐职统属殴长官

20.270 上司官与统属官相殴

20.271 九品以上官殴长官

20.272 拒殴追摄人

20.273 殴受业师

20.273.(1) 〔受业师谋故殴杀伤弟子〕

20.274 威力制缚人

20.274.(1) 〔主使两人或数人殴一人致死为从及余人〕

20.274.(2) 〔乡绅私置板棍擅责佃户及奸占佃户妇女〕

20.275 雇工人殴家长

20.275.(1) 〔家长杀伤从前契买奴婢及受雇服役人等〕

20.275.(2) 〔殴故杀赎身及放出奴婢并赎身及放出人干犯家长〕

20.275.(3) 〔妾殴故杀雇工〕

20.275.(4) 〔雇工人干犯旧家长〕

20.276 妻妾殴夫

20.277 同姓亲属相殴

20.278 殴大功以下尊长

20.278.(1) 〔殴死本宗期功尊长罪干斩决若系情轻之案〕

20.278.(2) 〔殴伤功缌尊长尊属余限内外身死〕

20.278.(3) 〔卑幼图奸亲属故杀有服尊长〕

20.278.(4) 〔听从尊长主使下手殴死功缌尊长尊属〕

20.278.(5) 〔致毙平人一命复致毙期功尊长尊属〕

20.278.(6) 〔期功以下尊长因夺产袭职挟嫌图奸谋故杀卑幼〕

20.278.(7) 〔期功尊长听从外人图财谋杀十岁以下卑幼〕

20.278.(8) 〔有服亲属同谋共殴致死之案〕

20.278.(9) 〔于亲母继母等项之父母及各项甥舅有犯〕

20.279 殴期亲尊长

20.279.(1) 〔期亲卑幼因救护父母殴伤伯叔等尊属〕

20.279.(2) 〔期亲弟妹殴死兄姊〕

20.279.(3) 〔期亲卑幼听从尊长主使共殴以次尊长尊属致死〕

20.279.(4)〔殴伤期亲尊长尊属及外祖父母在余限外身死〕

20.279.(5)〔卑幼因斗施放枪铳火器致伤期亲尊长尊属及外祖父母〕

20.279.(6)〔期亲以下有服尊长杀死有罪卑幼〕

20.279.(7)〔僧尼干犯在家祖父母父母及杀伤内外有服尊长〕

20.280 殴祖父母父母

20.280.(1)〔子孙误伤祖父母父母致死〕

20.280.(2)〔子妇拒奸殴伤殴毙伊翁〕

20.280.(3)〔继母告子不孝及伯叔兄姊等奏告弟侄等打骂〕

20.280.(4)〔嫡继母殴故杀庶生及前妻之子〕

20.280.(5)〔本宗为人后者之子孙于本生亲属有犯〕

20.280.(6)〔为人后及女之出嫁者于本生祖父母父母伯叔兄姊有犯〕

20.280.(7)〔义子于义父母及义父之祖父母父母并期尊外祖父母有犯〕

20.281 妻妾与夫亲属相殴

20.281.(1)〔嫡孙众孙殴伤祖妾并祖妾殴伤嫡孙众孙〕

20.282 殴妻前夫之子

20.283 妻妾殴故夫父母

20.284 父祖被殴

20.284.(1)〔子孙救祖父母父母及妻救夫殴毙人命〕

20.284.(2)〔确因救亲起衅情急殴毙犯亲有服卑幼〕

20.284.(3)〔子孙复仇杀害在逃及释回之杀父祖凶犯〕

20.284.(4)〔救亲殴死有服尊长卑幼〕

21 骂詈

21.285 骂人

21.286 骂制使及本管长官

21.286.(1)〔毁骂公侯驸马伯及京省文武职三二品以上官〕

21.287 **佐职统属骂长官**

21.288 **雇工人骂家长**

21.289 **骂尊长**

21.290 **骂祖父母父母**

    21.290.(1) 〔毁骂祖父母父母等告息词者〕

21.291 **妻妾骂夫期亲尊长**

21.292 **妻妾骂故夫父母**

22 诉讼

22.293 **越诉**

    22.293.(1) 〔遇有冤抑之事来京呈控〕

    22.293.(2) 〔控诉案件于事犯地方告理〕

    22.293.(3) 〔干己词讼故令老幼残疾等抱赍奏诉〕

    22.293.(4) 〔外省人民上控各案由大理院酌量情形办理〕

    22.293.(5) 〔在外州县事款干碍本官不便控告〕

    22.293.(6) 〔挟忿撮拾不干己之赃私奏告察核官员〕

    22.293.(7) 〔刁徒直入衙门口称奏诉挟制官吏〕

    22.293.(8) 〔假以建言为由挟制官府并将奸赃污人〕

    22.293.(9) 〔意图翻异于长安左右门并受理词讼各衙门前自戕自残聚众呼冤〕

    22.293.(10) 〔擅入午门长安等门诉冤〕

    22.293.(11) 〔身藏金刃欲行叩阍擅入午门长安等门〕

22.294 **投匿名文书告人罪**

    22.294.(1) 〔布散匿名揭帖及投递内外各衙门〕

    22.294.(2) 〔拾获关系国家大事匿名揭帖〕

22.295 告状不受理

22.295.(1) 〔户婚田土等细事农忙不准受理并应行展限速断词讼〕

22.295.(2) 〔隆冬岁暮州县及审判厅随时审理词讼〕

22.295.(3) 〔州县及审判厅自理词讼按月登簿申送〕

22.296 听讼回避

22.297 诬告

22.297.(1) 〔词状止许一告一诉不许牵连并陆续投词攀引〕

22.297.(2) 〔原告不到案听审及脱逃〕

22.297.(3) 〔证佐不言实情及实非证佐挺身硬证〕

22.297.(4) 〔挟仇捏名妄控非系公同陈告之事〕

22.297.(5) 〔官民人等告讦之案事不干己及妄捏干己情事〕

22.297.(6) 〔胥役控告本管官〕

22.297.(7) 〔直省上司恃势抑勒及被参属员捏词诬揭〕

22.297.(8) 〔捏写本词声言奏告诈赃〕

22.297.(9) 〔奸徒假以察访为由挟制陷害诈骗报复〕

22.297.(10) 〔举首诗文书札悖逆〕

22.297.(11) 〔妄控人命自愿认罪递词求息〕

22.297.(12) 〔捏造奸赃款迹挟仇污蔑致被诬之人自尽〕

22.297.(13) 〔诬良为强窃盗拷诈搜夺财物及淫辱妇女〕

22.297.(14) 〔诬良及疑良为窃捆缚吓逼及拷打致死及致自尽者〕

22.297.(15) 〔诬告叛逆被诬之人已决未决〕

22.297.(16) 〔诬告人因而致死〕

22.297.(17) 〔诬告致尸遭蒸检〕

22.297.(18) 〔捕役人等奉差缉贼诬良为盗拷诈逼认及教供诬攀〕

22.297.(19) 〔捕役诬窃为盗〕

22.297.(20) 〔番役妄用脑箍等刑致无辜毙命及伤〕

22.298 干名犯义

22.299 子孙违犯教令

22.299.(1) 〔不能养赡致父母自尽〕

22.299.(2) 〔呈告恳求发遣子孙及屡次触犯之子孙发遣〕

22.299.(3) 〔子孙犯奸盗等致祖父母父母自尽及被杀〕

22.300 见禁囚不得告举他事

22.300.(1) 〔年老废疾并妇人许人代告〕

22.301 教唆词讼

22.301.(1) 〔考取代书并代书誊写呈状〕

22.301.(2) 〔积惯讼棍恐吓取财〕

22.301.(3) 〔诬控案件严究代作词状唆讼之人〕

22.301.(4) 〔教唆词讼诬告人以起意非起意分首从〕

22.301.(5) 〔将本状用财雇寄与人赴京奏诉〕

22.301.(6) 〔违禁撰印贩卖及藏匿讼师秘本〕

22.301.(7) 〔钦差驰审重案虚诬根究唆帮讼师〕

22.302 官吏词讼家人诉

23 受赃

23.303 官吏受财

23.303.(1) 〔在官人役取受有事人财枉法〕

23.303.(2) 〔上司及巡察之员经过收受属员地方官门包并下程供应〕

23.303.(3) 〔官吏娄赃除枉法入己者外限内全完分别减免〕

23.303.(4) 〔书差舞弊知法犯法〕

23.303.(5) 〔县总里书犯赃入己及保人歇家串通行贿〕

23.303.(6) 〔正身衙役违禁私带白役〕

23.303.(7) 〔白役诈赃逼命之案〕

23.303.(8) 〔衙役逼毙人命及索诈私押拷虐人犯〕

23.303.(9) 〔蠹役吓诈贫民及吓诈毙命〕

23.304 坐赃致罪

23.305 事后受财

23.306 官吏听许财物

 23.306.(1)〔听许财物已交未交分别着追〕

23.307 有事以财请求

 23.307.(1)〔以财行求及说事过钱者与受财人同罪〕

 23.307.(2)〔受贿顶凶〕

23.308 在官求索借贷人财物

 23.308.(1)〔上司勒荐长随幕宾及长随幕宾钻营引荐并舞弊诈财收受财物〕

 23.308.(2)〔外任旗员该旗各官于出结时勒索重贿〕

 23.308.(3)〔苗蛮等地骚扰逼勒激动番蛮〕

23.309 家人求索

 23.309.(1)〔执事大臣家人私向所管人借贷〕

 23.309.(2)〔长随索诈婪赃及预遁远扬〕

23.310 风宪官吏犯赃

23.311 因公科敛

 23.311.(1)〔违禁罚取纸札笔墨银朱器皿钱谷银两等项〕

23.312 克留盗赃

 23.312.(1)〔胥捕侵剥盗赃〕

24 诈伪

24.313 诈为制书

 24.313.(1)〔诈为文书盗用印信及止套画押字〕

24.314 诈传诏旨

24.315 对制上书诈不以实

24.316 伪造印信时宪书等

 24.316.(1) 〔伪造印信之案分别行用得财未行用及造而未成〕

 24.316.(2) 〔伪造假印之案分别首从〕

 24.316.(3) 〔盗用钦给关防〕

 24.316.(4) 〔伪造关防印记事关军机钱粮假官及止诓骗财物〕

24.317 私铸铜钱

 24.317.(1) 〔私铸砂壳铅钱以所铸钱数十千上下及首从匠人分别治罪〕

 24.317.(2) 〔私铸银圆铜圆伪造纸币已成未成〕

 24.317.(3) 〔以铜铅等物搀入与用铜铁锡铅药煮伪造假银并使用〕

 24.317.(4) 〔销毁制钱及剪边图利之犯分别首从治罪〕

 24.317.(5) 〔收买私铸剪边钱及假银伪币搀和行使并货卖〕

 24.317.(6) 〔伪造外国银圆纸币行使〕

 24.317.(7) 〔地方文武各官严拿私铸〕

24.318 诈假官

 24.318.(1) 〔诈冒假充皇亲族属姻党家人并大臣近侍家人挟骗侵占豪横生事〕

 24.318.(2) 〔无官诈称有官及冒称见任官行骗并假冒顶带〕

 24.318.(3) 〔伪造凭札行使并买受故官凭札冒名赴任〕

 24.318.(4) 〔诈充假差妄拿吓诈扰害人民及致死伤人并自尽者〕

24.319 诈称内使等官

24.320 近侍诈称私行

24.321 诈为瑞应

24.322 诈病死伤避事

 24.322.(1) 〔各省获罪之犯报称病故〕

24.322.(2)〔未经到案之犯报称病故〕

24.323 诈教诱人犯法

24.323.(1)〔土官延幕私聘私就并土幕教诱犯法〕
24.323.(2)〔幕友长随书役等倚官滋事怂令妄为累及本官〕
24.323.(3)〔自称教师演弄拳棒游街射利惑民〕

25 犯奸

25.324 犯奸

25.324.(1)〔奸职官妻职官奸军民妻军民相奸雇工人相奸及军民与官员军民妾相奸〕
25.324.(2)〔妇女先经和奸后因别故拒绝致被杀死〕
25.324.(3)〔因强奸及图奸调奸未成拒伤本妇本夫并父母有服亲属〕
25.324.(4)〔强奸十二岁以下幼女〕
25.324.(5)〔妇女与人父子通奸致子因奸杀父〕
25.324.(6)〔奸夫拒伤应捉奸之人〕
25.324.(7)〔轮奸良人妇女已成未成及杀死并致本妇自尽〕
25.324.(8)〔轮奸已经犯奸妇女已成未成及杀死并致本妇自尽〕
25.324.(9)〔鸡奸十二岁以下幼童〕

25.325 纵容妻妾犯奸

25.326 亲属相奸

25.326.(1)〔亲属强奸未成〕

25.327 诬执翁奸

25.328 雇工人奸家长妻

25.328.(1)〔家长亲属强奸雇工人妻女未成致令自尽〕
25.328.(2)〔雇工人强奸家长母与妻女及调奸未成〕

25.329 奸部民妻女

25.330 居丧及僧道犯奸

25.331 官吏宿娼

25.332 买良为娼

    25.332.(1)〔无藉之徒及生监兵役窝顿及架护流娼〕

    25.332.(2)〔诱买良家子女为优娼〕

26 杂犯

26.333 拆毁申明亭

    26.333.(1)〔缮刻晓谕教民敕谕条约〕

26.334 夫匠军士病给医药

26.335 赌博

    26.335.(1)〔寻常赌博并开场诱赌经旬累月容留赌博〕

    26.335.(2)〔造卖赌具描画纸牌售卖并藏匿造赌器具〕

    26.335.(3)〔现任职官有犯赌博并屡次聚赌及经旬累月开场〕

    26.335.(4)〔教诱宗室为非〕

    26.335.(5)〔匪徒串党驾船设局诱赌〕

    26.335.(6)〔闽省花会首从各犯及贿庇知情容隐并失察〕

    26.335.(7)〔拿获赌博人犯严追赌具来历〕

    26.335.(8)〔房主容留赌博及造卖赌具者〕

26.336 阉割火者

    26.336.(1)〔放出为民之太监〕

    26.336.(2)〔私自净身及代债下手人犯〕

26.337 嘱托公事

26.338 私和公事

26.339 失火

26.340 放火故烧人房屋

26.340.(1) 〔棍徒纠谋图财或挟仇放火故烧房屋仓廒积聚之物及致死伤人〕

26.340.(2) 〔挟仇放火泄忿并非有心杀人致死一家三命以上〕

26.341 违令

26.342 不应为

27 捕亡

27.343 应捕人追捕罪人

27.343.(1) 〔正身番役私用白役及缉提人犯预给印票并稽留纵放无票私拿〕

27.343.(2) 〔协缉逃逸命盗要犯〕

27.343.(3) 〔京城缉捕官途次遇有凶徒不法拘执解讯〕

27.343.(4) 〔在京番捕等役惟于京城内外察访不轨妖言命盗重事〕

27.343.(5) 〔协缉有犯命盗重案脱逃之王公等家人〕

27.343.(6) 〔通缉脱逃命盗要犯〕

27.343.(7) 〔州县广缉重犯滥给印票及差人雇倩代缉并借端勒索〕

27.343.(8) 〔纵令劫夺及徇庇不解并捕役贿纵隔属隔省命盗重犯〕

27.344 罪人拒捕

27.344.(1) 〔事发到官脱逃之犯被获及被获时有拒伤者〕

27.344.(2) 〔捕役误毙已获罪犯〕

27.344.(3) 〔奸盗罪人拒伤应捉奸人及事主并别项罪人拒伤所捕人〕

27.344.(4) 〔贼犯自割发辫襟带图脱误伤事主捕人〕

27.344.(5) 〔奸匪抢窃等犯拒捕火器伤人〕

27.344.(6) 〔贼犯拒杀差役〕

27.344.(7) 〔捕役奉票承缉遇贼抢窃报复凶殴捕殴致贼犯死伤及贼匪拒伤捕役〕

27.344.(8) 〔图奸调奸未成杀死本妇及拒捕杀死其夫与父母并有服亲属〕

27.344.(9) 〔擅杀律应拟绞之犯情轻情重〕

27.344.(10) 〔擅杀奸盗及别项罪人案内余人〕

27.344.(11) 〔本夫本妇及有服亲属并事主殴伤奸盗放火等项罪人〕

27.344.(12) 〔本夫及本妇之子杀死强奸图奸未成罪人〕

27.344.(13) 〔本夫本妇之有服亲属杀死强奸图奸未成罪人〕

27.344.(14) 〔尊长忿激致死图奸强奸有服亲属未成卑幼〕

27.344.(15) 〔被害之人致毙挟仇放火并行凶扰害凶徒〕

27.345 狱囚脱监及反狱在逃

27.345.(1) 〔在监斩绞及遣流人犯赌博〕

27.345.(2) 〔斩绞重犯越狱脱逃管狱官有狱官奏参〕

27.345.(3) 〔自号牢头凌虐同囚〕

27.345.(4) 〔罪囚结伙反狱持械杀伤及未伤人〕

27.345.(5) 〔死罪监候人犯在监复行凶致死人命〕

27.345.(6) 〔拿获越狱人犯务究通线剃头情弊〕

27.345.(7) 〔问拟工作及改折工作之犯脱逃被获〕

27.345.(8) 〔解审罪囚中途脱逃被获〕

27.345.(9) 〔遣流徒并当差人犯脱逃〕

27.345.(10) 〔年老遣犯脱逃以年逾七十为准勒限未获停缉〕

27.346 稽留囚徒

27.346.(1) 〔递解人犯患病留养及捏结失察〕

27.346.(2) 〔隔省递籍人犯州县转递册报〕

27.346.(3) 〔军流徒等犯假捏患病及逾限不行起解〕

27.346.(4) 〔递解人犯中途因事截留〕

27.346.(5) 〔距省窎远厅州县起解遣流人犯〕

27.347 主守不觉失囚

27.347.(1) 〔狱卒疏脱及贿纵监犯越狱〕

27.347.(2) 〔解审斩绞重犯解役疏脱故纵及违例雇替〕

27.347.(3) 〔解审重犯流罪以上并递籍人犯漏批年貌及雇倩顶替〕

27.347.(4) 〔发遣人犯起解章程〕

27.347.(5) 〔严缉在途在配脱逃流遣罪犯〕
27.347.(6) 〔兵役违例雇替潜回致流遣人犯中途脱逃〕
27.347.(7) 〔违例滥派押解要犯员弁〕
27.347.(8) 〔宗室觉罗发往盛京等处沿途官员不亲押解〕

27.348 **知情藏匿罪人**

27.349 **盗贼捕限**

27.349.(1) 〔京城凶犯勒限严缉〕
27.349.(2) 〔京城遇有杀伤人命仇盗未明之案〕
27.349.(3) 〔严缉讯出伙盗〕
27.349.(4) 〔命盗窝娼窝赌等项案犯窜入邻境关会协缉〕
27.349.(5) 〔承缉盗案地方官假借捏报及贿盗狡供并兵役获犯给赏〕
27.349.(6) 〔关提人犯〕
27.349.(7) 〔司道府厅提比捕役〕
27.349.(8) 〔审办土苗案件定限拿解承缉人犯〕
27.349.(9) 〔洋面失事听事主赴进口所在文武衙门呈报行查缉拿〕
27.349.(10) 〔捕役串通盗犯教供妄认〕
27.349.(11) 〔卑幼擅杀期功尊长等案审限〕

28 断狱

28.350 囚应禁而不禁

28.350.(1) 〔监狱分建内外监并置女犯室〕
28.350.(2) 〔侵挪钱粮分别散禁收禁勒限监追〕
28.350.(3) 〔招解流罪以上人犯相距五十里外不及收监者〕
28.350.(4) 〔递籍人犯经过州县分别应否收监〕
28.350.(5) 〔直省无监狱地方遇有解犯到境〕
28.350.(6) 〔关外解犯住居歇店领催乡约派夫帮同看守〕
28.350.(7) 〔扎萨克蒙古徒罪以上人犯解送监禁〕

28.351 故禁故勘平人

28.351.(1) 〔干连并轻犯交保候审不准另设名目私禁轻犯及书差需索凌虐〕

28.351.(2)〔拷讯人犯致死及勒诈并受嘱故拷讯平人致死〕

28.352 淹禁

28.352.(1)〔恩诏赦款内到后仍将应免人犯滥行收禁及有情罪可疑罪囚奏请违限〕

28.352.(2)〔府厅州县册报在监人犯管道查核有无淹禁滥禁〕

28.353 凌虐罪囚

28.353.(1)〔死罪监候及遣流人犯剃发〕

28.353.(2)〔监犯患病沉危呈报救治及病故相验〕

28.353.(3)〔狱官禁卒任意轻重锁镣〕

28.353.(4)〔徒罪以下人犯患病保外医治及捏病并保出故纵〕

28.353.(5)〔官员擅取病呈致死监犯〕

28.353.(6)〔番役私拷取供〕

28.353.(7)〔监犯越狱及在狱滋事禁卒有狱官分别治罪〕

28.353.(8)〔犯人出监查问有无禁卒人等凌虐需索〕

28.353.(9)〔解役凌虐程递人犯及受财故纵并听凭买求杀害〕

28.353.(10)〔人犯中途患病不行留养致有病故并解役捏病迟延〕

28.354 与囚金刃解脱

28.354.(1)〔搜检进监人犯严禁禁卒取入砖石等类并买酒入监〕

28.355 主守教囚反异

28.356 狱囚衣粮

28.356.(1)〔递解各项人犯给与衣粮〕

28.356.(2)〔牢狱禁系囚徒应须洗涤设备给养各事〕

28.356.(3)〔流罪以上人犯俱着赭衣〕

28.356.(4)〔犯属入监探视〕

28.357 功臣应禁亲人入视

28.358 死囚令人自杀

28.359 老幼不拷讯

28.360 鞫狱停囚待对

- 28.360.(1) 〔大理院及各级审判厅取保犯证〕
- 28.360.(2) 〔大理院及各级审判厅承审事件审限〕
- 28.360.(3) 〔大理院及各级审判厅行文捕传犯证该管各衙门限期传获〕
- 28.360.(4) 〔校尉等有犯应提拿者〕
- 28.360.(5) 〔府州县及审判厅审理徒流以下人犯定限完结〕
- 28.360.(6) 〔听断词讼供证已确据现在人犯成招〕
- 28.360.(7) 〔直隶各省审解案件程限分限起限〕
- 28.360.(8) 〔承审命盗及钦部事件再限二参分限并接审委审扣限〕
- 28.360.(9) 〔盗劫命案钦部事件等审限及虚实未分展限〕
- 28.360.(10) 〔无关人命徒罪案件扣限批结与人命徒罪案件扣限解审〕

28.361 依告状鞫狱

28.362 原告人事毕不放回

- 28.362.(1) 〔各省应奏案件内有诬枉及轻罪牵连人犯分别释放交保〕
- 28.362.(2) 〔审奏案件拟以罚金人犯先行追取罚金释放〕

28.363 狱囚诬指平人

28.364 官司出入人罪

- 28.364.(1) 〔承审官改造口供故行出入及草率枉坐〕
- 28.364.(2) 〔承审官增减原供及按察使故为删改〕
- 28.364.(3) 〔审办谋反谋叛之案不得诬指朋党妄议株连〕
- 28.364.(4) 〔驳饬改正之案大理院检查原详据实核办〕
- 28.364.(5) 〔知府直隶州究出关系生死大案实情改拟得当〕

28.365 辩明冤枉

- 28.365.(1) 〔法司明知冤枉不与辩理〕
- 28.365.(2) 〔处决人犯临刑呼冤〕

28.365.(3) 〔会审重案并事涉两邑之案及承审错误另行委审〕

28.365.(4) 〔犯人果有冤滥许管狱官据实申明〕

28.365.(5) 〔在督抚司道及知府上控之件分别亲提及委审并刁徒捏款诬控等〕

28.366 有司决囚等第

28.366.(1) 〔步军派员护送秋审人犯勾到给事中及法部侍郎监视行刑〕

28.366.(2) 〔秋审勾决榜揭示众〕

28.366.(3) 〔秋审情实人犯十次未勾服制人犯两次免勾改入缓决〕

28.366.(4) 〔秋审官犯法部年终汇单具奏〕

28.366.(5) 〔秋审官常犯罪干服制另册进呈〕

28.366.(6) 〔秋审新事人犯应归入秋审册内核办者〕

28.366.(7) 〔秋审并行文及正法各限期〕

28.366.(8) 〔阵亡者之父祖子孙有犯寻常斗殴杀及死罪〕

28.366.(9) 〔各省秋审随本奏准拟缓各案另册汇齐复奏〕

28.366.(10) 〔应拟斩绞人犯染患重病及监故督抚限期验报〕

28.366.(11) 〔各省官犯定案收禁及勾到行刑〕

28.366.(12) 〔各省每年奏结斩绞重案〕

28.366.(13) 〔大理院奉特交事件分别具结专奏汇奏〕

28.366.(14) 〔大理院复判各省审奏事件〕

28.366.(15) 〔逆伦重案审明即行正法〕

28.366.(16) 〔边省处决重囚印官公出又无同城佐贰准令吏目等官监决〕

28.366.(17) 〔凶盗逆犯干涉军机应立决及刑鞫者〕

28.366.(18) 〔印官公出处决重囚〕

28.366.(19) 〔招解逆匪凶盗罪应斩绞立决人犯解省留禁待决〕

28.366.(20) 〔扈驾官员之跟随仆役在途殴毙人命等案〕

28.366.(21) 〔斥革兵丁有犯加等治罪〕

28.366.(22) 〔祖父母父母因子孙触犯呈送发遣〕

28.366.(23) 〔广西东兰州属等距州县城过远地方分驻州同等官代勘盗案〕

28.366.(24) 〔直省州县直隶州案犯府道审转解司距道较远之直隶州厅径解臬司〕

28.366.(25) 〔距省窎远各厅州县寻常遣流徒及命案拟徒人犯毋庸解省〕

28.366.(26) 〔滇省审办结盟扰害匪徒罪应遣流人犯毋庸解省〕

28.366.(27) 〔抢窃勒赎罪应遣流等各犯毋庸转解司道勘转〕

28.367 检验尸伤不以实

28.367.(1) 〔检验官验尸扰累书役需索〕

28.367.(2) 〔人命重案检验尸伤勿得违例三检〕

28.367.(3) 〔检验量伤照部颁工程制尺〕

28.367.(4) 〔人命案件印官公出邻邑印官及同城佐贰并杂职往验〕

28.367.(5) 〔自尽命案尸亲远居别属一时不能到案〕

28.367.(6) 〔州县额设仵作检验吏及考试工食并奖惩之法〕

28.367.(7) 〔盛暑印官公出邻封窎远准杂职代验命案取立伤单〕

28.367.(8) 〔遇告讼人命之检验〕

28.367.(9) 〔自缢溺水身死别无他故准告免检〕

28.367.(10) 〔吏役有犯命案别属吏件验办〕

28.367.(11) 〔差役看押人犯身死及差役私押毙命私埋并凶徒毙人私埋之开检〕

28.367.(12) 〔广西东兰州属等距州县城过远地方分驻州同等官代验命案〕

28.367.(13) 〔奉天吉林黑龙江距州县治所三百里外并印官公出准杂职代验命案〕

28.367.(14) 〔归化城各厅相验命案〕

28.368 决罚不如法

28.369 长官使人有犯

28.370 断罪引律令

28.370.(1) 〔问官更引重例及以情罪可恶字样坐人罪者〕

28.370.(2) 〔未经通行著为定例成案严禁混行牵引〕

28.371 狱囚取服辩

28.372 赦前断罪不当

- 28.372.(1) 〔特差恤刑有审豁者原问官俱不追究〕
- 28.372.(2) 〔承审官错拟罪名遇赦免议〕
- 28.372.(3) 〔奉恩诏以前直省亏空已结各案分别释回着追〕
- 28.372.(4) 〔原非侵盗入己照侵盗拟罪等犯遇恩赦豁免查明奏请定夺〕

28.373 闻有恩赦而故犯

28.374 妇人犯罪

- 28.374.(1) 〔妇女除犯奸盗人命禁止提审〕
- 28.374.(2) 〔妇女有犯殴差哄堂积匪窝盗并京城奸媒诱奸诱拐罪坐本妇者〕
- 28.374.(3) 〔妇女翻控审虚罪在流置以上者〕
- 28.374.(4) 〔拟徒收赎妇女毋庸解审〕
- 28.374.(5) 〔未产拷决不堕胎及产限未满拷决不致死者〕
- 28.374.(6) 〔律应死罪犯妇怀孕俟产后限满分别审鞫解审〕

28.375 死囚复奏待报

- 28.375.(1) 〔庆贺穿朝服祭享斋戒封印并上元等节不理刑名〕
- 28.375.(2) 〔正月六月停刑〕
- 28.375.(3) 〔南郊北郊大祀之期在京立决重犯停止具奏〕
- 28.375.(4) 〔秋审处决重囚及一应立决人犯冬至夏至停刑〕
- 28.375.(5) 〔在京应行立决人犯祈雨祈雪期内暂停具奏〕
- 28.375.(6) 〔勾决重囚简去二复〕
- 28.375.(7) 〔各省奉到立决人犯部文遇停刑期案存臬署〕

28.376 断罪不当

- 28.376.(1) 〔斩绞案件大理院所见既确改拟奏复不必辗转驳审〕
- 28.376.(2) 〔大理院驳审之案各省问刑衙门毋得固执原奏含糊了结〕
- 28.376.(3) 〔各省审奏案件遇有不引本律本例定拟妄行减等者〕
- 28.376.(4) 〔卑幼殴死期功尊长之案专用实属有心干犯勘语〕

28.376.(5)〔州县审解案件如招供已符罪名未协上司檄驳申复〕

28.377 吏典代写招草

28.377.(1)〔承审官将供词辄交录事书记致有改易〕

29 营造

29.378 擅造作

29.378.(1)〔工程完竣应缴盈余银两交库完结〕

29.379 虚费工力采取不堪用

29.380 造作不如法

29.381 冒破物料

29.381.(1)〔承修水利各员侵蚀钱粮致工程不固〕
29.381.(2)〔各省修建工程所需物料承办各员浮开捏报〕
29.381.(3)〔修造工程夫头人等领帑侵蚀及私逃〕

29.382 带造缎匹

29.383 织造违禁龙凤纹缎匹

29.384 造作过限

29.385 修理仓库

29.385.(1)〔修衙铺设派累兵民及离任官员家人毁盗在官物件〕

30 河防

30.386 盗决河防

30.386.(1)〔故决盗决南旺等湖并阻绝泉源及闸官人等盗水取利〕
30.386.(2)〔河员毁坏完固堤工希图借端侵蚀钱粮〕

30.387 失时不修堤防

- 30.387.(1)〔河工强揽闸夫溜夫等及揽雇勒掯并岁修堤塍勒掯业户〕
- 30.387.(2)〔遇河工紧要工程倡造浮议致众力懈弛〕
- 30.387.(3)〔河工采办料物奸民串保领银亏帑误工〕
- 30.387.(4)〔违禁增盖房屋有碍堤工〕

30.388 侵占街道

30.389 修理桥梁道路

《秋审条款》全目

Q.1 职官

- Q.1.1〔职官犯一应死罪〕

Q.2 服制

- Q.2.2〔有关服制各项〕
- Q.2.3〔因奸盗致并未纵容之祖父母父母翁姑被杀及自尽〕
- Q.2.4〔残毁有服尊长死尸〕
- Q.2.5〔误杀期功尊长〕
- Q.2.6〔致死本宗缌麻尊长尊属〕
- Q.2.7〔殴本宗缌麻尊长尊属至笃疾〕
- Q.2.8〔殴死外姻缌麻尊长〕
- Q.2.9〔殴死同居继父小功母舅母姨〕
- Q.2.10〔殴死妻父母〕
- Q.2.11〔奸夫谋故杀及拒捕致毙本夫等奸妇不知情及不首隐忍〕
- Q.2.12〔谋故杀期亲以下卑幼之妇并功缌尊长寻常谋故杀卑幼〕
- Q.2.13〔期亲以下尊长因争产袭职图奸谋故杀卑幼〕
- Q.2.14〔谋故杀义子并雇工〕
- Q.2.15〔妻谋故杀妾〕
- Q.2.16〔妇女殴死夫缌麻以上尊长〕
- Q.2.17〔妇女谋故杀夫卑属〕

- Q.2.18〔夫谋故杀妻〕
- Q.2.19〔儒师匠艺人等殴死弟子〕
- Q.2.20〔服制以凡斗定罪之案〕
- Q.2.21〔律应离异同凡论之案〕
- Q.2.22〔律例内载明绞候入实之案应于服制册内声叙〕
- Q.2.23〔卑幼因捉奸拒奸或因尊长强奸图奸而杀〕
- Q.2.24〔僧尼道冠殴死受业师由立决改监候之案不入服制册〕

Q.3 人命

- Q.3.25〔各项杀人得免所因者〕
- Q.3.26〔各项立决改监候人犯〕
- Q.3.27〔凡人谋故杀〕
- Q.3.28〔谋故杀人而误杀旁人〕
- Q.3.29〔谋杀人伤而未死〕
- Q.3.30〔谋杀加功之案〕
- Q.3.31〔图财害命案内罪应绞候者〕
- Q.3.32〔各项罪人拒捕杀所捕人〕
- Q.3.33〔因奸听从奸妇同谋杀死本夫〕
- Q.3.34〔非应许捉奸之人谋故杀死奸夫〕
- Q.3.35〔为父兄报仇谋故杀国法已伸人犯〕
- Q.3.36〔致死一家二命及连毙二命非一家〕
- Q.3.37〔致毙二命一系殴溺一系捞救溺毙者〕
- Q.3.38〔擅杀二三命及火烧活埋者〕
- Q.3.39〔聚众共殴为从下手伤重致死一家二命〕
- Q.3.40〔互毙二三命及致毙彼造二三命之案〕
- Q.3.41〔共殴致毙四命以上之案〕
- Q.3.42〔殴毙人命后复另酿一命〕
- Q.3.43〔一死一伤及二三伤并另伤一人成废〕
- Q.3.44〔殴毙人命后故杀子女图赖卸罪者〕
- Q.3.45〔斗杀共殴并各项命案父母自尽〕
- Q.3.46〔殴毙人命后乘便取物或移尸诈赖〕
- Q.3.47〔因斗殴而酿成重案〕

Q.3.48 〔殴毙人命后焚尸灭迹致尸身无获或捏报诬卸狡供致蒸检并贿买顶凶等项〕

Q.3.49 〔杀人免死赦回或在配在所复行杀人〕

Q.3.50 〔内外遣流徒各犯在配在所杀人及赦回复行杀人〕

Q.3.51 〔斗殴杀人之案刃伤奇重洞胸贯胁并金刃十伤以上他物三十伤以上〕

Q.3.52 〔原谋及听纠共殴下手伤重致死金刃九伤十伤以上〕

Q.3.53 〔寻常共殴人致死之案〕

Q.3.54 〔套拉毙命之案〕

Q.3.55 〔寻常共殴之案同殴伤轻之余人有病故者〕

Q.3.56 〔乱殴不知先后轻重罪坐初斗及原谋未动手罪坐原谋之案〕

Q.3.57 〔威力主使殴人致死〕

Q.3.58 〔威力制缚人拷打致死〕

Q.3.59 〔凡火器杀人之案〕

Q.3.60 〔屏去人服食致死之案〕

Q.3.61 〔以他物置人耳鼻孔窍致死〕

Q.3.62 〔热水烫泼致毙者〕

Q.3.63 〔金刃伤致命穿透之案〕

Q.3.64 〔扳倒割筋剜眼致毙人命之案〕

Q.3.65 〔致毙老人幼孩之案〕

Q.3.66 〔故杀殴死伊妻同居前夫子女〕

Q.3.67 〔十五岁以下幼孩杀人之案〕

Q.3.68 〔致毙妇女之案〕

Q.3.69 〔殴死祖妾父妾分别有无子女是否年老并情伤轻重〕

Q.3.70 〔致毙兄妻弟妻之案〕

Q.3.71 〔殴死双瞽笃疾及病人并笃疾杀人〕

Q.3.72 〔奸匪窃匪致毙人命之案〕

Q.3.73 〔拒殴追摄致毙人命〕

Q.3.74 〔兵丁差役殴毙人命之案〕

Q.3.75 〔殴毙兵丁差役之案〕

Q.3.76 〔部民殴本管官折伤刃伤者〕

Q.4 奸盗抢窃

- Q.4.77 〔轮奸为从及强奸十二岁以下幼女幼童〕
- Q.4.78 〔因盗而强奸未成者〕
- Q.4.79 〔因奸因盗威逼人致死〕
- Q.4.80 〔调戏强奸并伙谋轮奸未成致本妇自尽〕
- Q.4.81 〔亲属相奸罪应绞候者并兄收弟妻弟收兄妻〕
- Q.4.82 〔诬执夫兄欺奸〕
- Q.4.83 〔奸夫图脱拒捕刃伤折伤者〕
- Q.4.84 〔因奸拒捕伤人案内致奸妇被杀自尽〕
- Q.4.85 〔调奸图奸未成杀死本妇及拒捕杀死其夫与父母及有服亲属〕
- Q.4.86 〔强盗案内并未随同搜劫并投首应拟绞候之犯及伤人未得财首犯〕
- Q.4.87 〔伙盗供获首盗并伙盗一半以上及首盗供获全案伙盗限内拿获〕
- Q.4.88 〔期亲以下卑幼抢卖尊属尊长之案〕
- Q.4.89 〔诱拐略卖人口被诱之人不知情案件〕
- Q.4.90 〔略卖因而杀人或致被杀者〕
- Q.4.91 〔诱拐致被诱之人羞忿自尽者〕
- Q.4.92 〔强夺良家妇女奸占为妻妾之案〕
- Q.4.93 〔聚众伙谋抢夺妇女为从之犯及并未伙众抢夺强卖之首犯〕
- Q.4.94 〔抢夺逾贯之案〕
- Q.4.95 〔抢夺拒捕金刃三伤以上并折伤至废疾〕
- Q.4.96 〔窃赃逾贯之案〕
- Q.4.97 〔窃赃逾贯未至一千两之案〕
- Q.4.98 〔窃盗三犯流拟绞之案〕
- Q.4.99 〔怙恶不悛窃犯赃至五百两以上金刃至四五伤者〕
- Q.4.100 〔首犯赃逾一千两从犯因三犯拟绞者〕
- Q.4.101 〔窝窃逾贯之案〕
- Q.4.102 〔跟踪行窃逾贯之案〕
- Q.4.103 〔船户车夫店家行窃逾贯〕
- Q.4.104 〔船户等项盗卖客货逾贯之案〕
- Q.4.105 〔雇工行窃主财逾贯未至一千两并兵役等行窃本主本管官财逾贯〕

Q.4.106　〔窃盗临时盗所拒捕刃伤事主之案〕

Q.4.107　〔窃贼已离盗所拒捕刃伤事主之案〕

Q.4.108　〔窃贼图脱拒捕致毙事主〕

Q.4.109　〔窃贼图脱拒捕刃伤事主二人均至三伤者〕

Q.4.110　〔窃贼图脱拒捕金刃未至五伤并事主自行跌毙者〕

Q.4.111　〔窃贼图脱拒捕他物殴伤事主至废笃者〕

Q.4.112　〔两贼同时拒一事主及各自拒伤事主〕

Q.4.113　〔窃贼两次刃伤事主同时并发之案〕

Q.4.114　〔窃盗杀人为从帮殴之犯〕

Q.4.115　〔无服亲属相盗拒毙捕人〕

Q.4.116　〔蒙古抢夺伤人照蒙古例拟绞之案〕

Q.4.117　〔蒙古抢劫什物未伤人及抢夺十人以上并计赃逾贯为从者〕

Q.4.118　〔发冢开棺见尸并锯缝凿孔为从及盗未殡未埋尸柩为首〕

Q.4.119　〔发冢致坏人尸棺骸罐者〕

Q.4.120　〔杀死抢窃族人例不照擅杀科断之案〕

Q.4.121　〔行窃遗落火煤不期烧毙事主照因盗威逼人致死问拟之案〕

Q.4.122　〔犯罪事发官司差人拘捕殴差成废笃之案〕

Q.4.123　〔造妖书妖言及传用惑众〕

Q.4.124　〔盗砍红桩以内树株〕

Q.5　杂项

Q.5.125　〔伪造印信〕

Q.5.126　〔伪造凭札行使并买受故官凭札冒名赴任〕

Q.5.127　〔私铸钱十千以上或私铸不止一次为首及匠人〕

Q.5.128　〔左道惑众及邪教为首〕

Q.5.129　〔邪术医病致毙人命〕

Q.5.130　〔光棍为从〕

Q.5.131　〔投递匿名揭帖之案〕

Q.5.132　〔诬告叛逆被诬之人未决者〕

Q.5.133　〔诬告人致死并致死其有服亲属之案〕

Q.5.134　〔童稚无知诬告人致死之案〕

Q.5.135　〔挟仇诬告谋命致尸遭蒸检之案〕

Q.5.136 〔刁徒平空讹诈酿命之案〕

Q.5.137 〔诬良为窃逼毙人命者〕

Q.5.138 〔捕役私拷吓诈致毙人命者〕

Q.5.139 〔蠹役诈赃致毙作奸犯科有干例议之人并吓逼致令自尽〕

Q.5.140 〔假差吓诈致被诈之人自尽拷打致死或殴杀者〕

Q.5.141 〔贿买案外及同案之人顶凶〕

Q.5.142 〔死罪人犯越狱脱逃〕

Q.5.143 〔斩绞等犯因变逸出被获〕

Q.5.144 〔杀人在逃年久始获〕

Q.5.145 〔犯一应死罪事发在逃复犯死罪遣流者〕

Q.5.146 〔盐枭拒捕伤人〕

Q.5.147 〔聚众夺犯伤差〕

Q.5.148 〔贼犯拒杀差役案内为从帮殴有伤之犯〕

Q.5.149 〔挟嫌放火之案〕

Q.5.150 〔捉人勒赎之案〕

Q.5.151 〔受财故纵罪囚〕

Q.5.152 〔枉法赃实犯死罪〕

Q.5.153 〔结拜弟兄未及四十人二十人以上及未至二十人〕

Q.5.154 〔雇工刃伤家长及家长期亲〕

Q.5.155 〔诈为制书者〕

Q.5.156 〔诈传诏旨者〕

Q.5.157 〔擅入御在所者〕

Q.5.158 〔持刃入宫殿门者〕

Q.5.159 〔越紫禁城者〕

Q.6 矜缓比较

Q.6.160 〔擅杀案件〕

Q.6.161 〔非应许捉奸之人殴杀奸夫〕

Q.6.162 〔救亲毙命之案〕

Q.6.163 〔殴致命非致命而非重伤越日因风身死者〕

Q.6.164 〔殴死卑幼及殴杀为匪卑幼〕

Q.6.165 〔妇女斗杀男子之案〕

《钦定宗室觉罗律例》全目①

- Z.1 有爵宗室诉讼章程
- Z.2 宗室觉罗犯十等罚等罪名分别折拟办法
- Z.3 宗室觉罗犯案审系不知自爱者应以凡论
- Z.4 宗室觉罗犯案分别咨结奏结
- Z.5 宗室犯死罪分别实缓
- Z.6 宗室犯有死罪入实情有可原改缓
- Z.7 宗室觉罗罪犯监候分别减发
- Z.8 世职宗室官员斥革后尚有余罪应分别减等治罪
- Z.9 宗室觉罗屡次生事行凶扰害良人照例仍据众证治罪
- Z.10 宗室犯罪分别应否摘顶跪审
- Z.11 宗室觉罗以不干己事具控照例治罪
- Z.12 宗室犯案抗传不到者先行看管捏报患病者查明重办
- Z.13 素不安分之宗室圈禁后复滋生事端
- Z.14 圈禁宗室在空室处滋事
- Z.15 宗室犯罪停止革去宗室
- Z.16 宗室觉罗有因违犯呈送者分别发遣
- Z.17 宗室控告地亩案件解京质讯
- Z.18 宗室滋事送府暂行收管
- Z.19 盛京宗室觉罗包庇棍徒者应分别由盛京酌加圈禁
- Z.20 城外居住之宗室觉罗一体编查保甲
- Z.21 按季出示晓谕宗室觉罗有捏控借端讹诈概置不问设立绰号汉姓酌量惩办
- Z.22 空房圈禁宗室觉罗事宜
- Z.23 移居宗室眷属不准回京
- Z.24 发遣宗室眷属呈请就养
- Z.25 宗室发遣释回分别居住未经释回不准奏请

---

① "《钦定宗室觉罗律例》总目"文字与正文标题文字略有出入,但是表述内容相同,现依总目文字著录。标题前的"一、"皆略而不录,以省繁冗。

- Z.26 圈禁宗室觉罗呈请暂行释回治丧
- Z.27 移居宗室得有官职复归京族
- Z.28 宗室觉罗走失
- Z.29 盛京监禁宗室给予炉火银两
- Z.30 红带子紫带子犯案照旗人治罪免其照旗人销档
- Z.31 宗室觉罗妇女出名具呈分别准理不准理
- Z.32 宗室发遣给与车辆
- Z.33 发遣宗室觉罗子嗣随往配所分别给与钱粮
- Z.34 宗室觉罗私生子女分别给带
- Z.35 宗室觉罗与汉人结亲
- Z.36 宗室觉罗不准与下五旗包衣结亲
- Z.37 宗室觉罗犯罪时系带不系带分别治罪
- Z.38 宗室因分产各项案件由府分别判断
- Z.39 宗室觉罗诈生子女及生女捏报生男
- Z.40 宗室觉罗抱养异姓子女为亲生子女以乱宗支
- Z.41 宗室觉罗冒领恩赏
- Z.42 宗室残废不据实呈报
- Z.43 宗室觉罗等冒领钱粮
- Z.44 宗室觉罗孀妇过继有子冒领养赡钱粮
- Z.45 宗室犯案应照刑律判断遵本府定例分别折拟
- Z.46 宗室觉罗犯《禁烟条例》分别折罚圈禁办法
- Z.47 宗室觉罗犯《违警律》折罚养赡钱粮办法
- Z.48 宗室觉罗查照秋审办法
- Z.49 宗室觉罗充当陆军差使有犯照陆军定章治罪